Schriften zur Governance-Forschung

herausgegeben von
Prof. Dr. Ursula Lehmkuhl
Prof. Dr. Thomas Risse
Prof. Dr. Gunnar Folke Schuppert

Band 29

Gunnar Folke Schuppert

Wissen, Governance, Recht

Von der kognitiven Dimension des Rechts
zur rechtlichen Dimension des Wissens

Nomos

Die Deutsche Nationalbibliothek verzeichnet diese Publikation in
der Deutschen Nationalbibliografie; detaillierte bibliografische
Daten sind im Internet über http://dnb.d-nb.de abrufbar.

ISBN 978-3-8487-6016-9 (Print)
ISBN 978-3-7489-0136-5 (ePDF)

1. Auflage 2019
© Nomos Verlagsgesellschaft, Baden-Baden 2019. Gedruckt in Deutschland. Alle Rechte, auch die des Nachdrucks von Auszügen, der fotomechanischen Wiedergabe und der Übersetzung, vorbehalten. Gedruckt auf alterungsbeständigem Papier.

Danksagung

Dank gebührt zunächst einmal der Institution des Wissenschaftszentrums Berlin unter der Leitung von Jutta Allmendinger und Ursula Noack, das mir durch einen großzügig gewährten Emeritus-Status ermöglicht hat und weiterhin ermöglicht, trotz meiner reiferen Jahre wissenschaftlich produktiv zu bleiben. Das WZB ist mir seit langem eine beglückende Heimstatt, was an dieser Stelle auszusprechen mir ein Herzensbedürfnis ist.

Stichwortgeber für dieses Buch gab es zahlreiche; aus ihrem Kreis möchte ich besonders Ino Augsberg hervorheben, dessen Werken ich ausgesprochen viel verdanke. Bei der Beschaffung von Literatur und dem Korrekturlesen waren mir Roland Römhildt und Luise Bublitz eine große Hilfe; ihnen sei von Herzen gedankt.

Mit unerschütterlichem Wohlwollen hat meine Frau Barbara auch dieses Buch begleitet; ihr ist es daher auch gewidmet.

Pranzo (Trentino) und Charlottenburg im Mai 2019

Inhaltsverzeichnis

Eine autobiografisch gefärbte Einleitung:
Fünf Begegnungen mit der kognitiven Dimension des Rechts ... 15

Erstes Kapitel: Was man bei einer Reise in die Welt des Wissens
bedenken sollte
– Ein wissenssoziologischer Reiseführer – ... 31

Zweites Kapitel: Eine Reise in die Welt des Wissens
– Wissensverteilung, Wissensproduktion, Wissensbearbeitung ... 47

A. Das Problem der Wissensverteilung oder zu den
„Pluralitätszumutungen der Moderne" ... 49
    I. Wissensverteilung innerhalb des Regierungs- und
       Verwaltungssystems ... 51
       1. Die klassische Gewaltenteilung à la Montesquieu als
          kognitive Gewaltengliederung ... 51
       2. Verselbständigte Verwaltungseinheiten als kognitive
          Trabanten des Verwaltungssystems ... 54
       3. Der Regulierungsstaat: „The Business of Regulation" als
          kognitive Herausforderung ... 57
          a) Zur unaufhaltsamen Karriere von „Regulatory
             Agencies" ... 57
          b) Regulierungsbehörden als Treffräume von
             Regulierungsrationalitäten und Wissensordnungen:
             das Beispiel der Bankenaufsicht ... 59
    II. Wissensverteilung in organisatorischen Arrangements
       zwischen Markt und Staat ... 64
       1. Regulierte Selbstregulierung als Wissensproblem ... 64
          a) Skalierungsmodelle der Regulierung zwischen Markt
             und Staat ... 64
          b) Zum Wissensproblem selbst ... 67
       2. Wirtschaftskammern als Orte der Interessenvertretung
          und der Wissensgenerierung ... 69
    III. Zur Pluralität nicht-staatlicher Wissensträger ... 70
       1. NGOs als Träger transnationalen und alternativen
          Wissens ... 71

	2. Die Celler Landwirtschaftsgesellschaft als Institution der Popularisierung agrarischen Wissens	74
	3. Professionelles Wissen	76
	4. Unternehmen als Wissensträger: Lernfähigkeit unter Ungewissheitsbedingungen	79
	5. Zur autoritativen Expertise von Rating-Agenturen	81
IV.	Was nun zu tun ist: kognitive Pluralität ordnen	83
	1. Nutzung der Pluralität von Wissensträgern	83
	2. Kognitive Zwänge zur Kooperation von Staat und Wirtschaft	85
	3. Zwei etablierte prozedurale und organisationsrechtliche Techniken der Wissenszusammenführung	87
	a) Der Klassiker schlechthin: das Rechtsinstitut der Amtshilfe	87
	b) Der Neo-Klassiker: Europäischer Verwaltungsverbund als Informationsverbund	88
	4. Ein Wechsel der Perspektive: Wettbewerb und Netzwerke als Institutionen der Wissensteilung	91
	a) Wettbewerb als rechtsverfasste Institution der Wissensteilung der Wirtschaft	92
	b) Netzwerke als eine neuartige Institution der Wissensteilung	93

B. Ein kurzer Blick in zwei Werkstätten der Wissensproduktion   95
    I. Macht und Wissen I: Global Governance by Indicators oder Weltvermessung als Wissensmacht   95
   II. Macht und Wissen II: Macht als Herrschaft über Daten und Algorithmen – Die moderne Gesellschaft als Big Data-Gesellschaft   100
       1. Datenmengen ohne Ende   101
       2. Governance von und durch Algorithmen   102
       3. Die zunehmende Bedeutung des Einsatzes von Algorithmen   104

C. Wissensbearbeitung: Rechtswissen als „Second-order knowledge"   105
    I. Was ist „Second-order knowledge"?   105
       1. Eine erste Begriffsbestimmung   105
       2. Religiöses Wissen als Paradefall von „Second-order knowledge"   108
       3. Von „Second-order knowledge" zu „Second-order thinking"   111

II. Wie Wissen zu „Second-order knowledge" wird oder zur
   Vielfalt der Bearbeitungsformen von Wissen 113
   1. Peter Burkes „Analyse von Wissen" 113
      a) Datieren 114
      b) Beschreiben 115
      c) Erzählen 115
   2. Drei Beispiele für die „Abfolge intellektueller
      Operationen" bei der Bearbeitung von Wissen 117
      a) Die enzyklopädische Methode 117
      b) Was macht aus jemandem einen Experten?
         Expertenwissen als „Second-order knowledge" per
         excellence 121
      c) Knowledgeworker und Wissensmanager: das Leitbild
         des „europäischen Juristen" 124
   3. Eine kleine Zwischenbilanz 127
III. Rechtswissenschaft als Ordnungswissenschaft 128
IV. Second-order thinking at work: Stabilisierung normativen
    Wissens durch Kanonisierung und Dogmatisierung 131
   1. Kanon und Dogma als Erscheinungsformen normativer
      Verdichtung 131
   2. Zum schwer zu erfüllenden Wunsch nach Eindeutigkeit
      und epistemischer Bestimmtheit 134
   3. Kanon- und Dogmenbildung als Prozess 139
      a) Wie wird ein Text ein kanonischer Text? –
         Selbstdurchsetzung oder autoritative Entscheidung? 140
      b) Kanonbildung durch das Bundesverfassungsgericht –
         von der Deutungsmacht zur Kanonisierungsinstanz 144
         aa) Das Grundgesetz als Wertordnung 144
      c) Von der Leitbild- zur Maßstabsfunktion – das
         Bundesverfassungsgericht als maßstabsetzende
         Gewalt 147
   4. Dogma, Dogmatik, Dogmatisierung – Einblicke in das
      Arsenal der (deutschen) Jurisprudenz 151
      a) Einige notwendige Begriffsklärungen 151
      b) The Making of Legal Authority – drei Varianten
         rechtlicher Autoritätsbildung 155
         aa) Stabilisierung von juristischem Wissen durch
             einen normativen Text 155

bb) Zur stabilisierenden Funktion der „communis opinio doctorum" und des „usus fori" oder zu den vermeintlich sicheren Ankerplätzen der Berufung auf die „herrschende Lehre" und eine „ständige Rechtsprechung"	158
cc) Zur Filter- und Stabilisierungsfunktion normativer Diskurse	161

Drittes Kapitel: Bereitstellung einer kognitiven Infrastruktur als Aufgabe der Rechtsordnung einer Wissensgesellschaft	164
A. Zur Bereitstellungsfunktion des Rechts	165
B. Kognitive Infrastruktur durch Organisation und Verfahren	167
I. Kognitive Infrastruktur durch Organisation	167
1. Drei zentrale Funktionen von Verwaltungsorganisation und Verwaltungsorganisationsrecht	168
a) Die Konstituierungsfunktion	168
b) Die Steuerungsfunktion	169
c) Die demokratische Funktion	170
2. Kognitive Infrastruktur durch Organisation „at work"	172
II. Kognitive Infrastruktur durch Verfahren	174
1. Zum Doppelauftrag des Verwaltungsverfahrens	175
2. Zur Kompensationsfunktion von Verwaltungsverfahren angesichts mangelnder inhaltlicher Programmierungsdichte	177
3. Referenzgebiete für Wissensgenerierung in und durch Verfahren	182
C. Kognitive Infrastruktur der Wissensgesellschaft und Eigentumsverfassung	183
I. Das regulatorische Dilemma	183
II. Zu den eigentumsrechtlichen Funktionslogiken der Big Data-Gesellschaft	184
1. Das Haben und Verfügen über Daten als wirtschaftlicher Wert	184
2. Daten wollen frei sein	187

Viertes Kapitel: (Rechts-)Wissen als Herrschafts- und
Regierungswissen 192

A. Der moderne Staat als wissensbasierte Organisation oder
   (Rechts-)Wissen als Herrschaftswissen 192
   I. Staatsvermessungen oder zum Wissensbedarf des
      frühneuzeitlichen Staates 195
   II. Der Kolonialstaat: Kolonialpolitik als eine – auch –
       wissenschaftliche Veranstaltung? 199
       1. Begriff und Eigenart kolonialer Staatlichkeit . . . 199
       2. How to govern a colony I: koloniale Herrschaft als
          rechtlich strukturierte Herrschaft 201
       3. How to govern a colony II: koloniale Herrschaft als
          wissensbasierte Herrschaft 203
          a) Was heißt koloniales Wissen? 205
          b) Zur Vorbildfunktion anderer Kolonialmächte oder
             Wissenstransfer durch vergleichende Beobachtung 208
   III. Herrschaftswissen und Herrschaftssprache 212
        1. Das Englische als Herrschafts- und Wissenssprache im
           British Empire 212
        2. Die Reformation als Kampfansage an die Dominanz und
           die Exklusivität des Lateinischen als religiöser
           Herrschaftssprache und religiösen Herrschaftswissens 214
        3. Die Sprache des Eigentums als Sprache der Macht 217
B. Regierungswissen von „Machiavelli" bis „McKinsey": zur
   kognitiven Dimension des Regierens 220
   I. Der frühneuzeitliche Staat und „seine"
      Regierungswissenschaft 222
      1. Die Policeywissenschaft als „Gebrauchswissenschaft" des
         absolutistischen Staates 222
      2. Das frühneuzeitliche Naturrecht als Regierungslehre 223
   II. Was Governance und (Regierungs-)Wissen miteinander zu
       tun haben: vier Kontaktzonen etwas näher betrachtet 228
       1. Kontaktzone I: Governance als Wissenskoordination 230
       2. Kontaktzone II: Wissensgovernance von und durch
          Regelungsstrukturen 232
          a) Rahmenbedingungen für Wissensgenerierung oder
             zur Steuerungsfunktion des Wissenschaftsrechts 235

Inhaltsverzeichnis

b) Struktursteuerung der Wissensgenerierung im europäischen Mehrebenensystem: das Beispiel der „Open Method of Coordination"	238
3. Kontaktzone III: Governancewissen als Wirkungswissen – Political Choices als Wissensproblem	241
4. Kontaktzone IV: Wissen als Governanceressource	248
a) Governancerelevantes Wissen in Eigenproduktion: das Beispiel der Ressortforschung	248
b) Übernahme externen Wissens: nützlicher Wissenszugewinn von Regierung und Verwaltung oder Auslieferung an externe Expertise?	251
III. Regierungswissen als Menschenregierungskünste oder gute Hirten führen sanft	262
1. Vom umfassenden Mandat der Policey zum weiten Mantel der Gouvernementalität	264
2. Figurationen pastoraler Macht	267

Fünftes Kapitel: Unterschiedliche Konzeptionen von
Rechtswissenschaft und ihre je spezifischen Wissensbedarfe   270

A. Rechtswissenschaft als Interpretationswissenschaft: Rechtswissen
als autoritative Textauslegung   270

I. Das Gesetz als zentrales Steuerungsinstrument des demokratischen Rechtsstaates: Normtextauslegung als Gebot der Gesetzesbindung	271
1. Das Gesetz in steuerungstheoretischer Perspektive	271
2. Rechtswissen als Methodenwissen	274
II. Rechtswissen als autoritatives Wissen	276
1. Zur Autorität von Texten	276
2. Rechtswissenschaft und Theologie als textorientierte Interpretationswissenschaften	278
a) Textautorität als Autorität der Form	279
b) Autorisierung oder Autorität als Prozess	281

B. Rechtswissenschaft als Entscheidungswissenschaft: Rechtswissen
als Entscheidungswissen   285

I. Das weite und daher eingrenzungsbedürftige Feld der Entscheidungswissenschaft(en)	285
1. Verwaltungsentscheidungen als verfahrensstrukturierte Organisationsentscheidungen	286

2. Organisationsentscheidungen als begrenzt rationales Entscheiden	288
II. Machbarkeitswissen und die Grenzen des Wissens	290
1. Von der Gefahrenabwehr zur Risikovorsorge	291
2. Zum Umgang mit begrenztem Wissen und dem Problem der Irrtumskosten	293
3. Zu einigen Besonderheiten der Risikosteuerung	295
C. Rechtswissenschaft als Steuerungswissenschaft: Rechtswissen als Steuerungswissen	297
I. Zum „steuerungswissenschaftlichen turn" im Recht: das Beispiel von Verwaltungsrecht und Verwaltungsrechtswissenschaft	297
II. Gesetzgebung zwischen rechtsstaatlichem Rationalitätsanspruch und Funktionslogik politischer Entscheidungsprozesse	300
III. Juridisches und extrajuridisches Wissen – ein sinnvoller Gegensatz?	303
1. Zum Diskussionshintergrund: Rechtswissenschaft zwischen extrajuridischem Wissensbedarf und vermeintlichem Verlust der Eigenrationalität	303
2. Das steuerungswissenschaftliche Verständnis der Verwaltungsrechtswissenschaft als Auflösung der Grenze zwischen sozialwissenschaftlicher Verwaltungswissenschaft und Verwaltungsrechtswissenschaft	305
Sechstes, zusammenfassendes Kapitel: Von der kognitiven Dimension des Rechts zur rechtlichen Dimension des Wissens	**309**
A. Zum Wissensbegriff	309
B. Auf der Suche nach spezifischem juridischem Wissen	310
I. Rechtswissenschaft als Interpretationswissenschaft: Rechtswissen als Methodenwissen	312
II. Rechtswissenschaft als Entscheidungswissenschaft: Rechtswissen als Entscheidungswissen	312
III. Rechtswissenschaft als Steuerungswissenschaft: Rechtswissen als Steuerungswissen	313
IV. Rechtswissenschaft als Regelungswissenschaft: Rechtswissen als Regelwissen	314
C. Rechtswissenschaft als wissensbearbeitende Wissenschaft	314

D. Kognitive Pluralität ordnen 315
    I. Bereitstellung einer kognitiven Infrastruktur 316
    II. Regierungswissen als verrechtlichtes Wissen 318

Eine autobiografisch gefärbte Einleitung:
Fünf Begegnungen mit der kognitiven Dimension des Rechts

Dass das Recht eine ausgesprochen intensive kognitive Dimension aufweist, ist eine immer mehr thematisierte Einsicht[1]. Das Studium der diesem Thema gewidmeten Literatur veranlasste mich zu der an mich selbst gerichteten Frage, was ich eigentlich über Wissen weiß und wo und wann ich mich – sei es ganz gezielt oder eher als „Beifang" – mit der kognitiven Dimension des Rechts beschäftigt habe. Ohne über die Antwort lange brüten zu müssen, sind mir fünf solcher Begegnungen eingefallen, auf die hier einleitend ein kurzer Blick geworfen werden soll, da die Beschaffenheit dieser „Treffräume"[2] ganz gut zu veranschaulichen mag, aus welch verschiedenen Perspektiven man sich der kognitiven Dimension des Rechts nähern kann; zudem vermögen diese fünf Begegnungen zu erklären, warum ich es nicht nur für sinnvoll, sondern darüber hinaus für geboten erachte, das Thema „Die kognitive Dimension des Rechts" in einem nicht nur additiv multidisziplinären, sondern – was ich in jahrzehntelangen Bemühungen gelernt zu haben glaube – einem interdisziplinären Zugriff zu behandeln. Die dafür von mir ausgeworfenen Netze sind bewusst weit ausgelegt, um die Perspektive auf unseren Gegenstand nicht von vornherein zu verengen; erst am Schluss soll besichtigt werden, was wirklich gefangen wurde.

Aber nun zu den fünf Treffräumen selbst.

---

1 Vgl. nur Hans Christian Röhl (Hrsg.), Wissen – Zur kognitiven Dimension des Rechts, Die Verwaltung, Beiheft 9 (2010); Indra Spiecker gen. Döhmann/Peter Collin (Hrsg.), Generierung und Transfer staatlichen Wissens im System des Verwaltungsrechts, Tübingen 2008; Ino Augsberg, Informationsverwaltungsrecht. Zur kognitiven Dimension der rechtlichen Steuerung von Verwaltungsentscheidungen, Tübingen 2014; derselbe, Konzepte rechtlicher Steuerung und die Verbreitung von Wissen im Bereich der Administrative, in: Hans Christian Röhl/Hans-Heinrich Trute (Hrsg.), Wissen/Nichtwissen in Organisationen und Netzwerken (i.E.).
2 Ein Lieblingsbegriff von Peter Collin, Treffräume von Regulierungsrationalitäten: Überlegungen zu Voraussetzungen und Typisierungen juristisch-ökonomischer Kommunikation, in: derselbe (Hrsg.), Treffräume juristischer und ökonomischer Regulierungsmodalitäten, Frankfurt am Main 2014, S. 1–44.

Eine autobiografisch gefärbte Einleitung

Steuerung und Wissen

Der erste Treffraum, um den es gehen soll, ist der Raum, in dem *Steuerung und Wissen* nicht nur aufeinandertreffen, sondern bei näherem Hinsehen unauflöslich miteinander verzahnt sind.[3] Die im Zusammenhang mit dem Thema Steuerung offenbar unvermeidliche *Schiffsmetapher* – die Lieblingsmetapher des unvergessenen Stephan Leibfried[4] – vermag dies treffend zu veranschaulichen: ohne navigatorisches Wissen keine sinnvolle Steuerung: wissenlose Steuermänner enden in der Regel als Schiffbrüchige. Die Könige der auf Seeherrschaft beruhenden frühen Kolonialreiche waren sich dessen bewusst. In seinem spannenden Beitrag „On the Methods of Long-Distance Control. Vessels, Navigation and the Portuguese Route to India"[5] weiß John Law zu berichten, dass dem Problem der Kommunikation mit den oft ein ganzes Jahr unterwegs seienden Handelsschiffen ein technisches Problem vorgelagert war, nämlich das einer zuverlässigen Navigation. Daher setzte der portugiesische König 1484 eine Kommission ein, um Navigationsmethoden zu entwickeln, die auch das Befahren außereuropäischer Gewässer ermöglichen würde. Diese Kommission erarbeitete so etwas wie ein *Regelwerk der Navigation*, das den Seeleuten an die Hand gegeben wurde, um eine einheitliche Navigationspraxis zu gewährleisten.[6]

---

3 Zur steuerungswissenschaftlichen Perspektive auf das Recht siehe meinen frühen Beitrag „Verwaltungsrechtswissenschaft als Steuerungswissenschaft. Zur Steuerung des Verwaltungshandelns durch Verwaltungsrecht", in: Wolfgang Hoffmann-Riem/Eberhard Schmidt-Aßmann/Gunnar Folke Schuppert (Hrsg.), Reform des Allgemeinen Verwaltungsrechts. Grundfragen, Baden-Baden 1993, S. 65–114; zuletzt „Zur kognitiven Dimension einer als Steuerungswissenschaft verstandenen Verwaltungsrechtswissenschaft. Das Beispiel des Umweltrechts", in: Zeitschrift für Europäisches Umwelt- und Planungsrecht (EurUP) 16 (2018), S. 93–99.
4 Die alljährlich von Stephan Leibfried in der Weihnachtszeit verschickten Season-Greetings bestanden aus liebevoll zusammengestellten Schiffsmotiven, die vom Autor dieses Buches – selbst Freund der Schiffsmetapher und von Seereisen – stets schon hoffnungsvoll erwartet wurden.
5 In: derselbe (Hrsg.), Power, action and belief: a new sociology of knowledge?, London 1986, S. 234–263.
6 Näher dazu Gunnar Folke Schuppert, Das Schrumpfen der Welt. Globalisierung von Staatlichkeit als Kommunikationsgeschichte, Frankfurt am Main/New York 2015, S. 35 ff.

Eine autobiografisch gefärbte Einleitung

Cognitive Governance

Der zweite Treffraum, den Andreas Voßkuhle und ich gemeinsam intensiv erkundet haben, betrifft das Verhältnis von *Governance und Wissen*.⁷ Wenn ich meinen eigenen Beitrag „Governance durch Wissen. Überlegungen zum Verhältnis von Macht und Wissen aus governancetheoretischer Perspektive"⁸ noch einmal Revue passieren lasse, so erscheinen mir aus der hier interessierenden Perspektive von „*Wissen und Recht*" die folgenden Stichworte aufrufenswert, auf die im Verlaufe dieses Buches an verschiedenen Stellen noch zurückzukommen sein wird:

Regelungsstrukturen und Regelungswissen: „Wenn Governance [...] als Governance von und durch Regelungsstrukturen beschrieben werden kann, von Regelungsstrukturen, mit denen das Handeln mehr oder weniger autonom gedachter, staatlicher und nicht-staatlicher Akteure auf gemeinsame Ziele koordiniert werden kann, so fühlen wir uns gerade dazu eingeladen, diesen Ball aufzunehmen und im Begriff des *Steuerungswissens* den Bestandteil Steuerung durch Governance zu ersetzen, um so den Wandel von Steuerung zu Governance nachzuvollziehen. Wir schlagen daher vor, in Fortsetzung des Steuerungswissens von *Governancewissen* zu sprechen und darunter dasjenige Wissen zu verstehen, das benötigt wird, um mit Regelungsstrukturen erfolgreich arbeiten zu können, also ein Wissen über das Design, die Formulierung, die Beobachtung und die Nachbesserung von Regelungsstrukturen: Dieses Wissen nennen wir *Regelungswissen*, über dessen Beschaffenheit und Generierbarkeit eine zu entwickelnde Regelungswissenschaft Auskunft zu geben hätte."⁹

Recht als geronnenes Wissen: die Privatisierung von Rechtsetzung als Methode des Zugewinns an Wissen: „Recht ist nicht nur – um eine inzwischen geläufige Redeweise zu verwenden – zu Normen geronnene Politik, es ist auch zu *Normen geronnenes Regelungswissen*. Dies tritt besonders klar hervor, wenn man den vielerorts erörterten Prozess der Privatisierung der Rechtsetzung aus wissenschaftssoziologischer Perspektive näher in den Blick nimmt; Johannes Köndgen hat dies für uns getan und zutreffend herausgestellt, dass die beobachtbar zunehmende Öffnung gegen-

---

7 Gunnar Folke Schuppert/Andreas Voßkuhle (Hrsg.), Governance von und durch Wissen, Baden-Baden 2008.
8 Schuppert/Voßkuhle, Fußnote 7, S. 259–303.
9 Ebenda, S. 266.

über privater Regelsetzung zugleich eine Öffnung gegenüber dem *Zufluss privaten Regelungswissens* bedeutet[10]: »[...] *In einer Welt dezentralisierten Wissens und dezentralisierter Diskurse erhöht das Rechtssystem durch die Zulassung privatisierten Rechts sein gesellschaftliches Wissen und seine Lernfähigkeit.* [...] Der Rückgriff auf private Regelsetzung ist aber kein Manko des staatlichen Rechts, sondern im Gegenteil eine unentbehrliche Vorbedingung seiner sozialen Lernfähigkeit. [...] Dabei stützt staatliches Recht sich nicht nur auf das ›technische‹ Expertenrecht im engeren Sinne, sondern auch auf andere partikulare, bereichsspezifische Rationalitäten und Diskurse, z. B. in der internationalen Handelsschiedsgerichtsbarkeit oder unter kooperierenden Insolvenzverwaltern bei grenzüberschreitenden Insolvenzen. Nicht zuletzt liegt hier auch eine Ursache für die Verbreitung Allgemeiner Geschäftsbedingungen – die ja funktional nichts anderes sind als sektorales dispositives Vertragsrecht – und für ›lokales‹ oder gruppenspezifisches Recht wie Verbandssatzungen oder Betriebsvereinbarungen. In systemtheoretischer Sprache: *Das Rechtssystem behält seine operative Geschlossenheit, aber es wird kognitiv offen. Das ist neu.*«[11]

Standards als wissensbasierte Regelungen: „Wenn soeben von Recht als gespeichertem Wissen die Rede war, so gilt dies umso mehr für Standards, die geradezu als in Regeln gegossenes, gespeichertes Expertenwissen bezeichnet werden können: »A significant feature of standards and standardization is *that expert knowledge is stored in rules* and in technical solutions. *Knowledge is transformed into rules that are abstract, general and recorded in writing.*«[12] In dieselbe Richtung argumentiert Dieter Kerwer, wenn er *Standardisierung als eigenständigen Governancemodus* wie folgt charakterisiert[13]: »Allen Standards ist gemeinsam, dass sie eine Koordination von Handlungen anstreben. Im Gegensatz zum Markt wird eine solche Koordination aber nicht über Informationen, insbesondere Preise, gesteuert, sondern über Regeln. Im Gegensatz zur Hierarchie beruht der Geltungsanspruch aber nicht auf formaler Auto-

---

10 Johannes Köndgen, Privatisierung des Rechts. Private Governance zwischen Deregulierung und Rekonstitutionalisierung, in: Archiv für civilistische Praxis (AcP) 206 (2006), S. 477–525, hier S. 512 f.
11 Schuppert/Voßkuhle, Fußnote 7, S. 277.
12 Siehe Nils Brunsson/Bengt Jacobsson, The Contemporary Expansion of Standardization, in: dieselben (Hrsg.), The World of Standards, Oxford 2000, S. 10 f.
13 Dieter Kerwer, Rules that Many Use. Standards and Global Regulation, in: Governance, Vol. 18 (2005), S. 611–632.

rität, sondern auf Expertise. Standards kann man begreifen als in Regeln gegossene unverbindliche Expertenempfehlungen."[14]

Soweit zum Treffraum von „*Cognitive Governance*".[15]

Wissensbasiertes Entscheiden

Der dritte Treffraum lässt sich mit der Überschrift „*Regierung und Verwaltung als informationsverarbeitende Entscheidungssysteme*" kennzeichnen. Mit diesem Treffraum der wissensbasierten Entscheidungssysteme von Regierung und Verwaltung habe ich mich sowohl aus verwaltungswissenschaftlicher wie aus staatswissenschaftlicher Perspektive beschäftigt. In meiner „Verwaltungswissenschaft"[16] beschäftigt sich der vierte Teil mit „Kommunikation, Entscheidung, Verfahren – die Verwaltung als Entscheidungssystem" und in der „Staatswissenschaft"[17] geht es unter der Überschrift „Regierungslehre als Entscheidungslehre"[18] u.a. um die Entwicklung „Von den Fürstenspiegeln über die Lehre von der Staatsräson als Staatsklugheitslehre zu Public Governance". Auf dieses weite Terrain der Rechtswissenschaft auch als Entscheidungswissenschaft ist mehrfach zurückzukommen, u.a. unter der Fragestellung, ob das „Rationalitätsversprechen des modernen Staates"[19] eigentlich als einlösbares Versprechen gelten kann.

Juridisches Wissen als Regelwissen

Der vierte Treffraum hat es mit einem *Verständnis von Rechtswissenschaft als Regelungswissenschaft* zu tun und mit einem Typ von Wissen, den ich – im Anschluss an Thomas Vesting[20] – als *Regelwissen* bezeichnen möchte. Dabei geht es mir nicht so sehr um den wichtigen und von Karl-Heinz Ladeur

---

14 Schuppert/Voßkuhle, Fußnote 7, S. 277/278.
15 Begriff bei Torsten Strulick, Cognitive Governance. Beobachtungen im Kontext der Risikosteuerung des globalen Finanzsystems, in: Schuppert/Voßkuhle, Fußnote 7, S. 78–109.
16 Verwaltungswissenschaft. Verwaltung, Verwaltungsrecht, Verwaltungslehre, Baden-Baden 2000.
17 Staatswissenschaft, Baden-Baden 2003.
18 Ebenda, S. 370 ff.
19 Formulierung bei Andreas Voßkuhle, Das Konzept des rationalen Staates, in: Schuppert/Voßkuhle, Fußnote 7, S. 13 ff.
20 Thomas Vesting, Die Medien des Rechts: Sprache, Weilerswist 2011, S. 84 ff.

Eine autobiografisch gefärbte Einleitung

wie immer klug behandelten Aspekt der „*Erzeugung von Wissen durch Regelbildung*"[21], sondern um die von mir schon seit längerem erhobene Forderung, die bisherige Fokussierung der Rechtswissenschaft auf das staatliche Recht zu überwinden und sich als eine Regelungswissenschaft zu verstehen[22], die die ganze Bandbreite der „World of Rules"[23] zu erfassen vermag. Sieht man die Sache so, dann liegt es nahe, *juridisches Wissen* in einem weiteren Sinn *als Regelwissen* zu verstehen. Mit diesem Begriff knüpfe ich an eine Unterscheidung an, die Thomas Vesting für den Bereich des von ihm so genannten „praktischen Wissens" vorgenommen hat, und zwar in *Können* einerseits und *Regelwissen* andererseits. Die entsprechende Passage soll dem Leser nicht vorenthalten werden, da diesem von Vesting erläuterten Begriff des Regelwissens für die von mir vorgeschlagene Konzeptualisierung von Rechtswissenschaft als Regelungswissenschaft eine zentrale Bedeutung zukommt und daher auch von mir für das hiermit vorgelegte Buch flugs adoptiert worden ist; in dieser Passage heißt es wie folgt:

> „Praktisches Wissen lässt sich weiter in Können (im engeren Sinn) und Regelwissen unterteilen. »Können« meint in diesem ganz engen Sinn technische Kunstfertigkeit, das Wissen des erfahrenen Handwerkers oder Praktikers, der weiß, wie es geht, wie man ein Haus baut, eine Lanze schmiedet, Kithara spielt, Schuhe macht, eine Vase herstellt, einen Airbus 380 fliegt oder die mechanische Bosch-Sechsstempelpumpe eines frühen Porsche 911 S so einstellt, das sie hinterher einwandfrei funktioniert. »Regelwissen« stünde demgegenüber für die *Kenntnis von praktischen Verhaltensmustern, Konventionen, sozialen Normen und Regeln aller Art*, etwa für das Wissen um die Maßgaben des Richtigen und Guten, beispielsweise das Wissen um die Beachtung bestimmter Tabus und Verbote, die Cousine nicht zu verführen, Pflichten ernst zu nehmen, für Ratschläge Anderer offen zu sein oder auf Fragen zu antworten. Man könnte auch den richtigen Blick des Haus-

---

21 Karl-Heinz Ladeur, Negative Freiheitsrechte und gesellschaftliche Selbstorganisation. Zur Erzeugung von Sozialkapital durch Institutionen, Tübingen 2000, S. 103 ff.
22 Ausführlich dazu Gunnar Folke Schuppert, Governance und Rechtsetzung. Grundfragen einer modernen Regelungswissenschaft, Baden-Baden 2011.
23 Näher dazu Gunnar Folke Schuppert, The World of Rules. Eine etwas andere Vermessung der Welt. Max Planck Institute for European Legal History Research Paper Series No. 2016–01, Frankfurt 2016; in englischer Sprache unter dem Titel "The World of Rules. A Somewhat Different Measurement of the World", Global Perspectives on Legal History. Vol. 10 (2017), online verfügbar: https://www.rg.mpg.de/gplh_volume_10.

vaters auf seine Kinder oder die Orientierung des Staatslenkers an ethischen Tugenden als Beispiele nennen, also etwa das, was man im Kontext der griechischen und römischen Antike eben »Klugheit« genannt hat (gr. metis, phronesis, lat. prudentia). Auch Können und Regelwissen sind an praktische Erfahrung gebunden: So wie im Fall von technischem Können das Intelligible in der jeweiligen Kunstfertigkeit inkorporiert ist und nicht von seinem praktischen Vollzug getrennt werden kann (der Weinkenner muss permanent Wein probieren und seine Urteilskraft an den Reaktionen anderer Weinkenner überprüfen, wenn er weiter Weinkenner bleiben will), ist auch Regelwissen von praktischer Erprobung und Bewährung abhängig."[24]

Bei dem weiteren Nachdenken darüber, wie dieser von mir als Schlüsselbegriff angesehene Begriff des Regelwissens weiter aufgefächert werden könnte, habe ich die folgenden fünf Unterfälle von Regelwissen identifiziert, die ich an dieser Stelle kurz vorstellen möchte:

Regelwissen als Ritualwissen
Mit dem von mir so genannten Ritualwissen zu beginnen, rechtfertigt sich daraus, dass als wichtigstes Definitionsmerkmal von Ritualen ihre Regelhaftigkeit gilt:

„Rituale sind geformt und wiederholen sich; das heißt, sie spielen sich immer wieder in bestimmten, gleichen oder ähnlichen Formen ab. Das ist der Kern dessen, was Rituale ausmacht: Sie folgen einer standardisierten äußeren Form und sind daher erwartbar und wiedererkennbar. Das heißt, *es gibt bestimmte Regeln*, wie ein Ritual formal ‚richtig' abläuft, welche Gesten, Worte und Umstände korrekt und welche Akteure für das rituelle Handeln kompetent sind. Wie die Normierung der Formen beschaffen ist, kann ganz unterschiedlich sein: Es kann sich um eine stillschweigende, implizite, allein im Handeln selbst erfahrbare Regelmäßigkeit handeln oder um eine schriftliche Normierung in Form eines festen Ritualskripts. Diese Standardisierung entlastet von der Wahl zwischen prinzipiell unendlich vielen möglichen Handlungsweisen und sorgt so für Erwartungssicherheit und *dauerhafte* Struktur."[25]

---

24 Vesting, Fußnote 20, S. 86.
25 Barbara Stollberg-Rilinger, Rituale, Frankfurt am Main 2013, S. 9.

Eine autobiografisch gefärbte Einleitung

Alle Akteure, die für die Zelebrierung von Ritualen Verantwortung tragen, bedürfen daher des für den einwandfreien Ablauf des jeweiligen Rituals benötigten Regelwissens, das ich als Ritualwissen bezeichnen möchte. Gleichzeitig lernen wir eine bisher noch nicht diskutierte Art von Governancekollektiven kennen, nämlich Governancekollektive als Ritualgemeinschaften: „In der Regel werden Rituale vor einer gewissen Öffentlichkeit oder zumindest vor bestimmten Zeugen aufgeführt. Öffentlichkeit ist dabei relativ zu verstehen; gemeint ist die Öffentlichkeit der jeweiligen Ritualgemeinschaft."[26] In genau dieselbe Richtung argumentiert Dominik Fugger, wenn er den Gemeinschaftscharakter von Ritualen wie folgt hervorhebt: „Im voll entwickelten Ritual ist das Symbol ein solches, das sich auf die ideale Verfaßtheit der Ritualgemeinschaft bezieht, auf ihren von den Betroffenen geteilten und in der Ritualübung akzeptierten Grund ihres Zusammenhalts. Das gilt für die Wahl des amerikanischen Präsidenten (Demokratie), für die Krönung des mittelalterlichen Königs, für die Eheschließung wie für ein frühneuzeitliches Festritual. Das gilt für die Beichte wie für die Hexenverbrennung."[27]

Auch der Gottesdienst ist eine sich nach festen Regeln vollziehende Veranstaltung. Seine Abhaltung erfordert daher ein spezifisches Regelwissen, das man als liturgisches Wissen als einen Unterfall religiösen Wissens bezeichnen kann. Welche Bedeutung dem Regelwerk der Liturgie zukam und zukommt, lässt sich besonders gut an dem Medienereignis der Reformation[28] veranschaulichen, einer Reformbewegung, die sich konsequenterweise auch auf die Gestaltung der Liturgie auswirken musste; bei Udo Wennemuth heißt es dazu in seinem Beitrag „Ordnung und Liturgie" wie folgt: „In der Liturgie der reformatorischen Kirche spielen neben biblischen Texten und Predigt auch Gebete und Gesänge eine zentrale Rolle. Während sich die reformierten Kirchen lange Zeit mit gesungenen Psalmen begnügten, nutzte das lutherische Kirchenwesen die *neue Gattung des Kirchenliedes*, um zentrale Inhalte reformatorischer Lehre in anschaulicher und gut aufzunehmender Form nahezubringen. So wird das in Gesangbüchern zusammengestellte Kirchenlied, [...] nicht nur zur Vermittlerin evangelischen Lehrverständnisses, sondern ist zugleich Ausdruck der Betei-

---

26 Ebenda, S. 10.
27 Dominik Fugger, Symbol, Handlung, Erfahrung. Perspektiven auf das Ritual als Gegenstand soziologischer Theoriebildung, Archives européennes de sociologie 52 (2011), S. 393–421, hier S. 415.
28 Gunnar Folke Schuppert, Reformation als Medienereignis, Vortrag im Rahmen der Ringvorlesung der Universität Erfurt im Sommersemester 2017, Manuskript.

ligung der mündigen Gemeinde am Gottesdienst, so wie vielerorts Presbyterien als Teilhaber an der Leitung des neuen Kirchenwesens entstehen."[29]

Regelwissen als Konventionen-Wissen
Nicht nur Rituale verlangen nach bestimmten Regeln, die für ihr „Gelingen" entscheidend sind. Dies gilt auch – worauf jüngst Thomas Duve aufmerksam gemacht hat[30] – für die *Produktion von Normen*, weil solchen Prozessen der Normproduktion – jedenfalls in Weltgegenden und Zeitabschnitten, die nicht so wohlgeordnet sind wie moderne Rechtsstaaten – „Hintergrundregeln" zugrunde liegen, die man als *Konventionen*[31] bezeichnen kann; bei Thomas Duve heißt es dazu in zitierenswerter Weise wie folgt:

„Solche Konventionen – und in einer changierenden Unterscheidung auch die vielfach thematisierten *implicit oder tacit knowledges* – gewinnen in der rechtsgeschichtswissenschaftlichen Analyse besondere Bedeutung, wenn normative Ordnungen untersucht werden, bei denen die Normerzeugung eben nicht um verhältnismäßig geringe Spielräume lassende Normencorpora zentriert ist, sondern in denen andere, stärker prozesshafte Praktiken der Normerzeugung vorherrsch(t)en oder keine Differenzierung juridischer und anderer, etwa religiöser, Normerzeugung zu beobachten ist. Sie werden in einer technisch ausdifferenzierten und durch Ausbildung, Kommunikation und Anwendungsregeln standardisierten Praxis der Rechtsfindung wie etwa im Straf- oder Verwaltungsrecht der Bundesrepublik vielleicht auch eine geringere Bedeutung für die rechtsgeschichtswissenschaftliche Analyse haben als in der indigenen Justiz in amerikanischen Missionskontexten des 16. Jahrhunderts oder im Prozess der Aneignung europäischer Rechtsvorstellungen in Russland oder Asien des ausgehenden 19. Jahrhunderts. Viele dieser bis in die materiale Dimension hineinreichenden und praxeologisch zu erfassenden *Kontexte der Wissensproduktion*

---

29 Udo Wennemuth, Ordnung und Liturgie, in: Annika Stello/Udo Wennemuth (Hrsg.), Die Macht des Wortes. Reformation und Medienwandel, Regensburg 2016, S. 143.
30 Thomas Duve, Was ist „Multinormativität"? – Einführende Bemerkungen, in: Rechtsgeschichte/Legal History 25 (2017), S. 8.
31 Siehe dazu mit weiteren Nachweisen Rainer Diaz-Bone, Recht aus konventionstheoretischer Perspektive, in: Lisa Knoll (Hrsg.), Organisationen und Konventionen. Die Soziologie der Konventionen in der Organisationsforschung, Wiesbaden 2015, S. 115–133.

werden herkömmlicherweise in der rechts(geschichts)wissenschaftlichen Forschung in die black box der »Rechtskultur« verwiesen. Was das konkret ist, weiß niemand. Lässt sich Normerzeugung, so eine gerade für die Suche nach einer Methode für eine Rechtsgeschichte in globalhistorischer Perspektive leitende Überlegung, nicht angesichts der wichtigen Einsichten im Zuge des »practice turn« etwas differenzierter beschreiben? Können wir nicht bestimmte Konventionen, aber auch Praxisformen und deren implizite Normen, jeweils für bestimmte (natürlich selbst wieder fluide) epistemische Gemeinschaften herausarbeiten?"[32]

Regelwissen als Verfahrenswissen
Verfahrensregeln sind für die Herstellung der Entscheidungs- und Handlungsfähigkeit von Governancekollektiven jeder Art von so entscheidender Bedeutung, dass man das darauf bezogene Verfahrenswissen genauso gut unter der Überschrift „*Verfahrenswissen als Herrschaftswissen*" behandeln könnte; uns aber geht es hier um Verfahrenswissen als Regelwissen, was nicht bedeuten muss, die politische Dimension von Verfahrensregeln auszublenden, die ihnen sowohl in der Vormoderne wie in der Moderne zweifellos zukommt.

Was zunächst die Vormoderne angeht, so kommt einem natürlich das von Barbara Stollberg-Rilinger herausgegebene Buch über „Vormoderne politische Verfahren"[33] in den Sinn, in dessen Einleitungsbeitrag sie sich eindringlich mit der Bedeutung von Verfahrensregeln für die Herstellung eines Kollektivs als „organisierter Entscheidungs- und Wirkungseinheit"[34] beschäftigt hat; wenn sich dies aber so verhalte, rücke – wie sie zu Recht hervorhebt – die zentrale Rolle von *Verfahrensautonomie* in den Vordergrund:

„Zur Unterscheidung und Erklärung verschiedener Verfahrenstypen möchte ich (in Anlehnung an Luhmann) das Kriterium der Verfahrensautonomie vorschlagen. Unter dem *Druck kollektiven politischen Handlungsbedarfs* (etwa zur Abwehr gemeinsamer äußerer Feinde, *Lösung gemeinschaftlicher Ordnungsprobleme*, Aufbringung dazu nötiger Finanzmittel etc.) kann es erforderlich sein, Verfahren auszubilden, die

---

32 Duve, Fußnote 30, S. 9/10.
33 Berlin 2001.
34 So die berühmte Staatsdefinition von Herrmann Heller, Staatslehre (1934), Herausgegeben von Gerhard Niemeyer, 4. Aufl., Leiden 1970.

gemeinsame Entscheidungsfindung und Konfliktregelung ermöglichen (in der Sprache der frühen Neuzeit: *Verfahren zur Formierung eines politischen Körpers mit einem einheitlichen Willen*). Wenn politische Verfahrensformen dazu taugen sollen, Entscheidungen hervorzubringen, die von allen Beteiligten als verbindlich akzeptiert werden, und damit – auch ohne oder mit nur mangelhaften exekutiven Zwangsmitteln – kollektive Handlungsfähigkeit herzustellen, wenn also politische Verfahrensformen eine solche *Autorität* erwerben sollen, bedürfen sie unter anderem einer gewissen strukturellen Autonomie, d. h. einer gewissen Selbständigkeit gegenüber den Strukturen der sie umgebenden (in diesem Fall ständisch, hierarchisch und korporativ strukturierten) Umwelt."[35]

Was nun die Moderne angeht, so können wir einen Blick auf den das Verhältnis von Macht und Recht so gekonnt ausbalancierenden Typus des Verfassungsstaates werfen, dessen Sprache als eine *„language of rules and procedures"* charakterisiert werden kann; wie Arthur Benz zutreffend hervorgehoben hat, bedürfe es bestimmter Regeln, die das dialektische Verhältnis von Macht und Recht *organisieren*:

„Der Begriff des Rechts verweist [...] auf spezifische Merkmale der Institutionen wie der institutionenpolitischen Prozesse: Wenn der Staat als Rechtsordnung institutionalisiert ist, so müssen auch politische Prozesse, welche diese Ordnung konstituieren und verändern, nach *Regeln* ablaufen, dürfen also jedenfalls nicht der Willkür Einzelner oder mächtiger Gruppen unterliegen. *Auch demokratische Prozesse müssen Regeln gehorchen*, nach denen die Vielzahl der Einzelwillen zu einem kollektiven Willen transformiert wird. Damit stellt sich die Frage, nach welchen Regeln politische Verfahren ablaufen, in denen diese Rechtsordnung des Staates gesetzt wird. Was legitimiert diese Regeln und in welchen Prozessen werden sie bestimmt und in Kraft gesetzt?"[36]

Regelwissen als Kenntnis der jeweiligen Spielregeln
Wenn im Folgenden von Spielregeln die Rede ist, so bewegt mich dabei nicht die interessante Frage, ob Spielregeln – wie etwa die des Schachspiels

---

35 Barbara Stollberg Rilinger, Einleitung, in: dieselbe (Hrsg.), Vormoderne politische Verfahren, Berlin 2001, S. 9f.
36 Arthur Benz, Selbstbeschränkung des Souverän: Der Staat als Rechtsordnung, in: Michael Becker/Ruth Zimmerling (Hrsg.), Politik und Recht, Wiesbaden 2006, S. 143.

Eine autobiografisch gefärbte Einleitung

– als „Recht" im juristischen Sprachgebrauch qualifiziert werden können; dazu mag auf die erhellenden Überlegungen verwiesen werden, die Andreas von Arnauld dazu angestellt hat.[37] Uns interessiert viel mehr, ob und wie sich *Spielregeln als Bestandteil der Konfliktkultur einer Gesellschaft*[38] in das in der Wissenssoziologie so prominente Gegensatzpaar von *explizitem* bzw. *implizitem Wissen* einpassen lassen kann. Dazu findet sich Nachdenkenswertes in den Arbeiten des Mittelalter-Historikers Gerd Althoff, der sich intensiv mit „Rechtsgewohnheiten und Spielregeln der Politik im Mittelalter"[39] beschäftigt hat.

Nach Althoff hatten die mittelalterlichen Spielregeln, die er im Sinn hat, die Funktion, eine – im Idealfall – *konfliktfreie Kommunikation* zu ermöglichen, dienten also vor allem der *Konfliktprävention*; sie bildeten kein ausgefeiltes oder gar nachlesbares Normensystem sondern gehörten zum *impliziten Wissen* einer rang- und ehrbewussten Gesellschaft:[40]

> „Die Einhaltung dieser Spielregeln ermögliche [...] konfliktfreie Kommunikation in einer rang- und ehrbewussten Gesellschaft. Sie regelten etwa die Formen, in denen Begegnungen stattzufinden hatten, sei es von Gleichrangigen oder von Personen unterschiedlichen Ranges. Spielregeln lenkten aber auch die Verfahren der Konsensherstellung oder der Konfliktbeendigung. Sie steuerten insgesamt wichtige Bereiche der Etablierung und Aufrechterhaltung von Ordnung, durchaus vergleichbar den Rechtsgewohnheiten. Auch sie waren nicht schriftlich fixiert und bildeten kein abstrakt generelles Normensystem[...]
> Für die mündlich kommunizierten und tradierten Rechtsgewohnheiten wie die Spielregeln der Politik ist [...] charakteristisch, dass sie *implizit bleiben*, bis sie im Bedarfsfall gefunden und angewandt werden.

---

37 Andreas von Arnauld, Normativität von Spielregeln, in: derselbe (Hrsg.), Recht und Spielregeln, Tübingen 2003, S. 17–36.

38 Zur Konfliktkultur als Bestandteil der politischen Kultur einer Gesellschaft siehe ausführlich Gunnar Folke Schuppert, Politische Kultur, Baden-Baden 2008, S. 465ff.

39 Vor allem in seinem Buch „Spielregeln der Politik im Mittelalter. Kommunikation in Frieden und Fehde" von 1997; zitiert wird im Folgenden aus seinem Ringvorlesungsvortrag „Rechtsgewohnheiten und Spielregeln der Politik im Mittelalter", in: Niels Jansen/Peter Oestmann (Hrsg.), Gewohnheit. Gebot. Gesetz. Normativität in Geschichte und Gegenwart: Eine Einführung, Tübingen 2011, S. 27–52.

40 Instruktiv und anschaulich zu der in einer rangbewussten Gesellschaft praktizierten Umgangsregeln Daniel Kehlmann, Tyll, Reinbek bei Hamburg 2017.

Ob die mittelalterlichen Zeitgenossen sie als Normensysteme im Kopf hatten, ist mehr als fraglich."[41]

Die Spielregeln mittelalterlicher Konfliktkommunikation waren also zwar wirkmächtig, aber *nirgendwo explizit formuliert*; als Standesgenossen war man sich ihrer aber bewusst und befolgte sie weitgehend:

> „Er (der Begriff »Spielregeln der Politik«, G.F.S.) sucht ganz ähnlich wie der Begriff Rechtsgewohnheit dem Tatbestand Rechnung zu tragen, dass das Verhalten von Akteuren sowohl in der mittelalterlichen Öffentlichkeit als auch in informell vertraulichen Bereichen der Kommunikation offensichtlich von Mustern bestimmt wurde, die *nirgendwo explizit* formuliert waren, sondern auf Grund von Erfahrung und Praxis der kollektiven Erinnerung präsent blieben und benutzt wurden und benutzt werden mussten, wenn man Konflikte vermeiden wollte. Im Zweifelsfall verständigte man sich darauf, welche *Spielregel* befolgt werden sollte. In vielen Fällen war dies aber nicht nötig, weil die *Spielregeln für Standardsituationen* bekannt waren. Der Geltungsanspruch solcher Spielregeln war ähnlich hoch wie der von Rechtsgewohnheiten, wie man leicht an Fällen sehen kann, in denen gegen solche Spielregeln verstoßen wurde. Dann kam es nämlich zu bewaffneten Konflikten oder auch zu Hinrichtungen."[42]

Regelwissen als Weltwissen
Nicht nur den Begriff des Regelwissens, sondern auch den Begriff des *Weltwissens* verdanke ich Thomas Vesting, der dieser Art des *Orientierungswissens* vor allem in oralen Kulturen eine besonders wichtige Rolle zuschreibt:

> „Zu den Formen und Typen des Wissens, die in einer praktischen Kultur mitlaufen, gehören »Weltwissen« wie »Sprachwissen«. Damit ein haltbares Band von Kultur und Gesellschaft geflochten werden kann, bedarf es schon in oralen Kulturen eines ständigen Austauschs von *geteilten Annahmen über den Aufbau der Welt*, eines Netzwerks von »Weltwissen«, das den Dingen, Personen, Geschehnissen und Handlungen jeweils eine Stelle im Universum zuweist und damit *eine begrenzte, vertraute Welt schafft*, im Unterschied zu einem gemeinsamen »Sprachwis-

---

41 Althoff, Fußnote 39, S. 31.
42 Ebenda, S. 31.

sen«, das für das Sprechen und Verstehen von Lautsprache und Gesten vorausgesetzt werden muss."[43]

Ein solches tradiertes, wiederum nicht explizit ausformuliertes Wissen ist – wie Vesting u.E. zutreffend herausarbeitet – zentral für die *Orientierung in der Welt* und ermöglicht so etwas wie „*Weltvertrauen*":

> „Wissen über Normen sozialen Verhaltens und das gruppenbezogene Wissen über die Grenzen und Strukturen der gemeinsamen Welt gehen ineinander über und sind letztlich ununterscheidbar. Dem Begriff des praktischen Wissens kommt aber auch für die Beschreibung oraler Kulturen eine zentrale Bedeutung insofern zu, als alles Wissen hier eine unmittelbar praktische (anthropologische) Funktion hat und in dieser Perspektive erschlossen werden muss: Wissen erwächst aus der Notwendigkeit des Suchens und Findens funktionierender Lösungen, es *dient der Bewältigung einer nicht beherrschbaren Welt*, nicht aber folgt Wissen aus einem Interesse an einem sicheren und unerschütterlichen Fundament der Wissensgenerierung; sicheres Wissen, Gewissheit, ist stets Produkt von Schriftgelehrsamkeit. In diesem Sinn ist die Reproduktion oraler Kulturen und Gesellschaften von der Tradierung praktisch relevanten Wissens abhängig, auch davon, ein *breites Band an gemeinsam geteilten Bedeutungen* sicherzustellen, ein relativ festes »Set« von *Glaubensvorstellungen, Orientierungen und Erwartungen*, an denen das kollektive und individuelle Leben ausgerichtet werden kann. Für den Fall des archaischen Griechenlands ist es gut belegt, dass diese Art der Herstellung von »Weltwissen« und »Weltvertrauen« eine der zentralen Funktionen der epischen Dichtung war."[44]

So weit, so gut; wir möchten aber an dieser Stelle den gedanklichen Ansatzpunkt von Thomas Vesting gerne noch etwas weiter verfolgen und von dem von Vesting im Singular verwendeten Begriff der Welt zu den verschiedenen *Welten des Rechts* fortschreiten und dazu einen Ausflug in den Kosmos des *Rechtspluralismus* unternehmen.

Der Begriff des Rechtspluralismus[45] beinhaltet – wie Ralf Seinecke mit großer Klarheit herausgearbeitet hat[46] mehr als nur

---

43 Thomas Vesting, Die Medien des Rechts: Sprache, Weilerswist 2011, S. 81/82.
44 Ebenda, S. 93.
45 Siehe dazu nunmehr die differenzierte Darstellung bei Thomas Duve, Was ist Multinormativität – Einführende Bemerkungen, in: Rechtsgeschichte/Legal History 25 (2017), S. 2–15.
46 Ralf Seinecke, Das Recht des Rechtspluralismus, Tübingen 2015.

- die Kollision von in einem „social field" ko-existierenden materiellen Recht
- den Konflikt rechtsförmiger Institutionen
- die Konkurrenz von Recht/Nicht-Recht oder
- die unterschiedlichen Traditionen in einer Rechtsordnung, sondern

die Koexistenz und das Interagieren von verschiedenen *Welten des Rechts*. Demnach hätten wir in Zukunft nicht von der Welt und dem auf sie bezogenen *Weltwissen* zu sprechen, sondern von *unterschiedlichen Rechtswelten* und vom Regelwissen als dem entsprechenden *Rechtswelten-Wissen*.

Jede Rechtsgemeinschaft – so könnte man zuspitzend formulieren – hat und lebt in ihrer spezifischen Rechtswelt:

> „Es gibt viele solcher Rechtswelten. Sie unterscheiden sich nach Zeit und Ort der Rechtsgemeinschaft. Das Mittelalter lebt andere Rechtswelten als die Moderne. Der globale Norden formuliert andere Nomoi als der Süden. Die Rechtswelt unseres westlich modernen Rechts wird z.B. von Ideen wie Freiheit, Demokratie und Rechtsstaat konstituiert. Zwar schlagen diese Rechtsideen sich auch in konkreten Normen und Texten nieder. Ihr Gehalt aber geht über Text und Dogmatik hinaus. Sie spannen eine Brücke von der »Welt, die ist«, in eine »Welt, die sein könnte«. Sie prägen die Identität einer Rechtsgemeinschaft und formulieren ihre Visionen."[47]

Legal Knowledge als Bestandteil einer globalen Wissensgeschichte

Der fünfte und letzte hier vorzustellende Treffraum hat mit der *Rolle des Rechtswissens in einer globalen Wissensgeschichte* zu tun. Damit hat es die folgende Bewandtnis: vom 7. bis 9. Juli 2016 nahm ich an einer Konferenz zum Thema „Towards a Global History of Ideas" teil, die am Erfurter Max-Weber-Kolleg von Martin Mulsow und Benjamin Steiner organisiert wurde. Auf dieser Konferenz behandelten die Referenten auch Themen der globalen Wissensgeschichte, nämlich

- Jürgen Renn (Berlin): The Globalization of Knowledge in History – the Perspective of Historical Epistemology
- Dominic Sachsenmaier (Göttingen): Hierarchies of Knowledge and the Perspective of a Global History of Knowledge

---

47 Ebenda, S. 6.

Eine autobiografisch gefärbte Einleitung

– Kapil Raj (Paris): Networks of Knowledge, or Spaces of Circulation? Conceptualizing Early-Modern Knowledge-Making and Exchange.

"Legal knowledge" kam als Thema auf der Konferenz nicht vor. Dies passte zu dem von mir an anderer Stelle erhobenen Befund, dass auch in der globalen Ideengeschichte zentrale genuin juridische und ideengeschichtlich durchaus wirkmächtige Konzepte und Ideen wie etwa Souveränität, Verfassung oder Gewaltenteilung nur eine marginale Rolle spielen, was mich dazu veranlasst hat, ein kleines Buch mit dem Titel „Eine globale Ideengeschichte in der Sprache des Rechts" vorzulegen[48].

In Anknüpfung daran wurde mir bewusst, dass drei Themenkomplexe nach wie vor einer genaueren Erforschung bedürfen:
– Wie kann das Verhältnis von Wissen und Recht beschrieben und analysiert werden?
– Gibt es ein spezifisches rechtliches Wissen und wenn ja, wie ist es beschaffen?
– Welche Rolle spielen Recht und Rechtswissen in einer zu schreibenden globalen Wissensgeschichte?

Mit diesen Fragen soll mein Streifzug durch die vorzustellenden fünf Treffräume beendet sein; denn es erscheint an der Zeit, das erste nun folgende Kapitel in Angriff zu nehmen, das als Vorbereitung für die von mir geplante Reise in die Welt des Wissens dienen soll.

---

48 Erscheint als Discussion Paper des Max-Planck-Instituts für europäische Rechtsgeschichte (Winter 2018/19).

Erstes Kapitel: Was man bei einer Reise in die Welt des Wissens bedenken sollte
– Ein wissenssoziologischer Reiseführer –

Für die meisten von uns beginnt das Reisevergnügen bereits mit dem Erwerb eines Reiseführers, in dem vieles Wissenswerte zu finden ist, angefangen von Informationen über Land und Leute, über Empfehlungen und Warnungen bis zu kulturellen Hinweisen, z. B. darüber, ob ein Trinkgeld üblich ist und – wenn ja – in welcher Höhe. Beim Durchblättern des Reiseführers meinen viele bereits die Gerüche eines orientalischen Basars zu schnuppern oder das von einer italienischen Großfamilie erzeugte Stimmengewirr zu hören. Diese Art von Vorfreude zu fördern, ist nicht das primäre Ziel des nachstehenden kleinen Reiseführers; vielmehr geht es um die skizzenhafte Vermittlung von *Basiswissen über Wissen*, um die im nächsten Kapitel zu unternehmende Reise in die Welt des Wissen mit gewissen Grundkenntnissen antreten zu können. Bei den Überlegungen, was in einem solchen, quasi für die Handtasche geeigneten wissenssoziologischen Reiseführers aufgenommen werden sollte, habe ich fünf Punkte identifiziert, die meines Erachtens zu diesem Basiswissen zu rechnen wären.

Wissen ist kein Hausschatz und Daten sind kein Rohöl

Wenn man anfängt, sich mit der Welt des Wissens zu beschäftigen, so wird man alsbald gewahr, dass das schöne Bild von einem, der auszog, sich mit Fleiß und Bedacht einen großen und vermeintlich wertvollen Wissensschatz anzulegen, um sodann mit großer Gelassenheit der zunehmenden Komplexität unserer Welt die Stirn zu bieten, ein Bild ist, das sich in einem Märchenbuch gut machen würde, der Realität aber nicht standhält. Schon ein flüchtiger Blick in die Arbeiten Peter Burkes belehrt uns, dass Wissen ganz offenbar die Eigenschaft hat, sich explosionsartig zu vermehren[49] und daher die Hoffnung, die angehäufte Wissenschaft möge für ewig oder auch nur lange reichen, eine trügerische Hoffnung ist.

---

49 Peter Burke, Die Explosion des Wissens. Von der Encyclopédie bis Wikipedia, Berlin 2012.

Vermehrt sich aber Wissen pausenlos und mit atemberaubender Geschwindigkeit, so muss – wie Ino Augsberg zutreffend anmerkt – „von einem *possessiven, besitzbezogenen Konzept des Wissens* […] auf ein *dynamisches, prozessuales Verständnis* umgeschaltet werden"[50]. „Wissen bezeichnet" – so heißt es bei ihm weiter – „keinen statischen Bestand an scheinbar feststehenden Erkenntnisse und Erfahrungsschätzen, sondern einen kontinuierlichen Prozess, in dem fortlaufend Erfahrungen der Vergangenheit mit neuen Informationen und Erkenntnissen abgeglichen und auf ihre etwaige fortdauernde Validität überprüft werden"[51]. Wir haben es also – dies wäre der erste Baustein des zu vermittelnden Basiswissens – mit einem *dynamischen Wissenskonzept* zu tun; darauf wird noch mehrfach zurückzukommen sein.

Da wir nun alle in einer Welt von „Big Data"[52] leben, einer Welt, in der Wissen zunehmend auf der Erhebung und Verarbeitung von Daten beruht, scheint es mir angezeigt zu sein, in einem Reiseführer „Basiswissen über Wissen" auch einen Blick auf die *Besonderheiten von Daten* zu werfen. Das können wir dadurch tun, dass wir uns von Wolfgang Hoffmann-Riem erklären lassen, warum Daten kein Rohöl sind[53] und worin die Unterschiede zwischen Rohöl und digitalen Daten bestehen; ich zitiere diese Erläuterung hier in voller Länge, da sie nicht nur anschaulich, sondern ausgesprochen lehrreich ist:

- „Anders als Erdöl oder Erdgas können Daten in Sekundenschnelle produziert werden und der Vorrat an digitalen Daten ist in der Informationsgesellschaft grundsätzlich nicht begrenzt. Insbesondere wird bei der Datenverarbeitung nicht auf einen »Schatz« zurückgegriffen, der in unendlicher Vorzeit gebildet worden ist. Vielmehr wird der Vorrat an Daten täglich weltweit erweitert – und zwar einerseits durch jene, die die Vorteile der Digitalisierung nutzen und dabei immer neue Daten produzieren, aber auch dadurch, dass Daten ohne oder gegen den Willen Betroffener erhoben werden.
- Daten verbergen sich nicht in tiefen Schichten des Gesteins und bedürfen keiner komplizierten oder gar gefahrträchtigen Bohrungen. Sie gibt es praktisch überall und sie lassen sich technisch leicht erfassen und

---

50 Ino Augsberg, Informationsverwaltungsrecht. Zur kognitiven Dimension der rechtlichen Steuerung von Verwaltungsentscheidungen, Tübingen 2014, S. 37.
51 Ebenda, S. 46.
52 Viktor Mayer-Schönberger/Kenneth Cukier, Big Data: A Revolution That Will Transform How We Live, Work and Think, London 2013.
53 Bezugnahme auf Malte Spitz, Daten. Das Öl des 21. Jahrhunderts? Nachhaltigkeit im digitalen Zeitalter, Hamburg 2017.

speichern. Weltweit gibt es eine Vielzahl kleiner und großer »Tanks« für Daten – vom einzelnen Computer über die Datenbanken diverser Unternehmen und staatlicher Instanzen bis hin zu den Großrechnern der Cloudanbieter. Die meisten Tanks dieser Art werden von Tag zu Tag voller und der Wert auch vieler schon vorhandener Datenschätze steigt durch Nachfüllen und durch neue Methoden der Auswertung. Gleiches gilt für den Wert der nachgefüllten Daten im Kontext der schon vorhandenen.
– Rohdaten müssen ähnlich wie Rohöl verarbeitet werden, um nutzbar zu sein. Überall gibt es kleine, aber auch große »Raffinerien« für Daten, darunter auch solche in der Hand besonders mächtiger, nämlich globaler Player wie Google oder Facebook oder spezieller Daten-Cloud-Unternehmen, aber auch staatlicher Instanzen wie der US-amerikanischen National Security Agency (NSA) oder anderer Geheimdienste. Die Verarbeitung der Daten schafft weiteres Wissen, das Macht vermittelt, nicht nur in ökonomischen Märkten, sondern zumindest potentiell in fast allen Bereichen gesellschaftlichen Handelns.
– So wie beim Rohöl durch Veredelung höherwertige Produkte entstehen können, so ermöglichen neuartige Techniken, etwa der Einsatz hochentwickelter Formen der künstlichen Intelligenz, neuartige »veredelte« Produkte mit neuem Mehrwert. Dabei können dieselben Daten – anders als Öl – unterschiedlichen »Veredelungen« zugeführt werden. Auch das »veredelte« Produkt kann als Rohstoff für weitere datenbezogene »Veredelungen« genutzt werden.
– Der Gebrauch von Daten – auch ihre legale und illegale Erhebung und Verarbeitung durch private Dritte oder staatliche Geheimdienste – bedeutet anders als bei Öl, Gas oder Benzin nicht ihren Verbrauch (sog. Nichttrivialität im Konsum). Durch Verarbeitung kann der Wert der Datenschätze sogar steigen und sie können zu vielen weiteren Zwecken genutzt werden. Im Laufe der Zeit können gewisse Daten allerdings ihre Aktualität bzw. Nutzbarkeit verlieren, gegebenenfalls in Zukunft im Kontext anderer Verwendungen aber doch wieder wichtig werden.
– Digitale Daten sind infolge ihrer Entstofflichung anders als Rohöl mit gewöhnlichen Augen nicht sichtbar, der Fluss und die Nutzung der Daten sind daher nicht oder nur mit besonderem technischen Aufwand für Dritte erkennbar. Ähnlich unsichtbar kann auch der mit der Verarbeitung und Nutzung zu gewinnende Mehrwert sind. Dies erleichtert

es den Unternehmen, diesen Mehrwert und gegebenenfalls damit zu erzielende Gewinne zu verheimlichen, etwa vor Steuerbehörden."[54]
Soweit unser erster Baustein.

Wissen ist nicht einfach abrufbar

Wissen ist – darin dürfte sich die entsprechende scientific community weitgehend einig sein – kein thesaurierbarer Bestand, den man einfach abrufen kann. Wissen wird in einem bestimmten sozialen Kontext und in der Regel für einen bestimmten Zweck generiert und in bestimmten sozialen Kontexten als mehr oder weniger verbindlich anerkannt[55], ist also immer *kontextgebundenes Wissen*, ein Befund, den Hans-Heinrich Trute für uns wie folgt zusammengefasst hat[56]:

> „Wissen entsteht durch die Einbindung von Information in einen weiteren *Kontext von Relevanzen*. […] Wissen lässt sich als eine Struktur verstehen, die aus einer Vielzahl von Beobachtungen kondensiert. Aber es ist *kein thesaurierter Bestand*, an den angeknüpft werden kann, sondern setzt eine Aktualisierung voraus. Es ist immer nur in je aktuelle Operationen (Kommunikationen) verfügbar. In diesem Sinne ist Wissen […] immer in soziale Kontexte eingebunden. Zu diesen trägt es bei, wird aber zugleich in diesen Kontexten aktualisiert, verändert und konfirmiert. Wir haben es […] beim Wissen mit dem Problem des Verhältnisses von Struktur zu Handlung / Operation / Kommunikation zu tun, welches wir in anderem Zusammenhang auch hinsichtlich der Normen herausgestellt haben."[57]

---

54 Wolfgang Hoffmann-Riem, Rechtliche Rahmenbedingungen für und regulative Herausforderungen durch Big Data, in: derselbe (Hrsg.), Big Data – Regulative Herausforderungen, Baden-Baden 2018, S. 17/18.
55 Wolfgang Hoffmann-Riem, Innovation und Recht. Recht und Innovation. Recht im Ensemble seiner Kontexte, Tübingen 2016, S. 303–366.
56 Hans-Heinrich Trute, Wissen – Einleitende Bemerkungen, in: Hans Christian Röhl (Hrsg.), Wissen – Zur kognitiven Dimension des Rechts, Die Verwaltung, Beiheft 9 (2010), S. 15.
57 Vgl. dazu Hans-Heinrich Trute/Doris Kühlers/Arne Pilniok, Governance als verwaltungswissenschaftliches Analysekonzept, in: Gunnar Folke Schuppert/Michael Zürn (Hrsg.), Governance in einer sich wandelnden Welt, Politische Vierteljahresschrift, Sonderheft 41, 2008, S. 600ff.

Erstes Kapitel: Was man bei einer Reise in die Welt des Wissens bedenken sollte

Zentralbegriff ist also der der *Wissensgenerierung*, zu dem es bei Ino Augsberg erläuternd wie folgt heißt:

„Wissensgenerierung ist [...] als Oberbegriff administrativer Erkenntnisprozesse zu verstehen, der im einzelnen etwa Verfahren der verwaltungsinternen Wissenserzeugung, der mit Hilfe spezifischer Übersetzungsprozesse erfolgenden Übernahme oder der Zurechnung fremden – und wiederum: verwaltungsinternen oder -externen – Wissens, sowie diverser Kombinationen dieser Formen selbständiger oder kooperativer Wissenserzeugung umfassen kann. Angesichts der *Fragmentierung moderner Wissensbestände* muss man sogar davon ausgehen, dass die Verfahren rein verwaltungsinterner Wissensproduktion eher die Ausnahme denn die Regel bilden und dass dieser Trend zum verstärkten Rekurs auf in der Gesellschaft vorhandene kognitive Kompetenzen sich künftig noch weiter verstärken wird."[58]

Diese vielfältigen Prozesse der Wissensgenerierung haben – worauf noch wiederholt zurückzukommen sein wird – eine verfahrensrechtliche, prozedurale und eine organisatorische Seite. Was zunächst die verfahrensrechtliche Dimension angeht, so heißt es dazu bei Christian Quabeck kurz und prägnant wie folgt: „Er (der Wissensbegriff, G.F.S.) kann in Bereichen mit besonders instabilen Wissensbeständen nur noch in Verbindung mit – prozeduralen – Strukturen gedacht werden [...], die eine ständige Überprüfung und situationsangepasste Weiterentwicklung der vorhandenen und neu hinzukommenden Informationen ermöglichen."[59]

Für die in Prozessen der Wissensgenerierung zukommende Rolle des Staates bedeutet dies, dass ihm zunehmend die Aufgabe obliegt, diese Prozesse verfahrensrechtlich und organisatorisch zu begleiten:

„Auch und gerade die Wissensgenerierung kann [...] nicht in ausschließlich bilateralen Verfahren erfolgen, sondern muss, um der dezentralen Struktur postmodernen Wissens zu entsprechen, auf die Bildung von Informationsnetzwerken durch Verknüpfung unterschiedlicher Teilnehmer- und Beobachterperspektiven setzen. Diese Perspektive impliziert zumal eine veränderte Position des Staates und seiner Organe in ihrer Rolle als Subjekt von auf Wissensmanagement bezogenen Prozessen. »Der Staat darf nicht länger als Verwalter von Wissens-

---

58 Augsberg, Fußnote 50, S. 47.
59 Christian Quabeck, Dienende Funktion des Verwaltungsverfahrens und Prozeduralisierung, Tübingen 2010, S. 193.

Erstes Kapitel: Was man bei einer Reise in die Welt des Wissens bedenken sollte

beständen gedacht werden, sondern muss vielmehr als Koordinator von wissensgenerierenden Diskursen konstruiert werden.«[60] Dabei kann das Ausprobieren wechselnder Diskursformationen innerhalb eines von vornehrein vielfältig konzipierten Wissensgenerierungsmodells in reflexiver Wendung zugleich selbst als Lerntechnik begriffen und damit gezielt zum Wissensaufbau genutzt werden. Gerade darin könnte ein Teil der staatlichen Koordinationsaufgabe liegen."[61]

Soweit zum zweiten Baustein des Basiswissens über Wissen.

Wissen ist komplexer geworden: vom polizeirechtlich zu bewältigenden frei herumlaufenden Löwen zur Notwendigkeit komplexer Wissensgenerierung

Burkard Wollenschläger hat in Anlehnung an einen vom OVG Hamburg entschiedenen Fall[62] die Frage aufgeworfen, welches Wissen die Polizei benötigt, wenn sie Hinweise erhält, wonach ein ausgewachsener Löwe durch die Straßen streune und nun entscheiden soll, wie sie vorzugehen hat; seine Antwort lautet wie folgt:

„Zunächst muss die Polizei in Kenntnis bringen, ob überhaupt ein Tier durch die Stadt streunt, wo es sich aufhält und ob es sich bei diesem um ein ausgewachsenes Raubtier handelt. Die Behörde muss also die notwendigen tatsächlichen Umstände ermitteln, die dem Sachverhalt zu Grunde liegen, sie muss das erforderliche *Sachverhalts- und Faktenwissen* ermitteln. Zum Einschreiten bedarf die Behörde einer Befugnisnorm. Davon muss die Polizei Kenntnis haben. Sie muss darüber hinaus wissen, welche Ermächtigungsgrundlage in Betracht kommt, welche tatbestandlichen Voraussetzungen vorliegen müssen, um ihr Handlungsbefugnisse einzuräumen, welche Ermessensgrenzen sie auf Rechtsfolgenseite zu berücksichtigen und welche Verfahrensschritte sie im Einzelnen einzuhalten hat. Allgemein gesprochen: Die Polizei benötigt die erforderlichen Rechtskenntnisse, sie benötigt *Norm- und Verfahrenswissen*."[63]

---

60 Burkard Wollenschläger, Wissensgenerierung im Verfahren, Tübingen 2009, S. 46.
61 Augsberg, Fußnote 50, S. 48/49.
62 OVG Hamburg, NJW 1986, S. 2005 ff.
63 Wollenschläger, Fußnote 60, S. 10.

Diese „wissensgemütlichen" Zeiten seien nunmehr vorbei:

„Für die Frage etwa, wie komplexe Ökosysteme auf die Freisetzung und das Inverkehrbringen gentechnisch veränderter Organismen reagieren, oder inwiefern von einer bisher nicht erprobten Chemikalie negative Auswirkungen auf den Naturhaushalt zu befürchten sind bzw. in welcher Weise äußerst dynamische Marktstrukturen, deren Fortentwicklung in ein derart komplexes, mit einfachen Kausalitätsbeziehungen nicht ausreichend einzufangendes Geflecht an wechselseitigen Interdependenzen eingebunden ist, auf die Einführung neuer Produkte reagieren, bzw. wann überhaupt von einem neuen Produkt und wann von einer bloßen Weiterentwicklung eines alten Produktes zu sprechen ist, steht der zur Entscheidung berufenen Behörde vielfach kein dem oben gebildeten Beispielsfall vergleichbares Erfahrungswissen zur Verfügung, auf das der Gesetzgeber die vollziehende Verwaltung durch inhaltlich determinierte, abstrakt generelle Normsetzung verweisen könnte und an dessen Maßstab eine Kontrolle der Verwaltung durch die Gerichte erfolgen könnte."[64]

Die Antwort auf diesen zu konstatierenden Wandel liegt – wofür in der Tat alles spricht – in der *Wissensgenerierung im Verfahren*:

„Alles in allem geht es also um ein komplexes Anliegen: Wissensgenerierung im Verfahren stellt keine punktuelle, der Entscheidungsfindung vorgelagerte und durch diese abgeschlossene Operation dar, sondern ist ein kontinuierlicher und gestufter, auf Selbstmodifikation angelegter und an Lernfähigkeit orientierter Prozess in der Zeit. Sie ist in neueren Verfahrenskonstellationen nicht mehr auf Sachverhaltsermittlung beschränkt, sondern ist vielmehr funktionales Äquivalent für den Verlust an Erfahrungs- und Regelwissen, auf das die Verwaltung im herkömmlichen Modell der Rechtskonkretisierung vom Gesetzgeber verwiesen wurde. Gleichzeitig muss sie die in einer entempirisierten Wirklichkeit unscharf gewordene Grenzziehung zwischen besonderen und allgemeinen Wissensbeständen auffangen, sie hat dem Umstand Rechnung zu tragen, dass die einschlägigen Wissensbestände sich vielfach dem geschlossenen Kreislauf zwischen Gesetzgeber, Verwaltung und Gerichten nicht nur punktuell, sondern regelhaft-strukturell ent-

---

64 Ebenda, S. 17/18.

Erstes Kapitel: Was man bei einer Reise in die Welt des Wissens bedenken sollte

ziehen und muss schließlich Antworten auf die steigende Instabilität und Reversibilität von Wissensbeständen finden."[65]

Soweit zum dritten Baustein.

Wissen ist vor allem kollektives Wissen

Wie wir von dem Wissenschaftssoziologen Peter Weingart wissen, ist die weit verbreitete Vorstellung, dass die Fortschritte in der Wissenschaft „das Werk einzelner genialer Wissenschaftler sind, die mit Hilfe ihres überragenden Geistes die Geheimnisse der Natur oder des sozialen Lebens" entschlüsseln, eine *Legende*.[66] Eine solche *individualisierende Sicht* verkenne insbesondere die Rolle von „scientific" oder „epistemic communities"[67] als wissenschaftlichen Kommunikationsgemeinschaften, auf die daher auch ein kurzer Blick geworfen werden soll.

Weingart verdeutlicht die zentrale Rolle von „scientific communities" am Beispiel der Entstehung und Verfestigung von wissenschaftlichen Spezialgebieten. Unter Bezugnahme auf die Arbeit von Nicolas Mullins über die Entstehung der Wissenschaftsdisziplin der Molekularbiologie[68] schildert er die Entstehung eines wissenschaftlichen Spezialgebiets als einen *vierstufigen Prozess*:

„Mullins' Studie über die Molekularbiologie zeichnet das Bild einer vierphasigen Entstehungs- und Institutionalisierungsgeschichte. Er zeigt am Fall der Forschung an Kleinstlebewesen, den Phagen, die die Molekularbiologie begründet hat, wie ausgehend von *der Kommunikation zwischen einigen wenigen Wissenschaftlern, der Paradigmengruppe, sich allmählich ein Kommunikationsnetzwerk herausbildet*. Die erste Phase ist durch die intellektuelle Übereinstimmung einiger Forscher geprägt, die aus verschiedenen Gebieten stammen und eine neue Sichtweise auf ein gemeinsames Problem einnehmen – hier einen informationsbasierten Zugang auf das Problem, wie lebende Materie Erfahrungen speichert und perpetuiert. Die zweite Phase ist durch die *Entstehung eines*

---

65 Ebenda, S. 20/21.
66 Peter Weingart, Wissenschaftssoziologie, Bielefeld 2003, S. 49f.
67 Siehe dazu Peter M. Haas, Introduction: Epistemic Communities and International Policy Coordination, in: International Organization 46 (1992), S. 1–35.
68 Nicolas Mullins, The development of the scientific specialty: The phage group and the origins of molecular biology, in: Minerva 10 (1972), S. 52–82.

Kommunikationsnetzwerkes gekennzeichnet. Die Verbindungen zwischen Wissenschaftlern, die auf demselben Gebiet arbeiten, nimmt zu, die Zahl der unabhängigen Wissenschaftler nimmt dagegen ab. Das Netzwerk wächst durch die Rekrutierung von Studenten und jungen Wissenschaftlern.
Die dritte Phase der Gruppen-(Cluster-)bildung setzt in dem Augenblick ein, in dem sich die Wissenschaftler ihrer Kommunikationsbeziehungen bewusst werden, Grenzen ziehen, nicht zuletzt durch Namensgebung, und *damit Identität konstituieren*. Die Innenbeziehungen nehmen an Stabilität zu. In diesem Stadium kommt es zur Formulierung eines verbindlichen ›Dogmas‹. Die letzte Phase schließlich ist die Bildung eines Spezialgebiets, d.h. die Institutionalisierung regulärer Prozesse der Rekrutierung und Ausbildung, von Mitgliedschaftsprüfungen, Zeitschriften, Konferenzen usw. Die Mitglieder des Gebiets nehmen ihre Arbeiten wechselseitig wahr und verfolgen gemeinsame Fragestellungen nach dem Muster des puzzle solving, wie Kuhn es genannt hat."[69]

Auch Ino Augsberg hat in gleichsinniger Weise klargestellt, dass unter den Bedingungen der modernen Wissensgesellschaft die *Perspektive eines epistemologischen Individualismus* nicht mehr tragfähig ist:

„Wissen entsteht nicht nur durch eigene Wahrnehmung oder deduktives Denken, sondern ebenso unumgänglich durch Kenntnisnahme fremder Erfahrung: »Sich auf Informationen zu verlassen, die nicht von uns *er*mittelt, sondern uns *über*mittelt wurden, bildet die Grundlage unserer praktischen wie theoretischen Weltorientierung«[70]. Wissen ist kein rein subjektives, sondern *ein kollektives*, durch transsubjektive Effekte gekennzeichnetes *Phänomen*. Erkenntnistheoretisch gewendet besagt das, dass die Perspektive eines epistemologischen Individualismus ausgetauscht werden muss durch die einer »*sozialen* Epistemologie, mit der anerkannt wird, dass wir in unserem Wissen auf andere – und zwar unentrinnbar – angewiesen sind«[71]. Eine solche soziale Epistemologie fokussiert nicht die isolierte Beziehung eines Individuums zur vorgeblich ‚an sich' bestehenden Realität, sondern das konnexio-

---

69 Weingart, Fußnote 66, S. 45/46.
70 Sybille Krämer, Medium, Bote, Übertragung. Kleine Metaphysik der Medialität, Frankfurt am Main 2008, S. 224.
71 Krämer, Fußnote 70, S. 225.

nistische Phänomen des Sichteilens einer medial vermittelten Weltsicht. *In diesem Sinne ist Wissen wesentlich gemeinsames Wissen.*"[72]

Von diesem Befund, dass Wissen wesentlich kollektives Wissen ist, ist es kein weiter Weg zum *„organisationalen Wissen"*, eine Formulierung, mit der auf den Begriff gebracht werden soll, dass in einer „Gesellschaft der Organisationen"[73], die zugleich eine Wissensgesellschaft ist, sich wohl jede Organisation der Herausforderung gegenübersieht, „wissensbasiert" zu agieren[74], da sie sonst – wie das lehrreiche Beispiel von Unternehmen zeigt – auf sich rasch verändernden Umwelten – z. B. Märkten – langfristig nicht überlebensfähig wäre; zu diesem organisationalen Wissen finden sich bei Augsberg die folgenden Erläuterungen:

> „Bedeutsam sind [...] vor allem auch die organisationsrechtlichen Zusammenhänge. Entgegen einer anthropozentrischen Perspektive, die primär auf die kognitiven Kompetenzen des Individuums fokussiert, ist der Wissensbegriff von der ausschließlichen Zurechnung auf individuelles Bewusstsein zu lösen und stattdessen auf »die zentrale Bedeutung *organisationalen* Wissens für ein vertieftes Verständnis der Problematiken von Wissen, Wissenskapital und Wissensmanagement«[75] zu verweisen. »Organisationales Wissen« ist dabei zu verstehen als »Wissen, das nicht in den Köpfen der Menschen gespeichert ist, sondern in den Operationsformen, Artefakten und sonstigen Verkörperungen von Problemlösungskompetenz eines sozialen Systems«[76]. Die Bedeutung dieser organisationsbezogenen Dimension des Wissensproblems schlägt auf die rechtliche Strukturierung von Organisationsformen durch. Die für die Ausbildung eines eigenständigen organisationalen Wissens erforderlichen Komponenten – insbesondere selbständige Beobachtungsinstrumente, eigene Relevanzkriterien und zusammenhän-

---

72 Augsberg, Fußnote 50, S. 80/81.
73 Charles Perrow, A Society of Organizations, in: Max Haller/Hans-Joachim Hoffmann-Nowotny/Wolfgang Zapf/Deutsche Gesellschaft für Soziologie (Hrsg.), Kultur und Gesellschaft: Verhandlungen des 24. Deutschen Soziologentags, des 11. Österreichischen Soziologentags und des 8. Kongresses der Schweizerischen Gesellschaft für Soziologie in Zürich 1988, Frankfurt am Main 1989, S. 265–276.
74 Thomas Horstmann, Die Vergrößerung und Verschönerung des Käfigs: Der Staat als wissensbasierte Organisation, in: Humboldt Forum Recht (HFR) 2001, http://www.humboldt-forum-recht.de/deutsch/9-2001/index.html, Zugriff am 12.10.2018.
75 Helmut Willke, Dystopia. Studien zur Krise des Wissens in der modernen Gesellschaft, Frankfurt am Main 2002, S. 130.
76 Ebenda, S. 130.

gende Erfahrungskontexte – lassen vielfach auch eine gerade hierauf Bezug nehmende rechtliche Steuerung zu."[77]

Wenn sich dies so verhält, müssen Organisationen nicht nur ihre Ressource Wissen pflegen, sie müssen auch *lernfähig sein*. Für den Bereich der öffentlichen Verwaltung hat Wolfgang Seibel dies mit den folgenden Überlegungen deutlich gemacht, wobei er der organisationssoziologischen Perspektive interessanterweise eine *demokratietheoretische Komponente* hinzufügt:

„Als formale Organisationen und lebendige soziale Systeme müssen öffentliche Verwaltungen lernfähig sein. Zum einen ändern sich beständig die Umstände, unter denen sie ihren gesetzlichen Auftrag erfüllen. Zum andren bildet die öffentliche Verwaltung gewissermaßen das Kapillarsystem des Staates, über das auch die für die Anpassung staatlicher Politiken notwendigen Rückmeldungen aus der Gesellschaft an den Staat erfolgen. Zwar laufen öffentliche Einrichtungen, anders als private Unternehmen, nicht Gefahr, bei erfolglosem Lernen oder gar Lernverweigerung gänzlich zu scheitern und vom Markt zu verschwinden (obwohl es in drastischen Fällen des Versagens durchaus zur Auflösung von Behörden kommen kann). Trotzdem gehören die Bereitschaft und die Fähigkeit zu Reformen und anderen Anpassungsleistungen zu den Kernmerkmalen guter Verwaltung in demokratischen Systemen. […] Gleichwohl bleibt der Begriff des organisatorischen Lernens eine Metapher. Organisationen selbst können nicht wirklich lernen, denn das Lernen ist ein kognitiver Vorgang, der sich in den Köpfen von Menschen abspielt. Es handelt sich bei dem Begriff des organisatorischen Lernens also eher um eine bildhafte Umschreibung von Anpassungsprozessen, die der *Stabilität von Organisationen* und der *Verbesserung ihrer Zweckerfüllung* zuträglich sind."[78]

Diese Bemerkungen zum vierten Baustein des Basiswissens „Wissen" mögen hier genügen. Mit dem nachfolgenden fünften Baustein soll unser kleiner Reiseführer denn auch abgeschlossen sein.

---

77 Augsberg, Fußnote 50, S. 34/35.
78 Wolfgang Seibel, Verwaltung verstehen. Eine theoriegeschichtliche Einführung, Berlin 2016, S. 102.

Erstes Kapitel: Was man bei einer Reise in die Welt des Wissens bedenken sollte

Je größer das Wissen, desto größer zugleich der Bereich des Nichtwissens.

Dass die Bewältigung von Ungewissheit für die Gesellschaft und insbesondere die Rechtsordnung eine große Herausforderung darstellt, ist kein neues Phänomen. Neu sei aber – so Ino Augsberg – der Zugang und Umgang mit dem Phänomen der Ungewissheit bzw. des Nichtwissens[79]:

> „Neueren Datums ist jedoch die Einsicht in die Unumgänglichkeit von Ungewissheit, die mit einem grundlegenden Perspektivwechsel einhergeht: In dem Maße, in dem Ungewissheit als unabdingbar verstanden wird, müssen sich auch die Strategien des Umgangs mit ihr verändern. Es geht dann nicht mehr um den von vornherein als vergeblich erkannten Versuch, Ungewissheit zu »bekämpfen«, das heißt möglichst weitgehend zu beseitigen, sondern darum, sich auf eine produktive Art auf sie einzulassen.[80] [...] Das positive Sicheinlassen auf Ungewissheit ist damit nicht mehr nur, wie noch im 19. Jahrhundert, nur als polemische Gegenfigur, das heißt als Umwertung der in der zeitgenössischen Gesellschaft dominanten Präferenzeinstellungen, denkbar; die unausweichliche Ungewissheit präsentiert sich vielmehr selbst als paradoxe neue Gewissheit. Zusätzliches Wissen hebt in dieser Perspektive Unwissen nicht auf, sondern gibt selbst ständig neuen Anlass zu weiterer Ungewissheit, die ihrerseits dann wiederum Anlass zu Folgereflexionen liefert. »Je mehr man weiß, desto mehr weiß man, was man nicht weiß, und desto eher bildet sich ein Risikobewußtsein aus.«[81]"

So weit, so gut.

Das eigentliche Problem besteht nicht in dem Phänomen des Nichtwissens an sich, sondern in der schwierigen Antwort auf die Frage, ob und wie notwendige Entscheidungen eigentlich noch verantwortet werden können: „Auch angesichts unspezifischen Nicht-Wissens muss häufig gehandelt werden, d.h. seine »Existenz« bedeutet zugleich eine (unbedingte) Stoppregel für weitere Suchprozesse nach Wissen, nicht aber eine Stoppregel für Entscheiden. Gleiches ist maßgebend, wenn praktische Schwierigkeiten der Umwandlung. spezifischen Nicht-Wissens in Wissen entgegenstehen.

---

79 Augsberg, Fußnote 50, S. 238, 239.
80 Vgl. zu diesem Perspektivwechsel mit Blick auf das Recht bereits Ino Augsburg, Einleitung: Ungewissheit als Chance – eine Problemskizze, in: derselbe (Hrsg.), Ungewissheit als Chance. Perspektiven eines produktiven Umgangs mit Unsicherheit im Rechtssystem, Tübingen 2009, S. 1 ff (v.a. 9 ff).
81 Niklas Luhmann, Soziologie des Risikos, Berlin/New York 1991, S. 37.

Solche Umstände führen zu der weiteren Frage, wieweit trotz Nicht-Wissens Handeln verantwortbar ist."[82]

Wenn sich dies so verhält, dann kommt der Rechtsordnung die Aufgabe zu, Regeln für den Umgang mit Nichtwissen aufzustellen – ein klassischer Fall wären etwa Beweislastregeln[83] – bzw. Strukturen für ein „*Nichtwissensmanagement*"[84] bereitzustellen.

Da unser Reiseführer ein handlicher Informant bleiben soll, beschränke ich mich hier darauf, zwei Beispiele dafür zu präsentieren, wie so etwas aussehen könnte. Ein interessantes Beispiel ist insoweit das von der Rechtsordnung bereitgehaltene Repertoire von *Haftungsregeln*, zu deren Funktion Wolfgang Hoffmann-Riem Folgendes ausgeführt hat[85]:

> „Die grundsätzliche Fundierung rechtlichen Entscheidungshandelns in verfügbar gemachtem Wissen schließt es allerdings nicht aus, dass die Rechtsordnung zum Teil auch darauf aufbaut, Handeln gerade angesichts von Nicht-Wissen zu stimulieren, also Nicht-Wissen produktiv zu nutzen. Beispielsweise stellt die Rechtsordnung denjenigen, der trotz Ungewissheit über Wirkungen Innovationen wagt – etwa im Arzneimittelbereich – teilweise durch Beschränkung der Haftung auf die Verschuldenshaftung (etwa Haftung nur bei einer Verletzung bestimmter Sorgfaltspflichten) oder durch Haftungshöchstgrenzen von Handlungsrisiken frei; die aus Nicht-Wissen entstehenden verbleibenden Schadensrisiken lastet sie – das ist dann die Kehrseite – dem Geschädigten auf."[86]

In gleichsinniger Weise heißt es zur Doppelfunktion von Haftungsregeln, gleichzeitig „Veranstaltung und Domestizierung von Risiken"[87] zu sein, bei Ino Augsberg wie folgt:

---

82 Wolfgang Hoffmann-Riem, Wissen, Recht und Innovation, in: Hans Christian Röhl (Hrsg.), Wissen – zur kognitiven Dimension des Rechts, Die Verwaltung, Beiheft 9 (2010), S. 174.
83 Augsberg, Fußnote 50, S. 253.
84 Begriff bei Augsberg, Fußnote 50, 7. Kapitel: „Nichtwissensmanagement: Strategien für den Umgang mit verbleibender Ungewissheit", S. 237 ff.
85 Hoffmann-Riem, Fußnote 82, S. 165.
86 Siehe dazu. Anne Röthel, Zuweisung von Innovationsverantwortung durch Haftungsregeln, in: Martin Eifert/Wolfgang Hoffmann-Riem (Hrsg.), Innovationsverantwortung, Berlin 2009, S. 335, 336 und passim.
87 Reinhard Damm, Rechtliche Risikoregulierung aus zivilrechtlicher Sicht. Theoretische Steuerungskonzepte und empirische Steuerungsleistungen, in: Alfons Bora (Hrsg.), Rechtliches Risikomanagment, Berlin 1999.

„Haftungsregeln haben [...] keineswegs eine primär präventive Funktion, der gemäß riskantes Verhalten Privater mittels indirekter Steuerung möglichst weitgehend verhindert werden soll. Umgekehrt soll die Risikobereitschaft in der Gesellschaft dadurch eher erhöht werden. Der Charakter der Haftungsbestimmungen als Ignoranzderivat tritt in dieser Hinsicht besonders markant hervor, wenn man die typischerweise in Anspruch genommene Möglichkeit des potentiellen Schädigers, sich gegen sein nunmehr primär finanzielles Risiko zu versichern (was natürlich zugleich besagt: das neue Risiko in Kauf zu nehmen, das man sich, bei Ausbleiben des Schadensfalls, umsonst versichert hat), in Rechnung stellt. Damit wird die Ungewissheit noch weiter – nun auch unter Einschluss des Versicherungsunternehmens und gegebenenfalls noch eines weiteren Rückversicherers – gestreut (mit Blick auf die Versicherungsunternehmen heißt das: aus dem Bereich der Politik in die Wirtschaft verschoben) und damit für alle Beteiligten leichter erträglich.

Noch deutlicher wird die entsprechende Zielsetzung angesichts der – einer Präventionsfunktion des Haftungsrechts offenkundig zuwiderlaufenden – gesetzlichen Statuierung von Haftungshöchstbeträgen: Auch sie haben den Zweck, die Bereitschaft von Privaten (Unternehmen etc.) zu erhöhen, innovative und damit eo ipso riskante Verfahren, Technologien u.ä. in der Praxis zu erproben. Denn mit der Festlegung derartiger Beträge (etwa gemäß §§ 33 GenTG oder § 31 AtG) wird für denjenigen, der ein entsprechend riskantes Unternehmen umsetzen möchte, ex ante ersichtlich, welche von ihm zu tragende maximale finanzielle Belastung auf ihn zukommen (und damit ggf. versicherungstechnisch abgesichert werden) kann. Hier dient also die Umwandlung von sachlicher Ungewissheit in – zumindest partielle, das maximale Ausmaß der etwaigen Belastung betreffende – finanzielle Gewissheit dazu, die Risikobereitschaft zu erhöhen."[88]

Im zweiten Beispiel geht es ebenfalls um den innovationsrelevanten Umgang mit dem Problem des Nichtwissens, und zwar um die Wissensgenerierung in dem sog. REACH-Projekt (Verordnung der EG vom 29. Mai 2007, Abl. Nr. L 136/3 280)[89] und im Bereich der Chemikalienregulierung: „Für REACH ist kennzeichnend, dass der Staat den Anspruch über überle-

---

[88] Augsberg, Fußnote 50, S. 269/270.
[89] REACH steht für Registration, Evaluation, Authorization, and Restriction of Chemicals.

genes Wissen zu verfügen, nicht erhebt, sondern sich [..] insoweit lediglich auf eine Art Rahmen- und Auffangverantwortung zurückzieht, insofern aber das Feld den privaten Akteuren überlässt."[90]

Wie man sich dieses Zusammenspiel von Staat und privaten Unternehmen vorzustellen hat, erläutert uns Wolfgang Hoffmann-Riem – und damit soll die Vorstellung des kleinen Reiseführers beendet sein – zusammenfassend wie folgt:

> „Bei REACH geht es um die staatlich angeordnete Registrierung, Evaluation, Autorisierung und Begrenzung von Chemikalien im Interesse der Risikobewältigung[91]. Zugrunde liegt ein Paradigmenwechsel bei der Regulierung von chemischen Stoffen: Nicht mehr hoheitliche Prüfprogramme stehen im Mittelpunkt des Regulierungsansatzes, sondern die Stärkung der Eigenverantwortung der wirtschaftlichen Akteure. Sie selbst haben die Aufgabe, die stoffbezogenen Risiken angemessen zu beherrschen. Dazu enthält die REACH-Verordnung der EG verschiedene Mechanismen, die in erster Linie auf Information, Kommunikation und Kooperation (IKuK-Instrumente) der wirtschaftlichen Akteure abzielen und ihnen bei der Ausfüllung der angemessenen »Risikobeherrschung« in nicht unbeträchtlichem Maße Freiheitsgrade einräumen. Alle Akteure entlang der Wertschöpfungskette sollen ihren spezifischen Beitrag leisten, um Risikopotenziale erkennen und vermeiden zu können. Unwissen, das andernfalls zum Verbot der Verwendung von Chemikalien führen könnte, soll als Chance genutzt werden, einen Prozess der Wissensgenerierung zu initiieren. Implizites Wissen soll an der richtigen Stelle eingesetzt werden. Der Umgang mit Nichtwissen und die Generierung von Wissen werden nicht dem Markt überlassen, sondern einem Prozess überantwortet, an dem die an der Wertschöpfung Beteiligten als Wissensspeicher und -generierer eingesetzt und die Wissensbereitstellung in einem staatlich regulierten Rahmen organisiert wird. Dabei sollen nicht nur vorfindliche Wissensbestände und Optionen der Nutzung expliziten Wissens entdeckt und neue im Zusammenwirken mehrerer erzeugt werden, sondern das Vor-

---

90 Hoffmann-Riem, Fußnote 82, S. 186.
91 Die folgende Darstellung basiert im Wesentlichen auf der Beschreibung von Kilian Bizer/Martin Führ, Innovationen entlang der Wertschöpfungskette: Impulse aus der REACH-Verordnung, in: Martin Eifert/Wolfgang Hoffmann-Riem (Hrsg.), Innovationsverantwortung, Berlin 2009, S. 273 ff.

gehen beruht auch auf Regeln über die Zuteilung der Rechtsmacht zum Einsatz des (jeweils nutzbaren) impliziten Wissens."[92]

Nachdem wir nunmehr eine ungefähre Vorstellung davon haben, wie vielfältig und komplex das Thema „Wissen" ist, fühlt sich der Leser hoffentlich ausreichend gerüstet, um gemeinsam mit mir eine Reise in die Welt des Wissen zu unternehmen.

---

92 Hoffmann-Riem, Fußnote 82, S. 189/190.

Zweites Kapitel: Eine Reise in die Welt des Wissens – Wissensverteilung, Wissensproduktion, Wissensbearbeitung

Wenn man in die Welt des Wissens eintritt, merkt man alsbald, dass es sich hier um ein ziemlich weites Feld handelt, in dem man leicht die Orientierung verlieren kann. Wenn man in Sorge ist, sich zu verirren, besteht ein probates Mittel darin, nach vertrauten Pfaden Ausschau zu halten und z. B. mit Eberhard Schmidt-Aßmann zu fragen, worin angesichts der Weite und Ambivalenz von Wissen die *„Ordnungsaufgabe des Rechts"* bestehen könnte; Schmidt-Aßmann hat insoweit die folgenden drei Regelungsgegenstände ausgemacht[93]:
- „Wie kann das Recht dem Wissen, seiner Generierung und Verbreitung *Grenzen* setzen?
- Wie ist ein Ausgleich zwischen *Verwertungsrechten* und *öffentlichem Zugang* zu Wissensbeständen zu finden?
- Was kann das Recht dazu beitragen, dass Gesellschaft und Staat funktionsfähige *Wissensinfrastrukturen* schaffen und erhalten?"

Diese von ihm gewählte Schwerpunktsetzung erläutert er des Näheren wie folgt: „Das erste Thema reflektiert die hohe, durch die technologische Entwicklung noch gesteigerte Eigendynamik des Wissens, den menschlichen »Wissensdrang«. Das zweite Thema bedenkt Vermachtungsgefahren, die sich gerade in jüngerer Zeit verstärkt stellen, z.B. in den Versuchen großer Softwarehäuser, Wissenszugänge oder Wissensbestände zu monopolisieren, oder in der Praxis von Bibliotheken und Museen, digitale Verwertungsrechte auf Dauer und exklusiv an kommerzielle Anbieter zu veräußern. Das dritte Thema betrifft Fragen der Einpassung speziell der staatlichen Wissensinfrastrukturen in die allgemeine gesellschaftliche Wissenslandschaft."[94]

Dieser Ansatz ist gut nachvollziehbar, hilft uns aber bei den uns primär interessierenden Fragen was ist Rechtswissen, wie und von wem wird es generiert und „verwaltet", in welchen Kontexten wird es gebraucht und wie

---

93 Eberhard Schmidt-Aßmann, Die Ambivalenz des Wissens und die Ordnungsaufgaben des Rechts, in: Hans Christian Röhl (Hrsg.), Wissen – zur kognitiven Dimension des Rechts, in: Die Verwaltung, Beiheft 9 (2010), S. 39 ff.
94 Ebenda, S. 47.

Zweites Kapitel: Eine Reise in die Welt des Wissens

fügt sich dieser Wissenstyp in das Kaleidoskop der anderen Wissensarten ein – nicht wirklich weiter.

Eher in unsere Richtung gehen die Überlegungen von Wolfgang Hoffmann-Riem, die er in seinem großen Werk über „Innovation und Recht" in dem fünften Teil, der dem „Umgang der Rechtsordnung mit Wissen und Nichtwissen" zum Gegenstand hat[95], angestellt und in diesem Zusammenhang die folgenden fünf Problembereiche identifiziert hat:
- *Wissen und Nichtwissen*
- *Zugang zu Wissen*: Vorbehalt des Möglichen – Gebot des Möglichen
- Vorkehrungen der Rechtsordnung für die *Erschließung von Wissen* und den *Umgang mit Nichtwissen*
- *Die Generierung von Risikowissen* für die Regelung des Einsatzes riskanter Stoffe: Das Beispiel der Chemikalienregulierung (REACH)
- Rechtliche Konstrukte für den *Umgang mit begrenztem Wissen*.

Wenn man diesen von Hoffman-Riem ins Spiel gebrachten Begriff „Erschließung von Wissen", „Generierung von Wissen" und „Umgang mit begrenztem Wissen" noch einmal Revue passieren lässt, dann verstärkt dies meine Vermutung, dass wir bei unserer gemeinsam mit dem Leser unternommenen Reise nicht von vornherein durch die Brille des Rechts blicken sollten, sondern uns auf die Erkundung der Welt des Wissens begeben sollten, um dann zu fragen, was sich aus den dabei gewonnenen Einsichten für die Rolle des Rechts und die Suche nach den Konturen juridischen Wissens ergibt.

Wenn man – was ich hiermit vorschlage – so vorgeht, so wäre es hilfreich für den Zugang zur Welt des Wissens mehrere erfolgversprechende „Einflugschneisen" zu benutzen. Als solche „Einflugschneisen" scheinen mir die folgenden drei in Betracht zu kommen, nämlich die Erkundung des Bereichs der Wissensverteilung, des Bereichs der Wissensproduktion und des Bereichs der Wissensverarbeitung; wir werden – wie schon an dieser Stelle verraten werden kann – sehen können, welch wichtige Rolle in allen drei Bereichen das Recht spielt.

---

95 Wolfgang Hoffmann-Riem, Innovation und Recht. Recht und Innovation. Recht im Ensemble seiner Kontexte, Tübingen 2016, S. 303–366.

A. Das Problem der Wissensverteilung oder zu den „Pluralitätszumutungen der Moderne"[96]

Dass die Frage, wie das Wissen in einer Gesellschaft verteilt ist, eine äußerst wichtige Frage ist, und zwar sowohl unter dem *Machtaspekt* wie aus *demokratietheoretischer Perspektive* ist von Niko Stehr in seinem Beitrag „Wissenswelten, Governance und Demokratie"[97] mit großer Überzeugungskraft herausgearbeitet worden. Zunächst einmal sieht auch er unter Bezugnahme auf Robert Michels, Michel Crozier und Michel Foucault, dass die Verfügung über Wissen dazu tendiert, die „kognitive Vorherrschaft Weniger" zu begründen und zu bestätigen: „Die gesellschaftliche Rolle des Wissens war zu lange in klassen-, staats-, professions- oder wissenschaftszentrierte Perspektiven eingebettet, die immer wieder Erwartungen und Warnungen über eine bevorstehende Konzentration der Macht und Herrschaft in den Händen einer dieser gesellschaftlichen Gruppen stützten. Die Assoziation von Herrschaft und Erkenntnis und die einseitige gesellschaftliche Rolle des Wissens als Brücke zwischen Herrschen und Erkennen überrascht nicht. Aus der Sicht einer Gesellschaftstheorie, die eine Machtkonzentration in den Händen einer Klasse, der Professionen, der Wirtschaftsunternehmen, der politischen Elite usw. beschwört, ist es in der Tat sinnvoll, die scheinbar einseitige *Funktion des Wissens in der Gesellschaft als Handlanger der Mächtigen zu unterstreichen*."[98]

Diese so lange dominierende Perspektive sei aber in der modernen Wissensgesellschaft mit ihrer für sie charakteristischen *Pluralität der Wissensträger* einfach nicht mehr zutreffend, weil die wachsende „Wissenheit (knowledge ability) der Bürger" die Fähigkeit der Menschen erhöht, „die Macht der Politik *zu begrenzen* und *zu lenken* und damit die Praxis der Governance, d.h. des Verteilens, Sicherns, Bereitstellens und Regulierens entscheidend zu beeinflussen"[99]. Diese zentrale These erläutert er wie folgt:

---

96 Formulierung bei Steffen Martus, Politische Erzählkunst im 19. Jahrhundert: die »Kinder- und Hausmärchen« der Brüder Grimm, in: Grit Straßberger/Felix Wassermann (Hrsg.), Staatserzählungen. Die Deutschen und ihre politische Ordnung, Berlin 2018, S. 26 ff.
97 In: Sebastian Botzem/Jeanette Hofmann/Sigrid Quack/Gunnar Folke Schuppert/Holger Straßheim (Hrsg.), Governance als Prozess. Koordinationsformen im Wandel, Baden-Baden 2009, S. 479–502.
98 Ebenda, S. 497.
99 Ebenda, S. 500.

„Eine realistische und illusionslose Bewertung der gesellschaftlichen Rolle des Wissens muss dagegen zu dem Schluss kommen, dass die Ausweitung des Wissens als Handlungsmöglichkeit in der modernen Gesellschaft insgesamt nicht nur unüberschaubare Risiken und Unsicherheiten birgt, die von den Kritikern der Wissenschaft und Technik immer wieder und mit Recht aufgelistet worden sind, sondern auch ein *befreiendes Potential für viele Individuen und soziale Gruppen* hat. Das einer realistischeren Einschätzung der sozialen Rolle des Wissens im Wege stehende Haupthindernis ist wohl die Selbstverständlichkeit, mit der man Wissen die Eigenschaft zuschreibt, bestehende Machtverhältnisse zentralisieren und zementieren zu können, weil »Wissensfortschritte« den Mächtigen ganz »natürlich« zuzufließen scheinen, einen weitgehend instrumentellen Charakter haben, von den Herrschenden mit Leichtigkeit monopolisiert werden können und die gesellschaftliche Effektivität traditioneller Wissensformen mit Erfolg immer wieder aushöhlen oder gar auslöschen.

Dieser, wahrscheinlich ausschließlich von den Mächtigen der Gesellschaft bevorzugte Ruf des Wissens, aber auch sein summarisches Image als ein irgendwie immanent repressives Instrument, ist insgesamt gesehen unverdient und unzutreffend. Dieses Image des Wissens unterschätzt den Einfluss verschiedenster (manchmal so genannter externer) Faktoren auf die Produktion des Wissens und die Schwierigkeiten des Wissens beim Überschreiten existierender sozialer und kultureller Grenzen. Aber genau diese Schwierigkeiten und Interpretationsspielräume sind es, die Akteuren der Expertise, dem Fachwissen und dem autoritativen Wissen gegenüber erhebliche Gestaltungs- und Einflusschancen eröffnen und einräumen. Mit anderen Worten, allein aus der Notwendigkeit, dass Wissen immer wieder (re)produziert werden muss und dass Akteure es immer wieder appropriieren müssen, ergibt sich die Chance, dem Wissen sozusagen seinen Stempel aufzudrücken. Der Aneignungsprozess hinterlässt Spuren. Im Verlauf dieser zur Selbstverständlichkeit werdenden Tätigkeit *eignen sich Akteure neue kognitive Fähigkeiten an*, vertiefen bestehende und verbessern insgesamt die Effizienz ihres Umgangs mit Wissen, wodurch sie in die Lage versetzt werden, zunehmend kritisch mit Wissensangeboten umzugehen und neue Handlungsmöglichkeiten zu realisieren. So wichtig die Herausarbeitung eines konträren, skeptischen Images wissenschaftlicher Erkenntnis auch sein mag, seine verbreitete gesellschaftliche Anerken-

A. Das Problem der Wissensverteilung oder zu den „Pluralitätszumutungen der Moderne"

nung steht wohl noch aus. Deshalb ist der Verweis auf *die soziale Verteilung des Wissens in der modernen Gesellschaft von besonderem Gewicht*."[100]

Hält man – wie ich – diese Argumentation für überzeugend, ist es in der Tat unabweisbar, einen näheren Blick auf die Verteilung des Wissens in der modernen Gesellschaft zu werfen. Dieser nähere Blick soll mit der Inspizierung des weiten Bereichs des Regierungs- und Verwaltungssystems einer modernen Gesellschaft wie der der Bundesrepublik Deutschland beginnen.

I. Wissensverteilung innerhalb des Regierungs- und Verwaltungssystems

1. Die klassische Gewaltenteilung à la Montesquieu als kognitive Gewaltengliederung

Christoph Möllers, Autor eines umfassenden Werkes über das Institut der Gewaltenteilung[101], hat in einem anregenden Beitrag vorgeschlagen, das staatsorganisatorische Grundprinzip der Gewaltenteilung durch die Brille „Die kognitive Dimension des Rechts" zu betrachten und in diesem Sinne legislatives Wissen, exekutives Wissen und judikatives Wissen zu unterscheiden.[102]

– Was zunächst das *legislative Wissen* angeht, so heißt es dazu bei Möllers wie folgt:

„Versucht man diese Diskussion (dass im Parlamentarismus häufig an Stelle von Wissen Politik tritt, G.F.S.) in juristisch vertrautere Bahnen zu überführen, so wird man die Funktion des Parlamentes weniger darin sehen, bestehende Wissensvorräte zu sammeln und zu spezifizieren, als vielmehr vorhandenes Wissen zu relativieren und mit bestimmten Prioritäten zu versehen. Zweifellos muss parlamentarische Gesetzgebung informiert sein, aber sie muss eben auch Entscheidungen darüber treffen, welches Wissen für eine Ge-

---

100 Ebenda, S. 498/499.
101 Christoph Möllers, Gewaltengliederung. Legitimation und Dogmatik im nationalen und internationalen Rechtsvergleich, Tübingen 2005.
102 Christoph Möllers, Kognitive Gewaltengliederung, in: Hans-Christian Röhl (Hrsg.), Wissen – Zur kognitiven Dimension des Rechts, in: Die Verwaltung, Beiheft 9 (2010), S. 113–134.

sellschaft zu einem gegebenen Zeitpunkt von Bedeutung ist und welches nicht. *Öffentlichkeit und Allzuständigkeit parlamentarischer Entscheidungen sind* deswegen nicht nur legitimatorische, sondern eben *auch kognitive Qualitäten*[103]. Allzuständigkeit verhindert Überspezialisierung und erzwingt eine klare Setzung von Prioritäten, die die vielfältigen Anliegen von Experten mit einer eigenen Wertigkeit versieht. Öffentlichkeit sorgt dafür, dass die gesellschaftliche Wissensproduktion auf die parlamentarische Willensbildung einwirken kann. Lobbying ist in den meisten Fällen und zum größten Teil Wissensaufbereitung im Dienste bestimmter Interessen, also als solche sicherlich asymmetrisch und nur begrenzt zuverlässig, aber trotzdem unverzichtbar und immer auf das *Kontrastwissen anderer Interessenten* bezogen. Gegen asymmetrische Information helfen vor diesem Hintergrund nur noch mehr Informationen. Die Interessengeleitetheit des Wissens kann zudem, wenn sie transparent ist, auch dabei helfen, Wissen zu selektieren und einzuordnen."[104]

— Was das *exekutive Wissen* betrifft, so konstatiert Möllers zunächst, dass Exekutiven über organisatorische Eigenschaften verfügen, die ihnen spezifische Möglichkeiten im Umgang mit Wissen geben, die den anderen Gewalten fehlen: „Dies hängt damit zusammen, dass die Exekutive zum einen über besondere Möglichkeiten zur internen Spezialisierung, zum anderen über Eigeninitiative verfügt, die beide zu einer nachhaltigen Expertifizierung notwendig sind. Jeweils eine dieser Eigenschaften fehlt den anderen Gewalten."[105]

Vor allem aber ist es – wie Möllers zeigt – lehrreich, aus der Wissensperspektive einen Blick auf das oft gescholtene *Hierarchieprinzip* zu werfen:

„Die Ausgestaltung der Exekutive als kollegiale gubernative Spitze mit einem weit ausdifferenzierten, hierarchisch nachgeordneten Verwaltungsunterbau kann auch als anspruchsvolle Form der Organisation von Wissen verstanden werden, die die Ausdifferenzierung komplexer Wissensbestände mit deren Reduktion verbindet. Auf der Ebene des Kabinetts werden bereits hierarchisch selektier-

---

103 Für den deutschsprachigen Zusammenhang grundlegend: Oliver Lepsius, Die erkenntnistheoretische Notwendigkeit des Parlamentarismus, in: Martin Bertschi (Hrsg.), Demokratie und Freiheit, 1999, S. 123.
104 Möllers, Fußnote 102, S. 121.
105 Ebenda, S. 124.

te Informationen miteinander abgeglichen. Zugleich stehen dazu aber auch Wissensressourcen zur Verfügung, die sich aus der Verästelung der Behördenstruktur wie auch der operativen Problemnähe der Verwaltung ergeben. Wissenstransfers sollen innerhalb der Hierarchie sowohl von oben nach unten als auch von unten nach oben möglich sein: Die politisch Leitung kann sich auch vermittels ihrer operativen Untergliederungen mit Informationen versorgen. Umgekehrt liefert die gubernative Spitze den Untergliederungen Selektionskriterien und definiert Aufmerksamkeitskriterien. Das tradierte Modell hierarchischer exekutiver Organisation hat unzweifelhaft seine eigenen kognitiven Qualitäten."[106]

– Was schließlich das *judikative Wissen* angeht, so besteht eine Besonderheit gerichtlicher Verfahren darin, dass trotz umstrittener Tatsachengrundlage ein Urteil gefällt werden muss; hier entfaltet sich die zentrale Bedeutung von *Beweisregeln*:

„Judikatives Wissen muss sich in der Regel punktuell auf definierte Sachverhalte und Fragen beziehen, innerhalb dieses Rahmens aber mit vergleichsweise großer Genauigkeit zur Verfügung stehen. Dieses Wissen folgt der Logik der Fallentscheidung, die (jenseits der Verfassungsgerichtsbarkeit) die dritte Gewalt dominiert. Wie wir aus den alten Diskussionen um die Figur der prozessualen Wahrheit und der Legitimation durch Verfahrensindividualisierung schon lange wissen, gestalten sich auch Gerichte ihre Wissensgrundlagen mit Hilfe gesetzlicher Verfahrensreglungen selbst, indem sie aus einer Fülle irrelevanter Fakten Sachverhaltsfragen zuspitzen und diese nicht zuletzt mit Hilfe von *Beweislastverfahren* entscheiden: Prozedurale Modelle der Wissensgewinnung finden bereits in traditionellen Formen des Gerichtsverfahrens einen dankbaren Gegenstand. Man hat nicht selten den Eindruck, dass pragmatische Wahrheitstheorien sich die tradierte Form des Gerichtsverfahrens geradezu als Vorbild für eine Methode der Wahrheitsermittlung genommen haben. Zu diesem Verfahren gehört es auch, dass Fakten regelmäßig umstritten sind, ja praktisch öfter umstritten sein dürften als Rechtsfragen. Dabei erweist sich der Umgang mit Wissen in gerichtlichen Verfahren – und auch im in manchem ähnlichen auf einen Verwaltungsakt gerichteten Verwal-

---

106 Ebenda, S. 125.

tungsverfahren – wiederum als durchaus ambivalent: Auf der einen Seite gebietet es der Entscheidungszwang, auch nicht aufklärbare Sachverhalte entweder als aufgeklärt zu fingieren oder sich gegenüber nicht aufklärbaren Tatsachen *mit Hilfe einer Beweislastregel zu immunisieren*: ein Gericht kann sich nicht weigern, eine Entscheidung zu treffen, weil keine ausreichende Tatsachengrundlage vorliegt. Die Kombination aus Beweislastregel und Rechtsverweigerungsverbot garantiert, dass Gerichte immer auf einer durch die Rechtsordnung unterstellten »Tatsachengrundlage« entscheiden. Auf der anderen Seite zeigen Wiederaufnahme- und Revisionsregeln aber auch, für wie essentiell eine »richtige« Tatsachengrundlage für die Legitimation einer gerichtlichen Entscheidung gehalten wird. Trotz der *wahrheitsimmunisierenden Funktion von Beweislastregeln* geht das Prozessrecht von der Wahrheitsfähigkeit und Wahrheitsbedürftigkeit seiner Tatsachenunterstellungen aus."[107]

Nach dieser einleuchtenden Inspektion der klassischen Gewaltenteilung aus der Wissensperspektive ist es ein naheliegender Gedanke, die Brille der kognitiven Dimension des Rechts weiter zu benutzen und sich einem anderen Bereich der Staats- und Verwaltungsorganisation zuzuwenden.

2. Verselbständigte Verwaltungseinheiten als kognitive Trabanten des Verwaltungssystems

In meiner 1981 erschienenen Habilitationsschrift habe ich mich ausführlich mit verselbständigten Verwaltungseinheiten beschäftigt[108] und dabei Prozesse beschrieben, die ich später in meinem Beitrag über „Verwaltungsorganisation und Verwaltungsorganisationsrecht als Steuerungsfaktoren" als *Pluralisierung und Trabantisierung* bezeichnet habe[109]. Mit der Brille „Zur kognitiven Dimension des Rechts" diese verwaltungswissenschaftliche Arbeit noch einmal durchblätternd, sprang mir ein Organisationstyp besonders ins Auge, den ich als wirtschaftsfördernde und wirtschaftslen-

---

107 Ebenda, S. 127.
108 Die Erfüllung öffentlicher Aufgaben durch verselbständigte Verwaltungseinheiten. Eine verwaltungswissenschaftliche Untersuchung, Göttingen 1981.
109 In: Wolfgang Hoffmann-Riem/Eberhard Schmidt-Aßmann/Andreas Voßkuhle (Hrsg.), Grundlagen des Verwaltungsrechts, Bd. I: Methoden • Maßstäbe • Aufgaben • Organisation, 2. Aufl. München 2012, S. 995–1081.

A. Das Problem der Wissensverteilung oder zu den „Pluralitätszumutungen der Moderne"

kende Verwaltungseinheiten „unter Einbeziehung der Betroffenen" charakterisiert habe, wobei sich diese Einbeziehung vor allem darin manifestierte, dass die Betroffenen in den Verwaltungs- oder Beiräten dieser Trabanten des Verwaltungssystems[110] vertreten waren. Der Zweck dieser Einbeziehung war ein doppelter: einmal sollte damit die Akzeptanz von Verwaltungsentscheidungen bei den Betroffenen erhöht, vor allem aber ihre *spezifische Expertise* gewonnen werden.

Ein besonders schönes Beispiel für die verwaltungsorganisatorisch bewirkte Gewinnung von einer im Behördenapparat sonst nicht verfügbaren Wissensart – die man als *Managementwissen* bezeichnen kann – ist die – inzwischen verschiedene – Treuhandanstalt, deren Handeln rechts- wie verwaltungswissenschaftlich zu qualifizieren große Schwierigkeiten bereitete.

Was sollte man von einer Institution halten, die – so Roland Czada[111] – rechtlich kein Unternehmen und faktisch keine staatliche Behörde ist, offenbar zugleich bundesunmittelbare Anstalt des öffentlichen Rechts wie qualifizierter faktischer Konzern, von der Rechtsform her Einheit der mittelbaren Staatsverwaltung, vom Selbstverständnis her eher „Konkursmanagement"[112]? Es kann bei diesen Befunden kaum überraschen, dass die Bestimmung des passenden Rechtsregimes für das Wirken der Treuhandanstalt Schwierigkeiten bereitete; die Treuhandanstalt wurde als Organisation im Überschneidungsbereich zweier Rechtskreise bezeichnet[113], und Wolfgang Spoerr hat seiner Dissertation über die Treuhandanstalt den Titel „Treuhandanstalt und Treuhandunternehmen zwischen Verfassungs-, Verwaltungs- und Gesellschaftsrecht" gegeben[114].

Diese rechtlichen Klassifizierungsschwierigkeiten spiegeln nichts anderes als die Besonderheit der gestellten Transformationsaufgabe und die zu

---

110 Begriff bei Gunnar Folke Schuppert, Quangos als Trabanten des Verwaltungssystems, in: Die öffentliche Verwaltung (1981), S. 153 ff; siehe dazu auch meinen Beitrag „Die Einheit der Verwaltung als Rechtsproblem", : Die öffentliche Verwaltung (1987), S. 757 ff.
111 Roland Czada, Die Treuhandanstalt im Umfeld von Politik und Verbänden, in: Wolfram Fischer/Herbert Hax/Hans K. Schneider (Hrsg.), Treuhandanstalt – das Unmögliche wagen, Berlin 1993, S. 148 ff.
112 Gunnar Folke Schuppert, Öffentlich-rechtliche Vorgaben für die Treuhandanstalt bei der Leitung der Trauhandunternehmen, Zeitschrift für Gesellschaftsrecht (ZGR) 1992, S. 454 ff.
113 Gunnar Folke Schuppert, Die Treuhandanstalt – Zum Leben einer Organisation im Überschneidungsbereich zweier Rechtskreise, Staatswissenschaften und Staatspraxis (1992), S. 186 ff.
114 Wolfgang Spoerr, Treuhandanstalt und Treuhandunternehmen zwischen Verfassungs-, Verwaltungs- und Gesellschaftsrecht, Köln 1993.

Zweites Kapitel: Eine Reise in die Welt des Wissens

ihrer Bewältigung gewählte Organisationsform, nämlich die absichtsvolle Kreuzung von Elementen eines Wirtschaftsunternehmens mit Elementen einer Verwaltungsbehörde, wider. Man kann insoweit – mit einem durchaus verbreiteten Sprachgebrauch[115] – von *hybriden Organisationsformen* sprechen, wobei die davon erhoffte besondere *institutionelle Kompetenz* im Falle der Treuhandanstalt offenbar darin liegen sollte, dass sie die Tugend einer durch die Rechtsform der Anstalt vermittelten öffentlich-rechtlichen Rückbindung an die öffentliche Verwaltung und das politische System mit der Tugend einer wirtschaftlich orientierten Aufgabenerfüllung verbindet.

Das Ziel, unternehmerisches *„KNOW HOW"* zu gewinnen und *unternehmerisches Wissen* und Kalkül zum Maßstab des behördlichen Handelns zu machen, kam besonders klar in ihrer Binnenstruktur zum Ausdruck, nämlich in der am *Vorbild der Aktiengesellschaft* orientierten Zuordnung von Vorstand und Verwaltungsrat sowie in der Zusammensetzung des Verwaltungsrates selbst sowie auch in der Rekrutierung des Personals, zu der Wolfgang Seibel Folgendes bemerkt: „Was den beruflichen Hintergrund betrifft, so mischen sich in der Treuhandanstalt Beamtenkarrieren und Industriekarrieren, allerdings rein quantitativ mit deutlicher Dominanz des privatwirtschaftlichen Bereichs, Diese Konstellation, die der *institutionellen Zwitterstellung der Treuhandanstalt zwischen Markt und Staat* entspricht, hat allem Anschein nach zu keinen nennenswerten Reibungen geführt."[116]

Diese kurze Skizze der Treuhandanstalt mag ausreichen, um zu zeigen, wie durch bestimmte organisatorische Arrangements – nämlich die Verwendung einer hybriden Organisationsform – ein bestimmtes Organisationsverhalten programmiert werden sollte, von dem man sich eine flexible und ökonomischer Rationalität folgende Privatisierungspolitik versprach.

---

115 Patrick Birkenshaw/Ian Harden/Norman Lewis, Government by Moonlight. The Hybrid Parts of the State, London 1990; Michael Hutter/Gunther Teubner, The Parasitic Role of Hybrids, Journal of Institutional and Theoretical Economics (1993), S. 706–715.
116 Wolfgang Seibel, Die organisatorische Entwicklung der Treuhandanstalt, in: Wolfram Fischer/Herbert Hax/Hans K. Schneider (Hrsg.), Treuhandanstalt – das Unmögliche wagen, Berlin 1993, S. 111 ff.

3. Der Regulierungsstaat: „The Business of Regulation" als kognitive Herausforderung

a) Zur unaufhaltsamen Karriere von „Regulatory Agencies"

Bei der soeben schon erwähnten Beschäftigung mit verselbständigten Verwaltungseinheiten stieß ich – was nahe lag – auf den Organisationstyp der sog. *„Independent Regulatory Agencies"* als Erscheinungsform einer spezifisch US-amerikanischen Institutionenkultur, über deren Entstehung und Funktionen bei Johannes Masing Folgendes nachzulesen ist:

> „Die Anfänge der amerikanischen Wirtschaftsregulierung, respektive des amerikanischen Verwaltungsrechts, liegen dabei in der Bekämpfung von Missständen im Bereich des Eisenbahnwesens. Mächtige marktbeherrschende Unternehmen hielten hier im ausgehenden 19. Jahrhundert durch Monopolpreise, Kartelle und diskriminierende Geschäftspraktiken weite Teile des gesamten Wirtschaftslebens in Geiselhaft, was bis hin zu schweren sozialen Unruhen führte. Die ersten Herausforderungen der Regulierung lagen folglich in der Festsetzung von Höchstpreisen und der Verhinderung diskriminierenden Marktverhaltens. Da sich bald zeigte, dass Maßnahmen auf der Ebene der einzelnen Staaten nicht ausreichten, wurde 1887 eine eigene Bundesbehörde, die Interstate Commerce Commission (ICC), gegründet, welche die Urzelle der US-amerikanischen Bundesadministration wurde. Aus ihr wurden später etwa für den Bereich der Telekommunikation die Federal Communications Commission (FCC, 1934), für den Energiebereich die Federal Power Commission (FPC, 1935; später umbenannt in die Federal Energy Regulatory Commission – FERC –) oder für den Bereich des Luftverkehrs die Civil Aeronautics Board – CAB –) ausgelagert und ihr als allgemeine Wirtschaftsbehörde die Federal Trade Commission (FTC, 1938) zur Seite gestellt. Neben solche jeweils auf konkrete Sachverhalte bezogene Fachbehörden traten erst später, insbesondere mit der Rights Revolution (1965–75), Behörden mit allgemeineren Querschnittsaufgaben wie insbesondere die Environmental Protection Agency (EPA, 1979)."[117]

---

117 Johannes Masing, Die US-amerikanische Tradition der Regulated Industries und die Herausbildung eines europäischen Regulierungsverwaltungsrechts, in: Archiv des öffentlichen Rechts (AöR) 128 (2003), S. 558 ff.

Inzwischen hat sich der Organisationstyp der Independent Regulatory Agencies nahezu epidemisch ausgebreitet. In ihrem Bericht über deren globale Verbreitung haben Jacint Jordana, David Levi-Faur und Xavier Fernandez i Marin die Karriere verselbstständigter Regulierungsbehörden – gestützt auf ein reichhaltiges empirisches Material – wie folgt nachgezeichnet[118]

Zunahme von Independent Regulatory Agencies in den Jahren 1920 bis 2007

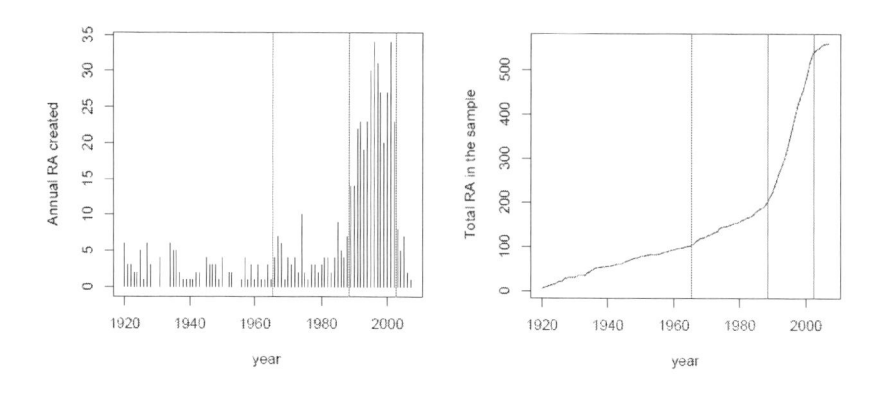

Auf diese Fakten stützen sie ihren Befund eines offenbar immer noch andauernden *Prozesses der „regulatory agencification"*, der in ihrer eigenen Zusammenfassung wie folgt lautet:

> „Autonomous regulatory agencies have recently become the »appropriate model« of governance in capitalist economies. Our dataset, which covers agencification in 48 countries and 16 sectors over 88 years (1920–2007), offers for the first time a comprehensive overview of the global surge in the popularity of the regulatory agency. *The adoption of regulatory agencies as best practice of governance suggests a reorganization of modern bureaucracy* and a new division of power between politicians and bureaucrats within the modern administrative state. What we

---

118 Jacint Jordana/David Levi-Four/Xavier Fernández i Marín, The Global Diffusion of Regulatory Agencies and the Restructuring of the State, Jerusalem 2009; eine neue Fassung findet sich unter dem Titel "The Global Diffusion of Regulatory Agencies: Channels of Transfer and Stages of Diffusion", in: Comparative Political Studies 44 (2011), S. 1343–1369; die nachfolgenden Zitate beziehen sich auf die Manuskriptfassung von 2009.

A. Das Problem der Wissensverteilung oder zu den „Pluralitätszumutungen der Moderne"

found goes well beyond our initial expectations. The process of »*regulatory agencification*« has exploded, from fewer than five new agencies per year until the 1980s, to more than 20 agencies per year from the 1990s to 2002 (reaching peaks of more than 30 new agencies per year between 1996 and 2001). By the end of 2007, we identified agencies in about 73% of all the cases under study
- to *strengthen the autonomy of professionals and experts* in the public policy process;
- to keep the regulators at arm's length from their political masters; and
- to distinguish the responsibility for policy making from the responsibility for regulation. Indeed, this restructuring of the state may well represent the institutionalization of a new global order of regulatory capitalism."[119]

Soweit zum Erfolgstyp von Regulierungsagenturen; jetzt aber sollen am Beispiel der Bankenaufsicht die kognitiven Besonderheiten der Wirtschaftsregulierung veranschaulicht werden.

b) Regulierungsbehörden als Treffräume von Regulierungsrationalitäten und Wissensordnungen: das Beispiel der Bankenaufsicht

Mit dem schon in der Einleitung zu diesem Buch erwähnten Begriff der Treffräume[120] knüpft Peter Collin mit dem Begriff des *Treffraums*, der in Niklas Luhmanns „Politik der Gesellschaft" eher beiläufig verwendet wird[121], an die systemtheoretische These an, dass unterschiedliche Funktionssysteme wie Wirtschaft und Recht überwiegend systemintern kommunizieren und es deshalb bestimmter *Kopplungsmedien* bedarf, um eine systemübergreifende Kommunikation zu ermöglichen; ein solches Kopplungsmedium sei nach Luhmann die *Organisation*:

"Ein Kopplungsmedium ist für Luhmann die Organisation: In Organisationen können sich ungestört unterschiedliche Funktionssysteme

---

119 Ebenda, S. 3.
120 Peter Collin, Treffräume von Regulierungsrationalitäten: Überlegungen zu Voraussetzungen und Typisierungen juristisch-ökonomischer Kommunikation, in: derselbe (Hrsg.), Treffräume juristischer und ökonomischer Regulierungsmodalitäten, Frankfurt am Main 2014, S. 1–44.
121 Niklas Luhmann, Die Politik der Gesellschaft, Frankfurt am Main 2000, S. 398.

»einnisten«, ohne das sein Aufeinanderbezug von deren Eigenlogiken künstlich hergestellt werden muss. Dieser findet schon dadurch statt, dass sich Organisationen permanent durch Entscheidungsprozesse reproduzieren, in welchen Entscheidungsprämissen unterschiedlicher systemischer Provenienz abgearbeitet werden müssen. Der hierfür von ihm benutzte Begriff des »Treffraums« lässt sich durchaus auf weitere Koppelungsmedien ausweiten: auf Wissenschaftsdisziplinen, die hergebrachte Grenzziehungen zwischen Ökonomie und Rechtswissenschaft unterlaufen, auf konkrete Regelungsmaterien und Regelungsvorhaben, die die Berücksichtigung verschiedener disziplinärer Wissensbestände geradezu herausfordern, auf Schlüsselbegriffe, die sowohl ökonomische als auch juristische Sinngehalte in sich tragen, auf Qualifikationen, die sich sowohl aus juristischen als auch aus ökonomischen Ausbildungsinhalten speisen, oder auf Funktionen, deren Ausübung die Berücksichtigung juristischer und ökonomischer Belange erfordert."[122]

Auch mir scheinen nach meiner bisherigen Beschäftigung mit organisationstheoretischen und organisationssoziologischen Fragestellungen Organisationen, insbesondere mit einem bestimmten Maß von Entscheidungsautonomie ausgestattete Organisationen, geeignete Trefffäume für das *Aufeinandertreffen verschiedener Wissenswelten* zu sein. Drei dafür geeignete *Organisationskandidaten* kommen mir dabei in den Sinn: einmal das Kaiserliche Patentamt, dessen Rolle als Treffraum von juristischer und technischer Wissenswelt[123] von Margrit Seckelmann kenntnisreich hervorgehoben worden ist und das ihrer Einschätzung nach zur Dynamik des deutschen Industrialisierungsprozesses erheblich beigetragen hat[124]; zum anderen der Deutsche Handelstag (DHT), dessen Wirken von Boris Gehlen als ein Begegnungsort juristischer und ökonomischer Qualifikationen sowie als Arena beschrieben worden ist[125], in die sowohl ökonomische als auch juristi-

---

122 Collin, Fußnote 120, S. 3/4.
123 Begriff bei Nico Stehr, Wissenswelten, Governance und Demokratie, in: Sebastian Botzem/Jeanette Hofmann/Sigrid Quack/Gunnar Folke Schuppert/Holger Straßheim (Hrsg.), Governance als Prozess. Koordinationsformen im Wandel, Baden-Baden 2009, S. 479–502.
124 Margrit Seckelmann, Industrialisierung, Internationalisierung und Patentrecht im Deutschen Reich, 1871–1914, Frankfurt am Main 2006.
125 Boris Gehlen, Der Deutsche Handelstag als Treffraum juristischer und ökonomischer Regulierungsrationalitäten (1861–1914): Strukturelemente und die Beispiele der Eisenbahn- und Versicherungsregulierung, in: Collin (Hrsg.), Fußnote120, S. 67–96.

A. Das Problem der Wissensverteilung oder zu den „Pluralitätszumutungen der Moderne"

sche Argumente eingebracht werden konnten; drittens schließlich eben „Independent Regulatory Agencies", wie jetzt mit Hilfe von Ann-Katrin Kaufhold am Beispiel der Bankenaufsicht erläutert werden soll.

Ann-Katrin Kaufhold versteht in ihrem Beitrag „Transfer und Transformation ökonomischen Wissens im Recht der Bankenaufsicht"[126] die Regelungen des Bankenaufsichtsrechts als eine *spezifische Wissensordnung*, um damit das Bewusstsein für die Wissensdimension des Bankenaufsichtsrechts zu schärfen; in einem ersten Schritt skizziert sie zunächst die Grundzüge des aufsichtsrechtlichen Regelwerks und dessen Strukturierung durch ein spezifisches Verfahrensrecht:

> „Seit Ende der 1980er Jahre wird die Bankenregulierung durch die so genannten Baseler Abkommen geprägt, also durch die zum Zwecke der internationalen Koordination der Bankenregulierung vom Baseler Ausschusses für Bankenaufsicht (Basel Committee on Banking Supervision, BCBS) getroffenen Vereinbarungen über Aufsichtsstandards.[127] Obwohl rechtlich unverbindlich, werden sie regelmäßig und detailgenau in europäische bzw. nationale Rechtsakte übernommen. Unter ihrem Einfluss sind *Eigenkapitalanforderungen zum Kerninstrument der Bankenregulierung* geworden und haben alternative Regulierungsansätze (wie etwa die bis in die 1970er Jahre verbreitete Regulierung von Markstrukturen, Anlagen oder Einlagenzinsen) weitgehend verdrängt. Im vorliegenden Zusammenhang ist vor allem die Flexibilisierung der Anforderungen an die Risikokalibrierung von Interesse, die ab Mitte der 1990er Jahre mit den Reformen des ersten Baseler Abkommens (Basel I) und abschließend mit dem zweiten Baseler Abkommen (Basel II) im Jahr 2004 eingeführt wurde und die eine Berücksichtigung der von den aufsichtsunterworfenen Banken selbst entwickelten Risikobewertungsverfahren ermöglicht. Denn damit wurde *das Verwaltungsver-*

---

126 Ann-Katrin Kaufhold, Transfer und Transformation ökonomischen Wissens im Recht der Bankenaufsicht, in: Ino Augsberg (Hrsg.), Extrajuridisches Wissen im Verwaltungsrecht. Analysen und Perspektiven, Tübingen 2012, S. 151–175.
127 Dem Ausschuss gehören heute Vertreter von Zentralbanken und Finanzaufsichtsbehörden aus 27 Staaten einschließlich der G10-Gründungsmitglieder an, die über ihre Empfehlungen und Rahmenvereinbarungen stets im Konsens entscheiden, siehe zu Entstehung, Mitgliedschaft und Arbeitsweise des BCGS: BCBS, History oft he Basel Committee and its Membership, online verfügbar: http://www.bis.org/bcbs/history.htm, sowie die Darstellung von Emmenegger, The Basel Committee on Banking Supervision – a secretive club of giants?, in: Rainer Grote/Thilo Marauhn (Hrsg.), The Regulation of International Financial Markets, Cambridge 2006, S. 224 ff.

fahren für ökonomisches Wissen geöffnet. Zuvor war die Rezeption dem Standardsetzungsprozess vorbehalten. Bei den Reformen des Basel-Regimes handelt es sich insofern zugleich um Reformen der Wissensordnung des Bankenaufsichtsrechts."[128]

Zentrales Ziel aller drei großen Bereiche der Finanzmarktaufsicht – Banken-, Versicherungs- und Kapitalmarktaufsicht – sei die Gewährleistung der *Systemstabilität* des Finanzmarktes:

„Übergreifendes Ziel der in Deutschland von BaFin[129] und Bundesbank ausgeübten Bankenaufsicht ist es [...], die *Funktionsfähigkeit des Bankensystems* im Interesse der Gesamtwirtschaft zu gewährleisten. Entscheidendes *Kriterium für die Selektion und Rezeption ökonomischen Wissens* muss daher seine Aussagekraft über das Gefährdungspotential von Organisation und/oder Tätigkeit einer Bank für die Stabilität des Kreditgewerbes sein. Welche Informationen von Bankenregulierung und -aufsicht erfragt und welche Quellen dazu angezapft werden, welches Gewicht man den gewonnenen Erkenntnissen beimisst und wie sie verarbeitet werden, muss sich an dieser Aufgabenstellung der Funktionssicherung und der damit konkretisierten Gemeinwohlverantwortung der staatlichen Entscheidungsträger orientieren. Sie bildet im Recht der Bankenaufsicht das »normative Konkretisierungsraster«[130], mit dessen Hilfe ökonomisches Wissen gefiltert werden soll."[131]

Wie das Recht der Bankenaufsicht den Transfer und die Transformation ökonomischen Wissens anleitet, will sie anhand der folgenden vier analytischen Fragen analysieren:

„*Erstens:* Welche Quellen des ökonomischen Systems werden nach ihren Wissensbeständen befragt? Wem gegenüber öffnet sich das juristische System? – Andockstelle(n) im ökonomischen System.

Zweitens: Nach welcher Art von Wissen werden diese Quellen befragt (z.B. Erfahrungs- oder explizites Wissen)? Für welche Art von Wissen öffnet sich das juristische System? – Qualität des transferierten Wissens.

---

128 Kaufhold, Fußnote 126, S. 153/153.
129 Bundesanstalt für Finanzdienstleistungsaufsicht.
130 Wolfram Höfling, Ökonomische Theorie der Staatsverschuldung in rechtswissenschaftlicher Perspektive, in: Chritoph Engel/Martin Morlok (Hrsg.), Öffentliches Recht als ein Gegenstand ökonomischer Forschung, Tübingen 1998, S. 85.
131 Kaufhold, Fußnote 126, S. 159/160.

Drittens: Wer rezipiert das Fremdwissen, welche Stelle speist das ökonomische Wissen in das juristische System ein und ist also für die Transformation verantwortlich? – Andockstelle(n) im juristischen System.

Viertens: Wie wird das extrajuridische Wissen transformiert? Wie ist das Verfahren ausgestaltet, in dem eine Auswahl aus verschiedenen (kontingenten) Wissensangeboten getroffen wird (z.B. Formalisierungs- und Institutionalisierungsgrad, Nähe zur abschließenden staatlichen Entscheidung)? – Prozess der Transformation."[132]

Ohne hier auf Einzelheiten eingehen zu müssen, können als Ergebnis der analytischen Fragen zwei Dinge festgehalten werden: erstens sei unbestreitbar, dass die Bankenaufsicht sich in der Vergangenheit zu weitgehend von den Kreditinstituten hat vereinnahmen lassen[133] und zweitens, dass die entscheidende Stellschraube in der *Ausgestaltung des Verwaltungsverfahrens* besteht, dass die *selektive Rezeption ökonomischen Wissens* steuert; dazu heißt es bei Ann-Katrin Kaufhold – und mit diesem Zitat soll dieser Gliederungspunkt beendet sein – auszugsweise wie folgt:

„Mit der Anerkennung bankeigener Risikobewertungsmodelle als dem Standardansatz potentiell gleichwertig, d.h. mit der partiellen, unter den Vorbehalt aufsichtlicher Erlaubnis gestellten Ersetzung des juristischen durch bankinterne Regelsetzungsverfahren hat man das Aufsichtsverfahren kognitiv geöffnet und ihm Transfer und Transformation ökonomischen Wissens anvertraut. Bedenken an der damit errichteten Wissensordnung betreffen sowohl die ausgewählten Quellen als auch die Eingrenzung des rezipierten ökonomischen Wissens und die Organisation des Transformationsprozesses.
[...] Im Rahmen des Verfahrens zur Anerkennung interner Risikokalibrierungsmodelle wird der Sachverstand international tätiger Großbanken erschlossen. Diesen wird faktisch als einzigen die Möglichkeit eingeräumt, ihre Expertise mit Blick auf Ratingsysteme in den Aufsichtsprozess einzuspeisen. Wissenschaftliche Erkenntnisse, die Erfah-

---

132 Ebenda, S. 160.
133 Zur Theorie des sog. „clientel capture", wonach Regulierungsbehörden stets in der Gefahr leben, von ihrer zu beaufsichtigenden Klientel vereinnahmt zu werden, siehe mit zahlreichen Nachweisen, Gunnar Folke Schuppert, Die Erfüllung öffentlicher Aufgaben durch verselbständigte Verwaltungseinheiten. Eine verwaltungswissenschaftliche Untersuchung, Göttingen 1981.

rungen kleinerer Kreditinstitute oder auch die Einschätzungen von Bankenverbänden werden jedenfalls im Rahmen des Verwaltungsverfahrens nicht gehört."[134]

II. Wissensverteilung in organisatorischen Arrangements zwischen Markt und Staat

1. Regulierte Selbstregulierung als Wissensproblem

a) Skalierungsmodelle der Regulierung zwischen Markt und Staat

Wenn man die Welt der Regulierung etwas genauer in Augenschein nimmt, bemerkt man alsbald, dass es nicht einen, überall passenden Regulierungstyp gibt, sondern es gerade *hybride Formen der Regulierung* sind, die unser besonderes Interesse verdienen; in seinem Bericht über die verschiedenen Varianten von Regulierung hat Kai Wegrich die folgende Differenzierung vorgeschlagen[135]:

„Eine Begrenzung des Regulierungsbegriffs auf staatliche Regulierung würde [...] *ein breites Feld relevanter Regulierungen ausklammern*. Da eine vollständige Delegation von Regulierungskompetenzen an Private eher die Ausnahme darstellt und vielfältige Formen gemischter (staatlich/privater) Regulierung existieren, hat sich folgende Differenzierung unterschiedlicher Regulierungstypen zwischen den Polen rein staatlicher und rein privater Regulierung eingebürgert:
– *Klassische Regulierung* (auch Command-and-Control Regulation),
– *Ko-Regulierung*,
– *Regulierte Selbstregulierung* (auch Meta-Regulierung) und
– *Selbstregulierung*."[136]

---

134 Kaufhold, Fußnote 126, S. 170/171.
135 Gleichsinnig schon Wolfgang Hoffmann-Riem, Öffentliches Recht und Privatrecht als wechselseitige Auffangordnungen. Systematisierung und Entwicklungsperspektiven, in: derselbe/Eberhard Schmidt-Aßmann (Hrsg.), Öffentliches Recht und Privatrecht als wechselseitige Auffangordnungen, Baden-Baden 1996, S. 300 ff.
136 Kai Wegrich, Better Regulation? Grundmerkmale moderner Regulierungspolitik im internationalen Vergleich, Reihe „Zukunft Regieren" 1/2009, Gütersloh 2009, S. 20.

A. Das Problem der Wissensverteilung oder zu den „Pluralitätszumutungen der Moderne"

Aus diesem Quartett ist das Konzept der regulierten Selbstregulierung[137] sicherlich das Interessanteste; mit Martin Eifert lässt es sich kurz und knapp wie folgt skizzieren: „Das Konzept der regulierten Selbstregulierung ist als Steuerungskonzept entfaltet worden. Regulierte Selbstregulierung steht dabei als Chiffre für verschiedene Regelungsstrukturen, in denen staatliche Steuerung sich auf die mehr oder weniger starke Überformung typischerweise gesellschaftlicher Selbstregulierung beschränkt. Über die schon begrifflich angezeigte Koppelung der verschiedenen Handlungsrationalitäten wird versucht, die Kapazität zur gemeinwohlverträglichen und gemeinwohlförderlichen Problemlösung insgesamt zu erhöhen."[138]

Um die Wirkungsweise dieses Konzepts der regulierten Selbstregulierung besser verstehen zu können, soll es an den folgenden zwei Beispielen veranschaulicht werden:

- Das erste Beispiel bilden die in der Literatur häufig behandelten *Selbstverpflichtungen der Wirtschaft*[139], deren Funktionsweise Martin Eifert wie folgt erläutert:

  „Einen weiteren [...] Bereich der regulativen Nutzung korporatistischer Strukturen bilden die Fälle so genannter Selbstverpflichtungen der Wirtschaft. Sie sind vor allem, aber keineswegs nur, im Umweltbereich in den 1980er und 90er Jahren zu einem verbreiteten Instrument geworden und haben auch auf europäischer Ebene positive Resonanz gefunden. Bei ihnen geht es nicht nur um *privates Wissen*, schnelle, flexible, innovative und problem-angemessene Lösungen, sondern auch um die Verpflichtungsfähigkeit der verbandlichen Strukturen. Denn bei ihnen verpflichten sich bestimmte Gruppen, meist Branchen(verbände), regelmäßig unter staatlicher Einflußnahme, zur Erreichung bestimmter Ziele oder Verhaltensweisen, die im öffentlichen Interesse liegen."[140]

---

137 Siehe dazu die Beiträge in: Die Verwaltung, Beiheft 4 (2001), „Regulierte Selbstregulierung als Steuerungskonzept des Gewährleistungsstaates".
138 Martin Eifert, Regulierte Selbstregulierung und die lernende Verwaltung, in:Die Verwaltung, Beiheft 4 (2001), S. 137–158., hier S. 137.
139 Siehe stellvertretend Andreas Hellberg, Normabwendende Selbstverpflichtungen als Instrument des Umweltrechts, Sinzheim 1999; Angela Faber, Gesellschaftliche Selbstregulierungssysteme im Umweltrecht, Stuttgart 2001.
140 Martin Eifert, Regulierungsstrategien, in: Wolfgang Hoffmann-Riem/Eberhard Schmidt-Aßmann/Andreas Voßkuhle (Hrsg.), Grundlagen des Verwaltungshandelns, Bd. I, 2. Aufl. München 2012, § 19, Rdnr. 73 f.

Zweites Kapitel: Eine Reise in die Welt des Wissens

– Ein zweites Beispiel ist das Zusammenspiel von privater Fremdkontrolle und staatlicher Überwachung. Der Staat geht zunehmend dazu über, Kontroll- und Überwachungsaufgaben in den privaten Sektor zu verlagern und damit zugleich einen großen Teil der sogenannten Transaktionskosten in Gestalt von Information- und Kontrollkosten.[141] Es ist insbesondere dieser Informations- und Wissensaspekt, dessen zentrale Bedeutung Martin Eifert in diesem Zusammenhang zunächst betont:

> „Der Staat verlagert auch Teile seiner Kontrolltätigkeit in den privaten Sektor. Dabei geht es offenkundig darum, den Staat durch den Einsatz der privaten Ressourcen insbesondere finanziell zu entlasten. Hinzu treten aber auch funktionale Gründe. Die Zunahme von Komplexität und Spezialisierung der für die Regulierung *erforderlichen Wissensbestände* betrifft nicht nur die Regelbildung, sondern ebenso den Vollzug. Vor allem, wenn die gesetzliche Normierung sich auf unbestimmte Tatbestände beschränkt und deren Operationalisierung durch private Normsetzung nur als ein Angebot ausgestaltet, wird für alle davon abweichenden Fälle *das Wissensproblem* an die situative, auf den Einzelfall bezogene Normkonkretisierung durchgereicht. Die Einrichtung eines regulierten Marktes privater Überwachungsstellen erlaubt hier eine bessere Vorhaltung und Weiterentwicklung des notwendigen Wissens als die sachverständige Beratung oder Unterstützung von Behörden. Das selbstregulative Element des Ansatzes bezieht sich also weniger auf die Kontrollaufgabe, als auf den dafür erforderlichen, vorgelagerten *Wissensbedarf*. Schließlich greift die private Fremdüberwachung auf einen Mechanismus zurück, der sich im Wirtschaftsleben an vielen Stellen auch selbstregulativ entwickelt hat, so dass eine flexibel anpassbare Breite der Regulierung und in den privaten Kontrollverhältnissen ein fließender Übergang zwischen hoheitlich abgestützten und rein selbstregulativen Qualitätssicherungssystemen ermöglicht wird."[142]

Das Zusammenspiel von staatlichen und privaten Kontrollstrukturen lässt sich besonders gut erläutern an der europarechtlich geprägten Gewährleis-

---

141 Siehe dazu Gunnar Folke Schuppert, Geändertes Staatsverständnis als Grundlage des Organisationswandels öffentlicher Aufgabenwahrnehmung, in: Dietrich Budäus (Hrsg.), Organisationswandel öffentlicher Aufgabenwahrnehmung, Baden-Baden 1998, S. 19 ff.
142 Eifert, Fußnote 140, Rdnr. 82 f.

tung eines hohen Niveaus von Produktsicherheit[143], ein Bereich, den uns Eifert wie folgt näher erläutert:

„Die am weitesten reichende Form der privaten Fremdüberwachung ist die Ersetzung der staatlichen Überwachungstätigkeit. Sie wurde auf europarechtlicher Grundlage für weite Bereiche des Produktsicherheitsrechts eingeführt.
Hier wird die Markteinführung gefährlicher Produkte weitgehend nicht an staatliche Genehmigungen gebunden, sondern durch ein staatlich verankertes System präventiver privater Kontrolle überwacht. Im Ausgangspunkt dürfen die Produkte nur in Verkehr gebracht werden, wenn ihre Konformität mit den materiellen Vorgaben bestätigt und durch die Anbringung eines Zeichens (CE-Zeichen) ausgewiesen wird. Diese weitgehende, oft über das frühere Regulierungsniveau hinausgehende Beschränkung wird durch eine vertypte Differenzierung der Konformitätsbewertungsverfahren risikoorientiert ausgestaltet. Die Einordnung hängt weitgehend vom Gefahrenpotential und der Verfügbarkeit operationalisierter, *den Wissens- und Wertungsbedarf verringernder Prüfmaßstäbe* ab. Bei einem höheren Gefahrenpotential oder einem Mangel konkretisierter Maßstäbe ist regelmäßig eine Konformitätsprüfung durch private »benannte Stellen« notwendig, die sich auf Baumuster oder individuelle Produkte beziehen kann und teilweise auch ergänzende Kontrollen von Qualitätssicherungssystemen der Produktion umfasst. Soweit in den anderen Fällen eine bloße Selbsterklärung des Herstellers genügt, muss dieser teilweise zumindest die technische Dokumentation den benannten Stellen vorlegen."[144]

Soweit zum Konzept der regulierten Selbstregulierung.

b) Zum Wissensproblem selbst

Wenn man die nachfolgend vorgestellten Überlegungen Martin Eiferts zur regulierten Selbstregulierung als Wissensproblem liest, fühlt man sich lebhaft an den sog. „Dieselskandal" erinnert, der im Sommer 2017 die bun-

---

143 Dazu Hans Christian Röhl, Akkreditierung und Zertifizierung im Produktsicherheitsrecht, Zur Entwicklung einer neuen europäischen Verwaltungsstruktur, Berlin 2000.
144 Eifert, Fußnote 140, Rdnr. 84.

desrepublikanische Öffentlichkeit beschäftigte, weil es sowohl beim Bundesverkehrsministerium wie beim Kraftfahrzeugbundesamt offenbar an den erforderlichen *Kontroll- und Überwachungswissen*, vielleicht auch am notwendigen Kontroll- und Überwachungs*willen* gefehlt hat[145].
Das mit dem Konzept der regulierten Selbstregulierung verbundene *Wissensdilemma* wird von Martin Eifert eindringlich wie folgt vor Augen geführt:

„Die regulierte Selbstregulierung reagiert [...] unter anderem auf die Wissensdefizite über Erfolgsvoraussetzungen und Wirkungen direkter staatlicher Regulierung, löst aber die hinter ihr liegenden Wissensprobleme nur begrenzt. Die verstärkte Einbeziehung privater Akteure und gesellschaftlicher Regulierungsmechanismen, wie beispielsweise die Nutzung von Marktprozessen oder privater Organisations- bzw. Verfahrensgestaltung, erschließt zwar prinzipiell auch deren Informationsverarbeitungskapazität und Wissensbestände für die Problembearbeitung, sie hinterläßt aber auf staatlicher Seite das Problem, trotz mangelnden Wissens geeignete Vorgaben zu formulieren, Rahmenbedingungen setzen oder Ergebnisse beurteilen zu müssen. Neben hierbei teilweise fortbestehenden Wissensproblemen schafft dies auch *neue Wissensbedarfe*.
Die Problematik der kompetenten Beurteilung von Ergebnissen ist zunächst vor allem im Bereich der faktisch stark privatisierten *technischen Standardsetzung* hervorgetreten, wird mittlerweile jedoch als generelles Problem kooperativer Verfahren behandelt. Der Staat kann hier durch prozedurale Vorgaben den Verlust unmittelbarer Einwirkungsmöglichkeiten teilweise kompensieren und versuchen, seine Informationsbasis abzusichern. Bereits hierfür benötigt er Wissen um die Eignung bestimmter Verfahrenstypen oder Gremienzusammensetzungen. Er darf aber überdies auch seine eigene Kompetenz nicht vollständig aufgeben, sondern muß zur verantwortlichen Wahrnehmung seiner Anschlußentscheidungen eine Kontrollkompetenz aufbauen oder bewahren. Unter Berücksichtigung der Zeitdimension beinhaltet dies die Anforderung, diese ständig weiter zu entwickeln."[146]

---

145 Vgl. dazu das Themenheft des SPIEGEL Nr. 32 vom 5.8.2017 mit dem Titel „Ende Legende. Wie Bundesregierung und Konzerne den Ruf der Auto-Nation Deutschland ruinieren" mit dem Leitartikel: „Dieselgate. Der Dieselgipfel hat die enge Verquickung von Politik und Autoindustrie offengelegt – die Bundesregierung ist quasi handlungsunfähig".
146 Eifert, Fußnote 138, S. 138/139.

A. Das Problem der Wissensverteilung oder zu den „Pluralitätszumutungen der Moderne"

Im Ergebnis führt dies – in auffälliger Parallelität zur soeben abgehandelten Bankenaufsicht – dazu, von den Wissensbeständen der zu Regulierenden zunehmend in Abhängigkeit zu geraten; mit dem dazu passenden Zitat soll dieser Gliederungspunkt denn auch abgeschlossen sein:

„Im verwaltungsrechtlichen Grundmuster wird nicht verfügbares (Entscheidungs-) Wissen der Verwaltung – soweit es überhaupt vom normativen Programm als unentbehrlich angesehen wird – durch typischerweise punktuelle Heranziehung von Sachverständigen aufgefüllt oder durch Verweisung auf in sachverständigen Gremien erarbeitete Ergebnisse entschärft. In beiden Fällen wird jedoch auf bestehende Wissensbestände zurückgegriffen – meist der Wissenschaft oder spezifischer Anwendergruppen wie Techniker oder Ärzte. Die Dynamisierung dieser Wissensbestände erfolgt im wesentlichen nach den Regeln dieser Gruppierungen, also etwa nach den Regeln der wissenschaftlichen Forschung oder ingenieurswissenschaftlich geprägter technischer Entwicklung. Zugespitzt ließe sich also formulieren: *Die Regulierer fragen Ergebnisse der Selbstregulierung ab.* Die Verwaltung rezipiert und aktualisiert (meist punktuell) bestenfalls ihren eigenen Wissensbestand. Der Rückkanal bleibt unterentwickelt, die gezielte Produktion neuen Wissens im wesentlichen eine Aufgabe der eigenständigen Forschungsförderung und Verwaltungslernen eher zufällig."[147]

2. Wirtschaftskammern als Orte der Interessenvertretung und der Wissensgenerierung

Einer der besten Kenner des deutschen Kammerwesens – Winfried Kluth[148] – hat zu Recht darauf hingewiesen, dass in Gestalt der Wirtschaftskammern (Industrie- und Handelskammern, Handwerkskammern, Landwirtschaftskammern) und der freiberuflichen Kammern eine verwaltungsrechtliche Organisationsform existiert, „bei der die *Wissensgenerierung durch die Einbeziehung Privater* [...] einen zentralen Organisationszweck darstellt".[149] Das zeige am besten ein Blick auf die Entstehungsgeschichte des Kammerwesens in der zweiten Hälfte des 19. Jahrhunderts:

---

147 Eifert, Fußnote 138, S. 145/146.
148 Vgl. nur Winfried Kluth (Hrsg.), Handbuch des Kammerrechts, Baden-Baden 2005.
149 Winfried Kluth, Die Strukturierung der Wissensgenerierung durch das Verwaltungsorganisationsrecht, in: Indra Spiecker genannt Döhmann/Peter Collin

„Im Zuge der Technisierung und Industrialisierung stand der Staat vor der Frage, wie er das nötige Wissen für die Wirtschaftspolitik und die Wirtschaftsaufsicht erlangen kann. Vor die Alternative gestellt, dieses Wissen durch die Einstellung entsprechend geschulter Fachleute selbst zu generieren oder zu diesem Zweck die jeweilgen Berufe und ihren Sachverstand zu instrumentalisieren, entschied sich Preußen und andere deutsche Staaten nicht zuletzt vor dem Hintergrund der dort anzutreffenden Tradition von Selbstverwaltung und Ehrenamt für den zweiten Weg. So kam es zur Gründung von Wirtschafts- und Berufskammern, die als Körperschaften des öffentlichen Rechts als Selbstverwaltungseinrichtungen die Aufgabe übertragen bekamen, den Staat sachverständig zu beraten sowie die Interessen der jeweiligen Berufe zu ermitteln und zu vertreten."[150]

Sowohl für die Aufgabe der Interessenvertretung wie für die den Staat entlastende Wissensgenerierung erweise sich die *gruppenplurale* Binnenstruktur der Kammern als vorteilhaft: „Damit erweist sich bei den Industrie- und Handelskammern, ebenso wie bei den ähnlich verfassten Handwerkskammern, die Organisationsstruktur in einer spezifisch dienenden Funktion zur *Aufgabe der Wissensgenerierung* in Gestalt der Interessenvertretung. Dieses Struktur wird darüber hinaus für die sachverständige Beratung des Staates und der Mitglieder in anderen Feldern genutzt."[151]

III. Zur Pluralität nicht-staatlicher Wissensträger

Die moderne Wissensgesellschaft ist – dies wird man ohne Widerspruch befürchten zu müssen konstatieren können – durch eine beeindruckende *Vielfalt von Wissensträgern* gekennzeichnet. Deshalb soll hier auch gar nicht erst versucht werden, diese Pluralität der vor allem nicht-staatlichen Wissensträger abzubilden; vielmehr habe ich mich entschieden, dem Leser eine kleine Auswahl von Beispielen vorzustellen, die mir besonders interessant und lehrreich erscheinen.

(Hrsg.), Generierung und Transfer staatlichen Wissens im System des Verwaltungsrechts, Tübingen 2008, S. 86.
150 Ebenda, S. 86.
151 Ebenda, S. 87.

A. Das Problem der Wissensverteilung oder zu den „Pluralitätszumutungen der Moderne"

1. NGOs als Träger transnationalen und alternativen Wissens

Was NGOs als Wissensträger angeht, so gibt es dazu eine hervorragende Darstellung aus der Feder von Janina V. Curbach[152], auf die daher im Folgenden auch wiederholt Bezug genommen werden soll. Der beträchtliche Einfluss von NGOs beruht – davon bin ich seit langem überzeugt – vor allem auf ihrer *Glaubwürdigkeit*, die sie – und dies ist ihr spezifisches Legitimationsproblem – immer wieder unter Beweis stellen müssen. Unter der Überschrift „Glaubwürdigkeit und Wissensmacht" hat Janina V. Curbach dazu Folgendes ausgeführt:

> „Im vorangehenden Abschnitt wurde bereits festgestellt, dass NGOs Governance-Akteure sind, die nicht im traditionellen Sinne mit Macht ausgestattet oder demokratisch legitimiert sind. Darüber hinaus steht aber auch *ihre Wissensproduktion* in Konkurrenz zu allen anderen Akteuren. Deshalb stellt sich die Frage: Warum haben NGOs und ihr Wissen unter diesen Voraussetzungen überhaupt eine Chance, sich gegen andere Akteure und deren Wissen durchzusetzen?
> Dass ihre Stimme trotzdem – und in zunehmendem Maße – im öffentlichen Diskurs und im politischen Prozess gehört wird, verdanken NGOs einer ganz besonderen Form von *Wissensmacht*. Boli und Thomas haben diese besondere Macht von NGOs in ihren Arbeiten zur Konstruktion und Verbreitung von Weltkultur als *cultural authority* beschrieben[153]. Die kulturelle Macht von NGOs beruht danach auf der Fähigkeit, sozial geteilte Definitionen zu konstruieren sowie Werte und Normen diskursiv und politisch durchzusetzen. Wie bereits oben beschrieben wurde, üben NGOs in ihren Informations- und Überzeugungsstrategien eben diese kulturelle Wissensmacht aus und setzen sie ein, um die Wahrnehmung von anderen Governance-Akteuren und Öffentlichkeiten zu beeinflussen und zu verändern. NGOs definieren auf diese Weise gezielt mit, welches Verhalten oder Handeln gesellschaftlich als *moralisch gut* oder als *rational* bewertet wird. Sie sind da-

---

[152] Janina V. Curbach, NGOs als Träger transnationalen und alternativen Wissens – Wissenszulieferer oder Wissensstrategen?, in: Gunnar Folke Schuppert/Andreas Voßkuhle (Hrsg.), Governance von und durch Wissen, Baden-Baden 2008, S. 129–150.
[153] John Boli, George M. Thomas, Constructing World Culture. International Nongovernmental Organizations since 1875, Stanford 1999.

durch zu so genannten »moralischen Unternehmern«, zu weltgesellschaftlichen *moral entrepreneurs* geworden."[154]

NGOs sind – wie ich aus Gesprächen mit völkerrechtlichen Kollegen weiß – durchaus begehrte Gesprächspartner, da die international tätigen Bürokraten und Diplomaten aufgrund eigener Überlastung und Zeitmangels gerne vom Wissensvorsprung der NGOs profitieren:

„NGOs sind erstens Träger von *alternativem Wissen*, das nicht der öffentlichen Wissensproduktion entspringt und zudem in zweierlei Hinsicht alternativ ist: Zum einen ist es lokales Kontext- und Erfahrungswissen, zum anderen Expertenwissen. Die Beamten von Staatsregierungen und Internationalen Organisationen in ihren Hauptquartieren greifen zunehmend und gerne auf dieses alternative Erfahrungs- und Expertenwissen von NGOs zurück. Das liegt nicht zuletzt daran, dass öffentliche Akteure selbst oft keinen anderen Zugang zu den für sie relevanten Informationen haben. Frantz und Martens beschreiben dieses Problem der Wissensknappheit bei den UN im Vergleich zu NGOs: »UNO-Diplomaten fehlt dagegen oft das nötige Wissen, da ihr Beruf den Wechsel zwischen verschiedenen Posten mit entsprechend unterschiedlichen Sachzuständigkeiten mit sich bringt, während NGO-Vertreterinnen und Vertreter in ihren angestammten Arbeits- und Expertisefeldern verbleiben und Informationsvorsprünge aufbauen können. In der Folge nehmen viele Diplomaten im Menschenrechtsbereich kurz nach Antreten ihrer Posten häufig Kontakt mit Repräsentanten der von der UNO akkreditierten NGOs auf, da solche Kontakte normalerweise verlässliche Materialien und hilfreiche Analysen einbringen.«"[155]

In einer knappen Zusammenfassung würdigt Janina V. Curbach die Rolle von NGOs als *Träger von alternativem Wissen* wie folgt:[156] „Zusammengefasst bieten NGOs [...] aufgrund ihres nicht-staatlichen Charakters eine einzigartige Alternative zur öffentlichen, aber auch zur marktbasierten und industriellen Wissensproduktion. NGO-Wissen ist dabei nicht nur deshalb alternativ, weil es nicht-staatlich in seinem Ursprung und seiner Verbreitung ist, sondern es ist *lokales Kontextwissen und Expertenwissen*, und damit häufig auch *gezielt produziertes Wissen über Nicht-Wissen* und *Basiswissen* im

---

154 Curbach, Fußnote 152, S. 137.
155 Christiane Frantz/Kerstin Martens, Nichtregierungsorganisationen (NGOs) – Lehrbuch, Wiesbaden 2006, S. 95.
156 Curbach, Fußnote 152, S. 141.

A. Das Problem der Wissensverteilung oder zu den „Pluralitätszumutungen der Moderne"

Gegensatz zu Elitenwissen. Keck und Sikkink beschreiben das alternative Wissen von NGOs sehr treffend, wenn sie feststellen: »They provide information that would not otherwise be available, from sources that might not otherwise be heard.«[157]

Wie man sich die strategischen Schritte in den von NGOs angestoßenen und begleiteten wissenschaftspolitischen Prozess vorzustellen hat, hat Janine V. Curbach in der nachstehenden Übersicht wie folgt anschaulich dargestellt:[158]

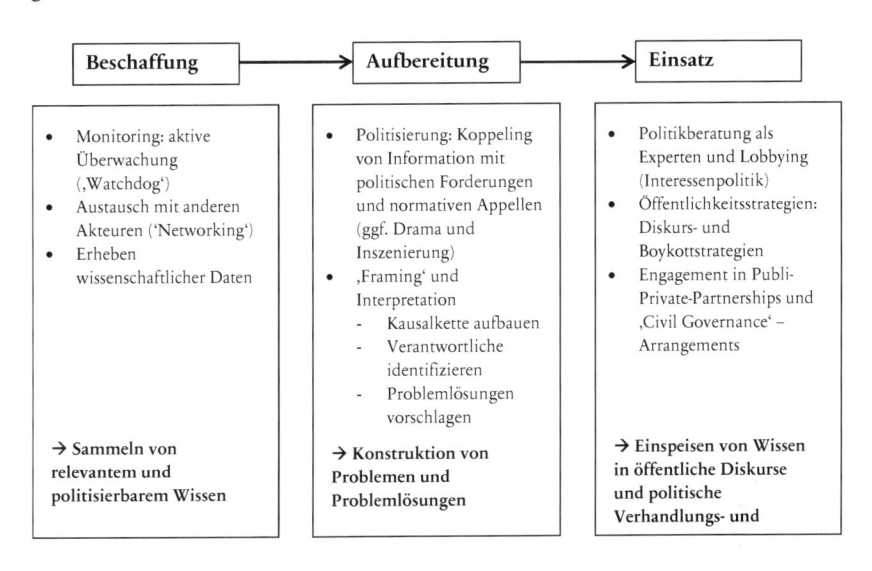

Beschaffung	Aufbereitung	Einsatz

• Monitoring: aktive Überwachung (‚Watchdog')
 • Austausch mit anderen Akteuren ('Networking')
 • Erheben wissenschaftlicher Daten
	• Politisierung: Koppelung von Information mit politischen Forderungen und normativen Appellen (ggf. Drama und Inszenierung)
	 • ‚Framing' und Interpretation
	    - Kausalkette aufbauen
	    - Verantwortliche identifizieren
	    - Problemlösungen vorschlagen
		• Politikberatung als Experten und Lobbying (Interessenpolitik)
		 • Öffentlichkeitsstrategien: Diskurs- und Boykottstrategien
		 • Engagement in Publi-Private-Partnerships und ‚Civil Governance' – Arrangements

→ Sammeln von relevantem und politisierbarem Wissen	→ Konstruktion von Problemen und Problemlösungen	→ Einspeisen von Wissen in öffentliche Diskurse und politische Verhandlungs- und

Aber nun möchte ich den Leser einladen, mit mir einen großen Sprung zu machen, und zwar von den NGOs als Träger alternativen Wissens zu wissenschaftlichen Gesellschaften als Träger und Verbreiter nützlichen Wissens.

---

157 Margaret Keck/Kathryn Sikkink, Activists Beyond Borders. Advocacy Networks in International Politics, Ithaca und London 1998, S. 18 f.
158 Leicht modifizierte Darstellung nach Curbach, Fußnote 152, S. 145.

2. Die Celler Landwirtschaftsgesellschaft als Institution der Popularisierung agrarischen Wissens

Es geht im Folgenden nicht um das Phänomen gelehrter Gesellschaften, die für die Aufklärung im Europa des 18. Jahrhunderts so typisch waren und sich verpflichtet sahen, die Fackel der Vernunft und des Fortschritts bis in die dunkelsten Ecken der Welt zu tragen[159], sondern um etwas eher „Handfestes", nämlich das Sammeln und die Verbreitung praktisch-nützlichen Wissens. In dem von Ulrich Johannes Schneider herausgegebenen Band über „Kulturen des Wissens im 18. Jahrhundert"[160] habe ich dafür ein hübsches Beispiel gefunden, und zwar in Gestalt der Celler Landwirtschaftsgesellschaft, über deren Wirken Kai F. Hünemörder Folgendes zu berichten weiß:

> „Die Celler Landwirtschaftsgesellschaft trat 1764 mit einem klaren Programm an die kurhannoverische Öffentlichkeit. Sie wollte nicht weniger als nach auswärtigem Beispiel »der Oeconomie [...] in bewährten Erfahrungen nach[...]gehen und eigene und andere Proben [...] sorgfältig [...] sammeln und gemeinnützig bekannt [...] machen«[161].
> Im Gegensatz zur »Fußtruppe der Aufklärung« gehörte die frisch gegründete Celler Institution eher zur »Reiterei der Aufklärung«. Sie fügte sich ein in die Gründungswelle ökonomisch-patriotischer Sozietäten in der zweiten Hälfte des 18. Jahrhunderts. Insgesamt soll es im deutschsprachigen Raum mehr als 200 dieser ökonomischen und wissenschaftlichen Gesellschaften gegeben haben. Doppelmitgliedschaften nicht herausgerechnet hatten diese etwa 30.000 Mitglieder. Sie bildeten damit – neben Intelligenzblättern und Korrespondentennetzwerken – einen wichtigen institutionellen Rahmen der praktischen Aufklärung[162]. Die Celler Landwirtschaftsgesellschaft gehörte neben

---

159 Anschaulich dazu Barbara Stollberg-Rielinger, Die Aufklärung. Europa im 18. Jahrhundert, Stuttgart 2000.
160 Berlin/New York 2008.
161 Konzept eines Briefes von Jacobi an die Königl. Regierung vom 19.3.1764, in: Hauptstaatsarchiv (HStA) Hannover, Hann. 136 Nr. 1, vgl. auch „Ein vorschreiblicher Vorschlag, wie die Künste der patriotischen Gesellschaft zu eröffnen und einzurichten" (ca. 1764), in: HStA Hannover, Hann. 136 Nr. 1.
162 Zu dem Gesamtphänomenen erscheint ein neuer Sammelband mit regionalen Fallstudien: Marcus Popplow (Hrsg.), Landschaften agrarisch-ökonomischen Wissens. Regionale Fallstudien zu landwirtschaftlichen und gewerblichen The-

A. Das Problem der Wissensverteilung oder zu den „Pluralitätszumutungen der Moderne"

der Leipziger ökonomischen Gesellschaft bald zu den aktivsten Zirkeln der Popularisierung agrarischen Wissens in Norddeutschland."¹⁶³
Die Verbreitung neuen agrarischen Wissens war offenbar kein leichter „Job", da die Zielgruppe der Bauern von dem neuen Wissen häufig nichts wissen wollte¹⁶⁴:

> „Die Konzentration auf neue Erkenntnisse aus dem Bereich der Landwirtschaft stand im Einklang mit dem programmatischen Anspruch auf *Verbreitung »nützlichen Wissens«*. Freilich rieben sich die gelehrten Wissensbestände an dem verbreiteten agrarischen Alltagswissen, was zu Konfliktenzwischen den unterschiedlichen »Kulturen des Wissens« führte. Die Bauern traten den Verkündern einer verwirrenden Vielfalt neuer Lehren und empirischer Versuche mit traditioneller Skepsis entgegen. Daher ersannen die Mitglieder der Societät immer neue Methoden der »Überredung«. Ihr Idealbild war die fiktive Figur des »gelehrten Bauern«, welcher »seinen Verstand durch die Wissenschaften aufgeklärt, und sich dadurch geschickt gemacht hat, Anmerkungen zu machen[,] aus Erfahrungen und Versuchen allgemeine Sätze herzuleiten, eine Sache gründlich zu beurtheilen, und seyne Meynung auf eine verständliche brauchbare Art zu Papier zu bringen.«¹⁶⁵"

Was die *Popularisierungsstrategien* zur Verbreitung neuen agrarischen Wissens angeht, so berichtet unser Referenzautor Hünemörder dazu Folgendes:

> „Zunächst konzentrierte sich die neue Celler Institution auf Anreizsysteme, um neue agrarische Wissensbestände zu sammeln. Dazu gehörten vor allem Preisfragen. Ziel war es, die Haushälter im ganzen Kurfürstentum zur Mithilfe bei der Sammlung spezifischen nützlichen landwirtschaftlichen Wissens zu bewegen. Zudem sollten Preisausschreiben die Gesellschaft bekannt machen. Diese hatten also bewusst eine Doppelfunktion. Zweimal im Jahr traf man sich in Celle, um die

---

men in Zeitschriften und Sozietäten des 18. Jahrhunderts, Münster/New York 2008.
163 Kai F. Hünemörder, Strategien einer Schlüsselinstitution der Popularisierung agrarischen Wissens in Kurhannover: Die Celler Landwirtschaftsgesellschaft (1764–1804), in: Ulrich J. Schneider (Hrsg.), Kulturen des Wissens im 18. Jahrhundert, Berlin/New York 2008, S. 339–345.
164 Ebenda, S. 340.
165 Aristipp, Kann man ein guter Oekonome seyn, ohne jemals ein Landwirth gewesen zu seyn?, in: Hannoverisches Magazin 4 (1766), Sp. 1–16, hier 10 f.

Zweites Kapitel: Eine Reise in die Welt des Wissens

meist anonym eingesandten Preisschriften, Produkte und Halbfabrikate auf ihre Qualität hin zu prüfen. Die besten Vorschläge prämierte man mit goldenen und silbernen Medaillen sowie Preisgeldern. Hielt man im Engeren Ausschuss eine Preisschrift für besonders nützlich, verlas man sie auf der Jahresversammlung der Gesellschaft. Parallel veröffentlichte man sie zusammen mit weiteren agrarkundlichen Beobachtungen und erprobten Versuchen im gesellschaftseigenen Publikationsorgan, den »Nachrichten über Verbesserung der Landwirtschaft und des Gewerbes«. Häufig bediente man sich zudem des Hannoverschen Magazins, der zweiten zentralen Institution der Popularisierung nützlichen Wissens in Kurhannover."[166]

3. Professionelles Wissen

Mit dieser Überschrift soll die in der Wissensforschung immer wieder gemachte Beobachtung angesprochen werden, dass es in der Regel *bestimmte Personengruppen* sind, die das kostbare sog. Herrschaftswissen verwalten und ausüben. Die Beobachtungen – für die es viele historische Beispiele gibt, wurden und werden häufig als Warnungen formuliert, nämlich als Warnung vor dem Einfluss einer „wissenschaftlichen Machtelite"[167] einer „neuen Priesterschaft"[168] oder eines „wissenschaftlichen Standes"[169]. Diese eingängigen Formulierungen, auf die wir in Weingarts Wissenschaftssoziologie gestoßen sind[170], machen alle drei auf ihre Weise auf einen von uns für zentral gehaltenen Punkt aufmerksam, nämlich dass eine Ausdifferenzierung des Wissens ganz offenbar mit der Ausdifferenzierung von sozialen Rollen einhergeht: die sogenannten „men of knowledge" erfüllen – wie Florian Znaniecki überzeugend herausgearbeitet hat[171] – *soziale Rollen* und *besondere gesellschaftliche Funktionen*; zu diesen für Znaniecki historisch belegbaren Prozess der Ausdifferenzierung von Wissen und *spezifischen Wissensträgern* heißt es in der zusammenfassenden Darstellung durch Hubert Knoblauch wie folgt:

---

166 Hünemörder, Fußnote 163, S. 341/342.
167 Siehe dazu Sanford A. Lackoff (Hrsg.), Knowledge and Power, New York 1966.
168 Ralph E. Lapp, The New Priesthood, New York 1965.
169 Don K. Price, The Scientific Estate, Cambridge 1967.
170 Peter Weingart, Wissenschaftssoziologie, Bielefeld 2003, S. 93.
171 Florian Znaniecki, The Social Role of the Men of Knowledge, New York 1975 (EA 1940).

A. Das Problem der Wissensverteilung oder zu den „Pluralitätszumutungen der Moderne"

„Einen ersten Typus bildet das *allgemeine Wissen*, das allen sozialen Rollen zugrunde liegt. Es beinhaltet vor allem das Common-sense-Wissen, zu dem alle angenommenen Grundlagen des bestehenden kulturellen Codes zählen. Dazu gehört einmal technisches Wissen, sofern es nicht systematisiert wurde. Auch magisches und religiöses Wissen zählt zum allgemeinen Wissen, wenn es zur Erklärung von technischen Vorgängen herangezogen wird. Mittels dieses Wissens entstehen die ersten Rollen, wie etwa *Priester mit Ratgeberfunktion*, die Kräfte über Beobachtungen erfassen und auch erste Übersichten über anzuwendende Techniken erstellen (»Technologen«). Daneben kristallisieren sich technologische Führer heraus, die eine Übersicht über die Techniken haben und zugleich soziale Führer zur Lösung bestimmter Aufgaben sind. Davon abzugrenzen sind *technologische Experten*, die zusätzlich über Techniken des Experimentierens und der Erfindung verfügen. Eigenständige Erfinder kannten erst ab dem 19. Jahrhundert eine eigene soziale Rolle. Auch in Znanieckis Zeiten treten sie lediglich in bestimmten technischen Organisationen auf. *Weise sind dagegen ideologische Führer*, die ebenfalls erst in recht komplexen Gesellschaften auftreten. Sie legen fest, was »richtig« und »falsch« ist, z.B. Kirchenväter. Sie verfügen nicht über praktisches Wissen. Diese Form des Wissens wird auch heute noch vertreten, z.B. in Zeitungskommentaren, und tritt in Rollen wie dem moralischen Führer oder dem Zukunftsberater auf."[172]

In Fortführung und „Modernisierung" von Znanieckis Typologie der *rollenbezogenen Wissensverteilung* spricht Knoblauch von Intellektuellen, Spezialisten und Experten, allesamt Wissensträger, auf die noch zurückzukommen sein wird. Was mich aber besonders interessiert, ist das von Knoblauch im Anschluss an diese Typen von Wissensträgern behandelte Phänomen des *professionellen Wissens*. Unter Professionalisierung versteht er mit Michaela Pfadenhauer den „Prozess der sozialen Verfestigung von Berufsrollen durch die Systematisierung eines Wissensgebietes, die Länge und Komplexität der (institutionell spezialisierten) Ausbildung, die Beglaubigung beruflicher Kompetenzen in institutionellen Kategorien (Lizenzen) und ein Geflecht von auf Sonderwissen bezogenen Selbst- und Fremdtypisierungen."[173]

---

172 Hubert Knoblauch, Wissenssoziologie, 3. Aufl. Konstanz 2014, S. 288.
173 Michaela Pfadenhauer, Professionalität. Eine wissenssoziologische Rekonstruktion institutionalisierter Kompetenzdarstellungskompetenz, Opladen 2003, S. 30.

Zweites Kapitel: Eine Reise in die Welt des Wissens

Für ein solches professionalisiertes Wissen hat Knoblauch interessanter Weise drei Berufsgruppen im Auge, nämlich *Ärzte, Geistliche und Juristen*:[174]

> „Typische Professionen sind Ärzte, Geistliche und Juristen, die neben dem Sonderwissen und der langen, akademischen Ausbildung auch einen Eid ablegen. In einem weiteren, keineswegs allgemein akzeptierten Verständnis zählt man zu den Professionen auch Sozialarbeiter, Ingenieure, Architekten, Wissenschaftler und Künstler. Als Grund für diese Ausweitung des Begriffes wird vor allem die Wissensbasis genannt. Sie zeichnet sich bei allen professionellen Experten durch eine Kombination aus wissenschaftlichem Wissen und praktischem Handlungswissen aus. Deswegen halten viele schon die Verwissenschaftlichung von praktischen Ausbildungsgängen für ein Merkmal der Professionalisierung. Andere halten den Umstand einer praktischen Kompetenz bzw. die Verknüpfung von Theorie und Praxis für den Kern der Profession. Wichtigstes Kennzeichen der Professionalisierung ist jedoch immer die *Autonomie des Wissens: also die Fähigkeit der eigenen Bestimmung der Profession über das Wissen*, die auch als eine Art Monopolisierung verstanden werden kann. Was theologisches Wissen ist, wird nicht vom Kaiser bestimmt, sondern von den Universitäten, und auch die Mediziner haben eine Jurisdiktionsgewalt über ihr Wissen. (Eine Jurisdiktion, die sich die Medizin im Laufe des 19. Jahrhunderts aneignete.) Institutionen wie Universitätskliniken oder Universitäten zehren von diesem Monopol, das den Zugang zu den Professionen regelt. »Die Kontrollansprüche von Professionen richten sich generell auf den Zugang zur Profession, auf Sonderwissensbestände und auf kollegiale Selbstkontrolle, und sie werden in Berufsstrategien, in Professionspolitik, manifest.«"[175]

Damit können wir an dieser Stelle festhalten, dass Rechtswissen auch – und möglicherweise vor allem – als Professionswissen verstanden werden kann, mit der Folge, dass wir von Rechtswissen als Juristenwissen sprechen könnten und müssten, was in direkter Linie zu der interessanten Frage führt, welche Anforderungen eigentlich an die *Wissensausstattung* von Juristen zu stellen wäre.[176]

---

[174] Knoblauch, Fußnote 172, S. 293.
[175] Pfadenhauer, Fußnote 173, S. 61.
[176] Für den im europäischen Rechtsraum agierenden Juristen siehe dazu die Überlegungen von Andreas Voßkuhle, Das Leitbild des „europäischen Juristen" – Ge-

4. Unternehmen als Wissensträger: Lernfähigkeit unter Ungewissheitsbedingungen

Dass Unternehmen Wissensträger allerersten Ranges sind, vermag die Unternehmensgeschichte eindrucksvoll zu belegen: Joyce Appleby hat in ihrer Geschichte des Kapitalismus[177] eindrücklich die Verknüpfung von Kapital und technischem Wissen im Spiegel deutscher Unternehmerpersönlichkeiten geschildert und dabei Kurzportraits von August Thyssen, Ernst Werner von Siemens und Carl Zeiss vorgestellt. In der modernen Industriegesellschaft operierten als Wissensträger vornehmlich „science-based industries".

Ich möchte an dieser Stelle aber nicht unternehmensgeschichtlich argumentieren, sondern zum Stichwort „Unternehmen als Wissensträger" einem Autor das Wort geben, der aus einer ganz anderen methodischen Ecke kommt und dessen Herz und Verstand der Systemtheorie nahestehen; gemeint ist Karl-Heinz Ladeur, der zum „Unternehmen als Institution der Wissenserzeugung" Folgendes ausgeführt hat:

> „Wenn man den Akzent bei den kognitiven Funktionen der liberalen Institutionen des Marktes setzt, so ist damit eine Anschlußmöglichkeit für die Umstellung der rechtstheoretischen Perspektive von der Gesellschaft der Individuen auf die Gesellschaft der Organisationen gefunden, die die Paradoxie der Verknüpfung von Markt, Hierarchie (Unternehmen) und öffentlicher Bürokratie auflösen kann. Gerade weil der Markt nicht als ein anarchisches Zusammentreffen von Individuen charakterisiert werden kann, sondern die Entwicklung stabiler Erwartungen und Koordination in größeren Zeithorizonten ermöglichen soll, ist die Konstruktion von Institutionen von ausschlaggebender Bedeutung. Daran schließt sich die Entwicklung der *Unternehmen* an, *deren Eigenart gerade in der längerfristigen produktiven Verbindung kognitiver Ressourcen besteht.* Auf die ökonomische Theorie des Unternehmens kann in dem hier gesteckten Rahmen nicht im einzelnen eingegangen werden, da es vor allem um die Entwicklung einer Theorie der Wissen generierenden Funktion liberaler Institutionen geht. Gerade das Verfassungsrecht ist noch weitgehend von einer bloß instrumentellen Konzeption des Unternehmen als einer juristischen Person im Sinne

---

danken zur Juristenausbildung und zur Rechtskultur in Deutschland, in: Rechtswissenschaft 4 (2010), S. 326–346.
177 Joyce Appleby, Die unbarmherzige Revolution. Eine Geschichte des Kapitalismus, Hamburg 2011.

von Art. 19 Abs. 3 GG geprägt: Die juristische Person ist danach Medium der zwischen Individuen geteilten Eigentumszurechnung. Wenn man aber die marktbezogenen Institutionen primär unter dem Gesichtspunkt der Informationsgenerierung und der produktiven Koordination von Handlungen unter Ungewißheitsbedingungen betrachtet, ist zunächst die Eigenständigkeit der juristischen Person als Zurechnungseinheit ernst zu nehmen, damit darüber ein funktionaler Gesichtspunkt für die Spezifizierung der Binnendifferenzierung des Unternehmens und seiner inter- und intraorganisationalen Beziehungsnetzwerke gewonnen werden kann: *Die Unternehmensorganisation ist dann auch primär,* und zwar auch in verfassungsrechtlicher Sichtweise, *als eine Institution zur Wissensgenerierung und -verteilung zu betrachten,* die deshalb weniger durch ihre Zielorientierung charakterisiert ist, als durch eine relativ dauerhafte Institutionalisierung kollektiver Lernfähigkeit unter Ungewißheitsbedingungen."[178]

Besonders interessant finde ich, welche Konsequenzen Ladeur daraus für die Rolle des Staates und „seiner" *Eigentumsordnung* zieht:

„Für den Staat könnte sich daraus die Aufgabe ergeben, insbesondere die Verteilung der Eigentumsrechte und die Abstimmung zwischen ihnen (innerhalb des Unternehmens etwa im Management, Anteilseignern, Arbeitnehmern, Öffentlichkeit) und die darüber erzeugten Wissenseffekte zu beobachten und stärker im Sinne einer Mobilisierung neuer Möglichkeiten zu redimensionieren. Eigentumsrechte müssen zwangsläufig zur Ermöglichung der dynamischen Selbsttransformation des ökonomischen Systems partiell offengehalten werden. [...] Nach dieser kognitiven Perspektive muß eine staatliche Regulierung der Unternehmensorganisation durch Gesellschaftsrecht, Kapitalmarktrecht, öffentlich-rechtliche Regulierungen etc. vor allem auf die Gewährleistung der Selbsterneuerungsfähigkeit der Regeln der (Re-)Kombination und Regenerierung der an die Organisation gebundenen Wissensbestände eingestellt werden."[179]

Auf diesen Zusammenhang von Bereitstellung einer kognitiven Infrastruktur als Aufgabe der Rechtsordnung und insbesondere der Eigentumsordnung wird noch zurückzukommen sein.

---

178 Karl-Heinz Ladeur, Negative Freiheitsrechte und gesellschaftliche Selbstorganisation, Tübingen 2000, S. 187/188.
179 Ebenda, S. 191/195.

5. Zur autoritativen Expertise von Rating-Agenturen

Auch wenn es in der Diskussion über die Rolle von Rating-Agenturen etwas stiller geworden ist, sollte man sich vor Augen führen, welche Bedeutung ihnen als Wissensträger zukommt:

> „[…] sind die Bonitätsbewertungen der Agenturen heute ein integraler Bestandteil der Selbst-Governance des globalen Finanzsystems. Vor allem der Stellenwert der »globalen Expertise«[180] der führenden US-amerikanischen Anbieter Standard & Poors (S&P) und Moody's Investors Service (Moody's) hat seit dem Ende der Bretton-Woods-Ära kontinuierlich zugenommen. Waren im Jahr 1970 weltweit beispielsweise noch weniger als 1.000 Emittenten von Moody's bewertet, so erhöhte sich die Zahl auf über 9.000 im Jahre 2000. Eingeschlossen sind mittlerweile 100 Länder, die meisten supranationalen Organisationen, Banken, Versicherungen, Industrie- und Versorgungsunternehmen sowie Investmentfonds […]. Es ist daher nicht überraschend, dass sich die führenden Agenturen als ‚an essential part of the world's financial infrastructure'[181] beschreiben."[182]

Was die *kognitive Kompetenz* von Rating-Agenturen angeht, so sieht Torsten Strulik sie in der *kreativen Erschließung von Nichtwissen*: „Einiges spricht m.E. dafür, die Agenturen als Organisationen zu beschreiben, die auf der Grundlage einer spezifischen Expertise zur profitablen Erschließung des Nichtwissens um zukünftige Zustände des Finanzgeschäfts beitragen. Einer Form des Umgangs mit der Differenz von Wissen und Nichtwissen mithin, die nur unzureichend als Absorption von Unsicherheit beschrieben werden kann. Vielmehr geht es darum, mögliche Zukünfte in »imaginativen Akten«[183] auszuloten und für die (Re-)Produktion eigener Ent-

---

180 Helmut Willke, Heterotopia. Studien zur Krisis der Ordnung moderner Gesellschaften, Frankfurt am Main 2003.
181 Standard & Poor's, McGraw-Hill financial services, 2006, http://www.mcgraw-hill.com/news/kits_fact.shtml, Zugriff am 12.9.2018.
182 Torsten Strulik, Cognitive Governance. Beobachtungen im Kontext der Risikosteuerung des globalen Finanzsystems, in: Gunnar Folke Schuppert/Andreas Voßkuhle (Hrsg.), Governance von und durch Wissen, Baden-Baden 2009, S. 87–109, hier S. 97.
183 Jens Beckert, Grenzen des Marktes. Die sozialen Grundlagen wirtschaftlicher Effizienz, Frankfurt am Main 1999; Franz-Xaver Kaufmann, Rationalität hinter dem Rücken der Akteure: Soziologische Perspektiven, in: Hansjörg Siegenthaler (Hrsg.), Rationalität im Prozess kultureller Evolution, Tübingen 2004, S. 93–129.

Zweites Kapitel: Eine Reise in die Welt des Wissens

scheidungen kreativ zu verwerten. So gesehen, tragen die Tätigkeiten der Agenturen zu einer besonderen Dynamik finanzwirtschaftlicher Optionssteigerung bei, die mit erweiterten Anforderungen an die Governance-Strukturen des globalen Finanzsystems einhergehen."[184]

Das A und O für Rating-Agenturen besteht – ähnlich wie bei den oben besprochenen NGOs – in dem Vertrauen der Märkte in ihre kognitive Kompetenz:

> „Eine wesentliche Voraussetzung für das Vertrauen in die Agenturen besteht darin, dass es ihnen gelingt, als kompetente, verlässliche und unparteiische Finanzgutachter *Reputation* aufzubauen. Auf dem von Wiederholungsgeschäften und Publizität geprägten Markt für Ratings ist Reputation ein kostbares, weil vertrauensstiftendes Gut, dass mit jedem neuen Urteil auf dem Spiel steht. Gefördert wird dieses Gut vor allem durch die Erreichung einer hohen, über die Veröffentlichung von sogenannten »default rates« ausgewiesenen Treffergenauigkeit. Auf Abweichungen zwischen idealisierten und tatsächlich eingetretenen Quoten wird mit Anpassung der Geschäftsprozesse und Bewertungskriterien reagiert. […] Die hohe Bedeutung, die dem Aufbau von Reputation sowie entsprechenden Voraussetzungen zukommt, verdeutlicht zugleich, dass die Rating-Agenturen zwar einerseits als Finanzgutachter die Märkte beobachten, aber andererseits ebenso unter der Beobachtung der Märkte stehen und sich an diesen orientieren. So sind es in letzter Instanz stets die Märkte, die über die »Richtigkeit« von Ratings entscheiden. Zudem liegt auf der Hand, dass die »Objekte« des Ratings beobachten können, wie sie beobachtet werden und dass sie ihre Entscheidungen auf gewünschte Wirkungen abstimmen können (bzw. müssen)."[185]

Zusammenfassend heißt es – und damit soll der Ausflug in die Welt der nicht-staatlichen Wissensträger beendet sein – bei Torsten Strulik zur autoritativen Expertise von Rating-Agenturen wie folgt:

---

184 Strulik, Fußnote 182, S. 98.
185 Ebenda, S. 100.

A. Das Problem der Wissensverteilung oder zu den "Pluralitätszumutungen der Moderne"

„So lässt sich ihre Strahlkraft als »private authorities«[186] oder »quasi-regulatory-institutions«[187] nicht zuletzt darauf zurückführen, dass sie eine hohe institutionalisierte Reflexions- und Lernbereitschaft signalisieren, mit der sie das Vertrauen ihrer Umwelt in die Angemessenheit und Anpassungsfähigkeit ihrer Bewertungen aktiv stützen. Insofern sich die Autorität der Agenturen aus der wissensbasierten Generierung von Erwartungssicherheit speist, ist es nahe liegend, von einer »autoritativen Expertise« zu sprechen. Das heißt, die Einflussnahme auf die Entscheidungen ökonomischer Akteure vollzieht sich auf der Grundlage eines Vertrauens dieser Akteure in einen ausgeprägt kognitiven Erwartungsstil im Umgang mit einem unhintergehbaren finanzwirtschaftlichen Nichtwissen."[188]

IV. Was nun zu tun ist: kognitive Pluralität ordnen

Wenn man die bisherigen Überlegungen und Befunde noch einmal Revue passieren lässt, dann ist das Ergebnis eindeutig: die moderne Wissensgesellschaft ist eine von kognitiver Pluralität gekennzeichnete Gesellschaft, so dass sich automatisch die Frage stellt, wie mit dieser *kognitiven Fragmentierung* umzugehen ist. Sollte man versuchen, die verschiedenen Quellen des Wissens zusammenzuführen und so – um im Bilde zu bleiben – einen mächtigen Strom des Wissens zu erzeugen oder liegt der eigentliche Wert gerade in der Respektierung und Pflege der je spezifischen Wissensarten? Vieles scheint auf den ersten Blick dafür zu sprechen, die Vielfalt der Wissensquellen und der Wissensträger gezielt zu nutzen und so etwas wie *„Governance of Diversity"* zu betreiben.

1. Nutzung der Pluralität von Wissensträgern

Unter dieser Überschrift hat sich Wolfgang Hoffmann-Riem dezidiert dafür ausgesprochen, die Vielfalt der Wissensträger und der Methoden der

---

186 Claire A. Cutler/Virginia Haufler/Tony Porter (Hrsg.), Private authority and international affairs, New York 1999.
187 Timothy J. Sinclair, Bond-Rating agencies and coordination in the Global Political Economy, in: Claire A. Cutler/Virginia Haufler/Tony Porter (Hrsg.), Private authority and international affairs, New York 1999, S. 153–167.
188 Strulik, Fußnote 182, S. 99.

Wissensgenerierung einerseits zu respektieren, andererseits aber zu versuchen, das darin liegende Potential *kooperativ zu nutzen*:

> „Eine Reduktion der Problemwahrnehmung auf das dem Staat verfügbare (vielfach erkennbar oder unerkennbar suboptimale) Wissen würde ein Risiko unangemessener Problemlösung bewirken. *Es gilt auch, andere Wissensträger zu nutzen.*
> Heute lässt sich mit dem Wissensproblem – auch dem des Regulierungswissens – nur angemessen umgehen, indem die Pluralität der Wissensträger, der Wissensbestände, der Prozesse der Wissensgenerierung und der in ihnen maßgebenden Bestimmungsfaktoren (insbesondere auch die Rekursivität von Lernen) respektiert werden. Insofern ist es kein Zufall, dass der moderne Staat sowie überstaatliche Akteure – wie die Europäische Union – immer mehr *Kooperationsverhältnisse* mit anderen Akteuren eingehen oder Entscheidungen auf unabhängige Stellen – etwa agencies – oder auf Private auslagern. Ein Vertrauen auf die Generierung von Wissen in ausgelagerten Bereichen betrifft nicht nur, aber insbesondere Felder, in denen der Umgang mit dem Zuwachs an technischer und naturwissenschaftlicher Komplexität und wirtschaftlicher Dynamik das Zusammenspiel unterschiedlicher Akteure oder gar die Nutzung von Handlungsnetzwerken erfordert oder praktisch entstehen lässt."[189]

Eine solche kooperative Nutzung pluraler Wissensbestände und Wissensträger kann aber nur funktionieren – und dies ist ein ganz zentraler Punkt, auf den unter der Überschrift „Bereitstellung einer kognitiven Infrastruktur" noch zurückzukommen ist – wenn geeignete *Verfahrensregeln* existieren, die diese Kooperation strukturieren:

> „Insbesondere in komplexen und dynamischen Handlungsfeldern kann Wissen weder innerhalb noch außerhalb der Verwaltung als stabil vorausgesetzt werden. Das zur Entscheidung herangezogene Wissen wird situativ, in intra- und interorganisationalen Netzwerken, also auch in Interaktion von privaten Akteuren miteinander sowie mit der öffentlichen Hand, erzeugt. Da die Art der gegebenenfalls auf verschiedene Akteure verteilten Wissensbeschaffung keineswegs problemlösungsneutral ist, kommt dem Verfahren und damit gegebenenfalls den

---

[189] Wolfgang Hoffmann-Riem, Wissen, Recht und Innovation, in: Hans Christian Röhl (Hrsg.), Wissen – Zur kognitiven Dimension des Rechts, in: Die Verwaltung, Beiheft 9 (2010), S. 177.

A. Das Problem der Wissensverteilung oder zu den „Pluralitätszumutungen der Moderne"

(insbesondere den vom Staat geschaffenen) *Verfahrensregeln besondere Bedeutung* zu. Verfahrensvorkehrungen kann keineswegs mehr – wie es häufig bei traditionellem Verwaltungshandeln betont worden ist und noch wird – nur eine »dienende« und gegebenenfalls den fehlenden Rechtsschutz kompensierende Funktion zukommen. Vielmehr können Verfahren zu einer *eigenständigen produktiven Kraft* (etwa bei der Generierung von Wissen und der Entwicklung neuartiger Problemlösungsansätze) werden, sollten dafür aber auch so gestaltet sein, dass sie auch den Zugriff auf implizites Wissen disziplinieren. Dazu kann der Einbau von Distanz und Neutralität schaffenden Mechanismen gehören, aber auch die Ermöglichung von so viel »Nähe« zwischen Privaten und Administration, dass seitens der Verwaltung folgenreich mitgesteuert werden kann und die Entscheidungsmacht nicht faktisch an Private delegiert, zugleich aber das Risiko von »capture« vermieden wird."[190]

Wessen es also bedarf, ist – in der Diktion des Governance-Ansatzes – der Bereitstellung von problemangemessenen *Regelungsstrukturen*[191], wobei diese Aufgabe – wie Karl-Heinz Ladeur nachstehend zu bedenken gibt – darauf hinausläuft, einer *Prozeduralisierung des Rechts* das Wort zu reden.

2. Kognitive Zwänge zur Kooperation von Staat und Wirtschaft

Unter dieser Überschrift knüpft Karl-Heinz Ladeur an seine oben wiedergegebenen Überlegungen zum *Unternehmen als Wissensträger* an und fragt, was die kooperative Nutzung der Wissensbestände von Staat und Wirtschaft für die Beschaffenheit des Rechts bedeutet:

„Die neuen Formen der Verknüpfung von Handeln und Wissen, die sich nicht mehr in die Kontinuität der Erfahrung einfügen, stellen die »Steuerung« durch Recht und Staat am Maßstab öffentlicher Interessen auf eine neue Probe. Dies zeigt sich insbesondere daran, daß das traditionelle, an die Zugänglichkeit der Erfahrung gebundene »Grenzen« ziehende Ordnungsrecht in eine Krise gerät. Wenn man aber in der hier eingenommenen Perspektive die Frage nach der Möglichkeit der rechtlichen Steuerung abstrakter faßt und als Problem der Suche,

---

190 Ebenda, S. 178.
191 Vgl. dazu Claudio Franzius, Governance und Regelungsstrukturen, in: Verwaltungsarchiv (2006), S. 186 ff.

nach einem funktional äquivalenten Modell der Verknüpfung von Handeln und Wissen unter Bedingungen von Komplexität reformuliert, so bietet sich *ein neues Paradigma* an."[192]

Dieses neue Paradigma heißt *Proceduralisierung des Rechts* und wird uns von Ladeur wie folgt erläutert:

„Die durch die beschleunigte Selbsttransformation gesteigerten Anforderungen an die Wirtschaft erweitern zugleich den Alternativenreichtum der Optionen und ermöglichen eine Umstellung der Funktion des stabilen universellen Rechts auf eine, an Bereithaltung von Flexibilität und Gewährleistung von Selbst- und Fremdbeobachtung orientierte *Proceduralisierung*.
Diese hätte vor allem die Orientierung an längerfristigen Entscheidungshorizonten zu begünstigen. Daraus ergibt sich eine neue Form der Kooperation von Staat und Wirtschaft im Medium des Rechts, die jenseits der Alternative von Marktmechanismen einerseits und teleologischer öffentlicher ‚Steuerung' der Wirtschaft andererseits anzusiedeln ist. Proceduralisierung wäre vor allem zu verstehen als eine Konzeption, die die Bedeutung der Unternehmensorganisation als Träger des zur Erhaltung von Wirtschaft und Technologie erforderlichen Wissens und dessen Bindung an den Prozeß seiner Generierung, Erprobung, Modellierung und Beobachtung anerkennt. Diese strategische, generative und organisierte Komponente des Wissens stellt den entscheidenden Unterschied zur sich spontan bildenden Erfahrung dar und erzwingt die Ablösung des stabilen, seinerseits an einen vorausgesetzten Bestand von Erfahrungswissen gebundenen hierarchisch gestuften Rechts durch *ein kooperatives, heterarchisches, Lernen anregendes und selbst lernendes Recht*. Wie das klassische liberale Recht an der Kontinuität der Erfahrung orientiert war, muß das Recht unter Komplexitätsbedingungen systematisch auf die Erhaltung der Innovationsfähigkeit des »Wissenspools« eingestellt werden."[193]

---

192 Karl-Heinz Ladeur, Negative Freiheitsrechte und gesellschaftliche Selbstorganisation, Tübingen 2000, S. 197.
193 Ebenda, S. 197/198.

A. Das Problem der Wissensverteilung oder zu den „Pluralitätszumutungen der Moderne"

3. Zwei etablierte prozedurale und organisationsrechtliche Techniken der Wissenszusammenführung

a) Der Klassiker schlechthin: das Rechtsinstitut der Amtshilfe

Das hier nicht näher erläuterungsbedürftige Institut der Amtshilfe[194] gilt es hier nicht aus der Perspektive des Verwaltungsorganisationsrechts, sondern aus der *Wissensperspektive* zu würdigen. Dies hat Ino Augsberg in seinem Beitrag „Konzepte rechtlicher Steuerung und die Verteilung von Wissen im Bereich der Administrative"[195] in überzeugender Weise wie folgt getan:

> „Wenn der hierarchische Aufbau das klassische organisationsrechtliche Modell für den inneradministrativen Wissenstransfer benennt, dann bildet sein Pendant im Bereich prozeduraler Lösungsstrategien die Amtshilfe.[196] Während der eine Mechanismus intrabehördliche Informationsflüsse erfassen will, richtet sich der andere auf interbehördliche Kommunikationsprozesse. Normativ in Art. 35 Abs. 1 GG vorgezeichnet und in ihrem Grundmodell in § 4 VwVfG ausgestaltet, benennt die Amtshilfe die grundsätzliche Pflicht jeder Behörde, andere Behörden bei ihrer Amtsausführung zu unterstützen. Diese Unterstützung umfasst auch und insbesondere die Übermittlung von Informationen. Als ‚Informationshilfe'[197] konstituiert sie das *Grundmodell eines prozedural bestimmten Wissensaustauschs zwischen den Behörden*. Erweitert wird diese Strategie durch verfahrensrechtlich bestimmte Kooperationserfordernisse etwa im Planungsrecht.

Mit Blick auf das den entsprechenden Verfahren korrespondierende Wissensmodell ist festzuhalten, dass sowohl dem klassischen Modell

---

194 Gemäß § 5 Abs. 1 Nr. 3 des Verwaltungsverfahrensgesetzes des Bundes kann eine Behörde um Amtshilfe dann ersuchen, wenn die „zur Durchführung ihrer Aufgaben auf die Kenntnis von Tatsachen angewiesen ist, die ihr unbekannt sind und die sie selbst nicht ermitteln kann".
195 In: Hans Christian Röhl/Hans-Heinrich Trute (Hrsg.), Wissen/Nichtwissen in Organisationen und Netzwerken (i.E.).
196 Vgl. ausführlich etwa Bernhard Schlink, Die Amtshilfe. Ein Beitrag zu einer Lehre von der Gewaltenteilung in der Verwaltung, Berlin 1982; Hagen Kobor, Kooperative Amtsermittlung im Verwaltungsrecht. Mitwirkungspflichten und Informationshilfe im Lichte des verfassungsdirigierten Leitbildes des Untersuchungsgrundsatzes, Baden-Baden 2009.
197 Vgl. zum Begriff grundlegend Walter Schmidt, Amtshilfe durch Informationshilfe, in: Zeitschrift für Rechtspolitik (1979), S. 185 ff.

der Amtshilfe wie seinen Erweiterungen in ihrer ursprünglichen Lesart offenbar die Vorstellung eines nicht länger einheitlichen, ubiquitär zugänglichen Wissens zugrunde liegt. Das implizit damit statuierte Erfordernis des Wissensaustauschs setzt vielmehr eine Konzeption voraus, in der das *Wissen* bereits *stärker fragmentiert und dezentralisiert gedacht wird.*"[198]

b) Der Neo-Klassiker: Europäischer Verwaltungsverbund als Informationsverbund

Es ist inzwischen üblich geworden, die Verwaltung des europäischen Gemeinschaftsraumes, als des Verwaltungsraums der Europäischen Union, als *Verwaltungsverbund* zu bezeichnen.[199] In dem Einleitungsbeitrag zu dem Standardwerk über den Europäischen Verwaltungsverbund wird das Verwaltungssystem der EU von Eberhard Schmidt-Aßmann unter der Überschrift „Kodependentes Verwaltungshandeln" wie folgt charakterisiert:

„Europäische Verwaltung erweist ihre Besonderheit darin, daß sie die Einbettung ihrer Aktivitäten in *gemeinsame Informations-, Unterstützungs- und Abstimmungsvorgänge zwischen* den beteiligten Verwaltungen herausstellt. Erst diese Zusammenarbeit gewährleistet eine wirksame »Verwaltung des Gemeinschaftsraumes«. Dafür gibt es viele Beispiele: Ohne Mitwirkung der nationalen Verwaltungen kann die Kommission ihre Aufgaben der Wettbewerbs- und Beihilfeaufsicht nicht wahrnehmen. Ohne gemeinschaftsweite Verfügbarkeit zentral aufgearbeiteter Umwelt- oder Produktinformationen sind mitgliedstaatliche Behörden auf ein Entscheiden auf unzulänglicher Datenbasis zurückgeworfen. Das Außenhandels- und Zollrecht kann nur durch gemeinsames Handeln der nationalen Verwaltungen im gesamten Gemeinschaftsraum einheitlich durchgesetzt werden."[200]

---

198 Augsberg, Fußnote 195, Manuskriptfassung, S. 22/23.
199 Thomas Groß, Zum Entstehen neuer institutioneller Arrangements: das Beispiel der Europäischen Verbundverwaltung, in: Dieter Gosewinkel/Gunnar Folke Schuppert (Hrsg.), Politische Kultur im Wandel von Staatlichkeit, WZB-Jahrbuch 2007, Berlin 2008, S. 141 ff.
200 Eberhard Schmidt-Aßmann, Einleitung: Der Europäische Verwaltungsverbund und die Rolle des Europäischen Verwaltungsrechts, in: derselbe/Bettina Schöndorf-Haubold, Der Europäische Verwaltungsverbund, Tübingen 2005, S. 1 ff.

A. Das Problem der Wissensverteilung oder zu den „Pluralitätszumutungen der Moderne"

Die prägnanteste Ausprägung findet der Kooperations- und damit *kommunikationsintensive Verwaltungsverbund* in dem *Kommunikationstypus des Informationsnetzwerkes*, zu dem es bei Schmidt-Aßmann wie folgt heißt:

> *„Alle Verwaltung des Gemeinschaftsraums ist zuallererst Informationsverwaltung.* Die Zahl der Vorschriften, in denen das sekundäre EG-Recht den Mitgliedstaaten gegenüber der Kommission Unterrichtungs- und Mitteilungspflichten auferlegt, die gegenseitige Unterrichtung zwischen Mitgliedstaaten vorsieht oder EG-Instanzen zur Information der Mitgliedstaaten anhält, ist kaum zu überschauen. Sie übertrifft das, was das deutsche Bundesstaatsrecht in diesem Punkte für notwendig hält, bei weitem. In ihr drückt sich der Grundtatbestand europäischen Verwaltens aus, dass nämlich Einheit erst geschaffen werden muss. *Einheit ist zunächst einmal Informationseinheit.* Der Grundgedanke des europäischen Verwaltungsinformationsrechts ist die gegenseitige Angewiesenheit aller beteiligten Verwaltungsstellen auf gemeinschaftsweit verfügbare Informationen. Sein Grundkonzept basiert folglich auf dem *Prinzip der Reziprozität.* Angesichts der Bedeutung des Informationswesens wundert es nicht, dass sich auf diesem Felde die spontanen und punktuellen Formen des Informationsaustausches mehr und mehr institutionell verfestigen. Dabei lassen sich zwei Formen, die hochintegrierten Informationsagenturen und die horizontal angelegten Informationsverbünde, unterscheiden."[201]

Die Verwaltung des Gemeinschaftsraumes der EU ist als Informationsverbund auf einen intensiven Datenaustausch angewiesen. Das administrative Vehikel dieses Datenaustausches ist die Verknüpfung der mitgliedstaatlichen Datennetze; in dem Beitrag von Armin von Bogdandy über „Die Informationsbeziehungen im europäischen Verwaltungsbund" kann man dazu Folgendes nachlesen:

> „Seit den frühen neunziger Jahren betreibt die Union im Rahmen des IDA-Programms *(Interchange of Data between Adminstrations)* die umfassende Vernetzung der unionalen und nationalen Verwaltungen, um damit die Grundlage eines schnellen und sicheren Datenaustausches bereitzustellen. Im Mittelpunkt steht die *Zusammenführung der mitgliedstaatlichen Datennetze.* Dieses Programm betreibt nicht nur die Bereitstellung der technischen Voraussetzungen, sondern auch den Aufbau der diese Infrastruktur administrierenden Verwaltungsstellen. Auf

---

201 Ebenda, S. 15.

der Unionsebene werden der Aufbau und die Administration vom IDA-Team der Kommission und des Komitologieausschusses für Telematik in der Verwaltung gesteuert.
Weiter sind hier die datenbankgestützten Informationssysteme im europäischen Verwaltungsverbund zu nennen, etwa das Mehrwertsteuer-Informationsaustauschsystem (MIAS), das Schengener Informationssystem (SIS), die Datenbanken von Europol (TECS: The Europol Computersystem), das Zollinformationssystem und das EURODAC-System zur Erfassung der Fingerabdrücke von Asylbewerbern und illegalen Einwanderern. Die Einrichtung eines VISA-Informationssystem (VIS) und eines Schengener Informationssystems zweiter Generation (SIS II) sind beschlossen."[202]

Den harten Kern aber der Europäischen Verbundverwaltung bilden vor allem institutionell verfestigte *Behördennetzwerke*, unter denen den sog. *Regulierungsnetzwerken*[203] eine besondere Bedeutung zukommt, zu deren Struktur im Beitrag von Thomas Groß über die Erscheinungsformen der Europäischen Verbundverwaltung Folgendes nachzulesen ist:

„Charakteristisch für die institutionalisierten Behördennetzwerke ist die Einrichtung von Ausschüssen, deren Mitglieder von den zuständigen nationalen Fachbehörden unterhalb der Ministerialebene entsandt werden. Die Leitung der Gremien obliegt jeweils der Kommission.
Das erste Beispiel ist die European Regulators Group (ERG) im Bereich Telekommunikation, die durch eine Entscheidung der Kommission 2002/627/EG, geändert durch die Entscheidung 2004/641/EG, eingerichtet wurde. Sie besteht aus den Leitern der unabhängigen nationalen Regulierungsbehörden für elektronische Kommunikationsnetze und -dienste. Weitgehende Parallelen bestehen bei der Gruppe der europäischen Regulierungsbehörden für Elektrizität und Erdgas (ERGEG). Sie wurde zur Koordination bei der angestrebten Schaffung eines Energiebinnenmarkts durch Beschluss der Kommission 2003/796/EG vom 11. November 2003 geschaffen. Ihre Mitglieder sind

---

202 Armin von Bogdandy, Die Informationsbeziehungen im europäischen Verwaltungsbund, in: Wolfgang Hoffmann-Riem/Eberhard Schmidt-Aßmann/Andreas Voßkuhle (Hrsg.), Grundlagen des Verwaltungsrechts, Bd. II, 2. Aufl. München 2012, § 25 (S. 347 ff.), Rdnr. 28/29.
203 Vgl. dazu den wichtigen Überblick bei Gabriele Britz, Vom Europäischen Verwaltungsverbund zum Regulierungsverbund – Europäische Verwaltungsentwicklung am Beispiel der Netzzugangsregulierung bei Telekommunikation, Energie und Bahn, in: Europarecht 41 (2006), S. 46 ff.

A. Das Problem der Wissensverteilung oder zu den „Pluralitätszumutungen der Moderne"

ebenfalls die Leiter der zuständigen nationalen Regulierungsbehörden. Eine organisatorische Verfestigung der Behördenkooperation findet sich zudem im Rahmen des seit 2003 neu geordneten europäischen Kartellrechts. Zu diesem Zweck wurde der Beratende Ausschuss für Kartell- und Monopolfragen eingerichtet, der sich nach Art. 14 II VO 1/2003 aus Vertretern der Wettbewerbsbehörden zusammensetzt.
Die Institutionalisierung der Behördennetzwerke hat auch Rückwirkungen auf die nationalen Behörden. Da *ihre Unabhängigkeit Voraussetzung für das Funktionieren des Netzwerks* ist, muss sie im nationalen Recht gewährleistet werden."[204]

Was die wichtigsten *Funktionen der Behördennetzwerke* angeht, so heißt es dazu bei Groß wie folgt:

„Die Hauptaufgabe der Behördennetzwerke ist die *Koordination des Vollzugs* der jeweiligen gemeinschaftsrechtlichen Vorschriften. Regelmäßig werden der *Informationsaustausch* und die Verpflichtung zur Gewährung von Amtshilfe genannt [...]. Schließlich ist es auch Aufgabe der Ausschüsse der Fachbehörden, die Kommission zu beraten. Der Beratende Ausschuss für Kartell- und Monopolfragen ist vor verschiedenen Einzelentscheidungen der Kommission sowie vor dem Erlass von Durchführungsvorschriften anzuhören. Dabei wird von einem *großen faktischen Einfluss auf die Vorschläge der Kommission* ausgegangen, da diese ein großes Interesse hat, sich der Rückendeckung der Fachbehörden zu versichern."[205]

4. Ein Wechsel der Perspektive: Wettbewerb und Netzwerke als Institutionen der Wissensteilung

Während bisher von der Zusammenführung von Wissen die Rede war, das in verschiedenen Verwaltungsräumen oder Verwaltungsbehörden dezentral vorhanden ist, soll jetzt die Perspektive gewechselt und gefragt werden, ob es institutionelle Arrangements gibt, die absichtsvoll der *Wissensteilung* dienen: erst als geteiltes, nicht als zusammengeführtes Wissen vermag es

---

204 Thomas Groß, Zum Entstehen neuer institutioneller Arrangements: das Beispiel der Europäischen Verbundverwaltung, in: Dieter Gosewinkel/Gunnar Folke Schuppert (Hrsg.), Politische Kultur im Wandel von Staatlichkeit, WZB-Jahrbuch 2007, Berlin 2008, S. 151 f.
205 Ebenda, S. 152 f.

Zweites Kapitel: Eine Reise in die Welt des Wissens

seinen systembildenden Zweck zu erfüllen. Dieser *Perspektivenwechsel* ist uns von Dan Wielsch in seinem Beitrag über „Die epistemische Analyse des Rechts"[206] eindrucksvoll vorgeführt worden.

a) Wettbewerb als rechtsverfasste Institution der Wissensteilung der Wirtschaft

Unter dieser Überschrift beschäftigt sich Wielsch zunächst mit der *Funktion von Märkten*, die über die Preisbildung[207] als Koordinationsinstanz wirken, aber gerade deshalb die Unabhängigkeit der Entscheidungen der Marktteilnehmer und ihres je spezifischen Wissens voraussetzen:

> „Dass der Wettbewerb eine Vielzahl von individuellen Entscheidungen zu einem gesellschaftlichen Gesamtergebnis zu koordinieren vermag, ist eine Einsicht, die bereits der Klassischen Nationalökonomie bekannt war. Erst von Hayek hob jedoch die Dimension des Wissens in diesem Prozess hervor. Seine Arbeiten führen eine Art epistemische Wende im ökonomischen Denken herbei und stehen für die Einsicht, dass die Bedingungen wirtschaftlich rationalen Handelns nicht vorgegeben sind, sondern in Prozessen kollektiver Wissenserzeugung erst hergestellt werden[208]. [...] Sobald eine Mehrzahl von Akteuren versucht, ihre gesonderten Pläne durchzuführen, haben die einzelnen Entscheidungen der Mittelverwendung Einfluss aufeinander und es entsteht für jeden die Notwendigkeit, sich ständig Änderungen der Umstände anzupassen. [...]
> Erst ein durch Wettbewerb bestimmter Markt ist es, der eine dezentrale Umweltbeobachtung der Teilnehmer und damit eine umfassende Wissensgenerierung im Wirtschafssystem gewährleistet. Sein Hauptkennzeichen ist die *Unabhängigkeit* der Beobachtungs- und Suchprozes-

---

206 Dan Wielsch, Die epistemische Analyse des Rechts. Von der ökonomischen zur ökologischen Rationalität in der Rechtswissenschaft, in: Juristenzeitung (2009), S. 67–77.
207 „Preise stellen [...] eine Form von explizitem transsubjektiven Wissen dar, das durch negative Rückkopplung der individuellen Pläne erzeugt wird", Wielsch, Fußnote 206, S. 71.
208 Grundlegend Hayek, in: derselbe, Individualismus und wirtschaftliche Ordnung, 103 ff. und 122 ff.

A. Das Problem der Wissensverteilung oder zu den „Pluralitätszumutungen der Moderne"

se seitens der Marktteilnehmer. Es muss Ungewissheit über die Reaktionen der Mitspieler herrschen."[209]

Deswegen ist der „Wettbewerb als Institution der Wissensteilung" schutzbedürftig, und zwar in der folgenden Art und Weise:

„Gesichert werden muss der Prozess, durch den jenes transindividuelle Wissen erst erzeugt wird, das in die »rational choice« eingehen kann. Erkannt hat diesen Zusammenhang [...] von Hayek, für den die individuelle Wahl als Entscheidung zwischen Alternativen kontingent und abhängig ist von der durch die kollektive Ordnung des Wettbewerbs generierten Information. Damit ergibt sich bei der Frage der Gestaltung von sozialen Institutionen eine wichtige Verschiebung: Statt einer unmittelbaren Ausrichtung am Effizienzkriterium ist die Vorteilhaftigkeit einer Institution vielmehr an ihrer Kapazität zur Koordination von verteiltem und der Erzeugung von neuem Wissen zu beurteilen. Nur wenn die Institution über eine solche Kapazität verfügt, wird sie auch geeignet sein, einen effizienten Einsatz der verfügbaren Mittel herbeizuführen.

Nach diesem Verständnis muss es dem Wettbewerbsrecht deswegen um die Sicherung des Wettbewerbs als Institution der Erzeugung transindividuellen Wissens anhand alternativer Beobachtungen gehen, oder kurz gesagt: um *Beobachtungsreichtum*."[210]

b) Netzwerke als eine neuartige Institution der Wissensteilung

Der Metapher des Netzwerkes ist – gerade auch in der Governance-Literatur – schwerlich zu entkommen; auch ich selbst habe mich mehrfach mit der Funktion von Netzwerken beschäftigt[211], zuletzt mit dem Typus der europäischen Verwaltungsnetzwerke[212]. Um all das geht es hier aber nicht, sondern um das institutionelle Arrangement des Netzwerks als Erscheinungsform der Wissensteilung: „Mit Hilfe der vorgeschlagenen epistemi-

---

209 Wielsch, Fußnote 206, S. 70 f.
210 Wielsch, Fußnote 206, S. 72.
211 z.B. als Bestandteil der Institutionenkultur der postetatistischen Gesellschaft, in: Politische Kultur, Baden-Baden 2008, S. 451 ff.
212 Gunnar Folke Schuppert, Europäische Verwaltungsnetzwerke im Lichte der Grundsätze guter Verwaltung, in: Peter M. Huber (Hrsg.), Der Vertrag von Lissabon und das nationale Verfassungsrecht, Europäische Verwaltungsnetzwerke, Stuttgart 2013, S. 133–164.

schen Analyse kann das Netzwerk als eine neuartige Institution der Wissensteilung begriffen werden, die neben Unternehmen, Markt und andere Institutionen tritt. [...] Im Vergleich zu Markt und Organisation besitzen Netzwerke spezifische Vorteile bei der Mobilisierung von Beobachtungskapazität in der Systemumwelt des Systems und befördern die innovative Weiterentwicklung des expliziten Wissens im betreffenden Systemzusammenhang."[213]

Dies lasse sich am Beispiel der netzwerkförmigen Entwicklung von Computerprogrammen in *Open Source Software-Projekten* verdeutlichen, deren Produkte aufgrund ihrer Qualität vielfach die sog. proprietäre Software verdrängen und das Modell der *General Public Licence (GPL)* einsetzten:

„Die Projekt-Netzwerke kombinieren dabei die unabhängig-dezentrale Entscheidungslogik des Marktes mit der Erzeugung von Synergieeffekten [...] aus der Poolung von Wissen, wie sie sonst nur innerhalb des Unternehmens entstehen und genutzt werden können. Der epistemischen Funktion von Märkten im Wirtschaftssystem vergleichbar, findet durch die einzelnen Entwickler eine unabhängige Umweltbeobachtung statt. In parallelen Bemühungen werden die einzelnen Programm-Komponenten dezentral weiterentwickelt. [...]
Das gelingt, weil die Kooperation in Netzwerken der Open Source Software-Produktion von einer bestimmten Form der Reziprozität getragen wird, die sich als ‚abstrakte Reziprozität' kennzeichnen lässt und die primär auf die dauernde Offenhaltung des Zugangs zum Quellcode und der darin enthaltenen programmiertechnischen Wissensbestände gerichtet ist. Um diese abstrakte Reziprozität rechtlich abzusichern, machen die beteiligten Entwickler und Nutzer von ihrer Privatautonomie Gebrauch und schaffen »*netzwerkspezifische Zugangsregeln*«: Gestützt auf die Praxis der öffentlichen Lizenzierung von Nutzungsrechten (insbesondere durch die GPL) werden die urheberrechtlichen Nutzungsbefugnisse zugunsten eines unbestimmten Kreises von Entwicklern dezentralisiert und so dafür gesorgt, dass die einzelnen geschützten Programm-Beiträge von allen Beteiligten frei nutzbar und weiterentwickelbar sind. Kernstück des normativen Modells der GPL ist freilich die »Copyleft«-Klausel, die einen Bearbeiter verpflichtet, den eigenen Beitrag seinerseits diskriminierungsfrei an jedermann zu den Bedingungen der GPL zu lizenzieren. Durch diesen »viralen Ef-

---

213 Wielsch, Fußnote 206, S. 74.

fekt« wird die einseitige Appropriierung von Kooperationsvorteilen verhindert und die dezentrale Anschlussfähigkeit kollektiv erzeugten expliziten Wissens dauerhaft gewährleistet – es kommt *zur privaten Erzeugung von Gemeinschaftsgütern.*"[214]

B. Ein kurzer Blick in zwei Werkstätten der Wissensproduktion

Wenn wir noch einmal Revue passieren lassen, was wir zur Pluralität von Wissensträgern an Befunden erhoben haben, so zeigt schon ein zweiter Blick, dass die meisten – in der Regel kollektiven – Wissensträger zugleich *Produktionsstätten von Wissen* sind, seien dies die gerade behandelten NGOs, Professionen, Unternehmen und Rating-Agenturen oder – um noch andere hinzuzufügen – Think Tanks, Universitäten oder gelehrte Gesellschaften, wie die National Geographic Society, die bei der Entdeckung der außereuropäischen Welt eine so große Rolle spielte. Dies bedeutet, dass es schlicht unmöglich wäre, hier einen Überblick über die Vielfalt der Institutionen zu geben, in denen unablässig Wissen verschiedenster Art produziert wird. Daher habe ich entschieden, mich in der nachfolgenden Darstellung auf nur zwei Beispiele zu beschränken: beide Beispiele haben mit dem immer wieder diskutierten Zusammenhang von *Wissen und Macht* zu tun[215], betreffen aber eine *soziale Wirkmächtigkeit*, die auf vergleichsweise sanften Pfoten daherkommt und daher m. E. von besonderem Interesse ist.

I. Macht und Wissen I: Global Governance by Indicators oder Weltvermessung als Wissensmacht

Staaten stehen zunehmend unter ständiger Beobachtung und ihre Performanz wird nicht nur unter allen denkbaren Gesichtspunkten analysiert

---

214 Wielsch, Fußnote 206, S. 74/75.
215 Siehe dazu etwa die Beiträge in: Richard van Dülmen/Sina Rauschenbach (Hrsg.), Macht des Wissens. Die Entstehung der modernen Wissensgesellschaft, Köln/Weimar/Wien 2004; ferner die Beiträge in Ralf Pröve/Norbert Winnige (Hrsg.), Wissen ist Macht. Herrschaft und Kommunikation in Brandenburg-Preußen 1600–1850, Berlin 2001; siehe auch unsere eigenen Überlegungen unter dem Titel „Governance durch Wissen. Überlegungen zum Verhältnis von Macht und Wissen aus governancetheoretischer Perspektive", in: Gunnar Folke Schuppert/Andreas Voßkuhle (Hrsg.), Governance von und durch Wissen, Baden-Baden 2007, S. 259–303.

und bewertet, sondern die Ergebnisse dieser institutionalisierten Beobachtungsprozesse[216] werden in einem anschließenden Ranking dokumentiert. Die dabei verwendeten Indikatoren und die mit ihrer Hilfe gefundenen Bewertungsergebnisse werden weltweit kommuniziert und ihnen ist auch in den entlegensten Weltgegenden schlechterdings nicht zu entkommen. Die Welt wird auf diese Weise zwar nicht direkt beherrscht, aber sie wird eingeteilt mit – wie das Beispiel der Ratingagenturen zeigt – zum Teil mehr als nur spürbaren Konsequenzen.

Das von Kevin A. Davis, Angelika Fisher, Benedict Kingsbury und Sally Engle Merry herausgegebene Buch *Governance by Indicators*[217] ist insoweit nicht nur informativ und materialreich, es hat auch einen äußerst zutreffenden Untertitel: *Global Power through Quantification and Rankings*; dieser Untertitel trifft den Sachverhalt um den es hier geht – Weltvermessung als Macht- und Methodenproblem – genau.

Wer sich in welcher Weise an diesem „business of rating and ranking" beteiligt, davon vermittelt die nachstehende Übersicht, die wir dem Report vom Franz Nuscheler[218] entnommen haben, einen ganz guten Eindruck:

Übersicht über die internationalen Index-Konstruktionen

Indices	Fokus/Indikatoren	Methode	Quelle
Human Developement Index (HDI)	Kaufkraft pro Kopf in PPP-Dollar; Lebenserwartung bei Geburt Alphabetisierungs- und Einschulungsraten	Aggregatdaten verschiedener Quellen	UNDP
Governance-Matters-Index	Rechtsstaatlichkeit Politische Stabilität und Abwesenheit von Gewalt; Effektivität des Public Management; Verantwortlichkeit der Regierenden; Korruptionskontrolle Respektierung der Menschenrechte	Aggregatdaten verschiedener Quellen Expertenbefragungen	Weltbank

---

216 Näher dazu Gunnar Folke Schuppert, Staat als Prozess. Eine staatstheoretische Skizze in sieben Aufzügen, Frankfurt/New York 2010.
217 Oxford 2012
218 Tabelle nach Franz Nuscheler, Good Governance. Ein universelles Leitbild von Staatlichkeit und Entwicklung? Institut für Entwicklung und Frieden, Duisburg 2009 (INEF-Report, 96), S. 42 f.

Indices	Fokus/Indikatoren	Methode	Quelle
Polity IV Index	Demokratie (Parteienwettbewerb, Wahlen, Verantwortlichkeit der Regierenden) Semidemokratie/Autokratie bei Fehlen des Demokratiestandards	Teilindices, zusammengeführt in einem Gesamtindex	University of Maryland
Freedom in the World	Skala für Bürgerrechte: – Rechtsstaatlichkeit – Religionsfreiheit – Pressefreiheit – Koalitionsfreiheit Skala für politische Rechte – Freie und faire Wahlen	Bewertung von Experten, zusammengeführt in einem Gesamtindex mit 7 Bewertungsstufen	Freedom House, Washington D.C.
Political Terror Scala (PTS)	Rechtsstaatlichkeit; Freiheit von Folter	Berichte von Amnesty International und des State Department	University of North Carolina
Failed State Index (FSI)	Fragilitätsniveau aufgrund ökonomischer, politischer und sozialer Daten	Erhebung von Länderdaten	Fund for Peace
Corruption Perception Index (CPI)	Korruption in Regierung und Verwaltung	Einschätzung durch lokale Experten	Transparency International
Bertelsmann Transformation Index (BTI)	1. Statusindex zur Entwicklung von Demokratie und Marktwirtschaft – zweigeteilt 2. Management-Index zur Beurteilung von Managementleistungen mittels 17 Kriterien und 52 Indikatoren	Erstellung von Ländergutachten und Zweitgutachten durch lokale Gutachten; Abgleichung durch Regionalexperten; Ermittlung und Aggregierung von Mittelwerten	Bertelsmann Stiftung mit Unterstützung eines wissenschaftlichen BTI-Board

Das eigentliche Problem dieser „Governance by Indicators" ist neben ihrer von Davis et al. zurecht kritisierten typisch westlichen Perspektive (anders etwa der Mo Ibrahim Index of African Governance) die Achillesferse der Methode, ein Problem, zu dem sich in abgewogener Zurückhaltung Nuscheler wie folgt geäußert hat:

> „Die Methoden für solche Messungen und Indexkonstruktionen sind sehr unterschiedlich. Die Grundlagen bilden meistens Länderberichte von Experten, die wiederum das von internationalen Organisationen in ihren speziellen Tätigkeitsfeldern erhobene Datenmaterial verwerten und bewerten. Es ist dann ein methodologisches Problem, dessen Lösung mehr als die Beherrschung des statistischen Handwerkzeugs voraussetzt, welche Indikatoren zur Indexbildung und zum vergleichenden Ranking von Ländern ausgewählt werden. Hier entscheidet sich auch, wie einzelne Leistungsparameter gewichtet werden: sei es

das Wirtschaftswachstum, das bei den Governance-Indikatoren der Weltbank ein hohes Gewicht bekommt, der messbare Stand der Presse- und Meinungsfreiheit, den das *Freedom House* (Washington, D.C.) hoch gewichtet, oder der Entwicklungsstand einer marktwirtschaftlich verfassten Wirtschaftsordnung, der im Status Index des *Bertelsmann Transformation Index* (BTI) einen hoch gewichteten Richtwert bildet.
Neben objektiven und – allerdings von der Qualität des Datenmaterials abhängigen – quantitativ messbaren Indikatoren gibt es eine größere Zahl von Indikatoren, die auf subjektiven Wahrnehmungen und Einschätzungen beruhen. Paradebeispiel ist der von *Transparency International* erstellte *Corruption Perception Index* (CPI), der auf Einschätzungen von lokalen Geschäftsleuten zu Korruptionspraktiken in Regierungen und Verwaltungen beruht und von vielen anderen Indices benutzt wird. Auch dann, wenn solche subjektiven Einschätzungen in Mehrfachgutachten Gegenkontrollen unterworfen werden, wie es beim mehrstufigen Entstehungsprozess des BTI geschieht, weichen die angeblich »objektivierten« Ergebnisse der verschiedenen Indices teilweise erheblich voneinander ab. Es ist deshalb geboten, nicht nur die im Länderranking resultierenden Messdaten, sondern auch die ihnen zugrunde liegenden Indikatoren und Methoden der Datenverarbeitung zu vergleichen." [219]

Vorsicht ist bei der Verwendung von Governance-Indikatoren vor allem aus zwei Gründen geboten: Einmal reduzieren sie Komplexität in bedenklicher Weise und suggerieren gleichzeitig eine quantitativ fundierte Rationalität der mit ihrer Hilfe vorgenommenen Bewertungen, zum anderen liegt der Auswahl und der Gewichtung der Indikatoren ausgesprochen oder implizit eine bestimmte politische Philosophie zugrunde, die auf diese Weise – „trojanisch getarnt" – propagiert wird.

Was zunächst die Tendenz zur Vereinfachung und die Suggestion einer datenmäßig abgesicherten Rationalität angeht, so teile ich die diesbezüglichen Bedenken von Kevin A. Davis et al. voll und ganz:

> „Simplification, or reductionism, is central to the appeal (and probably the impact) of indicators. They are often numerical representations of complex phenomena intended to render them more simple and comparable with other complex phenomena that have also been represented numerically. *Indicators are typically aimed at policy makers and are intended to be convenient, easy to understand, and easy to use.* Yet, the

---

219 Ebenda, S. 32 f.

transformation of particularistic knowledge into numerical representations that are readily comparable strips meaning and context from the phenomenon. In this numerical form, *such knowledge carries a distinctive authority* that shifts configurations and uses of power and counterpower. This transformation reflects, but also contributes to, changes in decisionmaking structures and processes.
Indicators also often *present the world in black and white*, with few ambiguous intermediate shades. They take flawed and incomplete data that may have been collected for other purposes, and merge them together to produce an apparently coherent and complete picture. Wendy Espeland and Mitchell Stevens identify this as a potential consequence of what March and Simon refer to as uncertainty absorption, which »takes place when inferences are drawn from a body of evidence, and the inferences instead of the evidence itself, are then communicated« [...] As Espeland and Stevens describe this process, »Raw« information typically is collected and compiled by workers near the bottom of organizational hierarchies; but as it is manipulated, parsed, and moved upward, it is transformed so as to make it accessible and amenable for those near the top, who make the big decision. This »editing« removes assumptions, discretion and ambiguity, a process that results in »uncertainty absorption«: information appears more robust than it actually is [...] The premises behind the numbers disappear, with the consequence that decisions seem more obvious than they might otherwise have been."[220]

Bedenklicher noch erscheint mir der subkutane Transport von bestimmten politischen Sichtweisen, wie er der *Standards setzenden Funktion* von Governance-Indikatoren immanent ist.

> „*Indicators set standards*. The standard against which performance is to be measured is often suggested by the name of the indicator – corruption, protection of human rights, respect for the rule of law, and so on. To the extent that an indicator is used to evaluate performance against one standard rather than another, the use of that indicator embodies a theoretical claim about the appropriate standards for evaluating actors' conduct. Indicators often have embedded within them, or are placeholders for, a much further-reaching theory – which some might call an ideology – of what a good society is, or how governance should ide-

---

[220] Kevin E. Davis/Benedict Kingsbury/Sally E. Merry, Indicators as a Technology of Global Governance, in: Law and Society Review 46 (2012), S. 76.

ally be conducted to achieve the best possible approximation of a good society or a good policy. At a minimum they are produced as, or used as, *markers for larger policy ideas*. They may measure »success« directly along this axis, or they may measure what, from the standpoint of the theory or policy idea, are pathologies or problems to be overcome. More frequently they address simply some measurable elements within a wider scenario envisaged by the theory or policy idea. *Often the theory or policy idea is not spelled out at all in the indicator but remains implicit.*"[221]

Ich finde dieses Beispiel „Global Governance by Indicators" äußerst lehrreich, da es zeigt, dass sich die Vermessung der Welt[222] nicht auf eine technische Dimension reduzieren lässt, sondern die mit der Verbreitung der Governanceindikatoren – wie insbesondere das Beispiel der Weltbank als Wissensproduzenten zeigt – einhergehende Reklamierung eines autoritativen Wissens eine deutliche Machtkomponente aufweist.

II. Macht und Wissen II: Macht als Herrschaft über Daten und Algorithmen – Die moderne Gesellschaft als Big Data-Gesellschaft

Wir leben heute – dies hat sich inzwischen herumgesprochen – in einer Gesellschaft, die mit dem Schlagwort „Big Data" verbunden werden kann[223], d.h. einer Gesellschaft, die zunehmend durch das *Erheben und Verarbeiten von Daten* gekennzeichnet ist.[224] Es handelt sich hierbei – auch darin scheint man sich einig zu sein – um eine Entwicklung mit einem ausgesprochen hohen revolutionären Potential, eine Entwicklung also, die

---

221 Ebenda, S. 77.
222 Ausführlich dazu Gunnar Folke Schuppert, The World of Rules. Eine etwas andere Vermessung der Welt, Max Planck Institute for European Legal History, Research Paper Series No. 2016-01, 2016; in englischer Fassung: The World of Rules. A Somewhat Different Measurement of the World, Global Perspectives on Legal History. Vol. 10 (2017), online verfügbar: http://www.rg.mpg.de/gplh_volume_10.
223 Siehe dazu vor allem das Standardwerk von Viktor Mayer-Schönberger und Kenneth Cukier, Big Data. A Revolution That Will Transform How We Live, Work and Think, Boston/New York 2013.
224 Anschaulich dazu Yuval Noah Harari, Die Datenreligion, in: derselbe, HOMO DEUS. Eine Geschichte von Morgen, München 2017, S. 497–537.

verändern wird, „how we live, work and think"²²⁵. Wenn sich dies so verhält, scheint es unverzichtbar, einen zumindest kurzen Blick auf das Phänomen von „Big Data" zu werfen.

1. Datenmengen ohne Ende

Zunächst einmal ist die Big Data-Gesellschaft dadurch gekennzeichnet, dass in ihr eine unvorstellbare Menge von Daten gesammelt wird; dieser kontinuierlich anschwellende Datenfluss speist sich aus den unterschiedlichsten Quellen, wie z.B.²²⁶
- Aufzeichnungen verschiedenster *Überwachungssysteme*.²²⁷
- die Nutzung von Kunden- oder Bank- bzw. Bezahlkarten (Giro („EC")-, Kreditkarte),
- jegliche *elektronische Kommunikation*, dabei auch die persönlich geprägte, individuell unterschiedliche Art und Weise der Benutzung z. B. eines *Smartphones* (sowohl manuelle wie geografische Bewegungsmuster),
- geschäftliche bzw. private Nutzung elektronischer Geräte oder Systeme wie „Fitness"- bzw. „Gesundheitsarmbänder" bzw. „*Wearables*" wie „*Activity Tracker*" oder „*Smartwatches*", „*Ambient Assisted Living*" („umgebungsunterstütztes Leben") oder *globaler Navigationssysteme* wie „*GPS*", *Smartphones*, Computer usw.,
- die Nutzung von *Social-Media*-Informationen und -Interaktionen,

---

225 Mayer-Schönberger/Cukier (Fußnote 223); zur Umkehr der traditionellen Erkenntnispyramide durch Big Data heißt es bei Harari, Fußnote 224, S. 498 wie folgt: „Bislang galten Daten lediglich als der erste Schritt in einer langen Kette geistiger Aktivität. Man ging davon aus, dass Menschen aus Daten Informationen gewannen, Information in Wissen verwandelten und Wissen in Klugheit. Dataisten dagegen glauben, dass Menschen die ungeheuren Datenströme nicht mehr bewältigen können und deshalb Daten nicht mehr zu Informationen und schon gar nicht mehr zu Wissen oder Klugheit destillieren können. Die Arbeit der Datenverarbeitung sollte man deshalb elektronischen Algorithmen anvertrauen, deren Kapazitäten die des menschlichen Gehirns weit übertreffen. Dataisten sind also, was menschliches Wissen und menschliche Klugheit angeht, skeptisch und vertrauen lieber auf Big Data und Computeralgorithmen."
226 WIKIPEDIA, Stichwort Big Data, https://de.wikipedia.org/wiki/Big_Data, Zugriff am 19.2.2018.
227 Innovationspotenzialanalyse,) Fraunhofer IAIS, 2012, https://www.iais.fraunhofer.de/content/dam/iais/gf/bda/Downloads/Innovationspotenzialanalyse_Big-Data_FraunhoferIAIS_2012.pdf, Zugriff am 17.5.2016.

- Kraftfahrzeuge (insbesondere im Kontext *„Vernetztes Auto"*),
- vernetzte Technik in Häusern (*„Smart Homes", „Smart Meter"*),
- von Behörden und Unternehmen erhobene und gesammelte Daten.

In allergrößter Verknappung lässt sich dieser Befund wie folgt zusammenfassen: „Der Begriff Big Data verweist auf Möglichkeiten des Zugriffs auf gewaltige Mengen von Daten (»High Volume«) unterschiedlicher Art, Qualität und Wege der Erhebung, Speicherung und des Zugriffs (»High Variety«) und auf die hohe Geschwindigkeit ihrer Verarbeitung (»High Velocity«). Möglich werden neue und höchst leistungsfähige Formen der Datenprozessierung, der Überprüfung ihrer Stimmigkeit und Möglichkeiten der Qualitätssicherung (»Veracity«)."[228]

So weit, so gut. Mit diesen gewaltigen Datenmengen muss nun aber irgendwie umgegangen, d. h. sie müssen verarbeitet werden. Hier kommen die sog. *Algorithmen* ins Spiel.

2. Governance von und durch Algorithmen

Algorithmen sind zentrale Bausteine der Big Data-Gesellschaft und fungieren als Treibstoff des Paradigmas des – wie Yuval Noah Harari es nennt – *„Dataismus"*[229]. Deshalb hat Harari in seinem Bestseller „Homo Deus" auch die Frage aufgeworfen, woher diese Algorithmen[230] eigentlich kommen und sie wie folgt beantwortet:

„Wo aber kommen diese großen Algorithmen her? Das ist das Geheimnis des Dataismus [...]. Im Moment werden die Algorithmen [...] überwiegend von menschlichen Computerfreaks geschrieben, doch die wirklich wichtigen Algorithmen – wie etwa der Suchalgorithmus von Google – werden von riesigen Teams entwickelt. Jeder Beteiligte versteht nur einen Teil des Puzzles und niemand begreift den Algorithmus als Ganzes so richtig. Überdies entwickeln sich mit dem Aufkom-

---

[228] Wolfgang Hoffmann-Riem, Verhaltenssteuerung durch Algorithmen – Eine Herausforderung für das Recht, in: Archiv des öffentlichen Rechts (AöR) 142 (2017), S. 7.
[229] Harari, Fußnote 224, S. 497 f.
[230] Als allgemein verständliche Einführung in die Eigenschaften und Möglichkeiten von Algorithmen siehe Christoph Drösser, Total berechenbar? Wenn Algorithmen für uns entscheiden, München 2016.

men des maschinellen Lernens und künstlicher neuronaler Netzwerke immer mehr Algorithmen unabhängig, indem sie sich selbst verbessern und aus ihren eigenen Fehlern lernen. *Sie analysieren astronomische Datenmengen*, die kein Mensch je bewältigen könnte, *und lernen, Muster zu erkennen und Strategien anzuwenden*, die dem menschlichen Geist entgehen."[231]

Wem diese Darstellung zu populärwissenschaftlich daherkommt, der sei auf den hervorragenden Beitrag von Wolfgang Hoffmann-Riem über Verhaltenssteuerung durch Algorithmen verwiesen, in dem es dazu wie folgt heißt:

„Maschinen werden seit langem durch Algorithmen technisch gesteuert. Unverzichtbar sind Algorithmen in fast allen gesellschaftlichen Bereichen, insbesondere aber für digitale Kommunikation und die Funktionsweise moderner Kommunikationsinfrastrukturen, darunter das Internet.
Für die Nutzung in Computern werden Algorithmen in einer maschinell verarbeitbaren, digitalen Sprache geschrieben und die jeweils gestellte Aufgabe wird mithilfe einer vordefinierten, endlichen Zahl von Einzelschritten abgearbeitet. Typisch ist die deterministische Struktur der Programmierung. Meist [...] sind die einzelnen Algorithmen Teile komplexer digitaler algorithmischer Systeme. Ein bekanntes Beispiel sind die in vielen Anwendungsfeldern nutzbaren SAP-Softwaresysteme."[232]

Diese deterministische Struktur der Programmierung nimmt naturgemäß immer mehr ab, je größer der Anwendungsbereich von *lernenden Algorithmen* wird. Wie Thomas Wischmeyer eindringlich herausgearbeitet hat, stellt dieser Prozess eine große Herausforderung für das Rechtssystem dar und erfordert die Entwicklung einer – wie Wischmeyer es nennt – „Begründungs- und Kontrollarchitektur"[233].

Nachdem wir nun eine ungefähre Vorstellung davon haben, was Algorithmen sind und was sie tun, gilt es, sich ihre immense Bedeutung – nicht nur in wirtschaftlicher, sondern auch gesellschaftlicher Hinsicht – bewusst zu machen.

---

231 Harari, Fußnote 224, S. 531.
232 Hoffmann-Riem, Fußnote 228, S. 3.
233 Thomas Wischmeyer, Regulierung intelligenter Systeme, in: Archiv des öffentlichen Rechts (AöR) 143 (2018), S. 2–66.

3. Die zunehmende Bedeutung des Einsatzes von Algorithmen

Die Bedeutung von Daten und des Einsatzes von Algorithmen nimmt – auch im Kontext von Big Data – rasant zu. Eine Forschergruppe unter Leitung des Züricher Wissenschaftlers Michael Latzer[234] hat dazu folgende Feststellungen erhoben:

> *„Algorithmen verändern die Wahrnehmung der Welt,* wirken sich auf unser Verhalten aus, indem sie Entscheidungen beeinflussen, und sind eine wichtige Quelle der sozialen Ordnung. Ein großer Teil unserer täglichen Aktivitäten im Allgemeinen und unser Medienkonsum im Besonderen sind zunehmend durch Algorithmen geprägt, die hinter den Kulissen arbeiten. Algorithmen werden verwendet, um unser Verhalten und unsere Interessen zu beobachten, sowie unsere zukünftigen Bedürfnisse und unser zukünftiges Handeln vorauszusagen. Sie lenken unser Handeln und bestimmen damit u.a. den wirtschaftlichen Erfolg von Produkten und Dienstleistungen, aber auch unser kulturelles und politisches Verhalten."[235]

Und bei Wolfgang Hoffmann-Riem heißt es dazu ergänzend wie folgt:

> „Von hoher gesellschaftlicher Bedeutung ist auch die Verhaltenssteuerung, etwa durch Informationsintermediäre – wie Google oder Facebook.[236] Mit ihren Diensten können sie – etwa durch personalisierte Online-Werbung – auf Konsumverhalten einwirken; sie können aber auch in der Gesellschaft anerkannte Werte mitprägen oder politisches Wahlverhalten beeinflussen.[237] Prädiktive Techniken werden beispielsweise auch für Entscheidungen über eine Kreditgewährung oder über die individuelle Bestimmung der Höhe von Tarifen der Kranken- oder

---

234 Michael Latzer/Katharina Hollnbuchner/Natascha Just/Florian Saurwein, The economics of algorithmic selection of the Internet, in: Johannes M Bauer/Michael Latzer (Hrsg.), Handbook on the Economics of the Internet, S. 395 ff., Cheltenham, UK/Northampton, USA 2016.
235 Dazu siehe statt vieler Yvonne Hofstetter, Das Ende der Demokratie: Wie die künstliche Intelligenz die Politik übernimmt und uns entmündigt, München 2016, S. 28 ff.
236 Dazu siehe Wolfgang Schulz/Kevin Dankert, Die Macht der Informationsintermediäre: Erscheinungsformen, Strukturen und Regulierungsoptionen, Bonn 2016.
237 Zur Meinungsbildung mithilfe von Algorithmen siehe statt vieler Katharina A. Zweig/Oliver Deussen, /Tobias D. Krafft, Algorithmen und Meinungsbildung, Informatik-Spektrum 40/4 (2017), S. 318–326.

Lebensversicherung oder der differenzierenden Preisgestaltung bei Onlinegeschäften und für vieles andere mehr eingesetzt.
Parallel zu den neuen Möglichkeiten steigen auch Gefahren, die aus Angriffen auf die Datenkommunikation oder die für sie genutzten Netz- und Informationssysteme entstehen. Hacking, Cyberspionage und Cybersabotage sind einzelne Stichworte."[238]

Wenn nicht alles täuscht, ist seit dem in allen Gazetten behandelten Mega-Datenklau bei Facebook so etwas wie eine gesellschaftliche Debatte darüber entbrannt, ob nicht der *globalen Datenmacht* der Internetkonzerne auch eine *gesteigerte Verantwortung* im Sinne einer *intensiveren Inpflichtnahme* dieser privaten Unternehmen entsprechen müsste.[239] So interessant diese Diskussion auch ist: zum Schwur kommt es bei der in der Rechtswissenschaft noch nicht hinreichend geklärten Frage, wem eigentlich die die Datenmacht der Internetkonzerne erst ermöglichenden Daten *gehören*. Gibt es ein Eigentum an Daten und wer wären die Eigentümer? Sind es die Datenzulieferer, die mehr oder weniger wissentlich Datenspuren im Netz oder sonst wo hinterlassen oder sind es die Informationsmediäre, die die Daten verarbeiten und daraus neue Datenverbünde kreieren?

Diese Frage werden wir im dritten Kapitel, das von der Bereitstellung einer kognitiven Infrastruktur durch die Rechtsordnung der Wissensgesellschaft handelt, wieder aufgreifen und zu beantworten suchen.

C. Wissensbearbeitung: Rechtswissen als „Second-order knowledge"

I. Was ist „Second-order knowledge"?

1. Eine erste Begriffsbestimmung

Die Begriffe „Second-order knowledge" oder auch „Higher-order knowledge" beschäftigen mich ausgesprochen intensiv, seitdem ich ihnen in

---

238 Wolfgang Hoffmann-Riem, Rechtliche Rahmenbedingungen für und regulative Herausforderungen durch Big Data, in: derselbe (Hrsg.), Big Data – Regulative Herausforderungen, Baden-Baden 2018, S. 23/24.
239 Siehe etwa den Beitrag von Dinah Riese, Weltumspannende Kommunikationsstruktur, taz vom 20. April 2018 mit deutlicher Kritik an der „privaten" Datenmacht von Facebook; ferner Evgeny Morozov, Noch ist es nicht zu spät. Der Facebook-Skandal ist der letzte Weckruf: Die digitale Technologie muss endlich dem Gemeinwohl nützen, SZ Nr. 79 vom 6. April 2018, S. 9.

Zweites Kapitel: Eine Reise in die Welt des Wissens

zwei Beiträgen von Jürgen Renn begegnet bin, in denen es um die Globalisierung von Wissen aus historischer Perspektive geht.[240] Es scheint mir daher ein naheliegender Gedanke zu sein, Jürgen Renn zu bitten, uns die Begriffe „Second.order knowledge" und „Higher-order knowledge" etwas näher zu erläutern.

Renn unterscheidet *Wissen über Dinge* von *Wissen über Wissen*. Das erstere Wissen nennt er „First-order knowledge", das zweite Wissen, das entsteht, wenn über das „First-order knowledge" reflektierend nachgedacht wird, bezeichnet er als „Second-order knowledge":

> „Here, knowledge is seen as evolving from individual and collective processes of reflection. Knowledge about things is inseparable from knowledge about knowledge with regards to, for instance, its range, its certainty, its origins or its legitimacy. Knowledge is thus never simply »first order« knowledge about some concrete or abstract object but always involves knowledge about this knowledge as well, that is, meta or second order knowledge. This *reflexivity of knowledge* also accounts for its self-organizing, self-promoting qualities. Second order knowledge is the origin of curiosity because it involves an awareness of the ever present limitations of the available knowledge."[241]

Im Anschluss an diese erste Begriffsbestimmung schlägt Renn vor, verschiedene *Formen von Wissen* zu unterscheiden, und zwar entlang der Dimensionen von Verbreitungsgrad, systematischer Ordnung und Reflexivität:

> „Forms of knowledge vary along three basic dimensions: distributivity, systematicity and reflexivity. In terms of distributivity, they range from universal knowledge, acquired in ontogenesis by every human being, to knowledge that is specific to individuals, or shared in social groups, social strata or geographic regions. Knowledge can also be systematized to varying degrees, ranging from isolated chunks of knowledge, via packages of knowledge to more or less coherent systems of knowledge. Forms of knowledge are furthermore distinguished by their degree of reflexivity, which is indexed by the distance from concrete objects manipulated in the course of elementary existence. Reflexivity in this sense is lowest in the case of »intuitive knowledge«, that is, unac-

---

240 Jürgen Renn, „The Globalization of Knowledge in History: An Introduction" sowie „Survey: Knowledge as a Fellow Traveler", beide in: derselbe (Hrsg.), The Globalization of Knowledge in History, Berlin 2012, S. 15–44, 189–220.
241 Ebenda, S. 21/22.

C. Wissensbearbeitung: Rechtswissen als „Second-order knowledge"

companied by conscious reflection and unmediated by symbolic forms; it is highest in the case of »second« or »higher order knowledge«, also called »meta knowledge«, where the object of knowledge is itself a form of knowledge."[242]

Entscheidendes Kriterium für die Zuordnung von Wissen in die Kategorien „first" oder „second-order" ist für Renn ganz offenbar der *Grad der Reflektiertheit des Wissens*:

„The range of knowledge forms with different degrees of reflexivity includes the following, strongly overlapping categories:
1. intuitive knowledge
2. practitioners' knowledge
3. symbolically represented knowledge
4. technological knowledge (determined by ends)
5. scientific knowledge (determined by means)
6. second- and higher-order knowledge.

Higher-order knowledge includes any form of knowledge generated by processes of reflection, such as abstract arithmetical knowledge resulting from a reflection on the practice of counting. This classification elaborates on the distinction between bodies and images of knowledge introduced by Yehuda Elkana[243]. In the sequel, second order knowledge mostly refers specifically to images of knowledge in the sense of that part of the shared knowledge of a society or group that governs its ways of handling and valuing knowledge. This second-order knowledge is also designated as the second-order or epistemic framework of a group or society. Knowledge and second order knowledge cannot be separated in any absolute way, however, as they always occur simultaneously. Knowledge is invariably part of a system in which it receives its meaning by being related to other knowledge, while this other knowledge, in turn, receives its meaning reciprocally from the given knowledge. As a consequence, knowledge always serves, at the same time, as knowledge about the world and knowledge about other knowledge. "[244]

---

242 Ebenda, S. 22.
243 Yehuda Elkana, A Programmatic Attempt at an Anthropology of Knowledge, in: Everett Mendelsohn/Yehuda Elkana (Hrsg.), Sciences and Cultures. Sociology of the Sciences, Vol. V, Dordrecht 1981, S. 1–76.
244 Renn, Fußnote 240, S. 22/23.

2. Religiöses Wissen als Paradefall von „Second-order knowledge"

Interessant ist nun zu erfahren, welche Arten von Wissen Jürgen Renn als Referenzquelle für „Second-" bzw. „Higher-order knowledge" dienen. Während andere Autoren wie etwa Mark Schliefsky als Beispiele Kosmologie, Mathematik, Medizin und Astronomie heranziehen[245], stellt Renn insoweit vor allem zwei Wissensarten in den Mittelpunkt, nämlich *religiöses und imperiales Wissen*, wobei beide bei näherem Hinsehen eigentlich untrennbar zusammenhängen.

Was Religion und religiöses Wissen zum Hauptkandidaten für die Zugehörigkeit zum Bereich von „Higher-order knowledge" qualifiziert, ist die *Funktion von Religion*, ein *„second-order epistemic framework"* bereitzustellen, um den Wert und die Rolle von Wissen für den Einzelnen und die Gesellschaft beurteilen zu können:

> „ Religious or quasi-religious traditions, such as philosophical movements or state ideologies, played a special role. These traditions, especially the world religions, were not only most effective in the large-scale spread of knowledge associated with them, even across geographical, political and economic boundaries, they also provided and continue to offer overarching *second-order epistemic frameworks governing the value and role of knowledge for societies and individuals*. As a result of the historical superposition of globalization processes involving such frameworks, the modern knowledge economy includes large subsystems with distinct social, epistemological and normative features, such as normative Islam or Chinese medicine. These subsystems have proven relatively immune to the homogenization effects typically associated with globalization processes. This stability, however, is not just the result of the persistency of traditional settings, as it may appear, but is also due to a characteristic lack of reflexivity of modern science compared to religious or quasi-religious frameworks regarding questions of sense, purpose and identity. This instrumental character and lack of reflexivity of science is in effect often compensated by the epistemic frameworks inherited from prior history or from earlier phases of globalization. The very fact that science does not – and perhaps cannot and should not – play the role of homogenizing cultural identities

---

245 Mark Schliefsky, The Creation of Second-Order Knowledge in Ancient Greek as a Process in the Globalization of Knowledge, in: Jürgen Renn (Hrsg.), The Globalization of Knowledge in History, Fußnote240, S. 177–186.

C. Wissensbearbeitung: Rechtswissen als „Second-order knowledge"

as well may thus be due less to its intrinsic nature than to its role in historical globalization processes, having emerged as a fellow traveller itself."[246]

Für Renn ist diese Funktion, den Menschen in einer unübersichtlichen Welt *Orientierung zu bieten*, schlechthin zentral; sie bringt damit zugleich *Ordnung in die Flut des Wissens*:

„Religious practices include initiation and sacrifices, prayers and other ceremonies, often timed according to astronomical events, but also institutionalized education, building activities, artistic and literary productions. Because of the close association between religious practices, teachings and institutions, such comprehensive belief systems tend to generate packages of knowledge, that is, conglomerations of diverse components pertaining to linguistic and philological knowledge, social and psychological knowledge, or practical knowledge of the arts. These packages may thus have been rather heterogeneous, but at the same time they constituted relatively stable units in transmission processes. There is, moreover, one characteristic organizing principle to this bundle of knowledge: it is assembled to provide answers to questions that are unavoidably generated by the knowledge about the world with regard to the position of the individual, the group, or the society in this world. Questions could include: where do I come from and where do I go from here, what can I hope for and what can I believe in? These questions are an unavoidable consequence of the self-reflexive, self-organizing character of knowledge."[247]

Gerade diese beiden Funktionen von Religionen, nämlich ein „epistemic framework" und religiöses Wissen als Orientierungswissen anzubieten, machten sie für Imperien und deren Bedarf an identitätsfördernden Elementen äußerst attraktiv:

„Indeed, world religions could become attractive belief systems to be adopted by states and empires seeking to regulate their social order, precisely because of their self-consistent quality. As a consequence, the world religions fostered an even wider spread of knowledge and had an often more durable nature than that of the expanding empires. To some extent, world religions may be considered virtual empires that share their superstructure, but not necessarily their economic basis.

---

246 Renn, Fußnote 240, S. 190/191.
247 Ebenda, S. 199.

> This is not to say that the spread of world religions was not significantly propelled by military and economic conquests."[248]

An dieser Sichtweise scheint mir in der Tat etwas dran zu sein. Einmal findet sie darin eine deutliche Stütze, dass das berühmte Konzil von Nicäa, das eine Glaubensspaltung des frühen Christentums verhindern sollte, als kaiserlich einberufenes, moderiertes und bezahltes Konzil abgehalten wurde, weil Konstantin wohl zu Recht befürchten musste, dass eine zerbrechende religiöse Einheit auch auf die Einheit des Reiches ausgreifen könnte;[249] zum anderen deckt sie sich mit den Überlegungen, die ich selbst in unserem kleinen Band „When Governance meets Religion" zum Verhältnis von Staat und Kirche und ihrem zum Teil symbiotischen Miteinander angestellt haben.[250]

Die *Wissenswelt der christlichen Kirche* war lange Zeit – eigentlich bis zur Wissensrevolution der Aufklärung – das dominante und auf seine Monopolstellung bedachte *Wissenssystem*, das sich naturgemäß den Herausforderungen durch neues Wissen stellen musste:

> „Religious systems, comprising both an overarching second-order epistemic framework and distinct packages of knowledge, are continuously challenged by new knowledge. In the case of medieval Christianity, the integration of knowledge newly acquired through the transmission from the Islamic world led to a belief system that increasingly *functioned as a universal system of knowledge* and thus also became increasingly sensitive to such epistemic challenges. This system of knowledge received institutional support from the newly founded universities. The Christian-scholastic philosophy, based on Aristotelian philosophy, connected the previously mentioned theological statements with rather concise statements concerning the constitution of the world. From the thirteenth century, a synthesis of the religious worldview and the available scientific knowledge emerged. This highly differentiated system of knowledge was prone to the challenge which naturally accompanies the acquirement of new knowledge. The Christian scholastic system of

---

248 Ebenda, S. 200.
249 Vgl. dazu Hanns Christof Brennecke, Bischofsversammlung und Reichssynode. Das Synodalwesen im Umbruch der konstantinischen Zeit, in: Fairy von Lilienfeld/Adolf Martin Ritter (Hrsg.), Einheit der Kirche in vorkonstantinischer Zeit. Vorträge gehalten bei der patristischen Arbeitsgemeinschaft, 2.-4. Januar 1985 in Bern, Erlangen 1989, S. 35–53.
250 Gunnar Folke Schuppert, When Governance meets Religion, Governance-Strukturen und Governance-Akteure im Bereich des Religiösen, Baden-Baden 2012.

knowledge was thus exposed to a constant process of transformation, but because of the primacy of religion dominating the dynamics of knowledge it was, at the same time, subject to externally imposed limitations. This situation helps to explain why in the sixteenth century the reform of astronomy by Copernicus, placing the sun rather than the earth at the centre of the universe could have had such far-reaching ideologic consequences: it occurred within the context of *a socially dominant system of knowledge* which claimed to be universal and exclusive. The impact of the Copernican Revolution on astronomical knowledge in Europe – and ultimately the European Enlightenment – would be unthinkable without the preceding epistemic transformation of Christianity."[251]

Die Bedeutung und Rolle des religiösen Wissens so ausführlich darzustellen, war mir wichtig, weil -wie später noch genauer zu begründen sein wird – religiöses und rechtliches Wissen in allen drei uns vor Augen stehenden Religionen – dem Christentum, dem Islam und dem Judentum – nicht nur schwer zu trennen sind, sondern ihre Wissenssysteme eine überaus ähnliche Struktur aufweisen. Aber bevor wir dazu kommen, wollen wir noch einen weiteren Schritt gehen, nämlich von „Second-order knowledge" zu „Second-order thinking"

3. Von „Second-order knowledge" zu „Second-order thinking"

Mit dieser Überschrift beziehe ich mich auf den grundlegenden Aufsatz von Yehuda Elkana mit dem Titel „The Emergence of Second-order Thinking in Classical Greece",[252] in dem Elkana uns erläutert, was unter „Second-order thinking" zu verstehen ist:

„The conscious resolve to demystify the world is not only about the world; it is also an effort to guide one's thoughts: it is *thinking about thinking*. This is what we call second-order thinking. People in all cultures »think«. Not all »thinking«, whether it is about the world, or society, or the affairs of the individual, is second-order. The body of knowledge in any area – primitive cosmology or General Relativity – as long as it consists of thoughts about the world, is not second-order

---

251 Renn, Fußnote 240, S. 201.
252 In: Shmuel N. Eisenstadt (Hrsg.), The Origins and Diversity of Axial Civilizations, 1986 Albany, S. 40–64.

thinking. All »images of knowledge«, i.e. *our thoughts about knowledge, are second-order thinking*. In my theoretical work I have tried to eliminate the inviting and tempting belief in linear development, as if second-order thinking were a highly developed form of consciousness which follows only after the highest achievements in first-order thinking. This in itself is a meta-level view, since *any ordering of thought* according to degrees of sophistication, complexity or achievement, is *already second-order thinking*. All we can say is that when we reflect about our theories of the world, i.e. about the »body of knowledge« in any area, we find, in terms of our images of knowledge, that some of them are very sophisticated, some others very primitive, and yet both can be totally unreflective – purely first-order."[253]

Als idealen Platz für ein solches „thinking about thinking" hat Yehuda Elkana die *griechische Polis* ausgemacht und dazu Folgendes ausgeführt:

„With the creation of the polis, one of the greatest cultural inventions of the Greeks, the new social organization put central emphasis on speech as a political power, replacing physical (or economic) brute force. Thus rational discourse now turned naturally to the problem of how to turn speech into an effective tool of persuasion. Peitho, the force of persuasion, and metis, cunning reason: with such political tools we are in the domain of systematic critical reflection, thinking about thinking – »second-order«. With this development, speech became free debate presupposing a public; it was no longer ritual words nor precise formulae in rhetoric. This will be the main trade of the Sophists; in direct, though not reflective conscious opposition to this fluidity of speech and against the metic reasoning, Parmenides will set up his rigid, static, logical, epistemic universe. Since democracy in the polis and submitting all knowledge to public criticism went hand-in-hand, it was second-order thinking on matters moral and political which was genuinely egalitarian, while the dogmatic, rational, but not reflexive natural philosophy of Parmenides and later Plato become anti-egalitarian, separatist, and often secretive."[254]

Aber nicht nur in den öffentlichen Diskursen der moralisch-politischen Sphäre gedeiht das „thinking about thinking" besonders trefflich, auch *ju-*

---

253 Ebenda, S. 40.
254 Ebenda, S. 49.

ristisches Denken kann für sich reklamieren, „Second-order thinking" zu sein:

> „Legal thinking is also second-order. Already in the seventh century B.C.E., which is often called the Archaic Age, even before the creation of the polis as we know it, laws became codified, securing the position of the non-nobles. A clear distinction was made between intentional and unintentional action, between murder and manslaughter. This is second-order psychological thinking.
> »Law as it developed was itself not a logical construction.«[255] The Greeks did not have an idea of absolute law, founded upon certain principles and organized into a coherent system. For them there were different degrees of law. At one pole, law rests upon the authority of accomplished facts, upon compulsion; at the other it brought into play sacred powers, such as the order of the world or the justice of »Zeus«, again combining the rational with the irrational. In Vernant's formulation: »Divine Diké ... includes an irrational element of brute force.« The consideration of what kind of a law is being encountered presupposed reflexive thinking."[256]

Nachdem wir nunmehr eine gewisse Vorstellung davon haben, was unter „Second-order knowledge" und „Second-order thinking" zu verstehen ist, sollen jetzt einige Überlegungen zu den verschiedenen *Erscheinungsformen reflexiven Wissens* angestellt werden.

II. Wie Wissen zu „Second-order knowledge" wird oder zur Vielfalt der Bearbeitungsformen von Wissen

1. Peter Burkes „Analyse von Wissen"

In seinem zitierten Buch „Die Explosion des Wissens" unterscheidet Peter Burke vier Arten des Umgangs mit Wissen, nämlich Wissen sammeln, Wissen analysieren, Wissen verbreiten und Wissen anwenden. Uns interessiert an dieser Stelle nur die Tätigkeit, Wissen zu analysieren, worunter Burke eine *„Abfolge intellektueller Operationen"* versteht, die lange Zeit Gemeingut unterschiedlichster Disziplinen waren: „In diesen Operationen, die früher als eine *Form des Verarbeitens* beschrieben wurden, gehören das Beschrei-

---

255 Eric Havelock, The Greek Concept of Justice, Cambridge (Mass) 1978.
256 Elkana, Fußnote 243, S. 50.

ben, Klassifizieren, Kodifizieren, Datieren, Messen, Testen, Interpretation, Erzählen und Theoretisieren."[257]

Dies alles sind Formen der irgendwie gearteten Bearbeitung von Wissen und daher im weiteren Sinne Anwendungsfälle von „Second-order knowledge". Da vom Klassifizieren, Vergleichen und Interpretieren noch gehandelt werden soll, beschränke ich mich hier darauf, drei von Burke genannte intellektuelle Operationen kurz vorzustellen:

a) Datieren

Bei den verschiedenen Datierungstechniken geht es darum, die Entstehungszeit von Artefakten genauer zu bestimmen; als Beispielbereiche nennt Burke etwa die Altertumsforschung und die Archäologie:

„Altertumsforscher der frühen Neuzeit waren bereits in der Lage, viele Artefakte nach ihrem Stil – klassisch, gotisch und so weiter – zu datieren. Anknüpfend an diese Tradition zeigte Johann Joachim Winckelmann in seiner Geschichte des Alterthums (1764), dass sich Werke der antiken griechischen Bildhauerkunst auch nach Perioden gliedern ließen, in archaisch, klassisch und hellenistisch. Ähnlich unterschied der britische Architekt Thomas Rickman in seinem Werk »An Attempt to Discriminate the Styles of Architecture in England (1812–1815)« drei Perioden der englischen Gotik – »Early English«, »Decorated« und »Perpendicular« – eine Periodisierung, die bis heute Geltung hat. Wenn Archäologen bestimmte Artefakte wie Axtköpfe in entwicklungsgeschichtlichen Serien anordneten, so berücksichtigten sie dabei auch den Stil und das Material, aus dem sie gemacht waren. Christian Thomsen, der 1816 zum Kustos des zukünftigen Dänischen Nationalmuseums berufen wurde, gliederte frühe Artefakte nach drei aufeinanderfolgenden Perioden, die er als Stein-, Bronze- und Eisenzeit bezeichnete. Diese Perioden wurden später mittels einer verfeinerten Methode, der sogenannten Seriation, noch weiter unterteilt, namentlich durch den schwedischen Archäologen Oscar Montelius, der Artefakte aus demselben geographischen Gebiet miteinander verglich."[258]

---

257 Peter Burke, Die Explosion des Wissens, Von der Encyclopédie bis Wikipedia, Berlin 2014, S. 61.
258 Ebenda, S. 75/76.

C. Wissensbearbeitung: Rechtswissen als „Second-order knowledge"

b) Beschreiben

Zu nennen sind hier insbesondere die Beschreibungen, die während oder nach Forschungsreisen abgefasst und später publiziert wurden:

„Die Publikationen, die aus wissenschaftlichen Expeditionen und Erkundungen resultierten, waren oft außerordentlich umfangreich. Napoleons Ägypten-Expedition brachte beispielsweise dreiundzwanzig Bände hervor (darunter zehn Bände mit Abbildungen), deren Veröffentlichung zwanzig Jahre – von 1809 bis 1829 – in Anspruch nahm. Die United States Exploring Expedition von 1838 bis 1842 produzierte sogar noch mehr Berichte: fünfunddreißig Bände (darunter elf mit Abbildungen und Karten), die in einem Zeitraum von dreißig Jahren (1844–1874) publiziert wurden. Die Ausbeute der Challenger-Expedition – Report on the Scientific Results of the Exploring Voyage of H.M.S. Challenger during the Years 1873–76 – belief sich auf fünfzig reich illustrierte Bände, die zu veröffentlichen fast zwanzig Jahre dauerte (1877–1895).

Wie bei der Beobachtung, die im vorherigen Kapitel erörtert wurde lag auch im Falle der Beschreibung der Schwerpunkt auf der Präzision. Laut Buffon war Beobachtung »die einzige Möglichkeit, die Wissenschaft voranzubringen«. Sein Diktum: »Nur was genau beschrieben wurde, ist auch richtig definiert.«"[259]

c) Erzählen

Es mag auf den ersten Blick etwas ungewohnt sein, das Erzählen als eine Form des Umgangs mit Wissen zu verstehen. Wenn man sich jedoch etwas näher mit dem Phänomen des Rechtspluralismus beschäftigt hat, so weiß man, dass im Kosmos des Rechtspluralismus verschiedene *Welten des Rechts*[260] aufeinandertreffen und dass hinter jedem dieser spezifischen Rechtsverständnisse ein *Narrativ* anzutreffen ist, also eine – wenn man so

---

259 Burke, Fußnote 257, S. 83.
260 Grundlegend dazu Ralf Seinecke, Das Recht des Rechtspluralismus, Tübingen 2015; vgl. auch Gunnar Folke Schuppert, The Languages of Multinormativity, in: Rechtsgeschichte/Legal History 25 (2017), S. 229ff.

Zweites Kapitel: Eine Reise in die Welt des Wissens

will – grundlegende *Rechtserzählung*[261]; interessanterweise erwähnt auch Burke das Beispiel des „legal storytelling":

„In neuerer Zeit haben auch Soziologen, Anthropologen, Juristen und Mediziner einen ähnlichen Weg (wie die sog. »history from below«, G.F.S.) eingeschlagen. In den Vereinigten Staaten entwickelte sich in den 1980er Jahren beispielsweise eine Bewegung zur Aufarbeitung der Rechtsgeschichte, die unter der Bezeichnung legal storytelling movement bekannt geworden ist. 1995 fand an der Yale Law School eine Konferenz zu diesem Thema statt, bei der sich Literatur und Rechtsexperten zum Gedankenaustausch trafen. Im storytelling movement interessiert man sich für traditionell untergeordnete Gruppen – insbesondere ethnische Minderheiten und Frauen – , denn die Geschichten, die von Angehörigen dieser Gruppen erzählt werden, stellen ein Rechtssystem in Frage, das von weißen männlichen Juristen geschaffen wurde, welche die Bedürfnisse und Interessen anderer Gruppen nicht immer hinreichend berücksichtigten."[262]

Soweit zu den Beispielen Peter Burkes. Im Folgenden wollen wir ebenfalls drei Methoden des Verarbeitens von Wissen in den Blick nehmen, gewissermaßen als Überleitung zu genuin rechtswissenschaftlichen Methoden der Wissensverarbeitung.

---

261 Siehe dazu Robert Cover, The Supreme Court 1982 Term. Forward: Nomos and Narrative, Harvard Law Review 97 (1983), S. 4/5: "We inhabit a nomos – a normative universe. We constantly create and maintain a world of right and wrong, of lawful and unlawful, of valid and void. [...] No set of legal institutions or prescriptions exists apart from the narratives that locate it and give it meaning. For every constitution there is an epic, for each decalogue a scripture. Once understood in the context of the narratives that give it meaning, law becomes not merely a system of rules to be observed, but a world in which we live."
262 Burke, Fußnote 257, S. 97.

2. Drei Beispiele für die „Abfolge intellektueller Operationen" bei der Bearbeitung von Wissen

a) Die enzyklopädische Methode

„Die Welt der Encyclopédie"²⁶³ ist wahrhaft eine faszinierende Welt und es macht Spaß, in sie einzutauchen. Bevor die Besonderheiten des enzyklopädischen Schreibens etwas näher in den Blick genommen werden sollen, wollen wir uns dem renommierten Experten Robert Darnton als Tauchlehrer anvertrauen²⁶⁴, der eine sehr lehrreiche „Kleine Geschichte der Encyclopédie und des enzyklopädischen Geistes" vorgelegt hat.²⁶⁵

Da – wie erinnerlich – der Formulierung „Wissen ist Macht" so gut wie nicht zu entkommen ist, interessiert an diesem Beitrag Darntons ganz besonders, was er zur *Machtdimension* des Publikationstyps der Enzyklopädie zu sagen hat, nämlich zunächst einmal Folgendes:

> „Klassifikationssysteme wirken in den Verhaltensmustern des Alltagslebens als *Machtsysteme*. Stell ein Buch in der Bibliothek an die falsche Stelle, und es ist verloren; drück beim Computer auf die falsche Taste, und der Text verschwindet; parke da, wo es verboten ist, und du bekommst einen Strafzettel. Komik beruht im Wesentlichen auf dem Wechsel des Bezugsrahmens oder dem Spiel mit einem Mißverhältnis, der Zuordnung zu einer unangemessenen Kategorie, wie im Verweis auf den Kannibalismus am Ende des Artikels zur EUCHARISTIE. Lachen, Ärger, Unbehagen, Ekel, epistemologische »Angst« in all ihren Formen überfallen uns, wann immer wir eine Grenze überschreiten oder auf Zweideutigkeit stoßen. Um die Gefahr in Schranken zu halten, versuchen wir, die Erfahrungen zu ordnen, indem wir zwischen den Dingen Demarkationslinien ziehen: daher die Bedeutung des Enzyklopädischen."²⁶⁶

---

263 Anette Selk/Rainer Wieland (Hrsg.), Die Welt der Encyclopédie, Frankfurt am Main 2001.
264 Robert Darnton, Encyclopédie: The Business of Englightenment. A Publishing History of the Encyclopédie 1775–1800, Cambridge, Mass. 1979; deutsche Teilausgabe: Glänzende Geschäfte. Die Verbreitung von Diderots Encyclopédie. Oder: Wie verkauft man Wissen mit Gewinn, Berlin 1993.
265 Robert Darnton, Eine kleine Geschichte der Encyclopédie und des enzyklopädischen Geistes, in: Selk/Wieland, Fußnote 263, S. 455–464.
266 Ebenda, S. 455.

Zweites Kapitel: Eine Reise in die Welt des Wissens

Da Klassifikationssysteme Macht ausüben, galten sie insbesondere den bisherigen Wissensmonopolisten wie der Kirche tendenziell als gefährlich, und zwar – wie Darnton zutreffend anmerkt – vollkommen zu Recht:

> „Warum also war die Encyclopédie gefährlich? Nicht weil sie einige kirchenkritische Spitzen enthielt, sondern weil sie *Wissenschaft auf eine radikal neue Weise darstellte*. Indem sie den epistemologischen Grund wechselte, die Kategorien neu ordnete und die Grenzen neu zog, überantwortete sie das Christentum dem Bereich des Nichtwißbaren. Ihr enzyklopädischer Anspruch, die schiere Menge der Information, die in die siebzehn Textbände und elf Tafelbände gestopft war, verstärkte dessen morphologischen Griff nach der Macht, da das Werk doch alles enthielt, was der Mensch wußte. Alles jenseits von ihm war kein Wissen, und alles in ihm war hervorgebracht von der »Gesellschaft von Gelehrten« (Société des gens de lettres), die auf den Titelblättern als seine Autoren firmierten. Um das Jahr 1759 hatte diese Gruppe eine deutliche Identität gewonnen. Sie waren encyclopédistes oder philosophes (die Begriffe waren nahezu gleichbedeutend), und sie legten ihre Arbeiten einem notorischen Freidenker vor, Denis Diderot. *Der Philosoph hatte den Priester als Herrscher in der Welt des Wissens ersetzt*, und er hatte alles ausgeschlossen, was nach Pfaffentum roch."267

Soweit zum Machtinstrument des Klassifizierens, das im Übrigen lebhaft erinnert an das, was oben zu „global governance by indicators" ausgeführt worden ist, geht es doch in beiden Fällen um *wissensbasierte Methoden der Einteilung der Welt*.

Nun aber zu den Besonderheiten des enzyklopädischen Schreibens, zu denen in dem Buch von Ulrich Johannes Schneider über „Enzyklopädisches Schreiben im Zeitalter der Aufklärung"268 viel dazu zu finden ist, wie man sich die Wissensbearbeitung und Wissensverarbeitung durch die sog. Enzyklopedisten eigentlich vorzustellen hat.

Zunächst einmal kennzeichnet Schneider das enzyklopädische Schreiben als eine Kulturtechnik, die darauf zielt, einen Buchtyp zu präsentieren, der auf Benutzung angelegt ist und den Benutzer nach bestimmten Ordnungskriterien gegliederte sachliche Antworten auf seinen spezifischen Wissensbedarf anbietet:

---

267 Ebenda, S. 458.
268 Ulrich Johannes Schneider, Die Erfindung des allgemeinen Wissens. Enzyklopädisches Schreiben im Zeitalter der Aufklärung, Berlin 2013, Erstes Kapitel: „Die Praxis des enzyklopädischen Schreibens".

C. Wissensbearbeitung: Rechtswissen als „Second-order knowledge"

„Die Anerkennung des enzyklopädischen Schreibens als einer Kulturtechnik, die wissensgeschichtlich wie buchhistorisch in Europa Epoche gemacht hat, ist gleichbedeutend mit der Anerkennung eines Interesses an Sachlichkeit, das entscheidende Teile der europäischen Buchproduktion steuert. Mehr als andere Printprodukte im Bereich der Wissensliteratur sind enzyklopädische Bücher für die Benutzung angelegt. Sie sind keine Traktate, deren Argumentation man Schritt für Schritt folgen muss, und sie sind keine Lehrbücher, deren hierarchische Ordnungskriterien beim Lesen jederzeit präsent gehalten werden müssen. Enzyklopädien sind vielmehr Nachschlagewerke, die sachliche Informationen bereithalten. Sie stellen Antworten für Fragen bereit, die je nach Wissensgebiet gruppiert werden können. Es gibt bei einer Enzyklopädie keinen Zwang zur durchgängigen Lektüre. Das angebotene Wissen – über Berufe, biblische Gestalten, Heilige, Helden, Künste, Mühlen, Pflanzen, Städte, Tiere und Wissenschaften – ist für die fokussierte, atomisierte, unkoordinierte Lektüre bestimmt. Welche Frage auch immer am Anfang steht, am Ende gibt es nach Stichwörtern gegliederte artikelförmige Antworten."[269]

Was nun den eigentlichen *Arbeitsprozess* angeht, so arbeitet Schneider klar heraus, dass es beim enzyklopädischen Schreiben immer um den *Umgang mit schon vorhandenem Wissen geht*, das gesichtet, geordnet und weiter vermittelt wird:

„Für viele enzyklopädische Werke der Frühen Neuzeit typisch ist ein literaturhistorisches Verfahren (genauer: ein Verfahren der »Historia litteraria«), die unter Gelehrten zwischen 1500 und 1700 bestimmende Form der Textbearbeitung, das verlangt, im Werk selbst eine lange Liste ausgewerteter Schriften zu präsentieren. Damit wird deutlich gemacht, dass das enzyklopädische Schreiben nicht neu ansetzt, sondern älteres Schreiben fortsetzt; es ist in jedem Fall ein Arbeitsprozess, der über die individuelle Leistungskraft hinausgeht. Die Selbstverständlichkeit der Identifizierung von »Sachen« mit einschlägigen Textpassagen in vorhandener Literatur kann man auch an der Umstandslosigkeit beobachten, mit der man einmal publizierte Enzyklopädien weiterschrieb. Nicht wenige Werke wurden nach dem Tode des ersten Autors in neuen Auflagen reproduziert und verändert weitergeführt. Ein frühes Beispiel ist der frühneuzeitliche Bestseller von Polydorus Vergilius De inventoribus rerum (zuerst erschienen 1499, bis 1700 ca. 100

---

[269] Ebenda, S. 18.

Ausgaben und Übersetzungen). Ein spätes Beispiel gibt der Dictionnaire Historique von Louis Moréri ab (zuerst 1674 in einem Band, zuletzt 1759 in 10 Bänden), dessen Weiterbearbeitung schon in die Hochzeit des enzyklopädischen Schreibens fällt und auch von Absichten der europaweiten Vermarktung eines erfolgreich eingeführten, hauptsächlich biographischen und geographischen Lexikons geprägt ist. Es gibt zahllose andere Beispiele für das Reproduzieren einer Enzyklopädie aus einer anderen, wie man etwa an Morhofs Polyhistor aus dem späten 17. Jahrhundert oder an Chomels ökonomischer Enzyklopädie aus dem frühen 18. Jahrhundert sehen kann: Auch das sind Beispiele für die Übernahme der Wissensvermittlung durch Gleichgesinnte und Spätgeborene, Redakteure und Verlegerkonsortien."[270]

Was das enzyklopädische Schreiben als Bearbeitung und Weiterverarbeitung schon vorhandenen Wissens meint, wird deutlich, wenn man sich klarmacht, dass die Enzyklopädisten auf einem Wissensschatz aufbauten, wie er insbesondere von der Kirche – die Kenntnis der Bibel war in den europäischen Gesellschaften selbstverständlich – und den von ihnen betreuten Bildungsinstitutionen vermittelt wurde. Dieses Wissen galt es einerseits weiter zu transportieren, gleichzeitig aber *umzuschreiben*; dazu heißt es bei Schneider in ebenso überzeugender wie anschaulicher Weise wie folgt:

„Das auf Sachwissen orientierte enzyklopädische Schreiben partizipiert in der skizzierten Weise am unterrichtsrelevanten und am religiösen Wissen; es tendiert zugleich dazu, die Zusammenhänge aufzulösen, in denen dieses normalerweise artikuliert wird. Das gilt umso mehr im universitären und akademischen Bereich, also dem des Studiums und der Forschung. Hier tendiert das enzyklopädische Schreiben auf eine Strategie zur *Umdisposition fachsprachlicher Texte*. Fragen wie nach dem physikalischen Problem des Vakuums, nach dem Verlauf des Dreißigjährigen Kriegs oder nach der linguistischen Zuordnung der finnischen Sprache verlangen nach radikal vereinfachter Darstellung, um enzyklopädisch repräsentiert werden zu können. *Begriffe sind zu ersetzen oder zu übersetzen*; das wissenschaftliche Wissen muss gewissermaßen verschlankt werden, um außerhalb einer Gemeinschaft Eingeweihter informativ zu werden.

Allgemein kann man sagen, dass das durch enzyklopädisches Schreiben geförderte Sachwissen darauf zielt, jegliches Fachwissen zu trans-

---

270 Ebenda, S. 19/20.

formieren. Der Anspruch auf ein rein sachliches Wissen zielt auf die Umwandlung disziplinärer Methoden und Begriffe, um die Ebene des allgemeinen Wissens weitgehend beschwerdelos zu betreten. So ist das enzyklopädische Sachwissen im Verhältnis zur Wissenschaft ein hauptsächlich *umgeschriebenes Wissen*. Es gehorcht einer Redaktion, die elaborierte Texte zersetzt und sie allen erreichbar macht. Dieses durch Umschreibung produzierte enzyklopädische Sachwissen entsteht insofern parasitär, weil es bereits formulierte Einsichten zum Ausgangspunkt nimmt. Es entsteht nicht gänzlich neu, sondern als Erneuerung, als zweite Version. Daher seine Nähe zur Bibliographie, zur Buchbeschreibung und allem, was mit dem *intellektuellen Ausweiden von Büchern* in der Frühen Neuzeit in Verbindung gebracht wurde: Exzerpieren, Indizieren, ganz allgemein das Auslesen und Auslegen in verschiedenen Formaten."[271]

Enzyklopädisches Wissen ist also – so kann man knapp zusammenfassen – „Second-order knowledge" in Reinkultur.

b) Was macht aus jemandem einen Experten? Expertenwissen als „Second-order knowledge" per excellence

Wenn es eine Gruppe von Wissensakteuren gibt, die auch in komplexen Entscheidungssituationen Rat wissen und – umgangssprachlich formuliert – die Weisheit mit Löffeln gefressen haben, so scheinen dies die sog. *Experten* zu sein. Andererseits lässt sich eine ausgesprochene Expertenskepsis beobachten, ein Befund, zu dem Andreas Voßkuhle folgendes notiert hat:

„Wir gehen selbstverständlich davon aus, dass die Verwaltung zur Wahrnehmung ihrer Aufgaben auf besonderes Sachwissen, auf Expertise angewiesen ist, aber wir glauben unseren Experten nicht mehr. Sie stehen nicht nur in Verdacht, der Herrschaft einer demokratisch nicht legitimierten Technokratenkaste Vorschub zu leisten und die Politik aus der Gesellschaft zu verdrängen. Angesichts der ubiquitären Wahrnehmung von Komplexität und Dynamik, nicht linearen Kausalverläufen, Diskontinuitäten, Irreversibilitäten und globalen Effekten in zahlreichen staatlichen Handlungsfeldern sinkt auch das generelle Vertrauen in ihre Problemlösungskompetenz. Viel beigetragen zu dieser Einschätzung haben die Erfahrungen mit wissenschaftlicher Politikbera-

---

[271] Ebenda, S. 24/25.

tung in den letzten Jahrzehnten und die zahlreichen Auseinandersetzungen in der Praxis über unterschiedliche »Sicherheitsphilosophien« im Atomrecht, Gesundheitsrisiken elektromagnetischer Felder oder toxikologisch begründete Belastungsschwellen und Gesundheitsgefährdungen im Umweltschutz- und Medizinrecht. In den einschlägigen Entscheidungs- und Politikarenen besitzt jede »Richtung« ihre eigenen Experten, die sich häufig gegenseitig zu widersprechen scheinen und wenn sie es nicht tun, dann finden sie kein Gehör mehr."[272]

Angesichts dessen fragt man sich, was Experten eigentlich sind und was es mit ihrem *Expertenwissen* auf sich hat. Aufschluss darüber darf man von einem *Experten des Expertenwissens*, nämlich von Ronald Hitzler erwarten, der sich dazu in seinem Buch „Wissen und Wesen des Experten" in vielfach zitierter Weise geäußert hat.[273]

Hitzler schlägt vor, drei Arten von Wissensakteuren zu unterscheiden, nämlich *Laien, Spezialisten und Experten*, um auf diese Weise die Unterschiede zwischen den drei Akteursgruppen besser verstehen zu können. Was zunächst den *Unterschied zwischen Laien und Experten* angeht, so wird an dieser Gegenüberstellung schon ziemlich deutlich, was das Expertentum eigentlich ausmacht:[274]

„Erklärt werden diese Unterschiede in der sozialpsychologischen Literatur damit, daß Experten und Laien eben über verschiedene Arten von Wissensbeständen verfügen. Laien wissen demnach nicht nur weniger als Experten, sondern das, was sie wissen, ist auch anders organisiert: Laien orientieren sich an als »konkret« geltenden Fakten und verfolgen das, was sie für »praktische« Interessen halten. *Experten hingegen »vernetzen« Wissenselemente und Wissensarten vielfältig* und hochroutiniert, nutzen sie die vorhandenen Informationen umfassend und organisieren ihr Wissen insgesamt nach (unter Experten) kollektiv bewährten Prinzipien. Anders gesagt: Im Verhältnis zu Laien entwickeln Experten gegenüber einem Problem angemessenere Hypothesen, benut-

---

272 Andreas Voßkuhle, Expertise und Verwaltung, in: Hans-Heinrich Trute/Thomas Groß/Hans-Christian Röhl/Christoph Möllers (Hrsg.), Allgemeines Verwaltungsrecht – Zur Tragfähigkeit eines Konzepts, Tübingen 2008, S. 637/638.
273 In: Ronald Hitzler/Anne Honer/Christoph Maeder (Hrsg.), Expertenwissen. Die institutionalisierte Kompetenz zur Konstruktion von Wirklichkeit, Opladen 1994, S. 13–30.
274 Ebenda, S. 23.

C. Wissensbearbeitung: Rechtswissen als „Second-order knowledge"

zen erfolgreichere Lösungsstrategien und erwerben am konkreten Fall auch noch mehr *systematisches, prinzipielles Wissen*."[275]

Während die Laien diejenigen sind, die – und diese Befindlichkeit kennt wohl jeder von uns – in vielen Bereichen einfach nicht viel wissen, klingt der *Begriff der Spezialisten* vergleichsweise verheißungsvoll. Dem ist aber nach Hitzler nicht so, bei dem die Spezialisten wahrlich nicht gut wegkommen:

„Der Spezialist erscheint uns als Spezialist im Verhältnis zum Nicht- bzw. zum Weniger-Spezialisierten. Er gilt als Spezialist für eine bestimmte Sache. Sein (unterstelltes und/oder beanspruchtes) Wissen umfaßt typischerweise Kenntnisse, die er zur Erfüllung seiner Spezialistenfunktion haben muß. (D.h., er weiß typischerweise nicht ‚näher' über das Bescheid, was andere Spezialisten auf dem gleichen Gebiet wissen, jedenfalls nicht über das, was hierzu insgesamt gewußt wird). Der Spezialist ist somit Spezialist im Verhältnis zum Dilettanten hier und zum Generalisten da (wobei der Generalist im Hinblick auf das vom Spezialisten erwartete Problem typischerweise ein relativer Dilettant ist). Der Spezialist ist Träger einer besonderen, relativ genau umrissenen und von seinem Auftraggeber typischerweise hinsichtlich ihrer Problemlösungsadäquanz kontrollierbaren Kompetenz."[276]

Vor dem Hintergrund dieses eher bescheidenen Spezialistentums erstrahlt die Kompetenz des Experten nunmehr in vollem Glanz:

„Was m.E. den Experten vom Spezialisten also unterscheidet, das ist zum einen, daß er nicht nur über technische Kenntnisse verfügt, sondern über komplexe Relevanzsysteme, und das ist zum anderen, daß er nicht nur weiß, was er zur praktischen Bewältigung seiner Aufgaben wissen muß, sondern daß er weiß, was die (jeweiligen) Spezialisten auf dem von ihm ‚vertretenen' Wissensgebiet wissen – *und wie das, was sie wissen, miteinander zusammenhängt*. Anders ausgedrückt: Mehr-Wissen als das von anderen konkret abfragbare bzw. beanspruchbare Wissen zu haben, über (kaum bzw. unkontrollierbare) Rat- und Hilfekompe-

---

[275] Susan T. Fiske/Donald R. Kinder, Involvement, expertise, and schema use: Evidence from political cognition, in: Nancy Cantor/John F. Kohlstrom (Hrsg.), Personality, Cognition and Social Interaction, Hillsdale 1981, S. 171–192; James F. Voss/Terry R. Greene/Timothy Post/Barbara C. Penner, Problemsolving skill in the social sciences, in: Gordon H. Bower (Hrsg.), The Psychology of Learning and Motivation, Vol. 17, New York 1983, S. 165–213.

[276] Hitzler, Fußnote 273, S. 25.

tenz zu verfügen, verschafft dem Wissenden eine relative Autonomie, macht ihn in diesem Sinne zum Experten.
Fazit: Wenn man naiv fragt, warum denn jemand als »Experte« angesehen wird, dann stößt man auf Qualitäten wie: große Erfahrung haben, sich auskennen, die Welt kennen, etwas Besonderes hinter sich haben, Risiken eingegangen sein, Zusammenhänge verstehen, etwas »übersetzen« können, besondere, in seinen Dimensionen »von außen« unabsehbare Fähigkeiten haben. Immer aber läuft es darauf hinaus, daß man dem, der einem als Experte gilt, attestiert, mehr und anderes zu wissen (und zu können) als man selber weiß (und kann), ja als man selber überhaupt noch kompetent verorten und einordnen kann. Als Experten gelten folglich (vorzugsweise) solche Akteure, die über relative Produktions- und Deutungsmonopole (bzw. -oligopole) Expertisen verfügen. D.h., Experten glauben an und/oder bekunden die Existenz von ihnen gewußter objektiver Kriterien des Erstellens und des Beurteilens von Expertisen."[277]

Lässt man diese Passagen noch einmal Revue passieren, so haben wir es beim Expertenwissen ebenfalls mit einem besonders klaren Fall von „Second-order knowledge" zu tun.

c) Knowledgeworker und Wissensmanager[278]: das Leitbild des „europäischen Juristen"

Es macht eigentlich immer Spaß, Leitbilder zu entwerfen, darf man sich dabei doch – zumindest etwas – über die oft banale Wirklichkeit erheben und sich die Welt so ausmalen, wie man sie gerne hätte. Mit offensichtlicher Freude an dieser Ausmaltätigkeit hat Andreas Voßkuhle das Leitbild des europäischen Juristen entworfen[279], der in einer Welt des Rechts unterwegs ist, die von Europäisierung, Internationalisierung und einem globalen Wettbewerb der Rechtssysteme gekennzeichnet ist. Um als Jurist in einer solchen Welt bestehen zu können, muss man schon „etwas auf dem

---

277 Ebenda, S. 26/27.
278 Begriffe – mit Herkunftsnachweisen – bei Martin Pfiffner und Peter Stadelmann, Expertenwissen von Wissensexperten, in: Hitzler/Honer/Maeder, Fußnote273, S. 146–154.
279 Andreas Voßkuhle, Das Leitbild des „europäischen Juristen" – Gedanken zur Juristenausbildung und zur Rechtskultur in Deutschland, in: Rechtswissenschaft 2010, S. 326–346.

C. Wissensbearbeitung: Rechtswissen als „Second-order knowledge"

Kasten haben", also bestimmte Qualifikationen aufweisen, von denen Voßkuhle die folgenden drei besonders hervorhebt:

– Erstens hat der europäische Jurist als „Akteur in nationalen, europäischen und internationalen Rechtserzeugungsprozessen" unterwegs zu sein.

> „Leitbild der Juristenausbildung wird danach nicht mehr der das nationale Recht subsumierende Richter sein. Aber auch der globale »Wall Street Lawyer« nach amerikanischem Muster – der für die große Mehrzahl der in Deutschland tätigen Rechtsanwälte ohnehin nicht paradigmatisch gewesen sein dürfte – scheidet nicht erst seit der Finanzkrise als Leitbild des europäischen Juristen aus. [280] Paradigmatisch und zukunftsweisend ist vielmehr der vielfältig einsetzbare Rechtsgestalter, der über *Orientierungs- und Verfügungswissen für soziales Handeln in einer komplexen Welt* verfügt und der bei zunehmender europäischer und internationaler Verflechtung der Rechtssysteme im »Wettbewerb rechtlicher Arrangements« selbst Vorschläge zu formulieren und in die Normerzeugungsprozesse auf europäischer und internationaler Ebene bereits im Vorfeld einzuspeisen vermag."[281]

– Zweitens sollte sich der europäische Jurist auch als *„juristischer Kosmopolit"* verstehen, was – wir denken an die Methode des Vergleichens als eine der Arten, mit Wissen umzugehen – eine ausgeprägte *Methodenkompetenz im Bereich der Rechtsvergleichung* impliziert:

> „In Zeiten, in denen von einer »Konstitutionalisierung des Völkerrechts« und einer »globalisierten Jurisprudenz« ebenso wie von einer »Fragmentierung« und einem »Pluralismus« des (globalen) Rechts gesprochen werden kann, ist Leitbild des europäischen Juristen auch der »juristische Kosmopolit« mit Bewusstsein für die

---

280 Vgl. zum Niedergang des „Wall Street Lawyers" aus der US-amerikanischen Literatur: Larry Ribstein, The Death of Big Law, www.law.georgetown.edu/Legal-Profession/documents/Ribstein.pdf, Zugriff vom 1.4.2010; Thomas D. Morgan, The Vanishing American Lawyer, New York 2010 und derselbe, The Last Days of the American Lawyer, http://papers.ssrn.com/abstract=1543301, Zugriff am 1.4.2010; Milton C. Reagan Jr., Eat What You Kill: The Fall of a Wall Street Lawyer, Ann Arbor 2005; Richard Susskind, The End of Lawyers? Rethinking the Nature of Legal Services, Oxford 2008.
281 Voßkuhle, Fußnote 279, S. 335.

> außereuropäischen Rechtsordnungen, mit Bewusstsein für deren Konvergenzen sowie für deren gewachsene Eigenständigkeit und Eigenart sowie einem Gespür für globale Normentwicklungen. Voraussetzung für all dies sind Rechtskenntnisse im Europarecht, im internationalen und ausländischen Recht sowie Methodenkompetenz im Bereich der Rechtsvergleichung – für die es mehr bedarf als eines bloßen Textvergleichs, denn die jeweiligen Regelungen müssen historisch und kulturell kontextualisiert werden. Dabei kann es im Rahmen der Ausbildung nicht um verästelte Detailkenntnisse gehen, sondern lediglich darum, dem jungen Juristen einen verlässlichen Zugang zu eröffnen und seine »Mit-Verantwortlichkeit« zu entwickeln."[282]

– Besonders interessant aber ist das dritte von Voßkuhle entworfene Anforderungsprofil – der *europäische Jurist als Wissensexperte mit rechtlichem Meta-Wissen*:

> „Soll der europäische Jurist flexibel mit Veränderungen umgehen können und sich in den konvergierenden Rechtsordnungen – die gleichwohl plural und unterschiedlich bleiben werden – zurechtfinden, kann es schon aus praktischen Erwägungen nicht darum gehen, als Ziel der Ausbildung noch breitere, umfassendere Kenntnisse vom positiven Recht und seinen weitreichenden Verästelungen zu verlangen. Allein das Europarecht ist heutzutage ein Rechtsgebiet, das in zahllose eigenständige Rechtsgebiete untergliedert ist, die ihrerseits eine enorme Komplexität und Ausdifferenzierung erreicht haben. Will man die Ausbildungszeit nicht ins Unendliche verlängern, scheiden die pauschale Erweiterung des Stoffs als Weg der Ausbildung und der »positivistische Stoffhuber« als Leitbild aus. Es kann also nur darum gehen, *Methoden zu beherrschen, anhand derer das verfügbare Wissen im Bedarfsfalle abgerufen und erschlossen werden* kann.
> Das bedeutet auch, dass der »Spezialist« als Leitbild ausscheidet, zumal innerhalb weniger Jahre ganze Rechtsgebiete neu entstehen können (man denke beispielsweise an »IT-Recht«), während andere womöglich in die Bedeutungslosigkeit hinabsinken. Trotzdem widerspricht es der Orientierung am Leitbild des Generalisten und »Wissensexperten« nicht, eine gewisse Schwerpunktsetzung in Stu-

---

[282] Ebenda, S. 337/338.

dium und Referendariat zu ermöglichen. Eine zu frühe oder zu starke Spezialisierung wird aber stets zu Lasten der Flexibilität des jungen Juristen gehen, und eben diese Flexibilität wird er angesichts der fortschreitenden Geschwindigkeit der Veränderungen im Rechtssystem dringend benötigen."[283]

Der europäische Jurist – so kann man kurz und knapp zusammenfassen – hat über „Second-order knowledge" zu verfügen, weil er ohne dieses Wissen weder als Generalist und Wissensexperte, noch als juristischer Kosmopolit fungieren kann.

3. Eine kleine Zwischenbilanz

Wenn wir die bisher angestellten Überlegungen noch einmal Revue passieren lassen, dann dürfte klar geworden sein, dass es einerseits Unmengen von verstreutem Wissen gibt und dass dies andererseits die Notwendigkeit zur Folge hat, mit diesen Wissensbeständen irgendwie umzugehen. Man kann dies Wissen zum Beispiel archivieren[284]; aber schon dies erfordert es, sich Gedanken darüber zu machen, wie man den Wissensbestand ordnet. Jede Wissensbearbeitung hat es also mit *Ordnen* zu tun, und zwar nicht irgendwie, sondern – wie das Beispiel der Welt der Enzyklopädie gezeigt hat – nach bestimmten Kriterien. Ordnen erfordert also eine bestimmte *Methode des Ordnens*, wobei ein wesentlicher Schritt darin besteht, sich über die „richtige" oder „passende" Methode klar zu werden.

Wissen zu ordnen ist also *reflexiv* und wird spätestens in diesem Moment zu dem, was man „Second-order knowledge" nennt. Jede methodisch arbeitende Wissenschaft – und welche wollte dies nicht[285] – betreibt also der Sache nach „Second-order thinking" und zwar umso mehr, je ausgeprägter ihr *Methodenbewusstsein* entwickelt ist.

---

283 Ebenda, S. 339.
284 Siehe dazu Peter Collin, Archive und Register. Verlorenes Wissen oder Wissensressource der Zukunft?, in: Gunnar Folke Schuppert/Andreas Voßkuhle (Hrsg.), Governance von und durch Wissen, Baden-Baden 2008, S. 75–86.
285 Andreas Voßkuhle, Methode und Pragmatik im öffentlichen Recht, in: Hartmut Bauer et al. (Hrsg.), Umwelt, Wirtschaft und Recht, Tübingen 2002, S. 172: „Weithin unbestritten dürfte nach wie vor der Anspruch jedes deutschen Rechtswissenschaftlers sein, methodisch zu arbeiten, d.h. in einem geordneten Verfahren nach bestimmten Regeln zu Erkenntnissen zu gelangen."

Damit liegt der nächste Arbeitsschritt klar und deutlich vor uns; wir haben uns jetzt ganz offenbar Gedanken darüber zu machen, was dies für die Disziplin der Rechtswissenschaft bedeutet.

III. Rechtswissenschaft als Ordnungswissenschaft

Die Formulierung „Rechtswissenschaft als Ordnungswissenschaft" verdanke ich einem Kommentar von Matthias Reimann, in dem er die Botschaft verschiedener Referate zusammengefasst hat, die auf einer Tagung zum Thema „Das Proprium der Rechtswissenschaft" gehalten wurden, einer Tagung, die der Selbstvergewisserung der Disziplin der Rechtswissenschaft gewidmet war.[286] Wenn man nun nach einem Autor Ausschau hält, der diese *Ordnungsaufgabe des Rechts* in beeindruckender Weise entfaltet hat, so fällt natürlich der Name von Eberhard Schmidt-Aßmann, der schon in einer 1982 erschienenen Schrift den Grundakkord seiner späteren Arbeiten angeschlagen hat, und zwar unter dem programmatischen Titel „Das allgemeine Verwaltungsrecht als Ordnungsidee und System".[287]

In seinem 1998 erschienenen Buch „Das allgemeine Verwaltungsrecht als Ordnungsidee. Grundlagen und Aufgaben der verwaltungsrechtlichen Systembildung" hat er diesen Gedanken weiterentwickelt und zur Konzeptualisierung der Disziplin des allgemeinen Verwaltungsrechts[288] folgendes ausgeführt:

> „Das allgemeine Verwaltungsrecht ist mehr als eine akademische Disziplin, die Rechtsformen und Verwaltungsverfahren, Organisationsrecht und Staatshaftungsrecht lose verbindet. Es ist eine Ordnungsidee, die dazu beitragen soll, sich immer wieder der größeren Zusammenhänge; der durchlaufenden Entwicklungslinien und der Adäquanz der in den einzelnen Rechtsinstituten getroffenen Zuordnungen zu vergewissern.

---

286 Matthias Reimann, Die Propria der Rechtswissenschaft, in: Christoph Engel/ Wolfgang Schön (hrsg.), Das Proprium der Rechtswissenschaft, Tübingen 2007, S. 87–102.
287 Heidelberg 1982.
288 Im deutschen Verwaltungsrecht unterscheidet man herkömmlicher Weise das „Allgemeine Verwaltungsrecht" und das „Besondere Verwaltungsrecht." Klassische Gebiete des besonderen Verwaltungsrechts bilden etwa das Polizeirecht, das Kommunalrecht, das Baurecht und das Beamtenrecht, inzwischen aber auch das Umweltrecht oder das Informationsverwaltungsrecht. Das allgemeine Verwaltungsrecht hat die Aufgabe, die diesen Rechtsgebieten gemeinsamen Handlungsformen Rechtsinstitute und Prinzipien herauszuarbeiten.

C. Wissensbearbeitung: Rechtswissen als „Second-order knowledge"

Dem liegt die Einsicht in die rationalisierende Kraft eines analytischen und der Verallgemeinerungsfähigkeit seiner Aussagen verpflichteten Denkens zugrunde. Die Entfaltung allgemeiner Lehren aus den Besonderheiten der einzelnen Bereiche des Fachverwaltungsrechts und die Orientierung der Einzelaussage an allgemeinen Rechtsprinzipien sind, als wechselbezügliche Vorgänge verstanden, das Bauprinzip dieser Ordnungsidee. Methodisch bedient sie sich dazu eines systematischen Ansatzes."[289]

Was diesen systematischen Ansatz des allgemeinen Verwaltungsrechts angeht, so wird er von Schmidt-Aßmann wie folgt näher erläutert:

„System und Systemdenken sind der Rechtswissenschaft vertraute Erscheinungen. Ihre Voraussetzungen bilden die Vorstellungen von Ordnung und Einheit, die ihrerseits Folgerungen aus der »generalisierenden Tendenz der Gerechtigkeit« sind. Trotzdem ist rechtswissenschaftliches Systemdenken weder auf feste Werthierarchien fixiert noch notwendig statisch. Seine Aussagen stehen vielmehr unter dem Vorbehalt der künftig besseren Erkenntnis und der Konstanz der zugrundegelegten Maßstäbe. In diesem Rahmen sichert ein systematischer Ansatz Folgerichtigkeit und Einsehbarkeit. Es ist die zentrale These dieser Schrift, daß nur ein systematisch ausgerichtetes Verwaltungsrecht in der Lage ist, Wertungswidersprüche bewußt zu machen und den auseinanderlaufenden Rechtsentwicklungen der Fachgebiete entgegenzuwirken. Es trägt so dazu bei, administratives Handeln transparent zu gestalten und der öffentlichen Verwaltung die notwendige Akzeptanz zu sichern. Nur als systematische Wissenschaft kann das Verwaltungsrecht auf die großen Herausforderungen der heutigen Verwaltungssituation reagieren – auf die Chancen und Gefahren des wissenschaftlichen und technischen Fortschritts, auf die im Zuge von Privatisierungen eintretenden Verschiebungen im staatlich-gesellschaftlichen Verantwortungsgefüge, auf Verknappungen der finanziellen Rahmenbedingungen und auf die Europäisierung der Rechts-, Wirtschafts- und Sozialvorgänge. Damit sind wichtige Entwicklungsaufgaben bezeichnet. Systematik ist etwas Vorgegebenes und etwas Aufgegebenes zugleich. Als Ordnungsidee verstanden erweist sich das allgemeine Verwaltungsrecht daher nicht so sehr als Kanon vertrauter Rechtsregeln

---

289 Eberhard Schmid-Aßmann, Das allgemeine Verwaltungsrecht als Ordnungsidee. Grundlagen und Aufgaben der verwaltungsrechtlichen Systembildung, Berlin 1988, S. 1.

Zweites Kapitel: Eine Reise in die Welt des Wissens

und Rechtsinstitute als vielmehr als Ort und Auftrag fortgesetzter Reflexion und Systembildung."[290]

Wie diese Systembildung durch das allgemeine Verwaltungsrecht funktioniert, lässt sich am besten am Verhältnis zu den einzelnen Rechtsgebieten des besonderen Verwaltungsrechts veranschaulichen, die Schmidt-Aßmann als *Referenzgebiete* bezeichnet:

> „Wir bezeichnen mit diesem Begriff diejenigen Gebiete des besonderen Verwaltungsrechts, die das *Fallmaterial* und die Beispiele für die Aussagen des allgemeinen Rechts abgeben. Die Bedeutung ihrer Auswahl für die systematische Entwicklung des Verwaltungsrechts liegt auf der Hand: Ein Teil der allgemeinen Lehren ist induktiv aus einem Vergleich und aus der Verallgemeinerung gebietsspezifischer Regelungsmuster gewonnen. Auch diejenigen Teile, die deduktiven Ursprungs sind, werden fortlaufend an Beispielen aus einzelnen Verwaltungsbereichen erläutert und erprobt. Die Referenzgebiete bringen jene Ausrichtung auf Verwaltungsaufgaben und Verwaltungszwecke in das allgemeine Verwaltungsrecht, die gegenüber einem Denken in allgemeinen Begriffen wiederholt angemahnt worden ist. Das allgemeine Verwaltungsrecht ist folglich keineswegs so abstrakt und aufgabenarm, wie gelegentlich kritisiert wird."[291]

Die Referenzgebiete liefern also das jeweils *aktuelle Fallmaterial*, das dann aus der systembildenden Perspektive des allgemeinen Verwaltungsrechts *weiterverarbeitet wird*, wobei die aus dem Fallmaterial gewonnenen Einsichten und Grundsätze wiederum auf die Referenzgebiete zurückwirken:[292]

> „Die in der verwaltungsrechtlichen Systematik angelegte Wechselbezüglichkeit zwischen allgemeinem Teil und besonderen Teilen stellt zugleich die notwendige Anpassungsfähigkeit der allgemeinen Rechtsinstitute und Lehrsätze an neue Entwicklungen sicher. Das besondere Verwaltungsrecht zeigt in seinen Vorschriften Regelungsmodelle für vorgefundene Interessenkonstellationen auf. Vollzugsmängel in einem bestimmten Bereich indizieren Konflikte, die es zu analysieren und mit Mitteln zu lösen gilt, die sich schon in anderen Gebieten bewährt haben. Die Gebiete des besonderen Verwaltungsrechts sind so der Speicher gefundener Lösungen und der Spiegel bestehender Rege-

---

290 Ebenda, S. 1/2.
291 Ebenda, S. 9.
292 Ebenda, S. 8/9.

C. Wissensbearbeitung: Rechtswissen als „Second-order knowledge"

lungsbedürfnisse. Verwaltungsrechtliche Systembildung erfolgte immer deduktiv und induktiv zugleich. Zuweilen mag der Einfluß des praktischen Anschauungsmaterials unbewußt oder unausgesprochen geblieben sein. An seiner Wirksamkeit jedoch kann kein Zweifel bestehen. Ablauf und Struktur dieses Prozesses lassen sich am Beispiel umweltrechtlicher Fragestellungen und ihrer Einwirkung auf die Systembildung gut verfolgen."[293]

Wenn man diese Passage noch einmal auf sich einwirken lässt, ist ihre Quintessenz leicht zusammenzufassen. Das Verständnis der Aufgabe des Allgemeinen Verwaltungsrechts als „Ordnungsidee und System" ist „Second-order thinking" in seiner reinsten Form.

IV. Second-order thinking at work: Stabilisierung normativen Wissens durch Kanonisierung und Dogmatisierung

1. Kanon und Dogma als Erscheinungsformen normativer Verdichtung

Wenn hier der eher unübliche Begriff der normativen Verdichtung eingeführt wird, so bedarf dies vielleicht einer kurzen Erklärung. Ich verdanke diese Anregung einem Beitrag von Berndt Hamm mit dem Titel „Reformation als normative Zentrierung von Religion und Gesellschaft"[294], in dem das „Interpretationskonzept der normativen Zentrierung" vorgestellt wird sowie einem weiteren Beitrag aus seiner Feder, die sich mit „Verdichtungsvorgängen" des ausgehenden Mittelalters und der frühen Neuzeit in den Bereichen Religion, Glaube, Frömmigkeit und Theologie beschäftigt.[295] Ich möchte in Anlehnung und Modifizierung der Beiträge Hamms von normativer Verdichtung und normativen Verdichtungsprozessen sprechen, die in der Regel von Krisenerfahrungen und dem damit einhergehenden Wunsch nach *Identitätsvergewisserung* ausgelöst werden, sei dies durch reli-

---

293 Grundlegend Wolfgang Hoffmann-Riem, Reform des Allgemeinen Verwaltungsrechts als Aufgabe – Ansätze am Beispiel des Umweltschutzes, Archiv des öffentlichen Rechts (AöR) 115 (1990), S. 400–447.
294 Berndt Hamm, Reformation als normative Zentrierung von Religion und Gesellschaft, in: Jahrbuch für biblische Theologie, Jahrgang 7(1992), S. 241–279.
295 Berndt Hamm, Das Gewicht von Religion, Glaube, Frömmigkeit und Theologie innerhalb der Verdichtungsvorgänge des ausgehenden Mittelalters und der frühen Neuzeit, in: Monika Hagenmaier/Sabine Holtz (Hrsg.), Krisenbewußtsein und Krisenbewältigung in der Frühen Neuzeit, Festschrift für Hans Christoph Rublack, 1992 Frankfurt am Main/Bern/New York/Paris, S. 163–196.

Zweites Kapitel: Eine Reise in die Welt des Wissens

giöse Krisenerfahrungen wie die der Reformation und den dadurch ausgelösten Prozess der Konfessionalisierung, sei es durch das Bedürfnis einer wissenschaftlichen Disziplin wie der Rechtswissenschaft zur Versicherung ihrer disziplinären Identität, zu der es im Vorwort des schon zitierten Bandes „Das Proprium der Rechtswissenschaft" wie folgt heißt:

> „Wichtiger noch als dieser äußere Anstoß zur Selbstvergewisserung (durch die Verlagerung von Verteilungsentscheidungen in die Wissenschaftsorganisation selbst, G.F.S.) sind Veränderungen von innen heraus. Der dominante Rechtserzeugungsprozess ist seit der Wende zum 20. Jahrhundert die förmliche Gesetzgebung. Recht ist dadurch beweglich geworden. Es kann offen an veränderte Verhältnisse, Befindlichkeiten und Wertungen angepasst werden. Positivistisches Recht muss aber vornehmlich funktionalistisch Verstanden werden. Die Aufgabe des Rechts als Steuerungsinstrument überschattet seine übrigen Aufgaben immer mehr. Muss dann aber nicht auch die Rechtswissenschaft zur Steuerungswissenschaft mutieren? Und was könnte das anderes sein als eine Sozialwissenschaft? Wo liegt dann noch ihr »Proprium« im Verhältnis zu anderen Wissenschaften?"[296]

Als Instrumente von solchen durch Krisenerfahrungen veranlassten Wünschen nach normativer Verdichtung fungieren – wie noch zu zeigen sein wird – vor allem Kanonisierungen und Dogmatisierungen, mit denen Glaubens- und disziplinäre Gewissheiten festgehalten und bestimmte Bereiche *normativen Wissens* außer Streit gestellt werden.

Was zunächst die Bedürfnisse nach normativer Verdichtung im Bereich der Religion angeht, so erläutert Hamm sie am Beispiel der grundlegenden Unsicherheitserfahrung der Menschen des ausgehenden Mittelalters:

> „Das 15. Jahrhundert ist durch eine auffallende Gegenläufigkeit der Entwicklungsdynamik gekennzeichnet: Einerseits sehen wir Prozesse zunehmender Differenzierung der Lebensformen, eine gesteigerte Individualität und Subjektivität, die Pluralität auseinanderdriftender Bereiche und Gruppierungen und die Verselbständigung partikularer und konkurrierender Interessen, verbunden mit einem *starken Autoritätsverfall kirchlicher Machtträger*. Eine ganz andere Tendenz zeigt sich, wenn man sich auf die Ebene dominanter religiöser kirchlicher und gesellschaftlich politischer Intentionen, der programmatischen Wün-

---

296 Christoph Engel/Wolfgang Schön, Vorwort, in: dieselben (Hrsg.), Das Proprium der Rechtswissenschaft, Tübingen 2007, S. IX.

sche und Reformerwartungen begibt, wie sie von den Menschen dieser Epoche und besonders (aber nicht nur) von den Bildungs- und Machteliten gehegt wurden. Sie erlebten die Zunahme an konkurrierender Pluralität und spaltender Divergenz in erster Linie als bedrohliche, verunsichernde Krise und nicht etwa mit den Augen eines modernen Betrachters als faszinierenden Reichtum und Zeichen höchster Lebendigkeit. Darum richtet sich das kirchliche und gesellschaftliche *Reformstreben* und Gestaltungsbemühender Eliten auf neu zu begründende Integration, *auf zentrierende und zusammenführende Normativität.*"[297]

Solche Zentrierungs- oder Verdichtungsprozesse sind nicht nur – um den gelungenen Ausdruck Hamms aufzugreifen – Vorgänge zusammenführender Normativität, sondern haben zugleich einen expliziten Ab- und Ausgrenzungscharakter; zu dieser ganz zentralen *Doppelfunktion normativer Verdichtung, der Identitätsgenerierung nach innen und der Abgrenzung nach außen*, heißt es bei Hamm wie folgt:

„Dieser religiös frömmigkeitstheologische Grundzug des Zentrierungssyndroms war es auch, der ihm in einer seit der zweiten Hälfte des 15. Jahrhunderts bis in die Zeit der Konfessionalisierung hinein zunehmenden Weise den Charakter des Absoluten und Unbedingten, der Verhärtung und Unerbittlichkeit im Zeichen des Kampfes zwischen dem Reich Gottes und den Mächten des Satans gab. Es war eng verbunden mit einem Syndrom metaphysischer Angst. Normative Zentrierung bedeutet daher auch Mobilisierung und Eskalation des gesellschaftlich öffentlichen Kampfes gegen die »Agenten des Satans«, Hexen Juden, Türken, religiöse Randgruppen, die Angehörigen der anderen Konfession. Der geistlich weltliche Verdichtungs- und Zentrierungsprozeß war durchläufig die Geschichte gesteigerter Abgrenzung, Spaltung, Partikularisierung und Verfolgung unter dominant religiösen Vorzeichen. Zentrierung und Vereinheitlichung nach innen bedeutete Abgrenzung nach außen – staatlich, kirchlich, mental, spirituell, theologisch, bildungsmäßig usw. Jede Abgrenzung nach außen erhöhte den kirchlich staatlichen Druck nach innen im Sinne einer Reinigung von Fremdem und Bedrohlichem im eigenen Lager."[298]

Wenn man jetzt die religionswissenschaftliche durch die rechtswissenschaftliche Perspektive eintauscht, so fällt der Blick fast automatisch auf

---

[297] Hamm, Fußnote294, S. 23.
[298] Ebenda, S. 24.

Zweites Kapitel: Eine Reise in die Welt des Wissens

den Altmeister des deutschen Verwaltungsrechts Otto Mayer[299] – der die Disziplin des öffentlichen Rechts und insbesondere des Verwaltungsrechts zu einem – wie man es formulieren kann – *disziplinären Identitätserlebnis mit klarer Aus- und Abgrenzungsfunktion* verholfen hat. Otto Mayer gilt als Begründer der sog. *juristischen Methode*[300], deren nach wie vor einzigartige Botschaft darin besteht, dass es Aufgabe der Verwaltungsrechtswissenschaft ist, den Stoff des positiven Rechts zu ordnen und zu systematisieren[301], und zwar unter Ausschluss aller nicht-juristischen, etwa staats- oder sozialwissenschaftlichen Irritationen. Diese Gleichzeitigkeit von disziplinärer Selbstvergewisserung und Abgrenzung von disziplinfremdem Ansinnen hat Fritz Fleiner genau getroffen, wenn er die unbestrittene Bedeutung Otto Mayers wie folgt gewürdigt hat: „Aus einer Mischlehre, welche Geschichte, Politik und Nationalökonomie bunt vermengte, ist die Wissenschaft des deutschen Verwaltungsrechts zum Range einer juristischen Disziplin herangewachsen, die mit derselben streng juristischen Methode, durch welche die Wissenschaft des Zivilrechts groß geworden ist, es unternommen hat, die Rechtsgrundsätze für die Beurteilung der Verhältnisse der öffentlichen Verwaltung zu gewinnen."[302]

2. Zum schwer zu erfüllenden Wunsch nach Eindeutigkeit und epistemischer Bestimmtheit

Wir sind nach wie vor bei der Frage, wie es möglich ist und wie es tatsächlich geschieht, normatives Wissen wirklich eindeutig zu verfestigen und zu stabilisieren; nach wie vor sollen bei dem Versuch, diese Frage zu beantworten, Theologie und Rechtswissenschaft miteinander verbunden werden.

---

299 Otto Mayer, Deutsches Verwaltungsrecht, 2 Bände, 3. Auflage, Berlin 1924, unveränderter Nachdruck 1969.
300 Allgemein zur juristischen Methode im Verwaltungsrecht Alfons Hueber, Otto Mayer. Die „juristische Methode" im Verwaltungsrecht, Berlin 1982; Erk V. Heyen, Otto Mayer. Studien zu den geistigen Grundlagen seiner Verwaltungsrechtswissenschaft, Berlin 1981.
301 Siehe dazu die klare Darstellung bei Christian Bumke, Die Entwicklung der verwaltungsrechtswissenschaftlichen Methodik in der Bundesrepublik Deutschland, in: Eberhard Schmidt-Aßmann/Wolfgang Hoffmann-Riem (Hrsg.), Methoden der Verwaltungsrechtswissenschaft, Baden-Baden 2004, S. 73–129.
302 Fritz Fleiner, Über die Umbildung zivilrechtlicher Institute durch das öffentliche Recht, Tübingen 1906, S. 8.

C. Wissensbearbeitung: Rechtswissen als „Second-order knowledge"

Der Wunsch nach Eindeutigkeit und Bestimmtheit von normativen Aussagen scheint nicht nur in der menschlichen Natur tief verwurzelt zu sein, sondern hat auch mit dem *Steuerungscharakter* von Recht und Religion zu tun[303]; *Rechtssicherheit* ist unbestritten eine „idée directrice" des Rechts[304] und *Glaubensgewissheit* ist ein unverzichtbares Band jeder Glaubensgemeinschaft. Es ist diese Gemeinsamkeit, die offenbar Nils Jansen bewogen hat, trotz der von ihm betonten Wesensverschiedenheit von Rechtswissenschaft und Theologie die Erwartung von Eindeutigkeit und epistemischer Bestimmtheit als verbindendes Element beider Disziplinen zu identifizieren:

> „Freilich verbindet Jurisprudenz und Theologie über die Verwendung des Wortes »Dogmatik« hinaus noch anderes, das mit den Begriffen von »Dogma« und »Dogmatik« auch jeweils in einem engen Konnotationszusammenhang steht, nämlich die Erwartung von Eindeutigkeit und epistemischer Bestimmtheit. Verbindlichkeit, so meinen viele Menschen, setzt die Möglichkeit von Gewissheit voraus. Im Recht geht es deshalb vor allem anderen ganz formal um Rechtssicherheit, im Christentum um einen Glauben in Wahrheit. Dies bildet den Grund dafür, dass Juden und insbesondere Christen ihren individuellen Glauben von jeher in öffentlichen, häufig kollektiven Glaubensbekenntnissen bekennen und sich damit ihres gemeinsamen Glaubenswissens vergewissern. Bereits im 2. Jahrhundert galten solche Bekenntnisse unter Christen als »Kanon der Wahrheit«. Und die europäischen Juristen haben – im common law nicht anders als auf dem Kontinent – gerade zu solchen Zeiten an dem Ideal festgehalten, dass das Recht auf jede Rechtsfrage eine richtige Antwort biete, als dieser Anspruch in der Rechtswirklichkeit kaum einzulösen war."[305]

Solche Erwartungen – so fährt Jansen fort – „die heute nicht zuletzt von der dogmatischen Rechtswissenschaft bzw. von der theologischen Dogma-

---

303 Zu den sich daraus ergebenden Anforderungen an die Klarheit und Bestimmtheit von Gesetzen siehe Gunnar Folke Schuppert, Politische Kultur, Baden-Baden 2008, Zweites Kapitel „Rule of Law als Grundelement politischer Kultur", S. 683–745.
304 Andreas von Arnaud, Rechtssicherheit. Perspektivische Annäherungen an eine idée directrice des Rechts, Tübingen 2006.
305 Nils Jansen, Methoden, Institutionen, Texte. Zur diskursiven Funktion und medialen Präsenz dogmatisierender Ordnungsvorstellungen und Deutungsmuster in Recht und Religion, in: Zeitschrift der Savigny-Stiftung für Rechtsgeschichte 128 (2011), S. 1/2.

tik befriedigt werden, bilden dabei offenbar ein *spezifisches Kennzeichen westlicher Vorstellungen von Normativität*".[306] Andernorts gelte die enge Verknüpfung von Normativität und Bestimmtheit nämlich nicht, wie insbesondere das Beispiel des Islam anschaulich belege.

Ich bin nicht sicher, ob dieser Verweis auf den Islam wirklich sticht. Denn Thomas Bauer hat zwar einerseits in überzeugender Weise die von ihm so genannte normative *Ambiguitätstoleranz* des Islam herausgearbeitet, aber anderseits auch betont, dass dieses Charakteristikum des klassischen Islam immer mehr in Bedrängnis gerate, da die Eindeutigkeitserwartungen der westlichen Moderne sich immer mehr durchsetzten:

„Die klassische Ausprägung des islamischen Rechts funktioniert aber nur in Gesellschaften mit einer hohen Ambiguitätstoleranz. Diese Voraussetzung ist jedoch in der islamischen Welt immer weniger gegeben. Während man dort einst (im Großen und Ganzen bis ins 19. Jahrhundert) Vieldeutigkeit schätzte und sie lediglich auf ein handhabbares Maß reduzieren, nicht aber ausmerzen wollte, ist man in der westlichen Moderne bestrebt, Ambiguitäten so weit wie möglich zu beseitigen. Die klassische islamische Form der »Ambiguitätszähmung« wurde in der Moderne abgelöst durch den Versuch einer radikalen »Ambiguitätsvernichtung«. Lediglich in Kunst und Literatur hat man der Ambiguität ein Reservat eingerichtet, in dem sie sich austoben kann, ohne weiteren Schaden anzurichten.

Die Existenz von vier sunnitischen Rechtsschulen wurde als Bereicherung empfunden, und dass es innerhalb jeder Rechtsschule eine Vielzahl verschiedener Meinungen nebeneinander gab, wurde nicht als Problem, sondern als Chance zur Profilierung angesehen. Noch der an und für sich äußerst rechthaberische Universalgelehrte as-Suyūtī (1445–1505) verfasste einen Traktat darüber, dass die Meinungsverschiedenheit unter den Gelehrten eine Gnade Gottes für seine Gemeinde sei. Heute ist von einer solchen Begeisterung für die traditionelle Meinungspluralität wenig zu spüren. Schon im späten 19. Jahrhundert gab es Versuche, das islamische Recht – ganz wider seine Natur – zu kodifizieren. *Moderne Staaten verlangen nach klaren Regeln*, und viele Muslime (sowohl »liberale« als auch fundamentalistische) wür-

---

[306] Nils Jansen, Dogmatisierungsprozesse in Recht und Religion, in: Georg Essen/Nils Jansen (Hrsg.), Dogmatisierungsprozesse in Recht und Religion, Tübingen 2011, S. 3.

C. Wissensbearbeitung: Rechtswissen als „Second-order knowledge"

den heute den Gedanken ablehnen, dass zwei scheinbar widersprüchliche Aussagen gleichzeitig wahr und richtig sein können."[307]

Mag auch – so kann man an dieser Stelle kurz bilanzieren – „die westliche Moderne" nach Eindeutigkeit und epistemischer Bestimmtheit verlangen und damit zur Verarmung einer pluralistischen Rechtskultur beitragen, so gibt es doch sowohl gewichtige theologische wie normtheoretische Gründe, die dafür sorgen dürften, dass die skizzierten Eindeutigkeitswünsche nur sehr begrenzt in Erfüllung gehen.

Wie jeder, der eine rechtswissenschaftliche Ausbildung durchlaufen hat, eigentlich wissen sollte, ist das mit der Eindeutigkeit von Texten so eine Sache und ist der Interpretationsbedürftigkeit jeder sprachlich gefassten Aussage schlechterdings nicht zu entkommen; Nils Jansen hat diesen Sachverhalt mit beeindruckender Klarheit wie folgt formuliert:

„Seit Menschen Gesetze und Offenbarungstexte geschrieben haben, sehen sie sich mit der Erfahrung konfrontiert, dass solche Texte gerade nicht die Eindeutigkeit und Sicherheiten zu garantieren vermögen, um derentwillen sie doch verfasst werden. Texte rufen nach einer Interpretation; gerade normative Texte irritieren durch den »Skandal«, dass sie den Streit um das Recht bzw. den rechten Glauben nicht beenden, sondern an die Stelle der alten Fragen den neuen Streit um den Sinn des Referenztextes treten lassen. Die autoritativen Texte des Rechts und der Religion vermögen epistemische Bestimmtheit erst vor dem Hintergrund einer anerkannten exegetischen Methode und eines allgemeinen theologischen bzw. rechtlichen Wissens über die grundlegenden Begriffe und Deutungsmuster zu gewinnen, das bei der Lektüre solcher Texte vorausgesetzt wird. Man muss wissen, was eine »Gesamtschuld« oder ein »Vertrag« ist, wenn man entsprechende Gesetze verstehen will; und in ganz ähnlicher Weise trägt man unweigerlich erlernte theologisch-begriffliche Vorstellungen von »Offenbarung«, »Trinität« und »Gott« an die Texte der Heiligen Schrift heran. Zwar bildet auch die Etablierung autoritativer Texte häufig ein Element von Dogmatisierungsprozessen. Es ist aber niemals gelungen, das normative Wissen einer Religion oder eines Rechtssystems in einem Referenztext zusammenzufassen oder der dynamischen Interpretation in theologischen bzw. juristischen Diskursen zu entziehen. Normative Eindeutigkeit lässt sich nur gewährleisten, wenn die Teilnehmer an solchen Diskur-

---

307 Thomas Bauer, Normative Ambiguitätstoleranz im Islam, in: Nils Jansen/Peter Oestmann (Hrsg.), Gewohnheit, Gebot, Gesetz, Tübingen 2011, S. 176/177

sen bestimmte Grundbegriffe, Deutungsmuster und Ordnungsvorstellungen – gerade auch hinsichtlich der Standards normativer Argumentation – *als verbindliches Wissen anerkennen*. Dogmatisierungsprozesse sind historische Prozesse, in denen sich solche Ordnungsvorstellungen und Deutungsmuster herausbilden – bzw. als solche etabliert werden – und sich dann als professionell tradiertes Wissen verfestigen."[308]

Aber es gibt auch theologische Gründe, die die Wünschbarkeit überzogener Eindeutigkeitserwartung in Frage stellen; dies gilt jedenfalls für die protestantische Theologie, für die Nils Jansen Folgendes ausgeführt hat:[309]

„In eine ähnliche Richtung geht die etwas abstraktere Frage, ob eine solche Verknüpfung von Normativität und Bestimmtheit überhaupt sinnvoll und wünschenswert ist: ob sie den Zugang zur Wahrheit eröffnet oder verstellt; und ob die damit verbundenen Rationalisierungsgewinne die Verluste an normativer Komplexität, vernünftiger Kritik und individueller (insbesondere Glaubens-)Freiheit ausgleichen. Dies ist eine Frage, die den protestantischen Diskus der letzten 300 Jahre prägt und hier immer wieder neue Antworten gefunden hat. Mit der »Krise des Schriftprinzips« schienen der protestantischen Theologie nämlich ihre ursprünglichen identitätsstiftenden positiven Referenztexte abhanden zu kommen. Vor allem Friedrich Schleiermacher hatte die (christliche) Religion deshalb folgerichtig als eine zwar kulturelle verstetigte, aber doch wesentlich *dynamische Kommunikation* begriffen und damit die Diskussion bis ins 20. Jahrhundert hinein geprägt. Zeitinvariante letzte Wahrheiten konnte es jetzt nicht mehr geben; die »genuin-protestantische Umformung des christlichen Glaubens« stellt sich als eine »vor nichts halt machende Transformation« dar.[310] Auch die Reformation war deshalb nicht mehr als Anfangs- und Impulsgestalt eines unabgeschlossenen Umgestaltungsprozesses; selbst die dogmatischen Entscheidungen der alten Kirche und ökumenischen Konzile durften nicht als letztes Wort gelten. *Protestantische Dogmatik ist damit nur als prinzipiell unabgeschlossener Prozess denkbar,* der von der Spannung von tradierter, positiver Lehre und individueller Überzeugung

---

308 Jansen, Fußnote305, S. 6.
309 Jansen, Fußnote 306, S. 4.
310 Michael Moxter, Lehre zwischen Positivität und Freiheit. Protestantische Theologie im neunzehnten Jahrhundert, in: Georg Essen/Nils Jansen (Hrsg.), Dogmatisierungsprozesse in Recht und Religion, Tübingen 2011, S. 248.

und Kritik lebt. Ihr gesellschaftlicher Ort ist nicht ein institutionalisiertes Lehramt, sondern der öffentliche theologische Diskurs."[311]

Dem ist außer Zustimmung nichts hinzuzufügen.

3. Kanon- und Dogmenbildung als Prozess

Wenn im Folgenden über Kanon- und Dogmenbildung als Prozess gesprochen wird, so soll dabei so vorgegangen werden, dass die *Kanonbildung zunächst und vor allem im Bereich der Religion* abgehandelt wird – denn dort ist der Kanonbegriff eigentlich zu Hause – und die bisher etwas vernachlässigte *Rechtswissenschaft* dann gefragt wird, was man im *Bereich des Rechts* unter *Dogmatisierungsprozessen* zu verstehen hat.

Die erste Frage, die uns beschäftigen soll, ist die, wie es eigentlich bestimmten literarischen Texten gelingt, zu *kanonischen Texten* zu avancieren und insbesondere, wer darüber bestimmt, ob und wie dieses *„Upgrading"* stattfindet. Warum diese Fragen naheliegende Fragen sind, zeigen die folgenden Einleitungssätze einer an der Freien Universität Berlin abgeschlossenen Dissertation über „Politische Legitimität und zerfallende Staatlichkeit", deren erste Sätze wie folgt lauten:[312] „Am Anfang des neuzeitlichen politischen Denkens steht das Problem der Anarchie, oder genauer gesagt, das Problem ihrer Überwindung. *Drei kanonische Texte der politischen Philosophie*, Hobbes' Leviathan, Lockes Zweite Abhandlung und Kants Rechtslehre bedienen sich jeweils der Kontrastfolie eines anarchischen Naturzustandes, um ihre Theorien politischer Legitimität zu entfalten und die Bedingungen anzugeben, unter denen Herrschaftsverhältnisse gerechtfertigt sind."

Warum – so fragt man sich trotz des Einverständnisses mit dem Ergebnis – gelten diese Texte als kanonische Texte und welche Instanz hat sie dazu gemacht? Bedarf es dazu eines Beschlusses der „Aademie Française" oder ist ihr kanonischer Rang das Ergebnis komplexer und langwieriger Rezeptionsvorgänge?

---

311 Ebenda, S. 248.
312 Cord Schmelzle, Politische Legitimität und zerfallende Staatlichkeit, Frankfurt am Main/New York 2015.

a) Wie wird ein Text ein kanonischer Text? – Selbstdurchsetzung oder autoritative Entscheidung?

Diese von Adolf Martin Ritter[313] so gestellte Frage, soll in zwei Schritten beantwortet werden. Beginnen werde ich mit einem Ausflug in die von Jan und Aleida Assmann souverän verwaltete Welt des kulturellen Gedächtnisses, in der Kanonbildung als ein wichtiger Stützpfeiler fungiert.

– *Identitätssicherndes Gruppenwissen in schriftlosen Gesellschaften*
Die Beschreibung dieser *Frühform der Kanonisierung* durch Jan Assmann gefällt mir deswegen so besonders gut, weil in ihr der *Gruppenbezug* eine wichtige Rolle spielt und die *Gewährleistung der Gruppenkohärenz* besonders herausgestellt wird – ein aus der Governance-Perspektive wichtiger Gesichtspunkt; bei Assmann lesen wir dazu Folgendes:

„Ohne die Möglichkeit schriftlicher Speicherung hat das *identitätssichernde Wissen der Gruppe* keinen anderen Ort als das menschliche Gedächtnis. Drei Funktionen müssen erfüllt sein, um seine einheitsstiftenden und handlungsorientierenden – normativen und formativen – Impulse zur Geltung bringen zu können: Speicherung, Abrufung, Mitteilung, oder: poetische Form, rituelle Inszenierung und kollektive Partizipation. [...] Worauf es mir hier vor allem ankommt, ist der dritte Punkt: die Partizipationsform. Wie gewinnt die Gruppe Anteil am kulturellen Gedächtnis, dessen Pflege ja auch auf dieser Stufe bereits Sache einzelner Spezialisten (Barden, Schamanen, Griots) ist? Die Antwort lautet: durch Zusammenkunft und persönliche Anwesenheit. Anders als durch Dabeisein ist in schriftlosen Kulturen am kulturellen Gedächtnis kein Anteil zu gewinnen. Für solche Zusammenkünfte müssen Anlässe geschaffen werden: die Feste. Feste und Riten sorgen im Regelmaß ihrer Wiederkehr für die Vermittlung und Weitergabe des identitätssichernden Wissens und damit *für die Reproduktion der kulturellen Identität. Rituelle Wiederholung sichert die Kohärenz der Gruppe in Raum und Zeit.*"[314]

---

313 Adolf Martin Ritter, Die Entstehung des neutestamentlichen Kanons: Selbstdurchsetzung oder autoritative Entscheidung?, in: AleidaAssmann/Jan Assmann (Hrsg.), Kanon und Zensur. Beiträge zur Archäologie der literarischen Kommunikation II, München 1987, S. 93–99.
314 Jan Assmann, Religion und kulturelles Gedächtnis, 3. Aufl. München 2007, S. 54/55.

C. Wissensbearbeitung: Rechtswissen als „Second-order knowledge"

Es geht also um das *identitiätssichernde Wissen* der Gruppe und die Beteiligung der Gruppe bei der Reproduktion ihrer kulturellen Identität, ein Befund, auf den gleich noch unter dem Stichwort *„Glaubensgemeinschaften als Rezeptionsgemeinschaften"* zurückzukommen sein wird.

– *Kodifikation: der „Traditionsstrom" in frühen Schriftkulturen*
In Schriftkulturen ändert sich das Medium, in dem das identitätssichernde Wissen aufbewahrt und weitergegeben wird; neben die zeremonielle Kommunikation treten schriftliche Texte, von denen aber nur manche *zu Klassikertexten heranreifen*, und zwar durch besonders häufigen Gebrauch in der jeweiligen Rezeptionsgemeinschaft:

> „Allmählich wächst aber, neben den Gebrauchstexten der Alltagskommunikation, ein Vorrat von Texten normativen und formativen Anspruchs, die nicht als Vertextung mündlicher Überlieferung, sondern aus dem Geist der Schrift heraus entstehen. Diese Literatur bildet, nach dem glücklichen Ausdruck von Leo Oppenheim, den »Strom der Tradition«, *der die zum Wiedergebrauch bestimmten Texte aufnimmt.* Dieser Traditionsstrom ist ein lebendiger Fluß: Er verlagert sein Bett und führt bald mehr, bald weniger Wasser. Texte geraten in Vergessenheit, andere kommen hinzu, sie werden erweitert, abgekürzt, umgeschrieben, anthologisiert in wechselnden Zusammenstellungen. Allmählich prägen sich Strukturen von Zentrum und Peripherie heraus. *Gewisse Texte erringen aufgrund besonderer Bedeutsamkeit zentralen Rang, werden öfter als andere kopiert und zitiert und schließlich als eine Art Klassiker zum Inbegriff normativer und formativer Werte.* Bei dieser Entwicklung spielt die Schreiberschule eine zentrale Rolle."[315]

– *Kanonisierung und Interpretation*
Der entscheidende dritte Schritt besteht in der – wie Assmann es formuliert – *„kanonisierenden Stillstellung des Traditionsstroms"*, wobei allerdings unerklärt bleibt, was und wer diese Stillstellung bewirkt, den Strom also daran hindert, erneut seinen Lauf zu ändern oder gar zu versiegen. Jan Assmann geht es in dieser gleich zu zitierenden Passage um etwas anderes, nämlich um den kanonischen Text als *„Ausgangspunkt von Auslegungskulturen"*: kanonisierte Texte bedürfen der Auslegung, eine besondere Gruppe in der Gruppe übernimmt diese Aufgabe und gewinnt dadurch eine be-

---

315 Ebenda, S. 55/56.

sondere *institutionelle und epistemische Autorität;* bei Assmann heißt es dazu wie folgt:

„Den entscheidenden Umschlag von ritueller zu textueller Kohärenz bringt nicht schon die Schrift, sondern erst die kanonisierende Stillstellung des Traditionsstroms. Nicht schon der heilige, sondern *erst der kanonische Text erfordert die Deutung und wird so zum Ausgangspunkt von Auslegungskulturen.* Wie C. Colpe[316] gezeigt hat, gibt es nur zwei voneinander unabhängige Kanonbildungen in der Geschichte der Menschheit: die hebräische Bibel und den buddhistischen Tripithaka. Alle anderen Kanonbildungen, im Westen die alexandrinische Kanonisierung der griechischen „Klassiker", die christliche Bibel und der Qoran, im Osten der Jaina-Kanon und die Kanonisierungen konfuzianischer und daoistischer Schriften, hängen von diesen Initialzündungen ab. Im Umkreis aller dieser Kanonisierungsprozesse entsteht sogleich eine *reiche Auslegungsliteratur, die alsbald ihrerseits kanonisiert wird*. So organisiert sich das kulturelle Gedächtnis einerseits in Kanones erster, zweiter und unter Umständen sogar dritter Ordnung, andererseits in Primär- und Sekundärliteratur, Texte und Kommentare. Der wichtigste Schritt in der Kanonbildung ist *der Akt der Schließung*. Er zieht die beiden entscheidenden Grenzen zwischen dem Kanonischen und dem Apokryphen und zwischen dem Primären und dem Sekundären. Kanonische Texte sind nicht fortschreibbar: Das macht den entscheidenden Unterschied gegenüber dem »Traditionsstrom« aus."[317]

– *Kanonisierungsprozeß als Prozeß sozialer Differenzierung*
Unter dieser, bei Jan Assmann nicht als vierte Stufe des Kanonisierungsprozesses ausgeflaggten, sondern von mir zur Überschrift erhobenen Formulierung geht es um eine *spannende Wende* in der Betrachtung des Kanonisierungsprozesses: ist der *Status der Kanonizität* erst einmal gewiss, verlagert sich der Problemschwerpunkt *vom Text zur Textinterpretation*, genauer gesagt zu den Textinterpreten. Wenn sich dies aber so verhält und *die Kaste der Textinterpreten stets eine besondere Gruppe innerhalb der jeweiligen, als Rezeptionsgemeinschaft fungierenden Gruppe darstellt*, dann sind Kanonisierungsprozesse zugleich immer auch Prozesse der sozialen Differenzierung;

---

316 Carsten Colpe, Sakralisierung von Texten und Filiationen von Kanones, in: Aleida Assmann/ Jan Assmann (Hrsg.), Kanon und Zensur. Beiträge zur Archäologie der literarischen Kommunikation II, München 1987, S 80–92.
317 Assmann, Fußnote 314, S. 56/57.

C. Wissensbearbeitung: Rechtswissen als „Second-order knowledge"

dies klar erkannt und benannt zu haben, ist das Verdienst von Jan Assmann, der dazu folgendes ausgeführt hat:

„So entstehen überall im Umkreis kanonisierter Überlieferung Institutionen der Interpretation und damit eine neue Klasse intellektueller Eliten: der israelitische Sofer, der jüdische Rabbi, der hellenistische Philologos, der islamische Scheich und Mulla, der indische Brahmane, die buddhistischen, konfuzianischen und daoistischen Weisen und Gelehrten. Das entscheidende Kennzeichen dieser neuen Träger des kulturellen Gedächtnisses ist ihr geistiges Führertum, ihre (relative) Unabhängigkeit gegenüber den Institutionen politischer und wirtschaftlicher Macht. Nur von der Position solcher Unabhängigkeit aus können sie die normativen und formativen Ansprüche vertreten, die der Kanon stellt. *Sie teilen und verkörpern die Autorität des Kanons* und der in ihm offenbarten Wahrheit. In den frühen Schriftkulturen waren die Träger und Pfleger des »Traditionsstroms« zugleich Verwaltungsbeamte und abhängige Befehlsempfänger (und Befehlsgeber) der politischen Organisation. Hier gab es keinen Ort innerhalb der Tradition, keinen archimedischen Punkt, von dem aus dieser Organisation mit dem Anspruch normativer und formativer Umgestaltung entgegengetreten werden könnte. *Der Kanonisierungsprozeß ist daher zugleich ein Prozeß sozialer Differenzierung*: der Ausdifferenzierung einer gegenüber den politischen, administrativen, wirtschaftlichen, juristischen und sogar religiösen Autoritäten eigenständigen Position. Das Geschäft dieser Position ist, mit Hölderlin zu reden, die Pflege des »vesten Buchstabs«. Die Pflege des vesten Buchstabs besteht in *Deutung oder Sinnpflege*. Weil der Buchstabe fest ist und kein Jota geändert werden darf, weil aber andererseits die Welt des Menschen fortwährendem Wandel unterworfen ist, besteht eine Distanz zwischen festgestelltem Text und wandelbarer Wirklichkeit, die nur durch Deutung zu überbrücken ist. *So wird die Deutung zum zentralen Prinzip kultureller Kohärenz und Identität.* Die normativen und formativen Impulse des kulturellen Gedächtnisses können nur durch unausgesetzte, immer erneuerte Textauslegung der identitätsfundierenden Überlieferung abgewonnen werden. Deutung wird zum Gestus der Erinnerung, der Interpret zum Erinnerer, zum Anmahner einer vergessenen Wahrheit."[318]

Diese Passage scheint uns die ideale Überleitung zu unserem nachfolgenden Blick auf die Kanonbildung durch das Bundesverfassungsgericht.

---

318 Ebenda, S. 58/59.

b) Kanonbildung durch das Bundesverfassungsgericht – von der Deutungsmacht zur Kanonisierungsinstanz

Über die Bedeutung des Bundesverfassungsgerichts und seine Deutungsmacht[319] ist schon viel geschrieben worden. Das muss an dieser Stelle nicht wiederholt werden. Worum es hier geht, ist der Versuch, das nach wie vor im Rampenlicht stehende Gericht aus einer anderen Perspektive als sonst zu betrachten, nämlich aus der *Perspektive der Kanonbildung* und zu fragen, ob auch hier der „canonical approach"[320] hilfreich sein könnte; dazu einige kurze Anmerkungen:

aa) Das Grundgesetz als Wertordnung
– *Das Lüth-Urteil – eine Entscheidung von wahrhaft kanonischem Rang*
Als das Bundesverfassungsgericht sein 50jähriges Bestehen feierte, und zwar dem Anlass angemessen im Badischen Staatstheater in Karlsruhe, stellte der Festredner Gerhard Caspar – langjähriger Dean der Chicago Law School – die rhetorische Frage, welche der Entscheidungen des BVerfG er auf eine einsame Insel als Lektüre mitnehmen würde. Seine Wahl fiel – wenig überraschend – auf das Lüth-Urteil, mit dem es die folgende Bewandtnis hat:

Der Hamburger Senatsdirektor Lüth verfolgte seit langem mit kritischem Blick, wie es dem Regisseur Veit Harlan, der im Dritten Reich u. a. Propagandafilme wie den Streifen „Jud Süß" gedreht hatte, gelang, auch in der jungen Bundesrepublik wieder Karriere zu machen. Er rief daher zu einem Boykott der Filme Veit Harlans auf und wurde dafür auf Unterlassung und Schadensersatz verklagt. Bei einer rein zivilrechtlichen Betrachtungsweise lag mit dem Boykottaufruf in der Tat eine nach § 826 BGB unzulässige vorsätzliche sittenwidrige Schädigung vor, woran die edlen Absichten des Senatsdirektors nichts zu ändern vermocht hätten. Das Bundesverfassungsgericht aber wollte den Fall anders beurteilt wissen, musste aber zur Begründung dessen das Kunststück fertigbringen, in nachvollziehbarer Weise zu erklären, warum das Verfassungsrecht – hier: das Grund-

---

319 Siehe dazu André Brodocz, Die souveränen Deuter. Symbolische Voraussetzungen – institutionelle Rahmenbedingungen – praktische Auswirkungen, in: Hans Vorländer (Hrsg.), Die Deutungsmacht der Verfassungsgerichtsbarkeit, Wiesbaden 2006, S. 95–120.
320 Zum „canonical approach" siehe James A. Sanders, Canon and Community. A Guide to Canonical Criticism, Philadelphia 1984.

C. Wissensbearbeitung: Rechtswissen als „Second-order knowledge"

recht der Meinungsfreiheit – in der Lage sein sollte, in das dogmatisch ausgearbeitete Terrain des Zivilrechts „auszustrahlen" und sogar in seiner konkreten Anwendung zu modifizieren; das Gericht hat dieses Kunststück vollbracht und dies ging so:

> „Ohne Zweifel sind die Grundrechte in erster Linie dazu bestimmt, die Freiheitssphäre des Einzelnen vor Eingriffen der öffentlichen Gewalt zu sichern; sie sind Abwehrrechte des Bürgers gegen den Staat. Das ergibt sich aus der geistesgeschichtlichen Entwicklung der Grundrechtsidee wie aus den geschichtlichen Vorgängen, die zur Aufnahme von Grundrechten in die Verfassungen der einzelnen Staaten geführt haben. Diesen Sinn haben auch die Grundrechte des Grundgesetzes, das mit der Voranstellung des Grundrechtsabschnittes den Vorrang des Menschen und seiner Würde gegenüber der Macht des Staates betonen wollte. Dem entspricht es, daß der Gesetzgeber den besonderen Rechtsbehelf zur Wahrung dieser Rechte, die Verfassungsbeschwerde, nur gegen Akte der öffentlichen Gewalt gewährt hat. Ebenso richtig ist aber, daß das Grundgesetz, das keine wertneutrale Ordnung sein will, in seinem Grundrechtsabschnitt auch eine *objektive Wertordnung* aufgerichtet hat und daß gerade hierin eine prinzipielle Verstärkung der Geltungskraft der Grundrechte zum Ausdruck kommt. Dieses Wertsystem, das seinen Mittelpunkt in der innerhalb der sozialen Gemeinschaft sich frei entfaltenden menschlichen Persönlichkeit und ihrer Würde findet, muß als *verfassungsrechtliche Grundentscheidung für alle Bereiche des Rechts* gelten; Gesetzgebung, Verwaltung und Rechtsprechung empfangen von ihm Richtlinien und Impulse."[321]

Mit dieser Erhöhung des Grundgesetzes zu einer Wertordnung hat das Bundesverfassungsgericht dem Grundrechtsteil der Verfassung kanonischen Rang verliehen, der – funktional nicht anders als im Bereich der Religion – den „Verfassungsgläubigen" – eine Formulierung, die Josef Isensee gefallen könnte – die Richtung weist und ihnen vorgibt, an was sie zu glauben haben. Aber auch wenn man die Parallele zum Bereich der Religion nicht bemüht, hat *das Lüth-Urteil weitreichende, einer Kanonbildung vergleichbare Folgen ausgelöst*; angestoßen wurde mit ihm ein Prozess, den man als *Konstitutionalisierung der Rechtsordnung* bezeichnen kann, ein die

---

321 BVerfGE 7, 198, 205 – Lüth.

Rechtskultur der Bundesrepublik prägender Prozess, über den Christian Bumke und ich an anderer Stelle ausführlich berichtet haben.[322]

– *Die Konstitutionalisierung der Rechtsordnung vor dem Hintergrund eines kanonisierungskompatiblen Verfassungsverständnisses*
Das Lüth-Urteil und der von ihm ausgelöste Konstitutionalisierungsprozess wären vor dem Hintergrund eines Verfassungsverständnisses, das die Grundrechte vor allem als Abwehrrechte versteht, nicht möglich gewesen. Es bedurfte also eines kanonisierungsfreundlichen Verständnisses der Funktion einer Verfassung, ein Befund, der förmlich dazu einlädt, noch einmal ganz kurz die verschiedenen Verfassungsfunktionen Revue passieren zu lassen:[323]

Der amtierende Präsident des Bundesverfassungsgerichts – Andreas Voßkuhle – hat in einem 1994 publizierten Beitrag über „Verfassungsstil und Verfassungsfunktion" insgesamt die folgenden sieben Verfassungsfunktionen identifiziert:
– Bildung und Erhaltung staatlicher Einheit
– Ordnungs- und Organisationsfunktion
– Stabilisierungsfunktion
– Leitbildfunktion
– Kontroll- und Rationalisierungsfunktion
– Schutzfunktion.

Uns interessiert die *Leitbildfunktion*, die Voßkuhle im Anschluß an die *Stabilisierungsfunktion* behandelt, die gerade im materiellen Bereich nach elastischen, sprachlich offenen Formulierungen verlange, um häufige Anpassungen des Verfassungstextes an die sich wandelnde Lebenswirklichkeit im Wege der Grundgesetzänderung zu verhindern, ein Befund, der in gleicher Weise für die Leitbildfunktion gelte:

„Gleiches gilt für die Leitbildfunktion der Verfassung, die insbesondere in Staatszielbestimmungen, Strukturprinzipien, aber auch in den

---

322 Gunnar Folke Schuppert/Christian Bumke, Die Konstitutionalisierung der Rechtsordnung. Überlegungen zum Verhältnis von verfassungsrechtlicher Ausstrahlungswirkung und Eigenständigkeit des „einfachen" Rechts, Baden-Baden 2000.
323 Zu Verfassungstypen und Verfassungsfunktionen siehe den Überblick bei Gunnar Folke Schuppert, Rigidität und Flexibilität von Verfassungsrecht. Überlegungen zur Steuerungsfunktion von Verfassungsrecht in normalen wie in „schwierigen Zeiten", in: Archiv des öffentlichen Rechts (AöR)120 (1995), S. 32–99.

C. Wissensbearbeitung: Rechtswissen als „Second-order knowledge"

Grundrechten als Elemente objektiver Ordnung zum Ausdruck kommt. Sollen in einer pluralistischen, schnelllebigen Welt, in der Werte regelmäßig umstritten sind, materiell-bindende Richtlinien staatliches Handeln durchwirken und in die Zukunft hinein Orientierung bieten, müssen sie ein breites, variables Spektrum unterschiedlicher Konkretisierungsmöglichkeiten zulassen und auch im Einzelfall richtungsgebundene Assoziations- und Initialkräfte freisetzen können. Leitbilder sind deshalb aber keineswegs beliebig. Beispielsweise gebietet das Sozialstaatsprinzip schon von seinem Wortlaut her die Abkehr vom bürgerlich-liberalen Rechtsstaat als rechtsbewahrendem Staat, der die bestehende Güterverteilung sicherte, hin zu einem sozial gestaltenden, sozial verantwortlichen Staat. Auch wenn die Konturen dieser sozialen Gestaltung äußerst unklar sind, so wird der Blick doch in eine ganz bestimmte Richtung gelenkt. Wollte man dagegen gewisse soziale Leistungen in der Verfassung konkret festschreiben, wäre im Zweifel nicht nur die Konsensfunktion der Verfassung gefährdet, der Vorbehalt des – zeitabhängig – Möglichen würde eine solche Regelung zudem zu den schönen, leeren Worten degradieren, die den Tod jeder lebendigen Verfassung bedeuten. Wiederum bedingt – so paradox es klingen mag – ein Weniger an sprachlicher Dichte und juristischer Eindeutigkeit ein Mehr an Normativität."[324]

Der Leser wird mit mir den Eindruck haben, dass diese Passage genauso gut in einem Aufsatz „Das Grundgesetz als Kanon" gepasst hätte; aber vielleicht besteht ja Gelegenheit, einen solchen Aufsatz – aus wessen Feder auch immer – bei passendem Anlass nachzuholen.

c) Von der Leitbild- zur Maßstabsfunktion – das Bundesverfassungsgericht als maßstabsetzende Gewalt

Der *Begriff der maßstabsetzenden Gewalt*, den ich für das Verständnis der Rolle und der Rechtsprechung des Bundesverfassungsgerichts als äußerst hilfreich empfinde, findet sich in einem lesenswerten, aus Anlass des 60jährigen Geburtstages des Gerichts publizierten Beitrag von Oliver Lepsius[325]; in diesem Aufsatz erläutert er den Begriff in zwei Schritten:

---

324 Andreas Voßkuhle, Verfassungsstil und Verfassungsfunktion, in: Archiv des öffentlichen Rechts (AöR) 119 (1994), S. 37ff.
325 Oliver Lepsius, Die maßstabsetzende Gewalt, in: Matthias Jestaedt/Oliver Lepsius/ Christoph Möllers/Christoph Schönberger, Das entgrenzte Gericht. Eine kri-

Zweites Kapitel: Eine Reise in die Welt des Wissens

– *Sonderstatus durch Methode*
Ausgangspunkt der Überlegungen von Lepsius ist die Frage, wie es das BVerfG geschafft hat, über das Instrument der Verfassungsauslegung eine so prominente politische und gesellschaftliche Rolle spielen zu können.

> „Aus der Kompetenz, Fälle zu entscheiden, folgt keine generell-abstrakte Kompetenz zur Verfassungsauslegung als solcher oder zur inhaltlichen Rahmensetzung oder gar zum Räsonnement über Werte oder Staatsaufgaben. Verfassungsauslegung ist lediglich ein Mittel, um einen konkreten Rechtsstreit am Maßstab des Grundgesetzes zu entscheiden. Verfassungsauslegung hat eine dienende Funktion für die Sachentscheidung; sie ist kein Selbstzweck. Wie aber kann das Bundesverfassungsgericht über das Instrument der Verfassungsauslegung eine solch weite politische und gesellschaftliche Funktion ausfüllen, wenn seine Kompetenzen doch nur die eines Gerichts sind, das Fälle entscheidet?"[326]

Die Antwort, die Lepsius für sich gefunden hat, ist ebenso klar wie einfach und lautet „Sonderstatus durch Methode": Das Gericht hat sich durch die spezifische Art und Weise, wie es seine rechtsprechenden Aufgaben erfüllt, einen Sonderstatus geschaffen. Gewiss, es zählt zur rechtsprechenden Gewalt, denn es entscheidet schließlich Rechtsstreite. Funktional wichtiger allerdings wurde etwas anderes. Das Bundesverfassungsgericht hat sich nicht als rechtsprechende Gewalt verstanden, sondern als eine neue Gewalt selbst erfunden: als „maßstabsetzende Gewalt". Die maßstabsetzende Gewalt geht über die rechtsprechende hinaus, weil die verfassungsrechtlichen und politischen Wirkungen der Karlsruher Entscheidungen die Bindungswirkung ihrer Tenorierungen überschreiten.[327]

– *Aufteilung der Entscheidungsbegründung in Maßstäbe- und Subsumtionsteile*
Das Bundesverfassungsgericht bediente sich – so argumentiert Lepsius weiter – einer spezifischen Entscheidungs- und Begründungstechnik, die sich im Lauf der Jahre herausgebildet hat und heute nahezu standardisiert verwendet wird. Es teilt die Begründung in aller Regel in zwei Blöcke auf: Im ersten Block werden allgemein gehaltene Aussagen zur Auslegung der Ver-

---

tische Bilanz nach sechzig Jahren Bundesverfassungsgericht, Berlin 2011, S. 159–280.
326 Ebenda, S. 167.
327 Ebenda, S. 167/168.

C. Wissensbearbeitung: Rechtswissen als „Second-order knowledge"

fassung getroffen. In Stil und Duktus unterscheiden sich diese Aussagen nicht von einem Lehrbuch.[328] Um dies zu veranschaulichen, präsentiert Lepsius ein Beispiel für diesen Lehrbuchstil „pour" – wie er sich gewandt ausdrückt – „prendre le temps": dafür hat er die Wunsiedel-Entscheidung ausgewählt, in der es wie folgt heißt:

> „Art. 5 Abs. I Satz I GG gewährleistet jedermann das Recht, seine Meinung frei zu äußern und zu verbreiten. Meinungen sind durch die subjektive Beziehung des Einzelnen zum Inhalt seiner Aussage geprägt (vgl. BVerfGE 7, 198 [210]). Für sie ist das Element der Stellungnahme und des Dafürhaltens kennzeichnend (vgl. BVerfGE 7, 198 [210]; 61, I [8]; 90, 241 [247]). Insofern lassen sie sich auch nicht als wahr oder unwahr erweisen. Sie genießen den Schutz des Grundrechts, ohne dass es darauf ankommt, ob die Äußerung begründet oder grundlos, emotional oder rational ist, als wertvoll oder wertlos, gefährlich oder harmlos eingeschätzt wird (vgl. BVerfGE 90, 241 [247]). Die Bürger sind dabei rechtlich auch nicht gehalten, die der Verfassung zugrunde liegenden Wertsetzungen persönlich zu teilen. Das Grundgesetz baut zwar auf der Erwartung auf, dass die Bürger die allgemeinen Werte der Verfassung akzeptieren und verwirklichen, erzwingt die Werteloyalität aber nicht. [...] Geschützt sind damit von Art. 5 Abs. I GG auch Meinungen, die auf eine grundlegende Änderung der politischen Ordnung zielen, unabhängig davon, ob und wie weit sie im Rahmen der grundgesetzlichen Ordnung durchsetzbar sind. Das Grundgesetz vertraut auf die Kraft der freien Auseinandersetzung als wirksamste Waffe auch gegen die Verbreitung totalitärer und menschenverachtender Ideologien. Dementsprechend fällt selbst die Verbreitung nationalsozialistischen Gedankenguts als radikale Infragestellung der geltenden Ordnung nicht von vornherein aus dem Schutzbereich des Art. 5 Abs. I GG heraus. Den hierin begründeten Gefahren entgegenzutreten, weist die freiheitliche Ordnung des Grundgesetzes primär bürgerschaftlichem Engagement im freien politischen Diskurs sowie der staatlichen Aufklärung und Erziehung an den Schulen gemäß Art. 7 GG zu."[329]

---

328 Ebenda, S. 168/169.
329 BVerfGE 124, 300, 320 f – Wunsiedel.

Zweites Kapitel: Eine Reise in die Welt des Wissens

Nach dieser Kostprobe der verfassungsgerichtlichen Begründungstechnik kommentiert Oliver Lepsius wie folgt:

„Mit solchen allgemein gehaltenen Worten legt das Gericht den Maßstab dar, den es dem Fall zugrunde legen will. Auf die Pflege und Darlegung des Maßstabs verwendet das Gericht oft viel Mühe. Der Leser darf davon ausgehen, dass die hier getroffenen Aussagen sorgsam formuliert und im Senat genau abgestimmt wurden. Hier werden die materiellrechtlichen Weichen gestellt – nicht nur für die Entscheidung des vorliegenden Falles, sondern auch für das Verständnis und die Fortbildung des Verfassungsrechts über den Fall hinaus. Diese Aussagen zeichnen sich dadurch aus, dass sie keinerlei Fallbezug aufweisen, sondern ihre Stimmigkeit nur aus dem generell-abstrakten Bezug zu den einschlägigen Normen des Grundgesetzes beziehen. Dieser »Maßstäbeteil« wird in der Entscheidungsbegründung auch formell abgegrenzt. Meistens trägt er die Gliederungsziffer »C.I.«: Er steht zu Beginn der Begründetheit, die in aller Regel mit dem Gliederungsbuchstaben »C« bezeichnet wird (weil typischerweise unter »A« der Streitgegenstand und die Verfahrensgeschichte, unter »B« die Zulässigkeit des Verfassungsprozesses behandelt werden).
Davon deutlich abgesetzt, vom Gericht meist als »C. II.« gegliedert, folgt die Anwendung des Maßstabs auf den zu entscheidenden Sachverhalt. Erst in diesem zweiten Abschnitt, dem »Subsumtionsteil«, fließt der spezifische Fallbezug in die Begründung ein. Die zuvor generell-abstrakt vorgenommene Maßstabsbildung wird nun auf den Sachverhalt angewendet, den das Gericht zu entscheiden hat. Regelmäßig leitet das Gericht diesen subsumierenden Teil mit Formulierungen ein wie »Diesen Maßstäben wird die angegriffene Vorschrift nicht gerecht« oder »Das geltende Recht genügt den dargestellten verfassungsrechtlichen Vorgaben nicht«. Jetzt erst liest man die für den konkreten Fall entscheidungserheblichen Überlegungen. Natürlich befolgt das Gericht diese Begründungstechnik nicht immer, inzwischen aber doch in aller Regel, und zwar unabhängig davon, welche Verfahrensart der Entscheidung zugrunde liegt (Verfassungsbeschwerde, Normenkontrolle, Organstreit) oder wo der materielle Schwerpunkt des Rechtsstreits liegt. Man kann von einer mittlerweile standardisierten Begründungstechnik sprechen."[330]

---

[330] Lepsius, Fußnote 325, S. 169/170/171.

Ich finde dies alles sehr scharfäugig beobachtet, aber nicht nur das; vielmehr hat man auch hier wieder das Gefühl, an einem *Prozess der Kanonisierung des Grundrechtsteils des Grundgesetzes* teilzunehmen, wobei die Sorge mitschwingt, das Gericht könnte durch diese Art des Vorgehens seinen eigenen Entscheidungsspielraum beschränken und sich vor dem staunenden Publikum gewissermaßen selbst und eigenhändig fesseln.

4. Dogma, Dogmatik, Dogmatisierung – Einblicke in das Arsenal der (deutschen) Jurisprudenz

a) Einige notwendige Begriffsklärungen

– *Dogma*
Obwohl schon von Dogmenbildung die Rede war und wir daher eigentlich bereits wissen, was ein Dogma im theologischen Sinne ist, erscheint es uns doch nützlich zu sein, einen Blick auf die Verwendung des Dogma-Begriffs in der Rechtswissenschaft zu werfen, denn in der Jurisprudenz geht es nicht um Aussagen mit unumstößlichem Wahrheitsanspruch, sondern um zur Bewältigung des Rechtsstoffes nützliche *autoritative normative Aussagen*, auf die man sich im Laufe von gleich näher zu schildernden Dogmatisierungsprozessen verständigt hat.

Aber befragen wir einfach eine ausgewiesene Expertin, um uns die Verwendung des Dogma-Begriffs in der Jurisprudenz erklären zu lassen; bei Susanne Lepsius finden wir zum Begriff des Dogmas die folgenden, uns hilfreich erscheinenden Erläuterungen:

> „Ein Dogma [...] ist eine anwendungsorientierte normative Aussage für ein bestimmtes juristisches Sachproblem. Aufgrund seiner Anwendungsorientierung ist das Dogma auf ein kleinteiligeres Problem bezogen und damit grundsätzlich anschaulicher als ein Prinzip. Aufgabe der Dogmatik ist, jene Dogmen methodisch zu entfalten und nach Sachrichtigkeitskriterien auf ein Ganzes hin zu ordnen. *Die Aussage des Dogmas hat grundsätzlich autoritativen Charakter für die weitere Ausarbeitung des Begriffs.* Das Dogma ist hinzuzunehmen und kann, jedenfalls auf der Ebene des geltenden Rechts, nicht hinterfragt werden. Unklar ist, wie die Verletzung des Dogmas sanktioniert wird, weshalb Dogmen oder dogmatische Sätze in der Gegenwart »trotz ihres normativen Gehalts einen beschreibenden Sinn« aufweisen.
> Beispiele für Dogmen – oder wer das allzu »dogmatisch-autoritär« klingende Fremdwort vermeiden will: für »Lehren« – im Sprachge-

brauch heutiger deutscher Juristen sind etwa: »Die Übereignung erfolgt abstrakt«, »Vorrang der Leistungskondiktion vor der Nicht-Leistungs/(Eingriffs-)kondiktion« oder aus dem Gebiet des öffentlichen Rechts: »kein Rechtsschutz ohne subjektives Recht und Klagebefugnis«."[331]

– *Dogmatik*
Was den Begriff und die Funktionen von Rechtsdogmatik angeht, so sollen zwei Referenzautoren zu Worte kommen. Eine wirklich geglückte Definition des Begriffs der Rechtsdogmatik findet sich in Christian Bumkes „Rechtsdogmatik"[332]; sie lautet wie folgt:

„Die Rechtsdogmatik lässt sich als eine Disziplin beschreiben, die das positive Recht durchdringen und ordnen will, um die rechtliche Arbeit anzuleiten, und jene Fragen zu beantworten sucht, die die Rechtspraxis aufwirft. Sie bemüht sich darum, die Vorstellungen und Einsichten über das Recht zu sichten und zu sichern, indem sie Begriffe formt, Unterscheidungen einführt, Figuren oder Prinzipien erarbeitet und den Stoff ordnet. Sie hinterfragt die bestehenden Vorstellungen oder Entscheidungen der Praxis, greift Neuerungen auf und prüft den daraus resultierenden Veränderungsbedarf, zeichnet nach und vor. Auf diese Weise hält sie ein *Wissensreservoir für die Praxis* vor, trägt zur Erlernbarkeit der praktischen Rechtsarbeit bei und leistet einen Beitrag zur Rationalisierung und damit auch zur Legitimierung des Rechts."[333]

Überzeugend ist es auch, wenn Bumke als die Hauptfunktionen der ein Herzstück der Rechtsdogmatik bildenden verwaltungsrechtlichen *Handlungs- und Rechtsformenlehre* die folgenden vier identifiziert hat:

„Ihr werden gemeinhin vier Funktionen zugesprochen: Sie soll *Wissen speichern*, von Begründungen entlasten, Orientierung bieten und den Rechtsstoff ordnen. Mit der *Speicherfunktion* ist gemeint, dass mit Hilfe der Rechtsdogmatik das auf vielfältige Weise innerhalb der Rechtsordnung produzierte, *normative und praktische Wissen* mit Hilfe von Begriffen, Unterscheidungen, Figuren, Prinzipien oder Theorien und ihrer

---

331 Susanne Lepsius, Auflösung und Neubildung von Doktrinen nach der Glosse. Die Dogmatik im Mittelalter, in: Georg Essen/Nils Jansen (Hrsg.), Dogmatisierungsprozesse in Recht und Religion, Tübingen 2011, S. 60.
332 Christian Bumke, Rechtsdogmatik, Tübingen 2017.
333 Ebenda, S. 1/2.

Zusammenfassung in einem geordneten Lehrgebäude gespeichert, und *normatives Wissen*, für die Rechtsakteure leicht abrufbar, vorgehalten wird. Daran knüpft die *Entlastungsfunktion* an. In ihr drückt sich der Umstand aus, dass die Rechtsdogmatik dem mit dem Recht Arbeitenden einen Bestand an anerkannten Begriffen, Figuren, Prinzipien, Ordnungsvorstellungen und Vorgehensweisen für die konkrete Rechtsarbeit an die Hand gibt, der grundsätzlich unhinterfragt im Rahmen der rechtlichen Würdigung benutzt werden kann. In der *Ordnungsfunktion* spiegelt sich das Grundbemühen der Rechtsdogmatik wider, den Rechtsstoff zu durchdringen und zu ordnen, um ihn auf diese Weise für die Rechtspraxis handhabbar zu machen. Nicht nur die dabei entwickelten übergreifenden Ordnungsvorstellungen bieten den im Recht Arbeitenden Orientierung. Vielmehr befördert die möglichst rationale und kohärente Aufarbeitung des Rechtsstoffs auch eine gleichmäßige und vorhersehbare Rechtsanwendung (*Orientierungsfunktion*)."[334]

Ergänzend soll aus rechtshistorischer Perspektive noch einmal Susanne Lepsius zu Wort kommen; ihre Erläuterung des Begriffs der Rechtsdogmatik fällt ebenfalls durchaus lehrreich und weiterführend aus, weil in ihr ebenfalls die verschiedenen Funktionen von Dogmatik angesprochen werden und darüber hinaus die Frage, wer eigentlich der Akteur in den Dogmatisierungsprozessen ist, eine Frage, auf die gleich noch einmal zurückzukommen sein wird:

„Allgemein versteht man in Deutschland heute unter Dogmatik die Methode von der Anwendung des geltenden Rechts. Als solcher ist der Begriff im Deutschland des 19. Jahrhunderts entstanden. Er ist vor allem geprägt vom spezifischen Rechtswissenschaftsverständnis der Historischen Rechtsschule in ihrer besonderen Spielart der sog. Begriffsjurisprudenz. Neue Zeitschriften nahmen den Begriff »Dogmatik« programmatisch in ihrem Titel auf. Mit ihm sollte die innere Sachlogik der geltenden Rechtssätze aufgezeigt werden, und vor allem ein Beitrag zur Systembildung geleistet werden. *Neben diese Systembildungs- oder Stabilisierungsfunktion trat eine Abschichtungs- und Immunisierungsfunktion.* Durch die wissenschaftliche Methode sollte das Recht auch gegen als „sachfremd" definierte Einflüsse immunisiert werden, die vor allem aus gesellschaftspolitischen Veränderungen drohten. Rechtspolitische Absichten, die insbesondere durch die Gesetzgebung ver-

---

[334] Ebenda, S. 53.

folgt wurden, galten so von Anfang an, gerade auch im Licht des Programms der historischen Rechtsschule, als unerwünschte Eingriffe „von außen". Die Dogmatik war und ist somit positiv besetzt. Dabei bleibt gerade in Deutschland unklar, wer der Akteur in der Dogmatik ist. Betreibt allein die Rechtswissenschaft Dogmatik oder zählt auch die Rechtsprechung, vor allem die höchstrichterliche, dazu? Die Frage läßt sich für Deutschland nicht eindeutig beantworten. Jedenfalls tragen »herrschende Lehre« und die umfassendere, auch die höchstrichterliche Rechtsprechung einschließende »herrschende Meinung« dazu bei, das dogmatische Begriffsarsenal des deutschen Juristen zu bezeichnen. Im Kontrast zu beiden betreibt die (rechtpolitische) Gesetzgebung keine Dogmatik und bildet auch keine Dogmen, bestenfalls überführt sie bereits gebildete Dogmen in geschriebenes, positives Recht."[335]

– *Dogmatisierung*
Was schließlich den Begriff der Dogmatisierung angeht, so finden wir ihn ganz hervorragend erklärt in dem Beitrag von Andreas Thier über „Dogmatik und Hierarchie: Die Vernunftrechtslehre", in dem die Funktion von Dogmatisierungsprozessen zutreffend darin gesehen wird, dass sich in diesen Prozessen Ordnungsvorstellungen und *Deutungsmuster mit Verbindlichkeitsanspruch* herauskristallisieren.

„Unter »Dogmatisierung« wird dabei hier ein Vorgang verstanden, in dessen Verlauf Ordnungsvorstellungen und Deutungsmuster einzelner Wissensbereiche im Diskurs der Beteiligten *Anspruch auf Verbindlichkeit erheben*. Solche Verbindlichkeitsansprüche finden ihren medialen Ausdruck etwa in der Entstehung und Gestalt einer eigenen Terminologie oder bestimmter Textsorten (Lehrbücher, Kommentare, Zeitschriften, Texte hoheitlicher oder kirchlicher Autoritäten). Dogmatisierungen können aber auch Veränderungen im Ordnungsgefüge von Diskursen bewirken. Denn regelmäßig entstehen in der Konsequenz von Dogmatisierungen Netzwerke, die vor allem die Form akademischer Schulen annehmen werden, die sich aber auch in der durch die Übereinstimmung in bestimmten Deutungskonzepten begründeten Verknüpfung von Funktionsträgern jenseits des universitär-akademischen Raums finden. Es sind solche Phänomene, die dazu beitragen, dass der *Autoritätsanspruch von Ordnungsvorstellungen und Deutungsmus-*

---

[335] Lepsius, Fußnote 331, S. 56/57.

C. Wissensbearbeitung: Rechtswissen als „Second-order knowledge"

tern bis hin zur Verdrängung und Unterdrückung anderer Konzeptionen und Interpretationen reichen kann. Das hängt nicht zuletzt auch davon ab, in welchem Umfang der zur Dogmatisierung führende Diskurs institutionell gebunden ist und wie etwa in der Kirche."[336]

Nachdem wir nunmehr die notwendigen Begriffsklärungen vorgenommen haben, wollen wir uns ein Feld rechtswissenschaftlicher Dogmatisierungsprozesse etwas genauer ansehen.

b) The Making of Legal Authority – drei Varianten rechtlicher Autoritätsbildung

aa) Stabilisierung von juristischem Wissen durch einen normativen Text

Diese von uns bei Susanne Lepsius entlehnte Überschrift lenkt die Aufmerksamkeit auf zwei Fragen: einmal auf die Frage, *welche Art von Texten* – wenn man von dem klaren Fall gesetzlicher Aussagen einmal absieht – eigentlich *als Behältnis für autoritative normative Aussagen* fungieren und – damit untrennbar verbunden – auf die zweite Frage, wer diese Texte produziert, also als Akteur in Dogmatisierungsprozessen gelten darf. Zwei solcher Textarten werden uns von Susanne Lepsius vorgestellt:

– *Das Phänomen der Standardglossierungen*
Zunächst zum Begriff: Im gelehrten Recht des Mittelalters bildeten sich seit dem 13. Jahrhundert auf dem Gebiet des römischen wie auch des kanonischen Rechts eine Glossa ordinaria heraus, d.h. aus der Fülle einzelner Schul- und Lehrmeinungen, die in sog. Glossenapparaten zusammengetragen worden waren.
Die Entstehung und die Wirkungsweise dieser Standardglossierungen erläutert Susanne Lepsius am Beispiel des römischen Rechts wie folgt:

> „Für den Bereich des römischen Rechts zog diese Glossierung eine Stabilisierung des Textes durch die Aufbereitung und Umgestaltung des justinianischen Textes nach sich. Einerseits wurden durch die mittelalterlichen Rechtswissenschaftler Teile der antiken Novellen als neuere Kaisergesetze aufgefasst und in einzelne Abschnitte zerlegt, um sie an

---

336 Andreas Thier, Dogmatik und Hierarchie: Die Vernunftrechtslehre, in: Georg Essen/Nils Jansen (Hrsg.), Dogmatisierungsprozesse in Recht und Religion, Tübingen 2011, S. 220.

der jeweiligen Passage des Codex, auf den sie sich nach der Auffassung der mittelalterlichen Juristen bezogen, anzuordnen. Die griechischen Passagen der Digesten und der Novellen fasste man in lateinischen Auszügen neu oder ließ sie ganz weg. Außerdem wurden nun in der Glosse bestimmte Meinungsstreite älterer mittelalterlicher Juristen abgebildet, andere entschieden oder als Mindermeinung fortgeführt. Die Glossa ordinaria wurde somit zum Behältnis und Medium – meist auf dem dauerhaften Beschreibstoff Pergament – für ältere Ansichten, deren Kenntnis wir häufig allein ihr verdanken. Mit einer Verweisungstechnik wurde die gesamte Textmasse des später sog. Corpus Iuris Civilis erschlossen, zur Benutzung aufbereitet und dabei aufgefundene Widersprüche dank der scholastischen Distinktionstechnik bewältigt. Damit lag dem Unternehmen der Glossierung das Verständnis einer konzeptionellen Einheit zugrunde, die dem antiken Gesetzgeber Justinian so noch ferngelegen hatte. Einem einzigen Bearbeiter verdanken wir diese Standardglossierung zu allen drei großen Teilbereichen des römischen Rechts, die man in der mittelalterlichen Terminologie als Digesten, Codex und Volumen (enthaltend Authenticae, Institutiones und Libri feudorum) bezeichnete: Accursius schloss Mitte des 13. Jahrhunderts seine Glossierung ab, die zunächst in Italien, erst später auch in Südfrankreich, wo man wohl noch länger mit einer eigenen orléaneser Glossa ordinaria gearbeitet hatte, zum Standardtext wurde. Ab diesem Zeitpunkt las und interpretierte man das antike römische Recht immer *aus der Perspektive der Standardglossierung*."[337]

– *Kommentare*
Die zweite bedeutende Textform war die der Kommentare, eine im Unterrichtsbetrieb entstandene Literaturgattung, die sich vom Typ der Glosse wie folgt unterscheiden lässt:

„Nach den Standardglossen entstanden als *neue Literaturgattung*, in der vorrangig dogmatische Fragen diskutiert wurden, seit dem 13. Jahrhundert die sog. Kommentare oder auch apparatus, in denen der Rechtsstoff meist umfangreicher als in den zunächst eher im Wortlaut der Rechtscorpora orientierten Glossen abgehandelt wurde. Die parallel vorkommende Bezeichnung als lectura verdeutlicht noch die Entstehung im Unterrichtsbetrieb. Zum Ausgangspunkt ihrer dogmatischen Überlegungen nahmen alle diese Texte das jeweils zu kommen-

---

[337] Lepsius, Fußnote 331, S. 67/68.

tierende Rechtscorpus sowie die einschlägigen Glossenaussagen. Bei Letzteren setzte sich im Lauf der zweiten Hälfte des 13. Jahrhunderts und des 14. Jahrhunderts die Bologneser Glosse weitgehend durch. Die Glosse wurde daher zum Ausgangspunkt neuer Diskussion, nicht jedoch schloss sie die Debatte ab."[338]

Was nun den standardisierten Aufbau von Kommentaren, ihre Argumentationsweise und ihren Beitrag zur Normbildung angeht, so können wir dazu bei Susanne Lepsius folgendes nachlesen:

„Alle Kommentare folgten bei allen Unterschieden in den juristischen Ergebnissen und Begründungswegen einem *weitgehend standardisierten Aufbau*, wie ihn schon Johannes Bassianus vorgezeichnet hatte: Nach der Aufarbeitung der Fallfrage, also dem Quellenproblem in der jeweils zu kommentierenden Passage samt der Darstellung der Aussagen in der zugehörigen Stelle der Glosse, wurden alle Widersprüche, Gegenargumente und kontrastierenden Aussagen zusammengezogen und eine eigene Lösung entwickelt. Im Folgenden wurden allgemeine Aussagen aus dem so ermittelten Regel-Ausnahmeverhältnis abgeleitet und schließlich die gefundene Regel anhand praktischer oder konstruierter Beispielsfälle erprobt, in denen dann auch gegebenenfalls andere Aussagen in den Statuten, also den iura propria, herangezogen werden konnten. Dabei schienen die Kanonisten eher als die Zivilisten bereit zu sein, einer Regel die Funktion einer Norm beizumessen. Zunehmend rückte dabei die Reflexion in den Mittelpunkt der dogmatischen Überlegungen, welches der bei der Auslegung des jeweiligen Normtextes zu berücksichtigende Zweck (ratio) sei. Bei ihren Argumentationen zogen die Juristen nun verstärkt die Lehre von den vier causae des Aristoteles, ins Mittelalter durch Boethius vermittelt, heran. So konnte man causae materialis, formalis, sowie efficiens und finalis unterscheiden, konnte sich von unerwünschten, bei formaler Interpretation naheliegenden Folgen des Gesetzwortlautes immunisieren, indem man auch für den Rechtsgrund eines Gesetzes postulierte: »cessante causa, cessat effectus«. Dadurch weitete sich die Variabilität des Argumentationssystems. Es konnte nun auch das, was man heute als public policy-Überlegung bezeichnen würde, einfließen, indem man als generellen Grund für die Beachtung bzw. Nichtbeachtung eines Rechtstextes die »necessitas urgens« (so eher die Kanonisten) bzw. die »utilitas publica« als Korrektive einführte. Die erweiterten Argumenta-

---

[338] Lepsius, Fußnote 331, S. 73.

tionsspielräume führten naturgemäß auch dazu, dass die Lösungen, die die einzelnen Autoren propagierten, stark divergieren konnten. Andere juristische Textgattungen der sogenannten Kommentatorenzeit, beispielsweise Traktate und Konsilien, waren von vornherein als subjektiv geprägte Texte aufgefasst worden, weshalb sie etwa von späteren Juristen seltener zitiert wurden als die klassischen und als Standardtexte wahrgenommenen Kommentare."[339]

Als kleine Zwischenbilanz möchten wir an dieser Stelle festhalten, daß es Susanne Lepsius mit ihren Erläuterungen zu Standardglossierungen und Kommentaren hervorragend gelungen ist, zu zeigen, in welchen Verfahren und von welchen Akteuren nicht nur die *Stabilisierung juristischen Wissens* bewerkstelligt worden ist, sondern auch wie von der Lösung konkreter Rechtsfälle über die Bildung abstrahierender Regeln Normbildungsprozesse entstehen oder – um Nils Jansen zu zitieren – „The Making of Legal Authority"[340] tatsächlich funktioniert.

bb) Zur stabilisierenden Funktion der „communis opinio doctorum" und des „usus fori" oder zu den vermeintlich sicheren Ankerplätzen der Berufung auf die „herrschende Lehre" und eine „ständige Rechtsprechung"

Jeder, der eine juristische Ausbildung durchlaufen hat, kann sich an das Gefühl erinnern, im unübersichtlichen Meer juristischer Argumentation zu versinken, gleichzeitig aber in einer Klausur oder Hausarbeit – also in zugemessener Zeit – eine möglichst abgesicherte Lösung des Falles präsentieren zu müssen. Zwei Ankerplätze scheinen hier Halt und Sicherheit zu versprechen, nämlich einmal die Berufung auf eine „herrschende Lehre" – nachzulesen in den einschlägigen Großkommentaren – oder auf eine „ständige Rechtsprechung" eines letztinstanzlichen Gerichts, etwa des Bundesgerichtshofs oder – noch etwas besser – des Bundesverfassungsgerichts. So zu verfahren, hat man als Jurist schätzen gelernt: da diese Methode zumindest effektiv, wenn nicht gar rational ist, kann es nicht verwundern, dass sie seit der Spätantike ein Erfolgsmodell ist.

---

339 Ebenda, S. 73/74.
340 Nils Jansen, The Making of Legal Authority. Non-legislation Codifications in Historical and Comparative Perspective, Oxford 2010.

C. Wissensbearbeitung: Rechtswissen als „Second-order knowledge"

Dass sich dies so verhält, berichtet uns Filippo Ranieri in seinem lesenswerten Beitrag über „Kasuistik und Regelbildung bei der Rechtsfindung im europäischen Ius Commune des 16. – 17. Jahrhunderts"[341]. Was zunächst den sicheren Hafen der „*communis opinio doctorum*" angeht, so heißt es dazu bei ihm wie folgt:

> „Seit der Schule der Konsiliatoren bildete sich über dem eigentlichen Quellentext und seinen ersten legistischen Glossierungen ein *immer dichter werdendes Netz von Lehrmeinungen*, bei welchen offenbar die rationes und die Zitationen in argumentum im Vordergrund standen und zwar auch vor der unmittelbaren Textauslegung. Zentrale Literaturgattung ist die vor allem seit dem 16. Jahrhundert immer wachsende Menge an Sammlungen von Consilien. Diese scholastische Methode ermöglichte es zwar den Rechtsgelehrten des Ius commune, sich aus der Abhängigkeit vom Wortlaut der römischen Quellenfragmente zu emanzipieren, schaffte allerdings zugleich andere Formen der Selbstbindung. So beginnt man etwa zu derselben Zeit Überlegungen über die Reihenfolge der Autorität der jeweiligen Lehrmeinungen und über deren Zitierfähigkeit anzustellen. Aus der Praxis des consilium sapientis iudiciale bei den norditalienischen Communen und aus den mittelalterlichen Aussagen zum argumentum ab auctoritate entwickelt sich bald die Regel der Bindung an die jeweils vertretene herrschende Lehrmeinung (communis opinio doctorum)."[342]

Eine solche „herrschende Lehre" versprach aber nicht nur Orientierung in einer unübersehbaren Vielzahl von Meinungen, sondern stellte – was Ranieri zu Recht betont – zugleich eine *Form doktrinärer Regelbildung* dar:

> „Die gemeinrechtliche communis opinio ist zutreffenderweise als »fenomeno legalistico endogiurisprudenziale« bezeichnet worden. Sie diente in der Tat der Bereinigung einer wachsenden und, wie auch viele Zeitgenossen anprangerten, unübersichtlichen Vielzahl von Lehrmeinungen. Sie war darin insoweit eine Form von doktrinärer Regelbildung. Eindrucksvolle Bestätigung dieser bereinigenden und konsolidierenden Funktion der communis opinio ist der Rat des berühmten Anwalts und Richters an der römischen Rota Giovanni Baptista de Luca Ende des 17. Jahrhunderts, nicht allzu viele Belege von Lehrmei-

---

341 Filippo Ranieri, Kasuistik Regelbildung bei der Rechtsfindung im europäischen Ius commune des 16.-17. Jahrhunderts, in: Georg Essen/Nils Jansen (Hrsg.), Dogmatisierungsprozesse in Recht und Religion, Tübingen 2011, S. 153–187.
342 Ebenda, S. 165/166.

> nungen in den Anwaltsschriften anzugeben, wenn es sich um »regole ed assiomi, i quali siano oggi notori, ed assoluti« handelt. »Molto detestabile stile« – fügt er hinzu – »si deve dire quello, di fare un gran cumulo di allegazioni sopra si fatte proposizioni già certe, e ricevute«."[343]

Was die Berufung auf eine „ständige Rechtsprechung" angeht, so kommt sie als Argument mit der Herausbildung nationaler Gerichte ins Spiel; welches Gewicht dem *Argument einer bestimmten gerichtlichen Praxis* tatsächlich zukam, ist aber offenbar noch nicht hinreichend erforscht:

> „Mit der Entstehung von nationalen Gerichtshöfen in den kontinentalen Territorien und dem damit zeitlich verbundenen Aufkommen der Literaturgattung von Entscheidungssammlungen entsteht auch das Problem, wie Rechtsregeln aus diesem Fallmaterial gebildet werden können. Es scheint sich dabei, trotz des Grundsatzes von Cod. 7, 45, 13, »non exemplis sed legibus iudicandum est«, eine Theorie der Präjudizienbindung zu entwickeln. Man spricht dabei von einer gemeinrechtlichen Lehre des usus fori oder consuetudo iudicandi bzw. pratica del giudicare, die der communis opinio doctorum derogieren kann. Welche Rolle Präjudizien in der gemeinrechtlichen Argumentationskultur der Rechtspraktiker des 16. bis 18. Jahrhunderts spielen, ist bis heute nur gelegentlich im Einzelnen untersucht worden. Das Römische Gemeine Recht des 16. und 17. Jahrhunderts wird heute noch eher als Professoren- statt als Richterrecht angesehen. Es wirkt hier weiterhin die prägende Selbstbeschreibung der Historischen Rechtsschule nach. Die judizielle Dimension des europäischen Ius commune ist zwar in den letzten Jahrzehnten immer wieder betont worden, es fehlen jedoch noch ausreichend viele einzelne systematische Untersuchungen, um präzise Aussagen zur Präjudizwirkung von Gerichtsentscheidungen auch in der Tradition des Ius commune jener Zeit machen zu können. Für das 16. und 17. Jahrhundert sind die wenigen zugänglichen Befunde noch recht widersprüchlich."[344]

Gleichwohl lasse sich als Ergebnis eine beobachtbare *Funktion einer argumentativen Beweislastverteilung* festhalten:

> „Fasst man die ersten Eindrücke aus diesen Beispielen zusammen, so treten deutliche Parallelen mit der bereits beschriebenen Weise auf, wie Rechtsregeln in der damaligen gemeinrechtlichen Doktrin argu-

---

343 Ebenda, S. 166/167.
344 Ebenda, S. 174/175.

mentativ aufgefunden wurden. Eine zentrale Bedeutung scheint hier dem argumentum a rei iudicio oder a similibus zuzukommen. Die Präjudizien besitzen also eine »argumentative« Autorität. Eine frühere Entscheidung bildet ein Argument, das man nicht leichtfertig übergehen kann. Es handelt sich also, wie zutreffend beobachtet wurde, um »eine Art argumentative Beweislastverteilung«.[345] Darin scheint der Kern der damaligen Lehre der bindenden Autorität des usus fori oder stylus curiae zu liegen."[346]

Inzwischen hat die „ständige Rechtsprechung" der Obergerichte Karriere gemacht: jeder Examenskandidat – der sog. cand. Iur. – ist gut beraten, die wichtigsten und weichenstellenden Entscheidungen der letztinstanzlichen Gerichte zu kennen; das von Ingo Richter und mir als Experiment gedachte „Casebook Verfassungsrecht" (1. Auflage 1988) hat denn auch eine freundliche Aufnahme gefunden, erspart es doch – wie mir berichtet wurde – dem eiligen Anwalt den Gang in die Bibliothek.

cc) Zur Filter- und Stabilisierungsfunktion normativer Diskurse

Abschießen möchten wir den Gliederungspunkt „Dogmatisierungsprozesse im Recht" durch die Einführung einer weiteren wichtigen Instanz, die neben den institutionellen Autoritäten wie den Gerichten oder dem Gesetzgeber sowie den unter den Bedingungen einer zunehmenden Transnationalisierung immer wichtiger werdenden nicht-förmlichen Autorisierungen wie dem UNIDROIT Principles of International Commercial Contracts[347] häufig aus dem Blick gerät: gemeint ist die *Maßgeblichkeit des professionell-juristischen normativen Diskurses*, in der die nicht zu unterschätzende Selbstreferentialität des Rechts ihren Ausdruck findet.

Was es mit diesem normativen Diskurs und seiner Funktion als Filter- wie Anerkennungsinstanz jeglicher rechtlicher Normproduktion auf sich hat, ist unlängst von Nils Jansen in überzeugender Weise herausgearbeitet worden[348]. Ausgangspunkt der Überlegungen Jansens ist der Befund, dass auch die mediale Präsentation oder Inszenierung für die Anerkennung juristischer Argumentationsarten in der „Zunft" von nicht zu unterschätzen-

---

345 Herberger, Dogmatik: zur Geschichte von Begriff und Methode in Medizin und Jurisprudenz, Frankfurt am Main 1981, S. 224.
346 Ranieri, Fußnote 341, S. 175.
347 Näher dazu Jansen, Fußnote 340.
348 Jansen, Fußnote 305, S. 55f.

der Bedeutung ist, ein vielleicht auf den ersten Blick befremdlicher Befund, den er am Beispiel des systematischen Lehrbuchs erläutert: „Man kann [...] durchaus sagen, daß das systematische Lehrbuch dem juristischen Diskurs ein bestimmtes Deutungs- und Ordnungsmuster, nämlich den Systemgedanken in medialer Form aufzwang".

Maßgeblich ist – so der nächste wichtige Schritt der Jansenschen Argumentation – was im Alltagsdiskurs von Juristen als maßgeblich anerkannt ist, was als valides Argument gilt und als Ordnungs- und Deutungsmuster Akzeptanz gefunden hat; dazu heißt es bei Jansen in uns überzeugender Weise wie folgt:

> „Solche Befunde verlieren ihren befremdlichen Charakter, wenn man sich bewusst macht, dass begriffliche, methodische und institutionelle Ordnungsvorstellungen und Deutungsmuster nur dann wirksam werden können, wenn sie im normativen Alltagsdiskurs präsent sind. Denn solche *Ordnungsvorstellungen und Deutungsmuster bilden ein normatives Wissen*, das im normativen Diskurs normalerweise nicht ausdrücklich thematisiert werden kann, weil es die Voraussetzungen normativer Argumentation betrifft und überhaupt erst den Rahmen der jeweiligen Diskurse festlegt: Stets geht es ja auch um die Frage, *was als relevantes und akzeptables Argument gilt* und was als inakzeptabler oder irrelevanter Einwand unabhängig vom Inhalt des Arguments verworfen wird. Wenn es in einer Rechtsordnung wie Deutschland unüblich ist, ausländische Rechtsprechung als autoritativ zu berücksichtigen, nützt es einer Partei normalerweise nichts, solche Rechtsprechung anzuführen. Dabei würden Parteien aber auch nicht mit dem Argument gehört, dass solche Rechtsprechung berücksichtigt werden sollte. Ordnungsvorstellungen und Deutungsmuster sind nämlich nur dann wirksam, wenn die Teilnehmer an einem normativen Diskurs normalerweise ein gleiches Wissen voraussetzen und davon ausgehen dürfen, dass auch ihre Diskurspartner sich einerseits selbst daran ausrichten und andererseits erwarten, dass diese Ordnungsvorstellungen und Deutungsmuster allgemein vorausgesetzt werden. Die Rechtsprechung eines Gerichts wird deshalb nur dann zu einer institutionellen Autorität im juristischen Diskurs, wenn Juristen davon ausgehen, dass andere Juristen diese Rechtsprechung zur Kenntnis nehmen, als autoritativ betrachten und über professionelle Methoden zum Umgang damit verfügen. Grundbegriffe, Methoden, Institutionen und Referenztexte müssen also allgemein bekannt sein und eine weitgehend allgemeine Anerkennung gefunden haben, um als dogmatisierende Ordnungsvorstellungen und Deutungsmuster wirksam zu werden. Das schließt nicht

C. Wissensbearbeitung: Rechtswissen als „Second-order knowledge"

aus, dass solche Methoden, Institutionen und Texte im Einzelfall im Streit stehen und im Diskurs angegriffen werden. Wer solche Kritik äußert, setzt ja eine entsprechende allgemeine Praxis voraus und bestätigt sie damit implizit. Beispielsweise kann man im Rahmen eines Prozesses selbstverständlich die Richtigkeit und damit die Autorität einer einzelnen Gerichtsentscheidung bestreiten. Heutzutage wäre es aber aussichtslos, die Autorität von Präjudizien überhaupt in Frage zu stellen."[349]

Wenn sich dies aber so verhält, dann kommt die *zentrale Bedeutung der juristischen Ausbildung* in den Blick, denn sie ist der Ort, in dem die jeweiligen methodischen Fachstandards vermittelt werden:

„Mit anderen Worten: Begriffliche, methodische und institutionelle Ordnungsvorstellungen und Deutungsmuster werden nur dann zu verbindlichen epistemischen Standards, wenn sie in dem Sinne stabilisiert sind, dass sie normalerweise von Menschen internalisiert werden, dem Einfluss einzelner entzogen sind und in diesem Sinne objektiv gelten. Soweit Normativität professionell verhandelt wird, also eine spezialisierte Ausbildung voraussetzt, muss deshalb der Prägung an Universitäten bzw. anderen Lehranstalten eine entscheidende Bedeutung zukommen. Insbesondere gilt das für die methodischen Aspekte von Dogmatisierungsprozessen: Die jeweiligen methodischen Fachstandards werden in der Ausbildung vermittelt und dann von den meisten Juristen und Theologen in ihrer späteren professionellen Praxis nicht mehr in Zweifel gezogen. Soweit Dogmatisierungsprozesse demgegenüber inhaltlich-begriffliche Aspekte und insbesondere institutionelle oder textliche Autoritäten betreffen, liegt es nahe, auf kultursoziologische Erkenntnisse und Beobachtungen zurückzugreifen und das Augenmerk auf die Sichtbarkeit im Diskurs, also auf die symbolische Präsenz und mediale Inszenierung dogmatisierter Wissensbestände, zu legen."[350]

Hiermit soll unsere Beschäftigung mit den Erscheinungsformen und Problemen der Wissensbearbeitung denn auch abgeschlossen sein.

---

349 Ebenda, S. 56/57.
350 Ebenda, S. 57.

Drittes Kapitel: Bereitstellung einer kognitiven Infrastruktur als Aufgabe der Rechtsordnung einer Wissensgesellschaft

Dass eine Gesellschaft, die eine moderne Wissensgesellschaft sein will, einer *kognitiven Infrastruktur*[351] bedarf, scheint mir offensichtlich zu sein. Eine solche bereitzustellen, wird man von denjenigen Akteuren erwarten dürfen, die dafür eine begründbare Verantwortung tragen, eine Verantwortung, die hier als *Infrastrukturverantwortung* bezeichnet werden soll. Einen großen Teil dieser Verantwortung trägt sicherlich der *Staat der Wissensgesellschaft*, aber nicht nur er allein. Da – wie wir gelernt haben – die Wissensgesellschaft durch eine beträchtliche *Pluralität von Wissensträgern* gekennzeichnet ist, die ihrerseits auf verschiedenste Wissensarten spezialisiert sind, liegt es nahe, die aus der Diskussion über das Leitbild des *Gewährleistungsstaates*[352] bekannte Argumentationsfigur der *Verantwortungsteilung*[353] fruchtbar zu machen und danach zu fragen, wie eine solche Verantwortungsteilung aussehen könnte. Sie könnte einmal aus *kooperativen Arrangements* – davon war schon die Rede – zwischen dem staatlichen Regierungs- und Verwaltungssystem auf der einen Seite und privaten Akteuren wie etwa den großen Kommunikationsunternehmen auf der anderen Seite bestehen, die als „Bereitsteller" der *kommunikativen Infrastruktur* einer Gesellschaft[354] schon als Teil ihrer kognitiven Infrastruktur fungieren. Die Verantwortungsteilung könnte aber auch dergestalt sein, dass private Akteure – vor allem große Technologieunternehmen – von sich aus *neuartige Strukturen der Wissensgenerierung und des Wissensaustausches* etablieren, die als Kooperationsstrukturen funktionieren und damit belegen, dass in einer ausdifferenzierten Wissensgesellschaft die Bereitstellung ihrer kognitiven In-

---

351 Begriff bei Ino Augsberg, Informationsverwaltungsrecht, Tübingen 2014, S. 62, 92 und öfter.
352 Vgl. dazu die Beiträge in: Gunnar Folke Schuppert (Hrsg.), Der Gewährleistungsstaat – ein Leitbild auf dem Prüfstand, Baden-Baden 2005.
353 Vgl. dazu Gunnar Folke Schuppert (Hrsg.), Jenseits von Privatisierung und „schlankem" Staat: Verantwortungsteilung als Schlüsselbegriff eines sich verändernden Verhältnisses von öffentlichem und privatem Sektor, Baden-Baden 1999.
354 Zu dieser Monopolisierung der Infrastruktur siehe Otfried Jarren, Kommunikationspolitik für die Kommunikationsgesellschaft, APuZ 40–41 (2018), S. 23 ff.

frastruktur nur als *Koproduktion von moderner Staatlichkeit* gedacht werden kann.³⁵⁵

Bevor aber nun ein näherer Blick auf die Bausteine der kognitiven Infrastruktur der Wissensgesellschaft geworfen werden soll, einige Bemerkungen zur Bereitstellungsfunktion des Rechts, der einer unserer Lieblingsbegriffe ist.

A. Zur Bereitstellungsfunktion des Rechts

Von der Bereitstellungsfunktion des Rechts habe ich erstmalig in meinem programmatischen Beitrag „Verwaltungsrechtswissenschaft als Steuerungswissenschaft"³⁵⁶ gesprochen und damit die Aufgabe des Verwaltungsrechts und der Verwaltungsrechtswissenschaft auf den Begriff zu bringen versucht, der Verwaltung dasjenige an Rechtsinstituten, Organisationstypen und Handlungsformen zur Verfügung zu stellen, dessen sie für eine zugleich effektive, rechtstaatliche und bürgernahe Aufgabenerfüllung bedarf. Die meinem Vorschlag, von einer Bereitstellungsfunktion des Rechts zu sprechen, zugrundeliegende Perspektive war eine steuerungswissenschaftliche Perspektive, die der Einsicht verpflichtet ist, dass die Steuerung des Verwaltungshandelns eben nicht nur durch normative Vorgaben erfolgt, sondern zu einem wesentlichen Teil durch Organisation und Verfahren.³⁵⁷ Wie mir aber inzwischen durch die Lektüre von Christian Bumkes „Rechtsdogmatik" klar geworden ist, berührt sich mein steuerungswissenschaftlicher Ansatz mit einer der zentralen Aufgaben der Rechtsdogmatik, nämlich der der *Ordnungsbildung*; zu dieser Aufgabe der Ordnungsbildung heißt es bei Bumke wie folgt:

> „Eine Kernaufgabe der Rechtsdogmatik besteht in der Sichtung des Rechtsstoffes, um diesen begrifflich zu durchdringen und am Ende systematisch auszuformen. Die Vorstellung vom Recht als einem ge-

---

355 Siehe dazu Gunnar Folke Schuppert, Von der Ko-Produktion von Staatlichkeit zur Co-Performance von Governance: eine Skizze zu kooperativen Governance-Strukturen von den Condottieri der Renaissance bis zu Public Private Partnerships, in: Sebastian Botzem u.a. (Hrsg.), Governance als Prozess: Koordinationsformen im Wandel, Baden-Baden 2009, S. 285–320.
356 In: Wolfgang Hoffmann-Riem/Eberhard Schmidt-Aßmann/Gunnar Folke Schuppert (Hrsg.), Reform des Allgemeinen Verwaltungsrechts. Grundfragen, Baden-Baden 1993, S. 65–114.
357 Ausführlich dazu Gunnar Folke Schuppert, Verwaltungswissenschaft, Baden-Baden 2000.

Drittes Kapitel: Bereitstellung einer kognitiven Infrastruktur

ordneten Ganzen darf dabei als konstitutiv für die deutsche Rechtsdogmatik angesehen werden. Obwohl sich eine moderne Rechtsordnung angesichts ihrer politischen Formung, internationalen Verflechtungen und Vielgestaltigkeit nicht auf einen einzelnen Grundgedanken zurückführen lässt, ist es doch nicht ausgeschlossen, sie mit Hilfe eines überschaubaren Kreises tragender und inhaltlich prägender Elemente sachlich zu erfassen. Wollte man sie als Ganzes beschreiben, passt wohl am besten das Bild eines Geflechts, das sich aus verschiedenen Materialien und Verbindungen zusammensetzt, unterschiedliche Dichtegrade und verschiedene Verläufe aufweist. Die Vielgestaltigkeit und selbst die mitunter anzutreffende Disparität des Rechtsstoffes stehen der Vorstellung nicht entgegen, dass die deutsche Rechtsordnung mit Hilfe des Grundgesetzes ihre innere Einheit findet und sich zu einer im Großen und Ganzen sinnvollen Gesamtordnung zusammenfügt. Diese innere Ordnung wird vorausgesetzt und bildet zugleich das Ziel rechtsdogmatischen Bemühens. Die begriffliche *Durchdringung des Rechtsstoffs, der Aufbau von Rechtsinstituten und die Entwicklung von rechtsdogmatischen Figuren* sowie schließlich die Systematisierung der erarbeiteten Begriffe, Figuren, *Prinzipien und Institute* sind Teil dieser Ordnungsaufgabe."[358]

Diesen Gedanken der Bereitstellungsfunktion des Rechts habe ich dann wieder aufgegriffen in meinem für das Bundesministerium des Innern angefertigten Gutachten „Grundzüge eines zu entwickelnden Verwaltungskooperationsrechts. Regelungsbedarf und Handlungsoptionen eines Rechtsrahmens für Public Private Partnership"[359]. In diesem Gutachten habe ich die Auffassung vertreten, dass die mit nicht-staatlichen Akteuren verhandelnde und kooperierende Verwaltung für ihre effektive Aufgabenerfüllung und insbesondere zur Stärkung ihrer Position im Verhältnis zu den professionalisierten privaten Akteuren eines verlässlichen Handlungsrahmens im Sinne eines *Verwaltungskooperationsrechts* bedarf , das über die kargen Regelungen im Verwaltungsverfahrensgesetz zur Handlungsform des öffentlich-rechtlichen Vertrages deutlich hinausgeht.

---

[358] Christian Bumke, Rechtsdogmatik, Tübingen 2017, S. 45/46.
[359] Bundesministerium des Innern, Berlin Juni 2001.

B. Kognitive Infrastruktur durch Organisation und Verfahren

Dass die Bereitstellung einer kognitiven Infrastruktur der Wissensgesellschaft vor allem durch organisations- und verfahrensrechtliche Mechanismen erfolgt, zeigt schon ein Blick in das Inhaltsverzeichnis des grundlegenden Werkes von Ino Augsberg „Zur kognitiven Dimension der rechtlichen Steuerung von Verwaltungsentscheidungen"[360]. So differenziert Augsberg etwa im zweiten Kapitel, das von der Wissensproduktion als verwaltungsinterner Wissensgenerierung handelt, zwischen drei Rechtsdimensionen, nämlich
- Materiellrechtlichen Vorgaben
- Wissensproduktion in und durch Verfahren sowie
- Organisationsrechtlichen Erfordernissen.

Und im dritten Kapitel, das dem Thema „Wissenstransfer als Teil der Wissensgenerierung" gewidmet ist, finden sich als Gliederungspunkte
- Prozedurale Ausgestaltungen und
- Organisationsrechtliche Erfordernisse.

Im vierten Kapitel schließlich, das vom „geregelten Umgang mit verwaltungsexterner Expertise" handelt, finden sich die Unterabschnitte
- Verfahrensanforderungen an den Umgang mit externer Expertise
- Organisatorische Vorkehrungen sowie
- Das Zusammenspiel der Dimensionen.

Obwohl die von Ino Augsberg unter den genannten Gliederungspunkten präsentierten Überlegungen alle sehr kenntnisreich sind und mich auch weitgehend überzeugen, möchte ich davon absehen, sie hier zustimmend zu referieren; vielmehr möchte ich einen eigenen Ansatz verfolgen, der auf meinen verwaltungswissenschaftlichen Einsichten zu Organisation und Verfahren als Steuerungsebenen des Verwaltungshandelns beruhen.

I. Kognitive Infrastruktur durch Organisation

Wenn im Folgenden von der Bereitstellung einer kognitiven Infrastruktur durch Organisation die Rede sein soll, erscheint es hilfreich, sich zunächst die grundlegenden Funktionen von Verwaltungsorganisation und Verwaltungsorganisationsrecht vor Augen zu führen:

---

360 Augsberg, Fußnote 351.

Drittes Kapitel: Bereitstellung einer kognitiven Infrastruktur

1. Drei zentrale Funktionen von Verwaltungsorganisation und Verwaltungsorganisationsrecht[361]

a) Die Konstituierungsfunktion

Zutreffend hat Ernst-Hasso Ritter darauf hingewiesen, dass der moderne Staat als entscheidungs- und handlungsfähiges Subjekt nur nach Maßgabe des ihn konstituierenden Organisationsrechts existiert.[362] Der „arbeitende Staat" Lorenz von Steins[363] ist ein organisatorisch verfasster Staat, der die ihm gestellten Aufgaben in einer vom Organisationsvorbild der katholischen Kirche inspirierten Ämterordnung[364] erfüllt, deren bekannteste Ausprägung der Typus der bürokratischen Staatsorganisation im Sinne Max Webers darstellt.[365] Insofern kann man – wie zuletzt das Beispiel der Konstituierung der neuen Bundesländer als Staatsgebilde gezeigt hat – von einer funktionsfähigen Verwaltungsorganisation als einer notwendigen Voraussetzung staatlicher Handlungs- und Regierungsfähigkeit sprechen.[366] Alle Verwaltungsaktivitäten werden – wie Ritter zutreffend geltend macht – über Organisationsnormen vermittelt: „Organisationsvorschriften legen Verantwortlichkeiten und Einstandspflichten fest; Organisationsregeln schaffen den Zugang für die gesellschaftlichen Interessen zum staatlichen Bereich; Organisationsregeln sichern Abstimmung und Koordination in einer arbeitsteiligen Welt zwischen Staat und gesellschaftlichen Kräften."[367]

---

361 Zu diesem Gliederungspunkt übernehme ich entsprechend meine Darlegungen „Verwaltungsorganisation und Verwaltungsorganisationsrecht als Steuerungsfaktoren" in: Wolfgang Hoffmann-Riem/Eberhard Schmidt-Aßmann/Andreas Voßkuhle (Hrsg.), Grundlagen des Verwaltungsrechts, Bd. I, München 2006, S. 998 ff.
362 Ernst-Hasso Ritter, Organisationswandel durch Expertifizierung und Privatisierung im Ordnungs- und Planungsrecht, in: Wolfgang Hoffmann-Riem/Eberhard Schmidt-Aßmann (Hrsg.), Verwaltungsorganisationsrecht als Steuerungsressource, Baden-Baden 1997, S. 207–348.
363 Lorenz v. Stein, Handbuch der Verwaltungslehre, 3. Aufl. Tübingen 1888, S. 22–27.
364 Zur Vorreiterrolle der Kirche siehe Wim Blockmans, Geschichte der Macht in Europa. Völker, Staaten, Märkte, Frankfurt am Main 1997, S. 105 ff.
365 Arthur Benz, Der moderne Staat. Grundlage der politologischen Analyse, München 2001, S. 129 ff.
366 Vgl. dazu Gunnar Folke Schuppert, Regierung und Verwaltung, in: HdbVerfR, S. 1499 ff., 1503 f.,
367 Ritter, Fußnote 362, S. 207.

Das Verwaltungsorganisationsrecht hat die Funktion [...] das Handlungs- und Entscheidungssystem der Verwaltung zu strukturieren, also – wie Bernd Becker es formuliert hat – die *Strukturdimensionen der Verwaltung*[368] auszuformen: das Verwaltungsorganisationsrecht trifft keine Anordnungen, sondern macht Anordnungen möglich, es trifft selbst keine Entscheidungen, aber verteilt Entscheidungsbefugnisse, es betrifft – um es knapp auf den Punkt zu bringen – *die strukturellen Voraussetzungen des Verwaltens.*[369]

Genau diese strukturellen Voraussetzungen des Verwaltens sind gemeint, wenn von der kognitiven Infrastruktur der Wissensgesellschaft die Rede ist.

b) Die Steuerungsfunktion

Das Recht – so formuliert es Thomas Groß – ist nicht Medium der Konstitution einer Organisation, vielmehr nimmt es „durch eine bestimmte Strukturierung der Organisation"[370] zugleich Einfluss auf das Handeln der Organisationsangehörigen: „Das Organisationsrecht ermöglicht also nicht nur die Aufgabenerfüllung, sondern lenkt sie gleichzeitig in eine bestimmte Richtung."[371] Damit übereinstimmend heißt es in dem Beitrag von Matthias Schmidt-Preuß über „Steuerung durch Organisation" ebenso kurz wie bündig wie folgt: „Die von Fritz Scharpf pointiert gestellte Frage »Does Organization matter?« ist uneingeschränkt und nachhaltig mit »Ja« zu beantworten."[372] Ganz offensichtlich macht es etwas aus und kommt es darauf an, ob und wie organisiert wird, „sei es durch die Neuordnung von Zuständigkeiten"[373], sei es durch die Umstrukturierung der Bundesanstalt

---

368 Bernd Becker, Öffentliche Verwaltung. Lehrbuch für Wissenschaft und Praxis, Percha 1989, S. 529 ff.
369 Eberhard Schmidt-Aßmann, Effizienz als Herausforderung an das Verwaltungsrecht – einleitende Problemskizze, in: Hoffmann-Riem/derselbe (Hrsg.), Effizienz als Herausforderung an das Verwaltungsorganisationsrecht, Baden-Baden 1998, S. 9 ff., 20.
370 Thomas Groß, Das Kollegialprinzip der Verwaltungsorganisation, Tübingen 1999, S. 19.
371 Ebenda, S. 19.
372 Matthias Schmidt-Preuß, Steuerung durch Organisation, DÖV 2001, S. 45.
373 Siehe dazu die instruktiven Beispiele bei Norbert Wimmer, Dynamische Verwaltungslehre. Ein Handbuch der Verwaltungsreform, Wien 2004, S. 142 ff.: „Die Kunst der sachgerechten Kompetenzverteilung".

Drittes Kapitel: Bereitstellung einer kognitiven Infrastruktur

für Arbeit in eine Bundesagentur für Arbeit[374], um damit zugleich ein gewandeltes Aufgabenverständnis zu kommunizieren. Auch der Rechtsprechung des BVerfG – insbesondere dem so genannten Hochschulurteil[375] wie den zahlreichen Rundfunkurteilen[376] – liegt die mehr oder weniger unausgesprochene Prämisse zugrunde, dass Organisationsentscheidungen Steuerungswirkungen entfalten.

c) Die demokratische Funktion

Organisationstheorie und Organisationsrecht sind mehr als höhere Bürokunde und mehr als nur technische Instrumente zur Realisierung einer effizienten Verwaltung[377], sie sind – wie Roman Loeser es so plastisch ausgedrückt hat – Transmissionsriemen zur Verwirklichung grundgesetzlicher Werte und Strukturen.[378] Dies gilt insbesondere für die Transmissionsleistung der Verwaltungsorganisation für das *Demokratieprinzip*. Zu Recht konstatiert daher Thomas Groß, dass die Bedeutung der Verwaltungsorganisation für die Verwirklichung des Demokratieprinzips in den letzten Jahren mehr und mehr in das Zentrum der Aufmerksamkeit gerückt sei, ein Befund, den er wie folgt begründet: „Die Herrschaft des Volkes greift ins Leere, wenn ihr kein Verwaltungsapparat zur Verfügung steht, der in einer Weise aufgebaut ist, dass er die ihm zugewiesenen Aufgaben wirksam erfüllen kann. Eine empirisch informierte Beschreibung der Organisationsstrukturen der Verwaltung ist folglich auch Voraussetzung, um ihre Funktion innerhalb der Verfassungsordnung angemessen bestimmen zu können."[379]

---

374 Siehe dazu Marian Döhler, Vom Amt zur Agentur? Organisationsvielfalt, Anpassungsdruck und Wandlungsprozesse im Deutschen Verwaltungsmodell, in: Werner Jann (Hrsg.), Agencies in Westeuropa, (i.E.).
375 BVerfGE 35, 79 ff. – Hochschulurteil (Anforderungen an die Binnenorganisation von wissenschaftlichen Hochschulen).
376 Siehe dazu die Nachweise bei Ingo Richter/Gunnar Folke Schuppert/Christian Bumke, Casebook Verfassungsrecht, 4. Aufl. München 2001, S. 137 ff.
377 Vgl. dazu die abgewogene Darstellung bei Christoph Reichard, Von Max Weber zum „New Public Management" – Verwaltungsmanagement im 20. Jahrhundert, in: Peter Halblützel u.a. (Hrsg.), Umbruch in Politik und Verwaltung, Bern 1995, S. 57 ff.
378 Roman Loeser, System des Verwaltungsrechts, Bd. II, Baden-Baden 1994, § 10 Rdnr. 10 ff; vgl. dazu auch Gunnar Folke Schuppert, Verfassungsrecht und Verwaltungsorganisation, in: Der Staat Bd. 32 (1993), S. 581–610.
379 Groß, Fußnote 370, S. 24.

Aber nicht nur das: Die Staatsstrukturbestimmung der Demokratie strahlt nicht nur auf die Verwaltungsorganisation aus, sie hat sich in der Rechtsprechung des BVerfG – insbesondere zur Mitbestimmung im öffentlichen Dienst[380] – geradezu zu einer Determinante der Verwaltungsorganisation entwickelt, die bestimmte Organisationsstrukturen für demokratisch geboten, andere hingegen für mit dem Demokratieprinzip inkompatibel erklärt. Zum Beleg für diese Tendenz mag auf einen 2004 erschienenen Beitrag über „Verwaltung durch unabhängige Einrichtungen" verwiesen werden, in dessen Zusammenhang es lakonisch wie folgt heißt: „Unter der Verfassungsordnung des deutschen Grundgesetzes gebietet das Demokratiegebot grundsätzlich die Weisungsgebundenheit der vollziehenden Gewalt gegenüber der Regierung. Diesem Gebot korrespondiert spiegelbildlich ein Verbot weisungsfreier Räume."[381] Ob diese eindimensionale Argumentation der Weisheit letzter Schluss ist, kann mit Fug bezweifelt werden. An dieser Stelle bleibt festzuhalten, dass im Bereich der öffentlichen Verwaltung Organisationsstrukturen zugleich *Legitimationsstrukturen* sind und deshalb über Fragen der Verwaltungsorganisation nicht sinnvoll gesprochen werden kann, ohne die Funktion von Verwaltungsorganisation und Verwaltungsorganisationsrecht als Transmissionsriemen für verfassungsrechtliche Werte und Vorgaben im Hinterkopf zu haben.

Dieser demokratietheoretische Aspekt sollte m.E. nicht übersehen werden, weil trotz aller Begeisterung für die positive Grundbotschaft einer Wissensgesellschaft ihre Schwachpunkte nicht ausgeblendet werden sollten. Einer dieser sensiblen Punkte ist die Gefahr einer Spaltung der Gesellschaft in eine Wissenselite auf der einen Seite und einer großen Zahl der Unwissenden auf der anderen Seite. Pierre Rosanvallon hat daher in seinem jüngsten Buch über „Die gute Regierung"[382] eine „Lesbarkeit der Politik" gefordert und in diesem Zusammenhang ein *„Recht auf Wissen"* für jedermann postuliert.[383] Und Franziska Dübgen hat in einem spannenden Vortrag auf einer Konferenz über „Social Egalitarianism"[384] über das Phänomen einer „Epistemic Injustice as Structural Disadvantage" gesprochen.

---

380 BVerfGE 93, 37 – Personalvertretung.
381 Thomas Mayen, Verwaltung durch unabhängige Einrichtungen, DÖV 2004, S. 45 ff.
382 Hamburg 2016.
383 Ebenda, S. 216 f.
384 Am 13./14.1.2017 am Max-Weber-Kolleg der Universität Erfurt.

2. Kognitive Infrastruktur durch Organisation „at work"

Wenn man die organisatorische und organisationsrechtliche Architektur der kognitiven Infrastruktur der Wissensgesellschaft inspizieren will, kann man sich einmal den internen Strukturen der Verwaltungsorganisation und ihrem Organisationsrecht zuwenden. Dies ist der Ansatz von Winfried Kluth, der sich mit der „Strukturierung von Wissensgenerierung durch das Verwaltungsorganisationsrecht" beschäftigt hat.[385] Zwei Dinge haben es ihm besonders angetan, nämlich einmal der Ressortzuschnitt in der Ministerialverwaltung mit seinen Auswirkungen auf die Perspektive und das Verhalten solcher behördlichen Wissensträger zum andern der Organisationstyp der Kollegialorgane, die durch ihre binnenpluralistische Struktur eine breit gefächerte Wissensgenerierung begünstige. Diese Beispiele sind sicher zutreffend, sie sind aber – wie wir finden – nicht besonders spannend.

Man kann aber auch so vorgehen, dass man innerhalb der kognitiven Infrastruktur der Wissensgesellschaft nach *Kooperationsstrukturen* Ausschau hält, die – um einen Lieblingsbegriff von Peter Collin zu verwenden[386] – als „Trefffräume" von Wissensträgern und Wissenszuflüssen fungieren. Als einen passenden Kandidaten für eine solche kooperative Organisationsstruktur haben Peter Collin und Indra Spiecker genannt Döhlmann den *Organisationstyp des Netzwerks* ausgemacht:

> „In diesem Zusammenhang lässt sich ein weiterer Debattenstrang identifizieren, der die wissensbezogene Verwaltungsrechtswissenschaft beeinflusst: die Diskussion über Netzwerke. Sie ist vor allem auch eine Diskussion über die Verknüpfung von Wissen. Netzwerken wird attestiert, die adäquate Organisationsform des Wissens in der Wissensgesellschaft zu sein. Hervorgehoben wird zum einen der freie und ungebundene, von Dienstwegzwängen formaler Organisationen entlastete Informationsfluss in Netzwerken, zum anderen aber auch, dass Netzwerkstrukturen eben nicht lediglich bipolare, sondern insbesondere *multipolare Kommunikation* ermöglichen. *Netzwerke sind Trefforte*, in denen kritische Selbstreflexionen, die Produktion von Redundanzen und

---

385 In: Indra Spiecker, genannt Döhlmann/Peter Colllin (Hrsg.), Generierung und Transfer staatlichen Wissens im System des Verwaltungsrechts, Tübingen 2008, S. 73–92.

386 Trefffräume von Regulierungsrationalitäten: Überlegungen zu Voraussetzungen und Typisierungen juristisch-ökonomischer Kommunikation, in: derselbe (Hrsg.), Trefffräume juristischer und ökonomischer Regulierungsmodalitäten, Frankfurt am Main 2014.

B. Kognitive Infrastruktur durch Organisation und Verfahren

die Herstellung multidisziplinärer Kompetenz stattfinden können, was vor allem der Aufarbeitung komplexer Problemlagen zugute kommt. Allgemein wird Netzwerken daher die Eigenschaft zugeschrieben, geeignete Orte für Lernprozesse zu sein, die Innovationsprozessen ein förderliches Klima bieten. All diese Erwartungen sowie die Phänomene der internen und über den staatlichen Bereich hinausgehenden informationellen Vernetzung von staatlichen Stellen haben dazu beigetragen, dass man die Zukunft der öffentlichen Verwaltung ebenfalls in einer stärkeren Adaptierung von Netzwerkkonzepten sieht. In der Verwaltungsrechtswissenschaft hat das Problem der Netzwerke inzwischen dezidert Aufmerksamkeit gefunden, wenngleich sich diese vor allem noch auf transnationale Netzwerke konzentriert."[387]

Ich möchte aber an dieser Stelle noch etwas weiter gehen und einen Blick auf Bausteine der kognitiven Infrastruktur der Wissensgesellschaft werfen, die durch die Kooperation nicht-staatlicher Akteure entstanden sind und stehen. Ich beziehe mich dabei auf einen Bericht der Süddeutschen Zeitung zu dem Thema, „wie Traditionsunternehmen im Ruhrgebiet junges Wissen finden"[388] und welche Wege sie dabei beschreiten. Der Technologiechef von Thyssen-Krupp ist – wie die SZ berichtet – der Auffassung, dass die etablierten Großunternehmen „Menschen brauchen […], die nicht aus unserer Welt kommen"; deswegen bedürfe es nach allgemeiner Auffassung der Ruhrindustrie neuartiger Kooperationsformen mit dem im Start-ups vorhandenen *jungen Wissen*. Zwei organisatorische Arrangements hätten sich zu diesem Zwecke herausgearbeitet; das erste Modell sei ein *Gründerfond*:

„Auch etablierte Konzerne locken Gründer mit Geld und gemeinsamen Projekten in den Pott. So hat der Initiativkreis Ruhr, ein Zusammenschluss großer Unternehmen wie Evonik oder Signal Iduna, gemeinsam mit der NRW-Bank 34,5 Millionen Euro in einen Gründerfonds eingezahlt. Dieses Geld will der Fonds nun in ein dutzend Start-ups investieren, die entweder im Ruhrgebiet produzieren oder ihren Sitz dorthin verlegen. Die Geldgeber erwarten, dass der Fonds zumin-

---

387 Indra Spiecker, genannt Döhlmann/Peter Colllin, Generierung und Transfer staatlichen Wissens im System des Verwaltungsrechts – ein Problemaufriss, in: dieselben (Hrsg.), Generierung und Transfer staatlichen Wissens im System des Verwaltungsrechts, Tübingen 2008, S. 5
388 Benedikt Müller, Stromstöße im Pott. Alt trifft Neu: Die Kohle- und Stahlkonzerne an Rhein und Ruhr suchen gezielt innovative Start-ups, SZ Nr. 180 vom 7. August 2018, S. 16.

dest einen Teil seiner Beteiligungen nach einigen Jahren gewinnbringend wird verkaufen können. Er soll gezielt in Branchen investieren, die ohnehin stark im Pott vertreten sind.
Beispielsweise hat der Fonds das Start-up Talpasolutions mit 1,5 Millionen Euro finanziert. Das Essener Jungunternehmen hilft Bergbauunternehmen weltweit bei der Digitalisierung: Es speichert und analysiert die Sensordaten von Bergbaumaschinen – etwa, um Ausfällen vorzubeugen. Für seine Beteiligungen sucht sich der Fonds stets einen Co-Investor."[389]

Das zweite Modell nennt sich *Gründerallianz*, mit der es die folgende Bewandtnis hat:

„Gemeinsam mit der Stiftung der Ruhrkohle AG hat der Initiativkreis zudem eine Gründerallianz Ruhr ins Leben gerufen. Das Bündnis hat in diesem Jahr ein altes Verwaltungsgebäude der Zeche Zollverein in Essen angemietet. Das Gelände der einst größten Steinkohlenzeche der Welt gehört längst zum Unesco-Welterbe. Staat Kohle werden hier nun Daten geschürft: Die Gründerallianz hat eine digitale Plattform aufgebaut, in die mehrere Stadtwerke und Ruhrkonzerne Daten hochgeladen haben. Womöglich schlummert in den Zahlen ein bahnbrechendes Geschäft, doch fehlt den Unternehmen entweder die zündende Idee oder die nötige Technik. Die 15 Beschäftigten der Gründerallianz schreiben nun erste Aufträge aus, damit Start-ups den Etablierten Geschäftsideen oder Lösungsansätze präsentieren können."[390]

II. Kognitive Infrastruktur durch Verfahren

Ähnlich wie beim vorhergehenden Gliederungspunkt „Kognitive Infrastruktur durch Organisation" gilt es zunächst zu überlegen, ob man Grundfunktionen des Verfahrensrechts benennen kann, die zugleich erklären könnten, warum Verfahren und Verfahrensrecht für unser Wissensthema von besonderer Relevanz sein könnten. Wenn ich recht sehe, lassen sich – wenn wir die Literatur am Ausgang des letzten Jahrhunderts zum Bedeutungsgewinn des Verfahrensgedankens noch einmal Revue passieren

---

[389] Ebenda, S. 16.
[390] Ebenda, S. 16.

lassen[391] – zwei solcher Grundfunktionen identifizieren, die zugleich mit dem Thema „Wissen" auf das Engste zusammenhängen.

1. Zum Doppelauftrag des Verwaltungsverfahrens

Verwaltungsverfahren dienen nach allgemeiner Auffassung dazu, ein *informiertes und effizientes Verwaltungsverfahren* zu gewährleisten. Aus der hier im Mittelpunkt stehenden Wissensperspektive ist an dieser Stelle zuförderst die *Informationsfunktion des Verwaltungsverfahrens* zu nennen. Man kann das Verwaltungsverfahren – insbesondere das Planfeststellungsverfahren – als Instrument begreifen, für eine möglichst *umfassend informierte Verwaltung* zu sorgen, denn nur eine gut informierte Verwaltung kann effizient handeln und sachgerechte Entscheidungen treffen. Auf diese Informationsfunktion hat vor allem das Bundesverwaltungsgericht in seiner Rechtsprechung zum (verneinten) Anspruch auf Durchführung eines Planfeststellungsverfahrens abgehoben und in diesem Zusammenhang Folgendes ausgeführt: „Das im § 18 Abs. 3–6a FStrG (Bundesfernstraßengesetz, G.F.S.) vorgeschriebene Anhörungsverfahren, das den Umfang der Beteiligung planbetroffener (privater) Dritter maßgeblich bestimmt, ist ein gesetzlich der Planfeststellungsbehörde vorgeschriebenes Mittel, *sich möglichst umfassend über den für sie maßgeblichen Sachverhalt zu unterrichten*. Es bezieht aus diesem Grunde die von der Planung auch nur möglicherweise Betroffenen in das Verwaltungsverfahren mit ein."[392]

Das Verwaltungsverfahren soll also nicht nur wohlinformierte Verwaltungsentscheidungen sicherstellen, es soll gleichzeitig eine umfassende Berücksichtigung der berührten materiellen Rechtspositionen gewährleisten. Diese *rechtsschutzorientierte Funktion des Verwaltungsverfahrens* wird häufig als Vorverlagerung des Rechtsschutzes bezeichnet, eine Redeweise, die – wie Rainer Wahl zutreffend herausgearbeitet hat[393] – die *eigenständige Funktion des Verwaltungsverfahrens* verkennt. Das Verwaltungsverfahren ist ein *Entscheidungen strukturierendes und Entscheidungen steuerndes Verfahren*

---

391 Instruktiv Eberhard Schmidt-Aßmann, Der Verfahrensgedanke in der Dogmatik des öffentlichen Rechts, in: Peter Lerche/Walter Schmitt-Glaeser/Eberhard Schmidt-Aßmann, Verfahren als staats- und verwaltungsrechtliche Kategorie, Heidelberg 1984, S. 1 ff; siehe ferner Rainer Wahl, Verwaltungsverfahren zwischen Verwaltungseffizienz und Rechtsschutzauftrag, VVDStRL 41 (1993), S. 153 ff.
392 BVerwG BayVBl. 1981, S. 122 ff.
393 Wahl, Fußnote 391, S. 151 ff.

Drittes Kapitel: Bereitstellung einer kognitiven Infrastruktur

und unterscheidet sich damit grundsätzlich von einem gerichtlichen, d.h. nachträglichen Kontrollverfahren. Aus der Wissensperspektive würde man insoweit von *Wissensgenerierung im Verfahren* sprechen; in der Terminologie des Verwaltungsrechts heißt es dazu – in der Sache aber gleichsinnig – bei Rainer Wahl wie folgt:

> „Zur leicht unterschätzten Eigenart des Verwaltungsverfahrens gehört es nämlich, dass zu seinem Beginn die tatsächliche Lage noch offen und gerade durch die Verwaltung gestaltbar ist. *Der Sachverhalt einer möglichen Entscheidung ist erst »im Werden«.* Das Verwaltungsverfahren dient demnach der Konkretisierung, Spezialisierung und Individualisierung eines zunächst in seinen Auswirkungen auf Rechte und Interessen häufig noch konturenunscharfen Problems – und all diese Konkretisierungsleistungen sollen gerade unter Beteiligung mindestens der potentiell Betroffenen erarbeitet werden."[394]

So ist es. Versteht man die öffentliche Verwaltung als ein Informationen und Interessen verarbeitendes Entscheidungssystem, das *verfahrensstrukturierte Organisationsentscheidungen* produziert[395], so hat das Verwaltungsverfahren primär die Aufgabe, diese Entscheidungsprozesse der Verwaltung zu strukturieren, d.h. den Vorgang der Informations- und Interessenverarbeitung planvoll zu ordnen und zu organisieren. Die Entscheidungsstrukturierung ist daher notwendiges Definitionsmerkmal des Verwaltungsverfahrens, ein Befund, der es uns leicht macht, uns mit der Definition des Verwaltungsverfahrens durch Eberhard Schmidt-Aßmann anzufreunden: „Verwaltungsverfahren sind planvoll geordnete Vorgänge der Informationsgewinnung und -verarbeitung, die in der Verantwortung eines Trägers öffentlicher Verwaltung ablaufen und der Hervorbringung administrativer Entscheidungen dienen."[396]

Damit ist Anschluss gewonnen an den vielfach erhobenen Befund nicht unbeträchtlicher *Entscheidungsspielräume der Verwaltung*, die es ihr unmöglich machen, sich hinter der Autorität des Gesetzes zu verstecken, sondern ihr eine eigene und vor allem verfahrensmäßig vermittelte *Autonomie* zu verschaffen.

---

394 Ebenda, S. 161.
395 Näher dazu Gunnar Folke Schuppert, Verwaltungswissenschaft, Baden-Baden 2000, Vierter Teil „Kommunikation, Entscheidung, Verfahren", S. 721 ff.
396 Verwaltungsverfahren, in: Josef Isensee/Paul Kirchhof (Hrsg.), Handbuch des Staatsrechts, Bd. III, München 1988, S. 624.

2. Zur Kompensationsfunktion von Verwaltungsverfahren angesichts mangelnder inhaltlicher Programmierungsdichte

„Klassisch erfolgt Steuerung durch Verwaltungsrecht" – so liest man bei Ino Augsberg – „mithilfe konditional programmierter Normen. In Form einer rigiden wenn-dann-Semantik wird vom Gesetzgeber bestimmt, unter welchen tatbestandlichen Voraussetzungen ein bestimmtes Verhalten der Verwaltung – typischerweise ein Eingriff – in Gang zu setzen ist."[397] Ersetzt man das Wort „klassisch" durch das Wort „theoretisch" ist man näher bei der Realität. Denn seit jeher arbeitet das Verwaltungsrecht mit unbestimmten Rechtsbegriffen und mit oder ohne Beurteilungsspielraum – z. B. beim Begriff der Eignung – oder mit der Einräumung eines Rechtsfolgeermessens, in der Regel sprachlich durch die Formel „kann die Verwaltung..." vermittelt. Wie ich an anderer Stelle darzulegen versucht habe, sind Verwaltungsentscheidungen, die in Ausübung von Beurteilungsspielräumen, vor allem aber von Ermessensermächtigungen ergehen, von ihrer Struktur her *Abwägungsentscheidungen*[398], die nur gelingen können, wenn das einschlägige Abwägungsmaterial nicht nur ermittelt und besichtigt, sondern auch hinsichtlich seiner Gewichtigkeit sorgsam bedacht wurde.

Die theoretisch so einfachen Zeiten eines durchgängig konditional programmierten Verwaltungshandelns, die der Verwaltung eine sorgfältige Subsumtion abverlangen, mehr aber auch nicht, sind – wie man so schön sagt – „tempi passati". Dies räumt auch Ino Augsberg bereitwillig ein[399]: „In der modernen Gesellschaft stellen derartig rigide Konditionalprogramme allerdings nicht mehr den Normalfall verwaltungsrechtlicher Gesetzgebung dar. Mit der Veränderung (und das heißt insbesondere: Erweiterung) der staatlichen Aufgaben haben sich auch die *Programmformen verändert*. Während die klassische »Eingriffsverwaltung mit ihrem retrospektiven, punktuellen und zweipoligen Charakter durch konditionale Programme effektiv und durchgängig gesteuert werden« konnte, ist dies »bei der prospektiven, flächendeckenden und mehrpoligen Staatstätigkeit nicht möglich«[400]."

---

397 Ino Augsberg, Konzepte rechtlicher Steuerung und die Verteilung von Wissen im Bereich der Administrative, in: Hans Christian Röhl/Hans-Heinrich Trute (Hrsg.), Wissen/Nichtwissen in Organisationen und Netzwerken, i.E. , Manuskriptfassung S. 1.
398 Gunnar Folke Schuppert, Verwaltungswissenschaft, Baden-Baden 2000, S. 523 ff.
399 Augsberg, Fußnote 397, S. 7.
400 Dieter Grimm, Das öffentliche Recht vor der Frage nach seiner Identität, Tübingen 2012, S. 37 f.

Drittes Kapitel: Bereitstellung einer kognitiven Infrastruktur

Dieser Wandel der Programmformen ist insbesondere von Niklas Luhmann klar analysiert worden.[401] In der verwaltungswissenschaftlichen Terminologie spricht man von einem Wandel von der konditionalen zu der vermehrt auftretenden *finalen Programmierung*, mit der in Bereichen von hoher Komplexität und kognitiver Unübersichtlichkeit nurmehr die „grobe Marschrichtung" durch die Verwendung von Zielformulierungen vorgegeben wird. Das Paradebeispiel dafür sind *Planungsprozesse*[402], bei denen den Verwaltungsbehörden einerseits ein großer Abwägungsspielraum eingeräumt, ihnen andererseits aber angesonnen wird, sich *in ihr aufgegebenen Verfahrensschritten* das maßgebliche Entscheidungsmaterial selbst zusammenzustellen und zu einer der gerichtlichen Nachprüfung standhaltenden Entscheidung zu verarbeiten.[403]

Will man diese allgemeinen verwaltungswissenschaftlichen Überlegungen auf den Punkt bringen, so kann man dies wie folgt tun: Durch die zunehmende Schwierigkeit oder gar Unmöglichkeit, das Verwaltungshandeln punktgenau konditional zu programmieren, *verlagert sich der Entscheidungsprozess zunehmend in das Verwaltungsverfahren*. Burkard Wollenschläger spricht insoweit zutreffend von einem *Verlagerungsprozess*[404], der dem Verwaltungsverfahren eine weitreichende *Kompensationsfunktion* zuweist, indem ihm die Aufgabe zukommt, die abnehmende gesetzliche Programmierungsdichte auszugleichen, ein Verlagerungsprozess, der zugleich – wie Joachim Burmeister hervorgehoben hat – die Stellung der Verwaltung im Gefüge der staatlichen Gewalten verändert:

> „Der Wandel vom traditionellen Ordnungsstaat hin zum gestaltenden und leistenden sozialen Rechtsstaat hat die Gegenstandbereiche und das Instrumentarium des Verwaltungshandelns mitverändert. Der Gegenstandbereich der Ordnungsverwaltung, die Aufrechterhaltung oder Wiederherstellung einer vorausgesetzten Ordnung durch die Abwehr von Gefahren für die Ordnung und die Behebung eingetretener Störungen, erfordert lediglich eine *reaktive, punktuelle und bilaterale Tätig-*

---

401 Niklas Luhmann, Lob der Routine, in: derselbe (Hrsg.), Politische Planung. Aufsätze zur Soziologie von Politik und Verwaltung, Opladen 1971, S. 113 ff.
402 Vgl. dazu Fritz W. Scharpf, Planung als politischer Prozess, in: Die Verwaltung 1 (1971), S. 1 ff.
403 Klassisch zur Informationsgewinnung und Informationsverarbeitung im und durch Planungsrecht Werner Hoppe, Die „Zusammenstellung des Abwägungsmaterials" und die „Einstellung der Belange" in die Abwägung „nach Lage der Dinge" bei der Planung, in: Deutsches Verwaltungsblatt (1997), S. 136 ff.
404 Burkard Wollenschläger, Wissensgenerierung im Verfahren, Tübingen 2009, S. 4.

keit. Das Instrumentarium der Ordnungsverwaltung, der korrigierende Einzeleingriff in die Rechtssphäre des Störers, ist einer normativen Bindung im Sinne einer *Konditionalprogrammierung der Verwaltung* in hohem Maße zugänglich. Die normative Programmierung und Konditionierung des Verwaltungshandelns geht hier sogar so weit, daß eigentlich nur dem zum Eingriff ermächtigenden Gesetz Entscheidungsqualität beigemessen werden kann, während dem konkreten Einzeleingriff – aufgrund seiner gesetzlich festliegenden Voraussetzungen und Folgen – nurmehr der Charakter eines Entscheidungsvollzuges zukommt. Das Verwaltungsverfahren als Prozeß der Entscheidungsfindung besitzt in der Ordnungsverwaltung somit keine selbständige ergebnisrelevante Bedeutung. Für den Rechtsschutz des Betroffenen reicht es aus, gegen das *Ergebnis des »Verfahrens«* vorgehen zu können.
Im Gegensatz zum bewahrenden Charakter der Ordnungsverwaltung geht es bei den heute immer stärker in den Vordergrund tretenden sozialgestaltenden Verwaltungszweigen darum, eine erwünschte Ordnung erst herzustellen. Ihr zukunftsgerichteter, planerisch-gestaltender Charakter sprengt das relativ einfache Schema von Ordnung und Unordnung und muß sich in den unsicheren Bedingungen von Langfristigkeit, Situationsveränderungen, Zielkonflikten und Folgeproblemen entfalten [...]. Solche Gestaltungsprozesse lassen sich nur über *Finalprogramme* regeln, die ein gemeinsames charakteristisches Kennzeichen aufweisen: sie sind außerstande, das Ergebnis des Verwaltungshandelns im Voraus abschließend festzulegen.
Die daraus resultierende *Selbststeuerung der Verwaltung* verändert das Verhältnis zwischen Exekutive und Judikative, insbesondere die konkrete Verteilung der Entscheidungsverantwortung zwischen beiden Gewalten, fundamental. Das Verwaltungsverfahren trägt nunmehr aufgrund der mangelnden gesetzlichen Determinierung der Verwaltung selbständig zum Entscheidungsverfahren bei und nimmt gesetzgebungsähnliche Funktionen und Strukturen an. Dadurch wird der im Bereich abschließender normativer Determinierung des Verwaltungshandelns bestehende kompetentielle Vorrang der richterlichen Entscheidung und Verantwortung zugunsten einer nur beschränkt kontrollierbaren *Entscheidungsautonomie der Verwaltung* aufgehoben."[405]

---

[405] Joachim Burmeister, Verwaltungsverantwortung und Verwaltungsrechtsschutz im gestuften Genehmigungsverfahren, in: Georg Ress (Hrsg.), Entwicklungstendenzen im Verwaltungsverfahrensrecht und in der Verwaltungsgerichtsbarkeit, Wien/New York 1990, S. 57 f.

Drittes Kapitel: Bereitstellung einer kognitiven Infrastruktur

Wessen es jetzt nur noch bedarf, ist, diese verwaltungswissenschaftlichen Befunde für den Bereich des Wissens zu übersetzen, über den wir schon aus unserem Reiseführer gelernt haben, dass Wissen nicht einfach containerhaft abrufbar ist, sondern in der Regel erst kontextspezifisch generiert werden muss. Diese Übersetzungsaufgabe hat uns Hans-Heinrich Trute abgenommen, der den „Bedeutungsgewinn von Wissensgenerierung in und durch Verfahren" m.E. perfekt beschrieben und analysiert hat:

> „Aus der Perspektive des Wissens formuliert: Das für die Steuerung notwendige Wissen muss über verschiedene Stufen hinweg unter Beteiligung einer Vielzahl von Akteuren jeweils generiert werden. Verfahren als Medium der Wissensgenerierung (ebenso wie der Abstimmung von Interessen) nehmen folglich einen breiten Raum ein. Dies wird noch gesteigert, wo Wissen als Erfahrungs- und Regelwissen nicht unterstellt werden kann. Die Gründe sind vielfältig. Sie liegen einmal darin, dass in einer funktional differenzierten Gesellschaft Wissen in den gesellschaftlichen Teilsystemen generiert wird und damit nicht als allgemeines Regel- und Erfahrungswissen unterstellt werden kann, auf das voraussetzungslos zugegriffen werden kann. Die zu beobachtende Expertifizierung löst das Problem nicht, da das im Wissenschaftssystem generierte Wissen weder zur Gänze das Problem abdeckt noch ohne weitere Zwischenschritte auf Anwendungskontexte bezogen werden kann und schon gar nicht hinreichend stabil ist, wie die Risikodebatte und die Karriere des Begriffs des Nichtwissens zeigt. Soziale Konventionen, auf die gesetzliche Regelungen gestützt werden können, unterliegen ebenfalls einem Pluralisierungsprozess, der stabile Ordnungsmuster und ihnen eingeschriebene Wissensbestände prekär macht. Stabile Erfahrungsregeln können also in bestimmten Bereichen nicht mehr unterstellt werden. *Erforderlich werden daher komplexe Verfahren*, die auf die vom Einzelfall und der Entscheidung abgehobene Generierung von Wissensbeständen zielen, die ihrerseits als reversibel gedacht werden müssen. Von daher bestimmen zunehmend komplexe, rechtlich mehr oder weniger *institutionalisierte Wissensinfrastrukturen* das Bild, deren Ziel nichts anderes ist, als ein funktionales Äquivalent des Erfahrungswissens zu generieren und dies wissenschaftlich zu begründen. Dieses bleibt freilich prekär und ist nicht notwendig stabil. Anders gewendet: Der Verlust von Erfahrungs- und Regelwissen wird durch diese wissensgenerierende Verfahren ersetzt, was gleichzeitig erhebliche Folgen für den im klassischen Modell vorausgesetzten Ableistungszusammenhang von Gesetz, Entscheidung und Kontrolle hat. Diese wird man freilich von den Verfahren der Informationssammlung

abschichten müssen. Von daher bilden sich *komplexe Verfahrensarrangements*, die auf die dauernde Generierung von Wissen ausgerichtet sind, als eine eigene Zwischenschicht zwischen dem Gesetz und der einzelfallbezogenen Anwendung aus, die wiederum die auf den Einzelfall bezogene Informationssammlung auslöst. Beide sind nicht unabhängig voneinander. Wichtiger aber ist es, die Funktion der dauerhaften Institutionalisierung von wissensgenerierenden Verfahren zu sehen und diese in einen auch normativ geprägten Kontext zu den einzelfallbezogenen Verfahren zu bringen."[406]

Und was den Bereich von Planungsentscheidungen angeht, die durchgängig nur einer finalen Programmierung zugänglich sind, so hat Ino Augsberg klar die Konsequenz aufgezeigt, dass die Antwort auf die hier besonders deutlich hervortretende Verlagerung des Entscheidens in das Verwaltungsverfahren nur in einer *Prozeduralisierung des Wissensbegriffs* bestehen könne:

„Planung meint [...] einen verfahrensrechtlich gesteuerten kognitiven Zugriff auf die Zukunft. Methodologisch gewendet besagt das, dass Rechtsanwendung nicht länger im konditional programmierten Schema ablaufen kann. Denn dieses setzt in seiner typischen Form eine Anknüpfung von Rechtsfolgen an einen Tatbestand voraus, der dem Rechtsanwender ohne größeren Aufwand grundsätzlich, d.h. unter Anknüpfung an als bekannt vorausgesetzte Erfahrungssätze, zugänglich ist. Diese Voraussetzung erscheint in besonders komplexen und dynamischen Wissensgebieten nicht mehr ohne weiteres gewährleistet. Vielmehr ist hier mangels zureichenden Erfahrungswissens der Tatbestand selbst unsicher und muss daher seinerseits allererst unter Zuhilfenahme normativer Vorgaben geschaffen werden. Nicht nur die den Sachverhalt konstituierenden einzelnen Tatsachen, sondern der zugrunde gelegte Wissensbegriff ist neu zu bestimmen; er kann »in Bereichen mit besonders instabilen Wissensbeständen nur noch in Verbindung mit – prozeduralen – Strukturen gedacht werden [...], die eine ständige Überprüfung und situationsangepasste Weiterentwicklung der vorhandenen und neu hinzukommenden Informationen ermögli-

---

[406] Hans-Heinrich Trute, Wissen – Einleitende Bemerkungen, in: Hans Christian Röhl (Hrsg.), Wissen – zur kognitiven Dimension des Rechts, in: Die Verwaltung, Beiheft 9 (2010), S. 29/30.

chen«[407]. Es geht demnach weniger um die noch zu statische Idee einer ‚besonderen Fachkunde der zuständigen Behörde' als vielmehr um ein dynamisches Wissenskonzept, dessen jeweilige konkrete Gestalt eben aufgrund dieser Dynamik ex post kaum reproduziert werden kann. In diesem Sinne muss die Verwaltung von einfacher strukturierten Verfahren legislativer Fremdsteuerung auf komplexere, das eigene Entscheidungsprogramm im Rückgriff auf einen prozedural gesteuerten Prozess der Wissensgenerierung erst hervorbringende Modelle administrativer Selbstprogrammierung umstellen."[408]

3. Referenzgebiete für Wissensgenerierung in und durch Verfahren

Es würde hier einfach zu weit führen, einzelne Referenzgebiete für die Wissensgenerierung von und durch Verfahren zu behandeln. Es mag daher hier genügen, drei Referenzgebiete zu benennen, die Burkard Wollenschläger in seinem materialreichen Buch über „Wissensgenerierung im Verfahren"[409] näher behandelt hat. Ich denke, dass der Verweis auf diese Referenzgebiete dem Leser vor dem Hintergrund der bisher angestellten Überlegungen ein ausreichendes Bild davon vermittelt, warum gerade in diesen Bereichen eine Verlagerung der Entscheidung in das Verwaltungsverfahren unvermeidlich ist; diese Referenzgebiete sind:
- Die Freisetzung gentechnisch veränderter Organismen nach dem Gentechnikgesetz als Beispiel für eine risikorechtliche Wissensgenerierung,[410]
- Wissensgenerierung im Telekommunikationsrecht: die Entgeltregulierung als Beispiel für eine komplexe Wissensgenerierung,[411]
- Wissensgenerierung im Wettbewerbsrecht: Fusionskontrolle als Beispiel für eine Verlagerung der Wissensgenerierung in das Verfahren.[412]

---

407 Christian Quabeck, Dienende Funktion des Verwaltungsverfahrens und Prozeduralisierung, Tübingen 2010, S. 193.
408 Augsberg, Fußnote 351, S. 58/59.
409 Wollenschläger, Fußnote 404.
410 § 16 Abs. 1 Nr. 3 GenTG
411 §§ 27 ff. TKG, zu den Regulierungszielen: § 2 Abs. 2 Nr. 1–9 TKG
412 Art. 1 FKVO als maßgebliche Zuständigkeitsverteilungsnorm

C. Kognitive Infrastruktur der Wissensgesellschaft und Eigentumsverfassung

I. Das regulatorische Dilemma

Wolfgang Hoffmann-Riem hat vollkommen zutreffend darauf hingewiesen, dass in der Wissensgesellschaft die Frage des angemessenen Umgangs mit geistigem Eigentum neu gestellt werden müsse:

„Die Rechtsordnung verfügt über bestimmte Instrumente, um Wissen zu schützen und zugleich die Entstehung von Wissen zu stimulieren. Ein klassisches Beispiel ist das Recht geistigen Eigentums. Wird seine Entwicklung betrachtet, wird deutlich, dass auch tradierte Instrumente ihrerseits stets auf den Prüfstand gehören: Genügen sie auch unter heutigen Anforderungen zur Erreichung der mit ihnen verfolgten Ziele? Vieles spricht dafür, dass neue Formen der Wissensgenerierung/-verwendung tradierte rechtliche Konzepte ins Wanken bringen, wie die Erosion der umfassenden Anerkennung des bisherigen geistigen Eigentums zeigt. Das herkömmliche Recht des geistigen Eigentums wirkt zum Teil selbst innovationshemmend."[413]

Welches Regelungsdilemma daraus entsteht, sich zwischen berechtigtem Eigentumsschutz einerseits und innovationsfreundlicher Zugänglichkeit von Wissensbeständen entscheiden zu müssen, hat er wie folgt anschaulich dargestellt:

„Grundsätzlich müsste es das Ziel auch der Rechtsordnung sein, den Vorrat verfügbaren Wissens und in der Entstehung befindlichen Wissens (insoweit) potenziellen Innovateuren allgemein zugänglich zu machen oder jedenfalls Anschlussfähigkeit für weiteres Wissen zu ermöglichen und die Blockade des Erwerbs neuen Wissens etwa durch Vorenthalten einzelner dafür wichtiger Wissenselemente zu verhindern. Dagegen steht aber die in vielem theoretisch (insbesondere ökonomietheoretisch) durchaus plausible und in der Praxis bestätigte Befürchtung, ohne rechtliche Absicherung von Innovationen – etwa durch Gewährung von Patenten oder Urheberrechten zwecks Sicherung der Marktverwertbarkeit, die zumindest die Investitionskosten für die Innovation wieder hereinholen helfen soll – würden Inventio-

---

[413] Wolfgang Hoffmann-Riem, Wissen, Recht und Innovation, in: Hans Christian Röhl (Hrsg.), Wissen – Zur kognitiven Dimension des Rechts, Berlin 2010, S. 200.

nen und darauf aufbauende Innovationen verbaut. Dabei ist zu berücksichtigen, dass Wissen durch seine Nutzung grundsätzlich nicht »verbraucht« wird (Nichtrivalität im Konsum) und dass die Verbreitung von Wissen regelmäßig keine oder nur geringfügige Kosten verursacht (strukturelle Erlösschwächen bei der Verwertung von Wissen). Durch diese und andere Faktoren fällt es dem Innovateur schwer, das durch die Invention geschaffene Wissen exklusiv zu halten und auf diese Weise mit hinreichenden Erlöschancen zu nutzen. Es gibt daher Anreize für ihn, sein Wissen für sich zu behalten und in der Folge, weitere Innovationen zu bremsen. Auch darauf muss die Rechtsordnung Rücksicht nehmen. Hier gibt es – wie so häufig bei rechtlicher Regulierung – keine Königswege."[414]

Was die von Hoffmann-Riem aufgezeigten Probleme beim Umgang mit geistigem Eigentum in der Wissensgesellschaft angeht, so wird die ganze Sache erst bei der Frage richtig spannend, wie es eigentlich mit dem *Eigentum an Daten* bestellt ist; mit einigen abschließenden Bemerkungen dazu soll das dritte Kapitel beendet sein.

II. Zu den eigentumsrechtlichen Funktionslogiken der Big Data-Gesellschaft

1. Das Haben und Verfügen über Daten als wirtschaftlicher Wert

Dass Datenreichtum wegen der Wiederverwertbarkeit und Kombinierbarkeit von Daten in der Regel zugleich ökonomischen Reichtum bedeutet, haben Viktor Mayer-Schönberger und Kenneth Cukier überzeugend dargelegt:

„With big data, the value of data is changing. In the digital age, data shed its role of supporting transactions and often became the good itself that was traded. In a big-data world, things change again. Data's value shifts from its primary use to its potential future uses. This has profound consequences. It affects how businesses value the data they hold and who they let access it. It enables, and may force, companies to change their business models. It alters how organizations think about data and how they use it.

---

414 Ebenda, S. 201.

C. Kognitive Infrastruktur der Wissensgesellschaft und Eigentumsverfassung

Information has always been essential for market transactions. Data enables price discovery, for instance, which is a signal for how much to produce. This dimension of data is well understood. Certain types of information have long been traded on markets. Content found in books, articles, music, and movies is an example, as is financial information like stock prices. These have been joined in the past few decades by personal data. Specialized data brokers in the United States such as Acxiom, Experian, and Equifax charge handsomely for comprehensive dossiers of personal information on hundreds of millions of consumers. With Facebook, Twitter, LinkedIn, and other social media platforms, our personal connections, opinions, preferences, and patterns of everyday living have joined the pool of personal information already available about us.
In short, although data has long been valuable, it was either seen as ancillary to the core operations of running a business, or limited to relatively narrow categories such as intellectual property of personal information. In contrast, in the age of big data, *all data will be regarded as valuable, in and of itself.*"[415]

Dieser Vermögenswert von Daten beruht auf ihrer nahezu *unbegrenzten Verwendbarkeit*:

„The immediate value of most data is evident to those who collect it. In fact, they probably gather it with a specific purpose in mind. Stores collect sales data for proper financial accounting. Factories monitor their output to ensure it conforms to quality standards. Websites log every click users make – sometimes even where the mouse-cursor moves – for analyzing and optimizing the content the sites present to visitors. These primary uses of the data justify its collection and processing. When Amazon records not only the books that customers buy but the web pages they merely look at, it knows it will use the data to offer personalized recommendations. Similarly, Facebook tracks users' »status updates« and »likes« to determine the most suitable ads to display on its website to earn revenue."[416]

Wenn sich dies aber so verhält, scheint die staatliche Rechtsordnung aufgerufen, für den rechtlichen Schutz des „Dateneigentümers" zu sorgen. Diese

---

[415] Viktor Mayer-Schönberger/Kenneth Cukier, Big Data: A Revolution that Will Transform how We Live, Work, and Think, New York 2013, S. 99/100.
[416] Ebenda, S. 101.

Drittes Kapitel: Bereitstellung einer kognitiven Infrastruktur

sich aufdrängende Schlussfolgerung ist von Thomas Hoeren und Jonas Völkel kurz und knapp wie folgt formuliert worden: „Da Daten Vermögenswerte sein können, muss auch die zivile Rechtsordnung einen entsprechenden Schutz bereithalten."[417]

Dies ist aber leichter gesagt, als getan; in dem 2014 erschienenen Band „Big Data und Recht" wird der Sachstand in Sachen Konturierung eines „Dateneigentums" wie folgt geschildert:

> „Die rechtliche Zuordnung von Daten ist zurzeit vollkommen unklar, was aufgrund der immensen Bedeutung von Daten und Rechten an Daten in der heutigen Informationsgesellschaft als äußerst unbefriedigend empfunden werden muss und zu gravierender Rechtsunsicherheit für die Betroffenen führt.
> Sowohl Privatpersonen als auch Unternehmen arbeiten tagtäglich mit großen Mengen von Daten. Für diese ist selbst mit juristischem Rat nicht ersichtlich, ob und wenn ja auf welche Weise ihre Daten rechtlich geschützt sind. Ebenso schwierig ist es, festzustellen, ob Dritten Rechte an den betroffenen Daten zustehen. Auch der Umfang solcher Rechte ist – soweit sie bestehen – momentan kaum zu bestimmen. Erschwerend hinzu kommt noch, dass die Gerichte auf deutscher und europäischer Ebene unterschiedliche Lösungsansätze vertreten. Aufgrund der enormen wirtschaftlichen Bedeutung von Daten insbesondere im Hinblick auf Big-Data-Anwendungen ist zu befürchten, dass diese Unsicherheiten große Investitionshemmnisse darstellen. Das Risiko, sich zivil- oder strafrechtlichen Ansprüchen auszusetzen oder selbst keine gesicherte Rechtsposition in Bezug auf Daten zu erlagen, ist unkalkulierbar. Deswegen sollte eine möglichst baldige Klärung der bestehenden Rechtsfragen angestrebt werden."[418]

Soweit zur ersten Funktionslogik von Big Data, die in der Formel „Datenbesitz = Vermögenswert = notwendiger rechtlicher Schutz" zusammengefasst werden kann.

---

417 Thomas Hoeren/Jonas Völkel, Rechtliche Betrachtung, in: Thomas Hoeren (Hrsg.), Big Data und Recht, München 2014, S. 38.
418 Ebenda, S. 11.

2. Daten wollen frei sein[419]

Eine gänzlich andere Funktionslogik tritt zutage, wenn man Daten nicht eigentumsrechtlich betrachtet, sondern ihre *unentbehrliche Verknüpfbarkeit* miteinander in den Blick nimmt; Harari beschreibt diese andere Funktionslogik mit der für ihn charakteristischen Anschaulichkeit wie folgt:

> „Der Dataismus beschränkt sich nicht auf bloße Prophezeiungen. Wie jede Religion kennt er auch praktische Gebote. Zuallererst sollte ein Dataist den Datenfluss maximieren, indem er immer mehr Medien miteinander verbindet und immer mehr Informationen produziert und konsumiert. Wie andere erfolgreiche Religionen ist auch der Dataismus missionarisch. Sein zweites Gebot lautet: *Alles sollte mit dem System verbunden werden*, auch die Abweichler, die nicht verbunden werden wollen. Und »alles« meint mehr als nur Menschen. Es meint alle Dinge. Natürlich meinen Körper, aber auch die Autos auf der Straße, die Kühlschränke in der Küche, die Hühner in ihrer Legebatterie und die Bäume im Wald – alles sollte mit dem »*Internet der Dinge*« verbunden werden. Der Kühlschrank wird die Zahl der Eier im entsprechenden Fach überwachen und die Legebatterie informieren, wenn eine neue Lieferung benötigt wird. Die Autos werden miteinander reden, und die Bäume im Dschungel werden über das Wetter und den Kohlendioxidgehalt berichten. Jeder Teil des Universums muss mit dem großen Netz des Lebens verbunden sein. Umgekehrt besteht die größte Sünde darin, den Datenfluss zu blockieren. Was ist der Tod anderes als eine Situation, in der keine Information mehr fließt? Deshalb *gilt dem Dataismus die Freiheit der Information als höchstes aller Güter*."[420]

Auch der Überzeugungskraft des nachstehenden Beispiels kann man sich schwerlich entziehen:

> „Wie wir bereits gesehen haben, kann Google neue Krankheitswellen schneller erkennen als traditionelle Gesundheitsorganisationen, aber nur dann, wenn wir ihm freien Zugang gestatten zu den Informationen, die wir produzieren. Auf ähnliche Weise kann ein freier Datenfluss Luftverschmutzung und Müll verringern, beispielsweise durch eine Rationalisierung des Verkehrssystems. Im Jahr 2010 überschritt

---

419 In Anlehnung an die Überschrift „Information will frei sein" bei Yuval Noah Harari, HOMO DEUS. Eine Geschichte von Morgen, München 2017, S. 515.
420 Ebenda, S. 516/517.

Drittes Kapitel: Bereitstellung einer kognitiven Infrastruktur

die Zahl der PKWs auf dieser Welt die Marke von einer Milliarde Fahrzeugen und ist seither weiter gestiegen. Diese Autos verschmutzen den Planeten und vergeuden enorme Ressourcen, nicht zuletzt dadurch, dass sie immer breitere Straßen und immer mehr Parkplätze benötigen. Die Menschen haben sich so sehr an die Bequemlichkeit des privaten Verkehrs gewöhnt, dass sie vermutlich nicht mehr auf öffentliche Verkehrsmittel umsatteln werden. Dataisten verweisen jedoch darauf, dass *die Menschen in Wirklichkeit Mobilität und nicht ein eigenes Auto wollen* und dass ein gutes Datenverarbeitungssystem uns diese Mobilität weitaus billiger und effizienter verschaffen kann.
Ich besitze ein eigenes Auto, aber die meiste Zeit steht es beschäftigungslos auf dem Parkplatz herum. An einem typischen Tag steige ich um 8:04 Uhr in meinen Wagen und fahre eine halbe Stunde zur Universität, wo ich ihn für den ganzen Tag abstelle. Um 18:11 Uhr komme ich zu meinem Auto zurück, fahre eine halbe Stunde nach Hause, und das war's. Ich nutze also mein Auto gerade einmal eine Stunde am Tag. Warum muss ich es für die anderen 23 Stunden behalten? Wir könnten ein kluges System von Auto-Pools schaffen, das von Computeralgorithmen gesteuert wird. Der Computer wüsste, dass ich um 8:04 Uhr aus dem Haus muss, und würde dafür sorgen, dass mich das nächste selbstfahrende Auto zu genau diesem Zeitpunkt abholt. Nachdem es mich an der Uni abgesetzt hat, stünde es anderen zur Verfügung, statt auf dem Parkplatz zu warten. Um Punkt 18:11 Uhr, wenn ich aus dem Universitätseingang trete, würde ein anderes Gemeinschaftsauto direkt vor mir halten und mich nach Hause bringen. Auf diese Weise könnten 50 Millionen selbstfahrende Gemeinschaftsautos eine Milliarde Privat-PKWs ersetzen, und wir bräuchten zudem weit weniger Straßen, Brücken, Tunnel und Parkplätze. Vorausgesetzt natürlich, ich verzichte auf meine Privatsphäre und lasse die Algorithmen stets wissen, wo ich bin und wo ich hinwill."[421]

Wir vermuten, dass diese zweite, dem Big Data-Phänomen eingeborene Funktionslogik den Sieg davontragen wird und die Rechtswissenschaft herausgefordert bleibt, Nutzungs- und Transaktionsformen jenseits des klassischen Eigentumsbegriffs zu entwickeln. In diese Richtung scheinen auch die Überlegungen von Digitalisierungsexperten zu gehen; so berichten etwa Anne-Sophie Landwers und Marlene Voigt über die im Kreise junger Zivilrechtler erhobene Forderung nach der Entwicklung eines privaten

---

[421] Ebenda, S. 519/520.

C. Kognitive Infrastruktur der Wissensgesellschaft und Eigentumsverfassung

„*Datenverkehrsrechts*"[422] und Marc Amstutz von der Notwendigkeit der Errichtung einer „*Datenzuweisungsordnung*"[423]. Will man sich aber in der Eigentumsfrage entscheiden, so scheint mir auf der Hand zu liegen, dass die Antwort sehr stark durch die jeweilige gesellschaftspolitische Haltung bestimmt sein wird. So hat sich etwa Marc Amstutz in einem grundlegenden Beitrag dazu eindeutig positioniert und als in Pflicht zu nehmende und in ihrer Macht zu begrenzende Akteure die „autonomen Digitalsysteme" ausgemacht, wie sie von Google und Facebook verkörpert werden. Nur durch die Anerkennung eines Dateneigentums der Internet-Nutzer könne ein Bollwerk aufgebaut werden, das der „algorithmischen Gouvernementalität" spürbare Grenzen setzt; unter der Überschrift „Daten als Digitalkapital" heißt es dazu bei Amstutz engagiert – und mit diesem Zitat soll unser Ausflug in die Welt von Big Data beendet sein – wie folgt:

> „User – als Datenerzeuger – fertigen Darstellungen von »zivilgesellschaftlichem Material« an, übertragen sie in die technologischen »Innereien« des Mediums Daten und stellen letztere ins Netz. Von ihnen stammen also die Auskünfte, welche, in Big Data-Sets aggregiert, den Superplattformen und anderen Industrien aufzudecken ermöglichen, nach welchen feingliedrigen Mustern die Zivilgesellschaft pocht und pulsiert. Allein diese Angaben versetzen nämlich die Digitalgiganten von Silicon Valley überhaupt erst in die Lage, Wissen darüber zu gewinnen, nach welchen höchstkomplexen Assemblagen von sozialen Energien, Erfahrungen, Kenntnissen und Techniken die Zivilgesellschaft funktioniert. *Der eigentliche Wert* – und man muss in aller Konsequenz sagen: das digitale Kapital – *von Big Data-Analysen wird von den Usern geschöpft*. Deshalb basieren Big Data-Analysen in Wahrheit auf *dargeliehenem Digitalkapital*. Diese Feststellung impliziert rechtspolitisch, dass ausschließlich den Usern eine Legitimation zukommt, dazu ermächtigt zu werden, die Entscheidungen über den zivilgesellschaftlichen Gebrauch des Mediums Daten zu treffen. Der Akt der Translation »zivilgesellschaftlichen Materials« in die Digitalnetze ist rechtspolitisch als Rechtserzeugungsakt anzuerkennen. Das logische Korrelat dieses rechtspolitischen Schlusses ist die Schaffung einer Regel, die das Medium Daten den Usern zuweist. Diese Regel stimmt mit den Wertungen der Privatrechtsordnung überein, wonach – dem Grundsatz nach –

---

422 Anne-Sophie Landwers/Marlene Voigt, Tagungsbericht „Immaterialgüter und Digitalisierung", in: Rechtswissenschaft 2017, S. 476 ff.
423 Marc Amstutz, Dateneigentum. Funktion und Form, i.E., Manuskriptfassung 2018, S. 70.

neu geschaffene Gegenstände ihrem Erzeuger zuzuweisen sind, und nicht demjenigen, der sich aus irgendeiner für ihn glücklichen Fügung *de facto* imstande sieht, sich diese Gegenstände anzueignen."[424]

So sympathisch einem dieser beherzte Kampf gegen die „unverdiente" Macht der Digitalgiganten erscheinen mag, die gegen die Ausstattung von Daten mit einem eigentumsrechtlichen Ausschließlichkeitsanspruch bestehenden Bedenken liegen auf der Hand und wiegen schwer; sie lassen sich wie folgt zusammenfassen:

- Dem „Eigentümer" geht es regelmäßig nicht um den Schutz der Daten als solcher, sondern um den Schutz der abstrakt durch die Daten repräsentierten Informationen bzw. des durch diese Informationen repräsentierten Wissens.
- Die Ausschließlichkeitsrechte an Daten begründen Herrschafts- oder sogar Exklusivrechte über Informationen.
- Damit einhergehend wäre eine Datensammelwut von Unternehmen.
- Zu befürchten wäre eine Verletzung von Meinungs-, Informations-, Presse- und Wirtschaftsfreiheit.
- Neue Technologien erfordern eine offene Gesellschaft und Informationen sind für die Informationsgesellschaft zu wichtig, um sie einer Eigentumsposition zuzuordnen, die mit Ausschließlichkeitsrechten einhergeht.
- Praktische Probleme in der Umsetzung: Wie soll das „Dateneigentum" Dritten gegenüber nachgewiesen werden?
- Unklare Rechtsverhältnisse bei Überlagerung der Rechtezuordnung: Ein Beispiel im Mobilitätskontext ist der Fahrzeugeigentümer, Fahrer und Beifahrer. Wem sind die durch das Fahrzeug erhobenen Daten zuzuordnen, wer wird Eigentümer?[425]

Nach Abwägung der Vor- und Nachteile eines Eigentumsrechts an Daten halten wir im Anschluss an den Beitrag von Gerald Spindler über „Plattformen und Plattformregulierungen als Alternative zu Dateneigentumsrechten"[426] eine privatrechtliche Regelung im Sinne eines Datenverkehrsrechts für vorzugswürdig:

---

424 Ebenda, S. 71.
425 Dr. Datenschutz, Dateneigentum: Eine gute Idee?, 12.11.2018, https://www.datenschutzbeauftragter-info.de/dateneigentum-eine-gute-idee/, Zugriff am 6.2.2019.
426 In: Gerrit Hornung (Hrsg.), Rechtsfragen der Industrie 4.0. Datenhoheit – Verantwortlichkeit – rechtliche Grenzen der Vernetzung, Baden-Baden 2018, S. 151–174.

C. Kognitive Infrastruktur der Wissensgesellschaft und Eigentumsverfassung

„Insgesamt können Plattformen zum Datenhandel eine effiziente Alternative zur Einführung von Eigentumsrechten an Daten darstellen, da sie in der Lage sind, über privatrechtliche Regelungen flexible Ausgestaltungen für die Verwendung von Daten zu schaffen, verbunden mit entsprechenden Haftungs- und Sanktionsregelungen. Eine »Regulierung« über Plattformstandards wäre damit zielgenauer (da auf die jeweiligen Daten abgestimmt) und effektiver als bei Einführung kaum klar abgegrenzter Eigentumsrechte an Daten möglich."[427]

---

427 Ebda, S. 169–170.

Viertes Kapitel: (Rechts-)Wissen als Herrschafts- und Regierungswissen

A. Der moderne Staat als wissensbasierte Organisation oder (Rechts-)Wissen als Herrschaftswissen

Dass der moderne frühneuzeitliche Staat als eine wissensbasierte Organisation zu gelten hat, dieses Urteil liest man nicht nur allenthalben[428], es lässt sich auch aus verschiedenen disziplinären Perspektiven gut begründen; drei dieser Perspektiven seien hier in aller Kürze genannt:

Da ist zunächst einmal die *historische Perspektive*, die in überaus differenzierter Weise von Thomas Horstmann und Jörg Peltzer präsentiert worden ist[429]; aus ihr liegt es vielleicht besonders nahe, einen Blick auf Preußen zu werfen, gilt doch Preußen gemeinhin als das beste Beispiel für einen wissensbasierten bürokratischen Verwaltungsstaat:

> „In Preußen vollzog sich im 18. und 19. Jahrhundert der berühmte Aufstieg der Verwaltung, die bis heute als ein Musterbeispiel einer auf Gehorsam aufgebauten Behörde gilt, deren Akteure wie eine rationale wissensbasierte Maschine zu funktionieren verstanden. [...] Neu war vor allem die Art und Weise, *wie* Informationen im 19. Jahrhundert verarbeitet wurden: Indem jede übergeordnete Instanz neuerdings den Bericht der nachgeordneten Instanz zusammenfasste und kommentierte, anderslautende Meinungen in der Regel aber wiederzugeben hatte, wurden in der Verwaltung viel mehr Positionen gesammelt als früher. Das Sammeln wiederum erhöhte die Informationsdichte in den entscheidungsbefugten Behörden und ermöglichte, – anders als noch im 18. Jahrhundert – Regelungen permanent zu widerrufen und sie stärker der »Wirklichkeit« anzupassen[430]. Innerhalb der Behörden wurden

---

428 Siehe mit zahlreichen Nachweisen Gunnar Folke Schuppert, Governance durch Wissen. Überlegungen zum Verhältnis von Macht und Wissen aus organisationstheoretischer Perspektive, in: derselbe/Andreas Voßkuhle (Hrsg.), Governance von und durch Wissen, Baden-Baden 2008, S. 259–303.
429 Thomas Horstmann/Jörg Peltzer, Die Wissensbasierung des Staates in historischer Perspektive, in: Schuppert/Voßkuhle, Fußnote 428, S. 33–48.
430 Stefan Haas, Die Kultur der Verwaltung. Die Umsetzung der preußischen Reformen 1800–1848, Frankfurt am Main 2005, S. 300 f.

Handlungen nun netzwerkartig strukturiert, etwa durch die Anlage der Registraturen, in denen frühere Geschäftsgänge so aufbewahrt wurden, dass sie bei anstehenden Entscheidungshandlungen hervorgeholt und eingesetzt werden konnten. Der einzelne Geschäftsgang konnte so dokumentiert und archiviert paradigmatisch für andere Fälle werden."[431]

Von der in dieser Passage betonten Bedeutung der modernen Techniken im Umgang mit Wissen ist es kein weiter Weg zu einer *medientheoretischen Perspektive* auf den wissensbasierten Staat, eine Perspektive, die m.E. unser besonderes Interesse verdient und die mit dem mir neuen Begriff des „*Sekretariatskönigtums*"[432] trefflich charakterisiert werden kann; zu dieser medientheoretischen Perspektive heißt es bei Horstmann und Peltzer wie folgt:

„Eine zweite, vor allem von der historisch arbeitenden Literatur- und Medienwissenschaft getragene Forschungsrichtung versucht die Fragen zu beantworten, wie der Staat sammelt, archiviert und auswertet. Der Staat und das ihn begründende Wissen setzte danach vor allem Verfahren und Methoden voraus. Erst technische Erfindungen wie Schrift, Papier, Tinte, Buchstaben, Spalten und die Erfindung der Akten haben den Staat gemacht. In ihrer radikalsten Ausprägung wird, im Anschluss an Friedrich Kittler, ausschließlich nach der Gestaltung und Repräsentation des Staates durch die von ihm angewandten Medientechniken, sei es Schrift, Akten oder die Gestaltung von Tabellen gefragt. Typisch für diesen medienhistorischen Ansatz ist dabei ein zeitlich wie thematisch sehr weit gefasstes Ausgreifen. Die Geschichte der Wissensbasierung des Staates wird so zum Bestandteil einer größeren Geschichte der Medien- und Kulturtechniken und der Kulturgeschichte des Wissens insgesamt. Der Staat steht gleichberechtigt neben einer Kulturgeschichte der Sprache[433] und Stimme[434].
Die wichtigsten Arbeiten dieser Richtung mit einem dezidiertem Staatsbezug sind die Monographien von Cornelia Vismann[435] und

---

431 Horstmann/Peltzer, Fußnote 429, S. 41.
432 Bernhard Siegert/Josef Vogt (Hrsg.), Europa. Kultur der Sekretäre, Zürich 2003.
433 Siegert/Vogt, Fußnote 432.
434 Friedrich A. Kittler/Thomas Macho/Sigrid Weigl (Hrsg.), Zwischen Rauschen und Offenbarung. Zur Kultur- und Mediengeschichte der Stimme, Berlin 2002.
435 Cornelia Vismann, Akten. Medientechnik und Recht, Frankfurt 2000.

Viertes Kapitel: (Rechts-)Wissen als Herrschafts- und Regierungswissen

Bernhard Siegert[436]. Vismann hat in einer Mediengeschichte der Akte gezeigt, wie die Einführung neuer Schreib- und Archivierungstechniken zu einer folgenreichen Trennung von Administration und Recht führte; Bernhard Siegerts Arbeit zu den Zeichenpraktiken der neuzeitlichen Wissenschaften 1500–1900[437] behandelt in einer längeren Einzelstudie den Versuch Philipps II. von Spanien, sein überseeisches Imperium mit Hilfe einer neuartigen wissensbasierten Bürokratie zu überschauen."[438]

Die dritte hier vorzustellende Perspektive kann als *staatswissenschaftliche Perspektive* bezeichnet werden und ist von Andreas Voßkuhle unter der Überschrift „Der rationale Staat als wissensbasierte Organisation" wie folgt skizziert worden:

„Wer rationale Entscheidungen treffen möchte, benötigt dazu Wissen bestimmter Art und Güte. Das gilt auch für den Staat. Zur Bewältigung seiner Aufgaben ist er auf die Generierung von Wissen durch stetige Gewinnung, Weitergabe und Verarbeitung von Informationen angewiesen. Erst die ausreichende Verfügbarkeit von Wissen schafft Handlungskapazität und Autorität. Der rationale Staat ist damit zugleich »Wissensstaat«[439]. Die Akzeptanz seiner Entscheidungen beruht nicht allein auf der demokratischen Legitimation der handelnden Amtsverwalter, sondern der Bürger geht aufgrund des staatlichen Rationalitätsversprechens auch davon aus, dass jene wissen, was Sie tun, wenn Sie gentechnische Experimente verbieten, das Gesundheitssystem reformieren oder eine Exzellenzinitiative im Hochschulbereich starten. Verliert der Bürger das Vertrauen in das Wissen des Staates und damit in die Vernünftigkeit seiner Entscheidungen, verflüchtigt sich auch die Bereitschaft, hoheitlichen Anordnungen Folge zu leisten. Versteht man nach alledem den Staat als »wissensbasierte Organisation«[440], dann liegt die Vermutung nahe, dass die nähere Betrachtung der Art und Weise staatlicher Wissensgenerierung auch Auskunft gibt

---

436 Bernhard Siegert, Passage des Digitalen. Zeichenproduktion der neuzeitlichen Wissenschaften 1500–1900, Berlin 2003.
437 Ebenda.
438 Horstmann/Peltzer, Fußnote 429S. 35/36.
439 Bardo Fassbender, Wissen als Grundlage staatlichen Handelns, in: Josef Isensee/Paul Kirchhof (Hrsg.), Handbuch des Staatsrechts, Band IV, 3. Aufl. Heidelberg 2006, § 76, Rdnr. 3.
440 Thomas Horstmann, Die Vergrößerung und Verschönerung des Käfigs: Der Staat als wissensbasierte Organisation, in: Humboldt Forum Recht (HFR) 2001

A. Der moderne Staat als wissensbasierte Organisation

über den Wandel des Staates und seine Handlungsfähigkeit am Anfang des 21. Jahrhunderts."[441]

Nach diesen einleitenden Vorüberlegungen soll ein kurzer Blick auf die Frage geworfen werden, worin eigentlich der Wissensbedarf des frühneuzeitlichen Staates bestand.

I. Staatsvermessungen oder zum Wissensbedarf des frühneuzeitlichen Staates

Dass der frühneuzeitliche Staat, der sich anschickte, ein moderner Verwaltungsstaat zu werden, einen enormen Wissensbedarf hatte, ist so offensichtlich, dass dieser Befund hier nicht mehrfach belegt werden muss; wir beschränken uns daher insoweit darauf, aus dem informativen Beitrag von Karin Gottschalk über „Administrative Praktiken und Staatsbildungsprozesse im 18. Jahrhundert"[442] zu zitieren, in dem es dazu in knapper Zusammenfassung wie folgt heißt:

„Die Anstrengungen des frühneuzeitlichen Staates, sein Territorium zu »inventarisieren«, gründeten zum einen in dem mit der Einrichtung stehender Heere verbundenen Bedarf an *Basisinformationen über die Bevölkerung (Konskription)*. Ebenso beförderte das Interesse an einer *effektiveren Erhebung ständiger Steuern* die Beschaffung möglichst umfassender und aktueller Informationen über die Vermögensverhältnisse der Untertanen. Darüber hinaus war es der intensivierte Herrschaftsanspruch des Zentralstaats, der die Beschaffung von Informationen und die Kommunikation mit den Untertanen vorantrieb. Im Zusammenhang mit der Steuererhebung und dem obrigkeitlichen Herrschaftsanspruch wurden staatliche »Großprojekte« der Generierung und Strukturierung von Wissen in Gang gesetzt, die nicht zuletzt durch *Aspekte der Herrschaftslegitimierung* geprägt waren."[443]

---

http://www.humboldt-forum-recht.de/english/9-2001/index.html, Zugriff am 12.10.2018.
441 Andreas Voßkuhle, Das Konzept des rationalen Staates, in: Schuppert/derselbe, Fußnote 428, S. 16.
442 Karin Gottschalk, Wissen über Land und Leute. Administrative Praktiken und Staatsbildungsprozesse im 18. Jahrhundert, in: Peter Collin/Thomas Horstmann (Hrsg.), Das Wissen des Staates. Geschichte, Theorie und Praxis, Baden-Baden 2004, S. 149–174.
443 Ebenda, S. 269.

Viertes Kapitel: (Rechts-)Wissen als Herrschafts- und Regierungswissen

Dieses vom frühneuzeitlichen Staat benötigte Wissen konnte natürlich nicht das Wissen von Einzelpersonen sein; das Wissen des modernen Verwaltungsstaats ist *institutionalisiertes Wissen*, das der sich ausbildenden Bürokratie als *Informationsspeicher* zu dienen vermochte; in seinem Beitrag über „Wissen und Ausbildung frühneuzeitlicher Strukturen" am Beispiel Englands im Hochmittelalter hat Jörg Peltzer dazu Folgendes ausgeführt:

> „Das Regierungsprinzip der anglo-normannischen, dann angevinischen Könige kann als *wissensintensiv* bezeichnet werden. Das Bestreben, den Einzelnen zu erreichen, führte zu einer sehr hohen Konzentration von Informationen und Know-how am königlichen Hof. Ein Verwaltungszentrum entstand und die Verwendung des Mediums Schrift begann administrative Vorgänge zu standardisieren; die für den modernen Staat so typischen bürokratische Strukturen nahmen ihre Anfänge. Mit zunehmender Ausformung der Verwaltung und der Ausbildung ist zu beobachten, *wie Wissen institutionalisiert wurde*. Das Funktionieren der Verwaltung hing nicht mehr nur ausschließlich vom Schicksal einiger weniger Personen ab; Nachwuchs war schnell zur Hand. Gegen Ende des Untersuchungszeitraumes begannen die königlichen Administratoren auch das Potential des enormen *Informationsspeichers ihrer Institutionen* zu erschließen. Sie lernten aus ihrem Wissen. Die königliche Administration diente aber auch Dritten als Quelle des Wissens. Neben der möglichen Vorbildfunktion in der Verwaltung von Gütern, wurden die von ihr archivierten Informationen vor allem bei Rechtsstreitigkeiten genutzt. Man könnte deshalb davon sprechen, dass gegen Ende des Untersuchungszeitraums die königliche Verwaltung *Ansätze einer intelligenten Organisation* zeigte: Über das Wissen des Einzelnen hinaus wurde eine *organisationale Wissensbasis* geschaffen, die nicht nur der Organisation selbst, sondern auch Dritten zur Weiterentwicklung diente."[444]

Wegen des immensen Wissensbedarfs des frühneuzeitlichen Staates begann nun das Zeitalter der „Staatsvermessungen"[445], also die mannigfachen Anstrengungen, „Wissen über Land und Leute" zu erwerben durch „Registrieren, Vermessen, Taxieren" sowie „Protokollieren und Archivie-

---

444 Jörg Peltzer, Wissen und Ausbildung frühneuzeitlicher Strukturen: Der Fall England im Hochmittelalter, in: Peter Collin/Thomas Horstmann (Hrsg.), Das Wissen des Staates, Baden-Baden 2004, S. 143/144.
445 Éric Brian, Staatsvermessungen. Condorcet, Laplace, Turgot und das Denken der Verwaltung. Politische Philosophie und Ökonomie, Wien/New York 2001.

ren"[446]. Trotz der enorm wichtigen Rolle der *Statistik*, stand diese wissenschaftliche Disziplin nie im Fokus des öffentlichen Interesses, wie in dem Geleitwort zu dem Buch von Éric Brian über „Staatsvermessungen" wohl zu Recht hervorgehoben wird:

> „Es gibt Wissenschaften, die zwar unser soziales Leben eminent bestimmen, die aber kein adäquates öffentliches Interesse hervorrufen. Ein entsprechend schlechtes Prestige wird der Statistik nachgesagt. Obgleich schwerlich ein seriöser Diskurs über soziale Probleme zu führen ist, ohne sich statistischer Belege und Absicherungen zu bedienen, wird das methodische Profil dieser Wissenschaft allein von den Spezialisten geformt. Im angelsächsischen Bereich liegen seit einiger Zeit Arbeiten von Wissenschaftshistorikern und Philosophen vor, die die überaus interessante und für die Entfaltung der Sozialwissenschaften wichtige Entwicklungsgeschichte der Statistik nachzeichnen[447]. Das vorliegende Buch von Éric Brian weist am Beispiel Frankreichs auf jenen Kreuzungspunkt hin, an dem sich philosophisch gebildete Mathematiker mit den Bestrebungen einer an Reformen interessierten Staatsverwaltung trafen, um Methoden und Praktiken zu entwickeln, die Bevölkerung des Landes in den wesentlichen Aspekten zu erfassen. Die in diesem Umkreis ebenfalls entstehende politische Ökonomie des 18. Jahrhunderts war nicht nur gleichsam infiziert von der Statistik in der Form der politischen Arithmetik, sie verband jene zwei für sich sprechenden Themen »Wohlstand« und »Bevölkerungsreichtum«."[448]

Zwei der in diesem Zusammenhang berühmtesten Namen seien – wie das Geleitwort fortführt – auch dem deutschen Leser geläufig: Colbert und Vauban; beide stünden für die Modernisierung der Staatsverwaltung gegen Ende des 17. Jahrhunderts, besonders im Bereich der ökonomischen Aktivitäten (Steuerfragen, Gründung von Manufakturen) und des Aufbaus einer funktionierenden Militärverwaltung.

Wenn man die zitierte Passage aus dem Geleitwort noch einmal Revue passieren lässt und sodann einen Blick auf die Ausgabe des SPIEGEL vom 29.7.2017 wirft, die als Teil des geschilderten Lebens in Deutschland das

---

446 Aufzählung bei Gottschalk, Fußnote 442.
447 Siehe z. B. Theodore M. Porter, The Rise of Statistical Thinking, 1820–1900, Princeton 1986; Gerd Gigerenzer/Zeno Swijtink/Theodore Porter/Lorraine Daston/John Beatty/Lorenz Krüger, The Empire of Chance. How probability changed science and everyday life, Cambridge 1989; Ian Hacking, The Taming of Chance, Cambridge 1990.
448 Brian, Fußnote 445, S. I.

Viertes Kapitel: (Rechts-)Wissen als Herrschafts- und Regierungswissen

Statistische Bundesamt als die deutscheste aller Behörden behandelt, so sind die Parallelen verblüffend: die Bedeutung der wahrzunehmenden Aufgabe kontrastiert in auffallender Weise mit der öffentlichen Nicht-Aufmerksamkeit, die dieser Behörde zuteilwird. Was zunächst die Bedeutung der Aufgabe angeht, so notiert der SPIEGEL dazu Folgendes:

> „Ohne dieses Amt ließe sich kaum eine sinnvolle Wirtschafts- und Sozialpolitik betreiben. Lobbyisten und Populisten könnten noch mehr Fake News verbreiten, als sie es ohnehin tun. Die Bürger wären nicht dazu in der Lage zu beurteilen, ob die Regierung ihren Job gut oder schlecht gemacht hat.»Wir tragen daher eine große Verantwortung, und wir tun alles, dass die Daten, die wir sammeln, korrekt sind«, sagt Sarreither (der Chef der Behörde, G.F.S.). [...]
> Dank Umfragen mit Hunderttausenden Teilnehmern weiß man in Wiesbaden, wie der deutsche Alltag aussieht, wie sich das Bruttoinlandsprodukt entwickelt, die Inflationsrate. Aber auch, wie viele Männer mit über 30 noch bei ihren Eltern wohnen (rund zwei Prozent), wie viel Zeit ein Deutscher pro Tag durchschnittlich mit Essen verbringt (eine Stunde und 41 Minuten) oder wie viel Geld deutsche Unternehmen im vergangenen Jahr mit dem Export von Rasenmähern nach Ghana eingenommen haben (rund 82 000 Euro).
> Das Statistische Bundesamt arbeitet gründlich, nüchtern, präzise. Es ist vielleicht die deutscheste aller deutschen Behörden."[449]

Was die mangelnde Bekanntheit des Behördenchefs Dieter Sarreither und die Unterbringung der Behörde angeht, so wird sie in dem zitierten Artikel wie folgt ausgemalt:

> „Der Mann heißt Dieter Sarreither, hat Ende vergangenen Jahres seinen 65. Geburtstag gefeiert und ist vermutlich 99,9 Prozent der Bevölkerung gänzlich unbekannt. Dabei leitet er eine der einflussreichsten Behörden des Landes: das Statistische Bundesamt.
> Das klingt langweilig, klingt grau. Aber hier wird die Wirklichkeit gemacht. [...]
> Die meisten der etwa 2250 Mitarbeiter des Bundesamts sind in einem 13-stöckigen Haus in Wiesbaden untergebracht, das wegen seiner über-

---

449 Guido Kleinhubbert, Truthuhn, unzerteilt. Es sammelt Daten über Rasenmäher, den Kaffeekonsum von Beamten und neue Preise beim Friseur – niemand weiß mehr über das Land und seine Bürger als das Statistische Bundesamt. Ein Besuch bei der deutschesten aller Behörden, DER SPIEGEL Nr. 31 vom 29.7.2017, S. 22.

durchschnittlichen Trostlosigkeit auch nach Berlin-Marzahn passen würde. Vor dem Eingang steht eine abstrakte Pferdeskulptur, die vom Künstler auf den naheliegenden Namen »Pferd« getauft wurde, von der Belegschaft aber »Amtsschimmel« genannt wird."[450]

Soweit zum Wissensbedarf des frühneuzeitlichen und des gegenwärtigen Staates. Nunmehr möchte ich den Leser einladen, mit mir einen Abstecher in die deutsche Kolonialgeschichte zu unternehmen, um auf diese Weise einen interessanten Fall wissensbasierter Staatlichkeit kennenzulernen.

II. Der Kolonialstaat: Kolonialpolitik als eine – auch – wissenschaftliche Veranstaltung?

1. Begriff und Eigenart kolonialer Staatlichkeit

Wenn man nach einer mehr als nur oberflächlichen Beschreibung von Wesensmerkmalen des kolonialen Staates sucht, so wird man in dem Grundriss der deutschen Kolonialgeschichte von Sebastian Conrad fündig[451]; bezogen auf die Kolonialmacht Deutschland heißt es dazu bei ihm wie folgt:

„Die vom Deutschen Reich kontrollierten kolonialen Staaten wurden mit der Vorstellung etabliert, *europäische Staatlichkeit zu übertragen*. In der sozialen Praxis waren die Unterschiede jedoch beträchtlich. Der koloniale Staat war nicht lediglich eine Erweiterung des westeuropäischen Modells, *»sondern eine politische Form sui generis«* (Jürgen Osterhammel). Zudem konnte koloniale Staatlichkeit ausgesprochen unterschiedlich organisiert sein. Bereits die Vielfalt rechtlicher Bestimmungen war enorm. Die Strukturen kolonialer Herrschaft variierten je nach Region und Zeitpunkt, nach der Art der Kolonie, aber auch abhängig von den geo-physischen Bedingungen vor Ort und vor allem der Dynamik der jeweiligen einheimischen Gesellschaften. Je nach Zielsetzung des kolonialen Projekts unterschied sich auch der *Herrschaftsanspruch des kolonialen Staates*. In Handelskolonien wie Togo beschränkte sich die staatliche Präsenz auf eine kleine Gruppe von Bürokraten, die in erster Linie die ökonomische Ausbeutung des Gebiets sichern sollten. Im Vergleich dazu erforderte die Anwesenheit deutscher Siedler und die Arbeitskräftenachfrage deutscher Grundbesitzer in

---

[450] Ebenda, S. 22.
[451] Sebastian Conrad, Deutsche Kolonialgeschichte, 2. Aufl. München 2012.

Viertes Kapitel: (Rechts-)Wissen als Herrschafts- und Regierungswissen

Siedlungskolonien (wie etwa Deutsch-Südwestafrika) und Plantagenkolonien (Kamerun) eine tiefere staatliche Durchdringung der einheimischen Territorien. Zudem muß eine Analyse kolonialer Herrschaft zeitlich differenzieren, denn selbst in der kurzen Phase deutscher Dominanz wandelten sich *die Strukturen kolonialer Staatlichkeit* zum Teil stark."[452]

Bei aller Notwendigkeit der Differenzierung ließen sich aber – so fährt Conrad fort – doch die folgenden *vier Grundmerkmale kolonialer Staatlichkeit* identifizieren:

„Zum einen knüpften die europäischen Imperien, vor allem in der frühen Phase, vielfach an vorkoloniale Herrschaftsformen an. Zweitens war der koloniale Staat in der Regel ein schwacher Staat, was Durchdringung und Kontrolle betraf. Dies hatte auch, drittens, mit seiner mangelnden Legitimität und fehlenden ideologischen Hegemonie zu tun. Vor diesem Hintergrund war es viertens kein Zufall, sondern strukturell angelegt, daß Gewalt und kriegerische Auseinandersetzungen unter kolonialen Bedingungen eine zentrale Rolle spielten."[453]

Von diesen vier Merkmalen sei eines besonders hervorgehoben. Es bezieht sich auf die Tatsache, dass sich wohl alle Kolonialmächte gezwungen sahen, an die vorgefundenen Muster lokaler Herrschaftsausübung anzuknüpfen, was zu einer für koloniale Staatlichkeit typischen *Hybridisierung kolonialer Herrschaft* führte; diese partielle Anpassung an lokale Gegebenheiten ließ sich – so Conrad – vor allem auf zwei Ebenen beobachten:

„Zum einen griff deutsche Herrschaft, vor allem in den frühen Jahren, häufig auf die Infrastruktur der Forschungsexpeditionen zurück. Vor allem in Ostafrika fanden das Personal und das Wissen dieser Expeditionen Eingang in die entstehenden Schutzgebietsverwaltungen. Die Forschungsreisen wiederum operierten in Strukturen, die der interregionale Karawanenhandel geschaffen hatte. Vor allem das *Wissen indigener Händler* kam den deutschen Kolonialherren häufig zugute. »Diese lokalen Wurzeln«, hat Michael Pesek unlängst argumentiert, »haben ebenso zur Herausbildung kolonialer Herrschaft und Staatlichkeit bie-

---

452 Ebenda, S. 38/39.
453 Ebenda, S. 39.

getragen wie die Dekrete und Programme der Kolonialpolitiker in Berlin und Dar es Salaam.«[454]"

2. How to govern a colony I: koloniale Herrschaft als rechtlich strukturierte Herrschaft

Wie kaum an einem anderen Herrschaftstyp lässt sich an dem Fall kolonialer Herrschaft zeigen, dass Herrschaft ohne rechtlich ausgeformte Governancestrukturen nicht funktionieren kann und dass ein neuzeitlicher Verwaltungsstaat, der auch Kolonialstaat sein will, sich notwendigerweise der Sprache des Rechts bedienen musste.

Als das Deutsche Reich 1884 im Gefolge der Berliner Konferenz zur Aufteilung Afrikas sozusagen über Nacht Kolonialmacht wurde, musste so etwas wie eine „*Kolonialverfassung*" gefunden werden, wirke eine solche auf die der sog. juristischen Methode[455] verpflichteten deutschen Staatsrechtslehre als eine „exotische Verfassung" oder nicht. Wenn wir hier den Begriff der Kolonialverfassung verwenden, so nur in dem Sinne, dass einige *Grundentscheidungen* getroffen werden mussten, wie mit den sog. Schutzgebieten eigentlich umgegangen werden sollte; drei Fragen erschienen insbesondere klärungsbedürftig:

– Sind die Schutzgebiete eigentlich *Ausland* oder doch eher *Inland* oder sollte es – in klassischer juristischer Ausdrucksweise – „darauf ankommen", um welchen Aspekt kolonialer Herrschaft es sich handelte? Dazu erfahren wir sogleich etwas mehr.
– Ist die deutsche koloniale Herrschaft vor allem oder ausschließlich *exekutive Herrschaft*, an der das Parlament nur in seiner Rolle als Budget bewilligende Instanz beteiligt ist, mehr aber nicht?
– Wie ist die *Rechtstellung der indigenen Bevölkerung* – vulgo der „Eingeborenen" – beschaffen; soll es ein einheitliches Recht für alle auf dem Territorium einer Kolonie lebenden Personen geben oder eine *duale Rechtsordnung* mit zwei getrennten Rechtskreisen für die Angehörigen der Kolonialmacht und andere Europäer wie für die indigene Bevölkerung?

---

454 Michael Pesek, Koloniale Herrschaft in Deutsch-Ostafrika. Expeditionen, Militär und Verwaltung seit 1880, Frankfurt am Main 2005.
455 Marc Grohmann, Exotische Verfassung. Die Kompetenzen des Reichstags für die deutschen Kolonien in Gesetzgebund und Staatsrechtswissenschaft des Kaiserreichs (1884–1914), Tübingen 2001.

Viertes Kapitel: (Rechts-)Wissen als Herrschafts- und Regierungswissen

All dies hätte in einer *Art Grundsatzgesetz* klar und eindeutig geregelt werden können. Das als Grundsatzgesetz fungierende „Gesetz betreffend die Rechtsverhältnisse der deutschen Schutzgebiete" von 1886, das ab 1890 als sog. „Schutzgebietsgesetz" (SGG) firmierte, war nur in dem Punkt des Rechtsstatus gänzlich eindeutig, ansonsten aber auslegungsfähig und auslegungsbedürftig[456]:

> „Die sich [...] herausbildende Rechtsordnung war im deutschen Kolonialreich *durch eine duale Struktur gekennzeichnet*, die ähnlich auch die Rechtsordnungen anderer europäische Kolonialmächte in Afrika bestimmte: Deutsche Reichsgesetze galten in den Kolonien nur für Europäer und Europäerinnen, die afrikanische Bevölkerung blieb von diesem Recht ausgeschlossen. Für sie galt das sogenannte »*Eingeborenenrecht*«, das aus den für die Kolonien erlassenen Verordnungen sowie dem afrikanischen Recht bestand."[457]

Aber auch andere Materien waren regelungsbedürftig, Materien, die wir hier nur stichwortartig auflisten wollen, da es uns nicht darum geht, an dieser Stelle eine Einführung in das deutsche Kolonialrecht zu geben[458]; regelungsbedürftig waren insbesondere

- die *koloniale Gerichtsorganisation*, und zwar sowohl hinsichtlich der Eingeborenen wie der deutschen Staatsangehörigen, für die mit der Geltung des Konsulargerichtsbarkeitsgesetzes[459] eine Lösung gefunden wurde,
- der *Rechtsstatus der Angehörigen der Schutztruppen*, der im Schutztruppengesetz von 1896 definiert wurde sowie so praktische Fragen wie
- die *Beamtenfürsorge und die Pensionen* für den Dienst in den Kolonien.

Wenn man sich all dies noch einmal durch den Kopf gehen lässt, dann wird vollkommen klar, dass das „eine Kolonie haben" für die jeweilige Kolonialmacht zugleich immer bedeutete, diejenigen Governancestrukturen schaffen zu müssen, die für eine effektive Verwaltung des kolonialen Rau-

---

456 Zur staatswissenschaftlichen Literatur mit zahlreichen Nachweisen Grohmann, Fußnote 455.
457 Ulrike Schaper, Koloniale Verhandlungen. Gerichtsbarkeit, Verwaltung und Herrschaft in Kamerun 1884–1916, Frankfurt/New York 2012, S. 11.
458 Überblick bei Peter Sack, Grundzüge der Rechts- und Verwaltungsordnung im deutschen Kolonialreich, in: Rüdiger Voigt/Peter Sack (Hrsg.), Kolonialisierung des Rechts. Zur kolonialen Rechts- und Verwaltungsordnung, Baden-Baden 2001, S. 41–70.
459 Siehe § 19 Nr. 1 Konsulargerichtsbarkeitsgesetz in Verbindung mit § 3 des Schutzgebietsgesetzes in der Fassung von 1900.

mes erforderlich sind; da Governancestrukturen nichts anders als rechtlich ausgeformte Regelungsstrukturen sind[460] meint dies, dass koloniale Herrschaft immer auch rechtliche Herrschaft ist. Deshalb halte ich den von Rüdiger Voigt und Peter Sack verwendeten Begriff der *„Kolonialisierung des Rechts"*[461] für wenig hilfreich; es geht nicht darum, Recht zu kolonialisieren, sondern darum, für koloniale Herrschaft als einer Herrschaftsform „sui generis" eine Regelungsregime zu „designen", das auf die kolonialen Verhältnisse – dazu sogleich mehr – passt. Auch den von Ulrike Schaper in ihrer ansonsten facettenreichen Dissertation gewählten Begriff der *„Verrechtlichung der kolonialen Herrschaft"*[462] finden wir wenig aussagekräftig; wenn damit – wie sie selber angibt[463], lediglich die steigende Anzahl kolonialrechtlicher Bestimmungen gemeint ist, so wird damit nur bestätigt, was ich hier als These vortrage, nämlich dass „Kolonisieren" von Anfang an auch ein rechtlich geprägtes Unterfangen ist, dessen Regelungsintensität naturgemäß mit der Verdichtung der kolonialen Herrschaft – insbesondere bei einem kolonialen „Newcomer" wie dem Deutschen Reich – quasi automatisch zunehmen musste.

3. How to govern a colony II: koloniale Herrschaft als wissensbasierte Herrschaft

Alle Welt ist sich offenbar einig in dem Befund, dass „colonial governance"[464] nur als wissensbasierte Herrschaft denkbar ist und Kolonialpolitik damit eine auch wissenschaftlich geprägte Veranstaltung. Wie selbstverständlich heißt es etwa in der Dissertation von Anne-Kathrin Horstmann über „Wissensproduktion und koloniale Herrschaftslegitimation an den Kölner Hochschulen"[465] wie folgt: „Wissen spielte im (kolonia-

---

460 Ausführlich dazu Gunnar Folke Schuppert, Governance im Spiegel der Wissenschaftsdisziplinen, in: derselbe (Hrsg.), Governance-Forschung. Vergewisserung über Stand und Entwicklungslinien, Baden-Baden 2005, S. 371–469.
461 Voigt/Sack, Fußnote 458.
462 Schaper, Fußnote 457, S. 40 ff.
463 Ebenda.
464 Begriff bei Ursula Lehmkuhl, Regieren im kolonialen Amerika: Colonial Governance und koloniale Gouvernementalité in englischen und französischen Siedlungskolonien, in: Thomas Risse/Ursula Lehmkuhl (Hrsg.), Regieren ohne Staat? Governance in Räumen begrenzter Staatlichkeit, Baden-Baden 2007, S. 111–133.
465 Ein Beitrag zur „Dezentralisierung" der deutschen Kolonialwissenschaften, Frankfurt am Main 2015.

Viertes Kapitel: (Rechts-)Wissen als Herrschafts- und Regierungswissen

len) Diskurs eine große Rolle. Ohne die Aneignung und Verarbeitung, die Instrumentalisierung und Manipulation von Wissen wäre die Errichtung und Aufrechterhaltung kolonialer Herrschaft nicht möglich gewesen. Denn wer erobern will, benötigt Informationen – Informationen über geographische, wirtschaftliche und soziale Gegebenheiten, um die neu »entdeckten« bzw. »erworbenen« Gebiete überhaupt fassen, erschließen und »beherrschen« zu können."[466] Und bei Sebastian Conrad lesen wir in dem Kapitel „Wissen und Kolonialismus" in gleichsinniger Weise Folgendes:

> „Die Generierung von Wissen über die außereuropäischen Länder war eine zentrale Voraussetzung des Kolonialismus, und zugleich hat die koloniale Erfahrung in unterschiedlichen Formen des Wissens ihre Spuren hinterlassen. Wissen und Wissenschaft waren keine Instrumente neutraler und »objektiver« Beschreibung; vielmehr waren sie von den Hierarchien der Macht und den Mechanismen der Herrschaft nicht zu trennen. Damit ist, auf einer ersten Ebene, die offensichtliche Tatsache gemeint, daß die Wissenschaften bei der europäischen Eroberung der Welt einen unverzichtbaren Beitrag leisteten; von der Ingenieurstechnik über die Landvermessung, Waffentechnik, Rechtswissenschaft, Orientalistik, Ethnologie bis zur Sprachwissenschaft wurde das gesamte Arsenal der akademischen Disziplinen auch bei der territorialen Durchdringung des Erdballs instrumentalisiert."[467]

Ein solches Verständnis eines wissensbasierten Kolonialismus – für das sich der Begriff des *„scientific colonialism"* eingebürgert hat[468] – entsprach auch ganz offensichtlich dem Selbstverständnis der deutschen und auch der japanischen Kolonialmacht[469]. So heißt es etwa in der schon zitierten Dissertation von Ulrike Schaper kurz und knapp: „[...] entspreche es dem deutschen Selbstverständnis [...] eine moderne Kolonialmacht zu sein, dass die kolonisierten Territorien und ihre Bevölkerungen vermessen und erforscht wurden, um die koloniale Herrschaft auf eine wissenschaftliche Grundlage zu stellen."[470] Dazu passt es, wenn Jens Ruppenthal in seiner ebenso materialreichen wie anregenden Arbeit über „Kolonialismus als »Wissenschaft

---

466 Ebenda, S. 59.
467 Sebastian Conrad, Deutsche Kolonialgeschichte, 2. Aufl. München 2012, S. 80.
468 Grundlegend dazu Bernhard S. Cohn, Colonialism and its Forms of Knowledge. The British in India, Princeton 1996.
469 Sebastian Conrad, Wissen als Ressource des Regierens in den deutschen und japanischen Kolonien des 19. Jahrhunderts, in: Thomas Risse/Ursula Lehmkuhl (Hrsg.), Regieren ohne Staat?, Baden-Baden 2001, S. 134–153.
470 Schaper, Fußnote 457, S. 20.

und Technik«"[471] den Leiter des 1907 neu geschaffenen Reichskolonialamtes – Bernhard Dernburg – mit der folgenden programmatischen Aussage zitiert:

> „Kolonisieren ist eine Wissenschaft und Technik wie jede andere; sie lernt sich nicht allein in den Hörsälen, nicht allein in einem abgeschlossenen juristischen Berufsgang, sie lernt sich auch nicht auf einem Kontorsessel, sondern sie lernt sich, indem man die Bedürfnisse, die Verhältnisse der fremden Länder an Ort und Stelle studiert, indem man alle die Hilfsmittel, die die Wissenschaft und vor allem auch die Wissenschaft der Nachbarn einem gibt, anwendet, und sie lernt sich durch den Augenschein."[472]

Angesichts dieses einhelligen Befundes drängt sich die Frage geradezu auf, was das viel beschworene und offenbar unverzichtbare koloniale Wissen eigentlich ist.

a) Was heißt koloniales Wissen?

Wenn die Rede auf die Frage kommt, was denn alles vom kolonialen Wissen umfasst wird, besteht eine beliebte Antwort darin zu sagen: so ziemlich alles, was für das Regieren und Verwalten einer Kolonie nützlich ist: „Das zugrundeliegende (koloniale, G.F.S.) Wissen bezog sich auf die Vermessung und geographische Erfassung des Territoriums, auf die ethnographische Bestandsaufnahme der Bevölkerung, auf die medizinische und »rassische« Klassifizierung, auf die Frage nach kulturellen Mustern und rechtlichen Bräuchen."[473] Einem solch breiten Anforderungsprofil an koloniales Wissen das Wort zu reden, erscheint auch durchaus berechtigt; denn wenn Regieren die Fähigkeit meint, „to get things done", dann könnte man in Parallelität dazu formulieren, koloniales Wissen bezeichne dasjenige an Wissen, das erforderlich ist, *„to make colonial governance work"*. Insofern wird man sich als Idealbesetzung für einen Kolonialbeamten einen „allrounder" vorstellen, der nicht nur über rechtliche Grundkenntnisse verfügt, sondern auch ökonomische Zusammenhänge versteht und vor allem

---

471 Jens Ruppenthal, Kolonialismus als „Wissenschaft und Technik". Das Hamburger Kolonialinstitut 1908 bis 1919, Stuttgart 2007.
472 Ebenda, S. 58.
473 Sebastian Conrad, Fußnote 467, S. 139.

Viertes Kapitel: (Rechts-)Wissen als Herrschafts- und Regierungswissen

die Bereitschaft mitbringt, sich auch auf eine ihm fremde Kultur einzulassen.

Aber statt auf das Ideal von Kolonialbeamten als Verwaltungs-Generalisten fixiert zu sein, sollte man – wie Sebastian Conrad dies auch vorschlägt – danach Ausschau halten, ob man *bestimmte Wissensarten identifizieren kann*, die als kolonialismustypisch gelten können; ich schlage vor, die folgenden *drei Wissensarten* zu unterscheiden:

- Als erste kolonialtypische Wissensart hat sicherlich das *geografische Wissen* zu gelten, geht es doch bei der Kolonialisierung zu allererst um die Durchdringung und Beherrschung eines der Kolonialmacht fremden Territoriums. Daher spielten – wie die in England 1830 gegründete und zu Recht so berühmte „Royal Geographical Society" – geografische Gesellschaften als *Wissensakteure* eine wichtige Rolle:

  „In Deutschland gründete sich 1828 die »Gesellschaft für Erdkunde zu Berlin« und in der Folge weitere Vereinigungen in zahlreichen anderen Städten. Die Mitgliederzahlen der Gesellschaften blieben anfänglich gering, um dann ab der Mitte des Jahrhunderts und parallel zu der steigenden Zahl deutscher Afrikareisender rasch zuzunehmen. Für die Verbindungen zwischen Kolonialismus und Wissenschaft ist dabei die 1873 in Berlin gegründete »Deutsche Gesellschaft zur Erforschung des äquatorialen Afrika« das prägnanteste Beispiel. Initiiert von dem Ethnologen Adolf Bastian und mit Beteiligung zahlreicher Mitglieder der geographischen Gesellschaften sollte die Vereinigung gewissermaßen die zentrale Institution für die Erforschung des afrikanischen Kontinents darstellen. Obwohl es bis zur Inbesitznahme der ersten Territorien in Afrika noch mehr als zehn Jahre dauerte, korrespondierten die von der Gesellschaft formulierten Ziele mit den in Wirtschaft, Politik und Agitationsverbänden vertretenen Kolonialinteressen bereits in hohem Maße. Die Wissenschaftler kamen den Kolonialinteressierten programmatisch entgegen und postulierten neben der Nützlichkeit ihrer Forschung für Nationalökonomie und Privatunternehmen auch die Steigerung des nationalen Prestiges sowie eine Verpflichtung zur »zivilisatorischen Erschließung« Afrikas."[474]

- Eine zweite Art kolonialen Wissens lässt sich ebenfalls aus der Eigenart des Kolonialismus ableiten. Entschied sich die Kolonialmacht – wie das Deutsche Reich – als kolonialverfassungsrechtlichen Grundsatz für eine

---

474 Ruppenthal, Fußnote 471, S. 21.

duale Rechtsordnung mit zwei getrennten Rechtskreisen für Europäer auf der einen Seite und die sog. Eingeborenen auf der anderen Seite, so implementierte sie damit etwas, was man heute als *„legal pluralism"* bezeichnen würde. Dann war es im Sinne des Versuchs „to make colonial governance work" nur konsequent, sich mit dem indigenen Recht zu beschäftigen und dieses verlässlich zu ermitteln: „Deutsche Juristen und Rechtsethnologen begannen etwa seit der Jahrhundertwende, lokales Gewohnheitsrecht zu untersuchen und aufzuzeichnen. Dahinter stand einerseits die selbstgestellte Aufgabe, zu einer »Höherentwicklung« rechtlicher Bräuche beizutragen und so die Versprechen der Zivilisierungsmission konkret einzulösen. Zugleich war die Untersuchung des indigenen Rechts jedoch die *Grundlage für die Einrichtung eines dualen Rechtssystems*, das für die koloniale Praxis im deutschen Kolonialreich charakteristisch war."[475]

- Auch die dritte Wissensart ergibt sich unmittelbar aus der Besonderheit kolonialer Herrschaft als *intermediärer Herrschaftsform*, die notwendig auf die Kooperation mit lokalen Governanceakteuren angewiesen war. Mit der Delegation von Herrschaftsbefugnissen an die „local big men", heißen diese „chiefs", „warlords" oder wie auch immer, bestand die Möglichkeit der *Nutzbarmachung lokalen Wissens*:

    „Koloniale Governance war […] durch die Abtretung kolonialstaatlicher Befugnisse im Bereich der Rechtsprechung geprägt. Zivilrechtliche Fälle, die Einheimische betrafen, wurden im Namen der Kolonialregierung von *chiefs* (lokalen Machthabern) verhandelt; und da die Grundlagen der Rechtsprechung nicht schriftlich fixiert waren, wurden zusätzlich lokale »Gelehrte« (etwa die so genannten Wali in Ostafrika) als Autoritäten hinzugezogen. […]
    Die koloniale Herrschaft blieb auf die Delegierung von Herrschaftskompetenzen an lokale Gewalten, in erster Linie regionale Potentaten, angewiesen. Die Stellung dieser Chiefs – und auch ihre Nützlichkeit für die koloniale Administration – beruhte auf ihrem Prestige und ihrer Autorität innerhalb lokaler Gemeinschaften, während sie durch eine zu enge Nähe zum kolonialen Staat unterminiert zu werden drohte. Diese Zwischenstellung ermöglichte taktischen Verhalten und eröffnete Freiräume, die von loka-

---

[475] Conrad, Fußnote 467, S. 141.

len Akteuren auf unterschiedliche Art und Weise genutzt werden konnten."[476]

b) Zur Vorbildfunktion anderer Kolonialmächte oder Wissenstransfer durch vergleichende Beobachtung

Wenn wir uns den u.E. gut belegten Befunden Jens Ruppenthals anvertrauen, dann handelte es sich bei dem Personalkörper der vor Ort tätigen deutschen Kolonialbeamten um eine Truppe von in Sachen „colonial governance" *unerfahrenen Amateuren*; dies gilt einmal für die Gruppe der zu Kolonisatoren gewordenen *Forschungsreisenden*:

> „Die angesprochenen *Amateurforscher* bildeten in den ersten Jahren der deutschen Kolonialherrschaft einen bedeutenden Teil der vom Reich für die Verwaltung der neuen Kolonien entsandten Personen. Viele von ihnen hatten wie Gustav Nachtigal oder Gerhard Rohlfs Medizin oder Naturwissenschaften studiert und verfügten durchaus über die Fähigkeit, wissenschaftlich brachbare Informationen zu sammeln. Ein größerer Teil bestand aus Berufssoldaten und besaß ebenfalls bestimmte Fertigkeiten, wie kartographische oder technische Kenntnisse, die bei der Akkumulation von Wissen über die kolonialen Gebiete hilfreich sein konnten. Insgesamt jedoch waren die Kolonisatoren auf die neue Situation nicht vorbereitet. Weder die Offiziere noch die unspezialisierten Forschungsreisenden, noch die Vertreter etablierter Wissenschaften waren Verwaltungsfachkräfte. Umfang und Zusammensetzung dieser heterogenen Gruppe ergaben sich aus den lokalen Gegebenheiten, etwa aus der militärischen Lage. Ihre Mitglieder übernahmen nur deshalb Verwaltungsaufgaben, weil sie durch die eigentliche Tätigkeit vor Ort den Beamten im Reich koloniale Erfahrung voraushatten. Unter diesen Umständen entstand zunächst weder eine reguläre Kolonialbeamtenschaft noch eine umfassende Forschungstätigkeit. Beides blieb bis zur Jahrhundertwende unterentwickelt, die Beziehungen zwischen Verwaltungs- und Wissenschaftssektor verliefen zumeist unkoordiniert und die Ergebnisse der kolonialen Forschung wurden der Verwaltung nur langsam nutzbar gemacht."[477]

---

476 Ebenda, S. 141/142.
477 Ruppenthal, Fußnote 44, S. 26/27.

Hinderlich war – wie Ruppenthal unter Berufung auf zeitgenössische Stimmen zu berichten weiß – vor allem die häufig nur *rein juristische Ausbildung* der Beamten des höheren Dienstes, eine Ausbildungsart, die deswegen auch auf die Kolonialverwaltung „überschwappte", weil die Kolonialabteilung des Auswärtigen Amtes ihren Personalbedarf stillte, indem sie Beamte aus den Behörden einzelner Bundesstaaten „entnahm"[478]. Das dadurch in den Kolonien auftretende Phänomen des „Assessorismus" sei einer effektiven Kolonialverwaltung eher abträglich gewesen und habe – neben einem ausgeprägten Militarismus – die Aufstände und Kriege in den Kolonien mit verursacht.[479] Die Kritik an der „kümmerlichen Entwicklung der Kolonialverwaltung" und der „*Unbelecktheit ihres Personals*"[480] wurde insbesondere von der organisierten Kolonialbewegung vorgetragen, vor allem von den Vertretern der „Deutschen Kolonialgesellschaft", die 1887 aus dem Zusammenschluss des Deutschen Kolonialvereins von 1882 und der Gesellschaft für deutsche Kolonisation von 1884 hervorgegangen war.

Angesichts dieses Sachverhalts bestanden vor allem zwei, sich nicht ausschließende Handlungsoptionen. Die eine bestand darin, selbst so etwas wie eine *kolonialwissenschaftliche Ausbildung* zu organisieren, wie sie etwa von dem 1887 gegründeten „Seminar für orientalische Sprachen" in Berlin und dem 1888 ins Leben gerufenen „Hamburgischen Kolonialinstitut" denn auch praktiziert wurde; da Ruppenthal über beide Institutionen ausführlich berichtet hat, mag hier darauf verwiesen werden.

Die andere Option bestand darin, den Blick auf die Ausbildungspraxis der schon etablierten Kolonialmächte zu richten, um auf diese Weise Anregung für die eigene Art und Weise der Vermittlung kolonialen Wissens zu gewinnen. Dies wurde auch durchaus getan; so berichtet etwa Jens Ruppenthal über eine breit angelegte vergleichende Studie durch Max Beneke, die von der schon erwähnten deutschen Kolonialgesellschaft publiziert wurde, Folgendes:

> „In den Jahren 1890 bis 1892 hatte der Kammergerichtsreferendar Max Beneke, wohl selbst Mitglied der Gesellschaft, Großbritannien, Frankreich, die Niederlande, Spanien, Algerien und Marokko bereist, um die Ausbildung der Kolonialbeamten und – im Falle der beiden fran-

---

[478] Ebenda, S. 91.
[479] So etwa Paul Leutwein, Das koloniale Beamtentum, in: Die Reform des deutschen Beamtentums (Erstes Ergänzungsheft zur Halbmonatszeitschrift „Das neue Deutschland"), hrsg. von Adolf Grabowsky, Gotha 1917, S. 112–116.
[480] Ruppenthal, Fußnote 471, S. 32.

Viertes Kapitel: (Rechts-)Wissen als Herrschafts- und Regierungswissen

zösischen Gebiete in Nordafrika – ihr Verhältnis zur Bevölkerung der Kolonien zu studieren. Die Veröffentlichung der 90-seitigen Untersuchung erfolgte 1894 im Auftrag der DKG. Beneke formulierte in seiner Einleitung einen universellen Katalog von grundsätzlichen Anforderungen an Kolonialbeamte, wie sie auch in den folgenden Jahren immer wieder diskutiert wurden:

»Die der Berufstheilung der modernen Kolonialstaaten entsprechende Fachausbildung genügt für den Kolonisten in keiner Weise. Er bedarf des vorherigen Studiums der Sprache, der kulturellen und wirthschaftlichen Verhältnisse seines künftigen Wirkungskreises, er bedarf, und zwar vor allem in jungen Kolonien [!], wie sie unsere deutschen sind, besonderer Fertigkeiten und Kenntnisse, die im Mutterlande niemand von ihm fordern würde. Der Verwaltungsbeamte wie der Richter muss sich über die verschiedensten Angelegenheiten, Ackerbaufragen wie die wichtigen Zweige der Technik u.s.w. selbst ein Urtheil bilden können, da nur selten ein Sachverständiger zur Stelle sein wird, dessen Gutachten er nach der bequemen, aus der Heimath mitgebrachten Gewohnheit zu Grunde legen könnte.«

Damit forderte Beneke gewissermaßen eine *Allround-Ausbildung für alle Kolonialbeamten*, die Sprache, Landeskunde und Verwaltungs- beziehungsweise Bewirtschaftungstechniken eines bestimmten Kolonialgebiets zu berücksichtigen hatte. An ein differenziertes System von Ausbildungsvarianten, die sich auf einzelne Teilbereiche der kolonialen Verwaltung oder Wirtschaft konzentrierte, dachte er offenbar nicht. Beneke ging von dem Grundgedanken aus, dass die »individuelle Befähigung der einzelnen Beamten« für eine funktionierende Verwaltung von fundamentaler Bedeutung war. Damit trug er in gewisser Weise der realen Situation in den »Schutzgebieten« Rechnung, wo die Persönlichkeit der leitenden Beamten aufgrund ihrer Machtfülle durchaus eine Rolle spielte."[481]

Jakob Zollmann hat anhand zahlreicher Beispiele so etwas wie *„comparative law journeys"* identifiziert[482], die von deutschen Kolonialbeamten unter-

---

481 Ebenda, S. 32.
482 Jakob Zollmann, German Colonial Law and Comparative Law, 1884–1919, in: Thomas Duve (Hrsg.), Entanglements in Legal History: Conceptual Approaches, Max Planck Institute for European Legal History 2014, S. 253–296.

nommen wurden um sich insbesondere am Vorbild der britischen Kolonialpolitik zu orientieren. Man könne daher – wie Russel A. Burman dies getan habe[483] – vom deutschen Kolonialismus als einen *„secondary colonialism"* sprechen; mit der nachfolgenden, diesen Befund erläuternden Passage, mit der der europäische Kolonialismus zurecht auch als eine Erscheinungsform globaler Verflechtungen kontextualisiert wird, wollen wir unseren Ausflug in die Kolonialgeschichte denn auch abschließen:

> „»[...] the primary motivation to establish an overseas empire was parity with other colonial powers, specifically the competition but also the imitation of Great Britain. [...] [T]he German colonial discourse possessed an imitative, epigonic character.«[484] Specifically in this German self-reflection, which saw itself as being »forced to take second place«, lay the foundation of something like a German colonial »Sonderweg«[485]. This path has, to be fair, been discussed in recent years with reference to the application of force in the colonies and potential continuities into the time of National Socialism. Next to many other objections to this »historical-teleology« it has, however, been stated that, in the colonial context, the »European, trans-national dimensions«, the »complex entanglements of reciprocal influences, of transfer of ideas and politics between states and their agents« ought to be analysed.[486] The initially described contemporary German comparison with older colonial nations and the orientation towards these suggest this definitively. From these comparisons ensued results which tendentially confirm similarities amongst the colonial powers – from everyday colonial administration through to acts of violence. According to the state of research, »much speaks in favour of the fact that, during time of High Imperialism, the differences amongst the European colonial powers overall took a back seat to their commonalities. The reciprocal attentiveness for the methods of the respectively other colonial

---

483 Russel A. Burman, Der ewige Zweite. Deutschlands Sekundärkolonialismus, in: Birthe Kundrus (Hrsg.), Phantasiereiche. Zur Kulturgeschichte des deutschen Kolonialismus, Frankfurt am Main 2003, S. 19–32.
484 Ebenda benda, S. 28.
485 Birthe Kundrus, Die Kolonien – „Kinder des Gefühls und der Phantasie", in: dieselbe, Fußnote483, S. 9.
486 Birthe Kundrus, Moderne Imperialisten. Das Kaiserreich im Spiegel seiner Kolonien, Köln 2003, S. 83 f.

powers serves as evidence of this.«[487] Insofar as this was concerned, there was progressively less reason to »ignore the colonial knowledge of other states in the legal and administrative areas«[488], given the fact that German »legislation [had] always, to a lesser or greater extent, attempted to learn from historical and foreign experiences«."[489]

III. Herrschaftswissen und Herrschaftssprache

Im Folgenden soll anhand von drei Beispielen die untrennbare Zusammengehörigkeit von Herrschaftswissen und Herrschaftssprache veranschaulicht werden:

1. Das Englische als Herrschafts- und Wissenssprache im British Empire

Das British Empire stand immer wieder vor der Frage, welche *Sprachenpolitik* es in seinen Kolonien verfolgen sollte: sollte diese eine Politik der forcierten Durchsetzung des Englischen sein oder bestand der richtige Weg einer weitsichtigen Integrationspolitik darin, insbesondere im Schulwesen die einheimischen Sprachen zu pflegen und das Englische für den Behörden- und Gerichtsverkehr zu reservieren? Wie uns Almut Steinbach am Beispiel Ceylons und der Malaischen Föderation erläutert, waren die Meinungen im „Colonial Office" insoweit durchaus geteilt[490]: auf eine Politik der forcierten Durchsetzung des Englischen folgte eine Phase der Förderung der lokalen Sprachen. Wie aber A. Steinbach überzeugend dargelegt hat, kam es auf diese Wahl zwischen zwei Sprachpolitiken letztlich gar nicht an. Denn wer von den lokalen Eliten als Voraussetzung für die Wahrnehmung bestimmter Funktionen an der *kolonialen Regierungs- und Verwal-*

---

487 Dirk van Laak, Kolonien als „Laboratorien der Moderne?", in: Sebastian Conrad/ Jürgen Osterhammel (Hrsg.), Das Kaiserreich transnational. Deutschland in der Welt 1871–1914, Göttingen 2004, S. 257.
488 Harald Sippel, Typische Ausprägungen des deutschen kolonialen Rechts- und Verwaltungssystems in Afrika, in: Voigt/ Sack (Hrsg.), Fußnote 458, S. 354.
489 Zollmann, Fußnote 482, S. 254.
490 Almut Steinbach, Herrschaftssprache und imperiale Integration. Britische Sprachpolitik in Ceylon und den Föderierten Malaischen Staaten, in: Mark Häberlein/Alexander Keese (Hrsg.), Sprachgrenzen – Sprachkontakte – kulturelle Vermittler. Kommunikation zwischen Europäern und Außereuropäern (16. – 20. Jahrhundert), Stuttgart 2010, S. 305–324.

tungssprache partizipieren wollte, musste unausweichlich die Sprache der Kolonialmacht halbwegs beherrschen. Es handelte sich also – wie A. Steinbach klarstellt – eigentlich weniger um ein sprachpolitisches, denn ein *strukturelles Problem*: sozialer Status und Platz in der Hierarchie waren an die Beherrschung des Englischen *funktional gekoppelt* und damit strukturell vorgegeben; zusammenfassend heißt es dazu bei Almut Steinbach wie folgt:

„Auch ohne eine aktive Anglisierungspolitik von Seiten der Briten verschob allein die Präsenz der Herrscher und die Beibehaltung des Englischen in den von den Briten dominierten Bereichen das gesamte Sprachgefüge in den Kolonien. Der *Status der englischen Sprache als Herrschaftssprache* schuf eine neue, zunächst auf die Sprachen selbst und in der Folge *auf die koloniale Gesellschaft insgesamt bezogene Hierarchie*. Bewusste politische Vorgaben, beispielsweise im Hinblick auf das Angebot der Ressource »Herrschaftssprache«, und allgemein das Nachdenken über eine für angemessen befundene *native policy* im Sprachbereich konnten diesen Prozess verstärken oder auch hemmen, aufhalten konnten sie ihn nicht. Alle Versuche von britischer Seite, das Ausmaß der Sprachverbreitung zu kontrollieren und aufgrund von vermeintlich schlechten Erfahrungen in Indien auf anderen Kolonien die Zahl der Rezipienten zu beschränken, konnten nicht gelingen, *nachdem die Strukturen geschaffen waren*. Auch wenn die Briten gewillt waren, das Bildungswesen an den lokalen Sprachen auszurichten, ordneten sie ihnen doch keine *Funktionen* zu, die mit denen der englischen Sprache hätten konkurrieren können. Ein sozialer und beruflicher Aufstieg war nach einer kurzen Zeit, in der sich die Herrschaft der Europäer erst noch etablieren musste, grundsätzlich nur noch mit ausreichend guten Englischkenntnissen denkbar. Während die Entscheidung für das Englische als *lingua franca* in Ceylon spätestens mit der Umsetzung der Empfehlungen der Colebrook-Cameron-Kommission bereits im ersten Drittel des 19. Jahrhunderts fiel und alle wesentlichen von den Eliten frequentierten öffentlichen Räume von diesem Zeitpunkt an englischsprachig geprägt waren, ließen sich die Kolonialherren in den Malaiischen Staaten bis zur Jahrhundertwende Zeit, Englisch als offizielle Sprache durchzusetzen. Mit der Gründung der Föderation und der damit einhergehenden Zentralisierung verlor Malaiisch für die Kommunikation der Eliten in Perak, Selangor, Negri Sembilan und Pahang zunehmend an Bedeutung. Die wichtigsten Entwicklungen in der britischen Sprachpolitik waren damit angestoßen. Nachdem in beiden Kolonien Englisch als *Sprache der Kolonialverwaltung, der hö-*

heren Gerichtshöfe, der Exportwirtschaft, der höheren Schulen und damit der Elite feststand, blieb lediglich offen, inwieweit die britische Regierung eine Teilhabe der einheimischen Bevölkerung an dieser Ressource zulassen wollte, in welchem Maße sie diese regulieren konnte, beziehungsweise inwieweit Initiativen aus der Bevölkerung heraus die Teilhabe einforderten."[491]

Insofern trifft es die Sache genau, wenn die Zeitschrift „The Economist" im Dezember 2001 titelte: „The triumph of English. A world empire by other means."[492]

2. Die Reformation als Kampfansage an die Dominanz und die Exklusivität des Lateinischen als religiöser Herrschaftssprache und religiösen Herrschaftswissens

Im Jahr 2017 (in dem dieser Teil des Buches geschrieben wurde) – 500 Jahre nach der die Welt verändernden Reformation – ist es fast unmöglich, sich den vielfachen Würdigungen des Reformationsgeschehens zu entziehen; man sollte dies auch gar nicht tun, sind doch als Begleitmusik zu den Jubiläumsfeiern interessante Ausstellungen entstanden, die sich insoweit auf einen Nenner bringen lassen, als sie die *Reformation* vor allem *als Medienereignis* in den Blick nehmen[493]. Würdigt man die Geschichte der Reformation aus dieser Perspektive vor allem als *Kommunikationsgeschichte*[494], so tritt alsbald klar hervor, dass die Reformation nicht nur darauf zielte, mit ihrer Kritik an der Papstkirche und der Propagierung des Priestertums jedes gläubigen Christenmenschen die *institutionelle Architektur* des altgläubigen Christentums zu erschüttern, sondern dass sie zugleich auch Front machte gegen die Dominanz der lateinischen Sprache als religiöser Herrschaftssprache und damit zugleich gegen die Exklusivität des religiösen

---

491 Ebenda, S. 314/315.
492 The Economist, Print Edition, Christmas Special, 20. Dezember 2001, S. 1.
493 Siehe etwa die Ausstellung in der Badischen Landesbibliothek mit dem Titel „Die Macht des Wortes. Reformation und Medienwandel", Katalog Regensburg 2016, herausgegeben von Annika Stello und Udo Wennemuth; ferner die Wolfenbütteler Ausstellung „Luthermania. Ansichten einer Kultfigur", Katalog Wiesbaden 2017, herausgegeben von Hole Rößler.
494 Siehe dazu mit weiteren Nachweisen Gunnar Folke Schuppert, Reformation als Medienereignis, Vortrag im Rahmen einer der Reformation gewidmeten Ringvorlesung der Universität Erfurt im Sommersemester 2017, noch unveröffentlichtes Manuskript.

Herrschaftswissens. Besonders klar ist dieser Zusammenhang von Thomas Kaufmann in seiner Geschichte der Reformation[495] herausgearbeitet worden; wie er zu Recht hervorhebt, bestand eine der zentralen Konsequenzen der Reformation als Medienereignis darin, dass durch die nun einsetzende nationalsprachliche Text- und Druckproduktion sowie durch den volkssprachlichen Gottesdienst die religiöse Botschaft des Christentums für jeden Gläubigen, also nicht nur für diejenigen, die das Lateinische beherrschten, nachvollziehbar und *verstehbar wurde*:

> „Die *Reformation als mediales Ereignis* hatte Konsequenzen mit unabsehbaren Wirkungen, denn in allen europäischen Ländern, die sie erreichte, ging es mit der Förderung *nationalsprachlicher Text- und Druckproduktionen* einher. Bisweilen waren die ersten Schriftzeugnisse beziehungsweise Druckschriften in einer Nationalsprache die biblischen oder katechetischen Texte, die im Zuge der Reformation entstanden oder übersetzt wurden; bei den finnischen Übersetzungen Michael Agricolas, den slowenischen Primus Trubars, den kroatischen Matthias Flacius' etwa war dies der Fall.
> Die nun geschaffenen Möglichkeiten, die Bibel in der eigenen Muttersprache zu lesen oder zu hören, aufgrund volkssprachlicher Gottesdienste an den einzelnen Akten der Liturgie, durch die Predigt an der christlichen Lehre Anteil zu nehmen, durch das Singen in der eigenen Sprache die emotionale Beteiligung und den Gemeinschaftsbezug der religiösen Vollzüge zu intensivieren, veränderte zunächst das evangelische, mittelbar und nach und nach aber das ganze lateinische Europa. Denn nun konnten, wollten und *sollten die Menschen verstehen, was in den heiligen Überlieferungen des Christentums enthalten war*."[496]

Bei der nochmaligen Lektüre dieser Passage fühlen wir uns erinnert an Überlegungen Pierre Rosanvallons, die er in seinem schon zitierten Buch über „Die gute Regierung"[497] angestellt hat. Wenn die Politik für den Bürger nicht verstehbar und – wie er sich ausdrückt – „lesbar" sei, laufe dies darauf hinaus, dass die Bürger von den bestehenden Institutionen auf Distanz gehalten würden und damit das Funktionieren dieser Institutionen für sie nicht verstehbar sei; die Parallelität zu den kirchlichen Institutionen vor dem Einsetzen der Reformation scheint uns offen zutage zu liegen:

---

495 Thomas Kaufmann, Erlöste und Verdammte. Eine Geschichte der Reformation, München 2016.
496 Ebenda, S. 357.
497 Pierre Rosanvallon, Die gute Regierung, Hamburg 2016.

Viertes Kapitel: (Rechts-)Wissen als Herrschafts- und Regierungswissen

> „Der Hinweis auf diese Trennung und ihre Geschichte dient dazu, die Bedeutung einer *Politik der Lesbarkeit* für die Entstehung des demokratischen Lebens hervorzuheben. *Die Institutionen und politischen Praxen müssen nämlich lesbar sein*, um angeeignet werden zu können. Demokratie besteht in dieser Möglichkeit, während Unlesbarkeit auf eine Form von Enteignung hinausläuft. Die Macht, ihre Mechanismen und Verfahren zu verstehen, ist eine der modernen Arten, sie zu »ergreifen«, um einen der irreführendsten politischen Ausdrücke zu zitieren (denn Macht ist kein Ding, sondern eine Beziehung). Beherrscht zu werden, heißt umgekehrt, *auf Distanz gehalten zu werden*, Institutionen zu unterliegen, deren Intransparenz und Kompliziertheit quasi einem Entzug der Bürgerrechte gleichkommt. Neben den ersten beiden, oben erwähnten historischen Etappen der Publizität, die des Blicks der Parlamente auf die Regierenden, ergänzt um den Blick der Bürger auf den Parlamentsbetrieb, zeichnet sich vor diesem Hintergrund eine dritte, ambitioniertere Art und Weise ab, Publizität zu verstehen: als Möglichkeit für die Bürger, *selbst* Einblick in die Funktionsweise staatlicher Institutionen zu nehmen."[498]

Aber die sprachpolitische Entscheidung der Reformatoren, dem bisher dominierenden Latein die Verbreitung der reformatorischen Botschaft in deutscher Sprache zur Seite zu stellen, machte die Ideen Luthers und seiner Mitstreiter nicht nur für jedermann verstehbar und im wahrsten Sinne des Wortes „lesbar"[499], sondern bedeutete auch die Möglichkeit für Nicht-Kleriker, am religiösen Wissen teilzuhaben und am religiösen Leben zu partizipieren:

> „Die Volkssprache eröffnete die Möglichkeit und Verpflichtung, *an religiösem Wissen zu partizipieren*, und dies hat in der Geschichte des Protestantismus immer wieder dazu geführt, dass Laien, also Christen, die nicht Inhaber eines geistlichen Amtes waren, eine aktive Rolle in Kirche und Gemeinde übernahmen. In einigen städtischen Kirchenordnungen lutherischer Couleur war die *Teilnahme von Laien* in politischen Ämtern bei der Wahl und Einsetzung der Pfarrer obligatorisch.

---

498 Ebenda, S. 209.
499 Und sei es auch nur in Gestalt von Flugblättern, die in der Medienpolitik der Reformation eine zentrale Rolle spielten; siehe dazu mit weiteren Nachweisen Gunnar Folke Schuppert, Wege in die moderne Welt. Globalisierung von Staatlichkeit als Kommunikationsgeschichte, Frankfurt am Main/New York 2015, S. 103 ff.

Der reformierte Protestantismus sah im Amt des Presbyters und in den Synoden ein ausgesprochen starkes Laienelement vor. Von den englischen Puritanern wurden autonome, von höheren kirchlichen Instanzen unabhängige Gemeindeleitungsmodelle erprobt. Das Phänomen des Laienprophetismus, dem auch gelehrte Theologen ein prinzipielles Recht zuerkannten, war im Luthertum des konfessionellen Zeitalters verbreitet. Ab der zweiten Hälfte des 17. Jahrhunderts hat sich die religiöse Bewegung des Pietismus im Luthertum um eine intensive Partizipation von Laien bemüht und dabei direkt an die Reformation angeknüpft; er bot Frauen und Personen aus unteren Ständen Artikulationsmöglichkeiten, die sie außerhalb religiöser Schutzräume niemals gehabt hätten. Es dürfte angemessen sein, in all diesen Erscheinungen *ein emanzipatives Potential* wahrzunehmen, das auf Dauer auch gesellschaftsgeschichtlich wirksam geworden ist."[500]

3. Die Sprache des Eigentums als Sprache der Macht

Wie Hannes Siegrist und David Sugarman überzeugend dargelegt haben, kann man durchaus von einer „Sprache des Eigentums(rechts)" sprechen, und zwar in dem folgenden Sinne:

„Das Eigentumsrecht im weiteren Sinne umfaßt alle auf »Eigentum« bezogenen Normen, Richtersprüche, Konventionen, Doktrinen, Verfahren, Vorstellungen von Allgemeinwohl und Eigeninteresse, öffentlich und privat, Glück und Gerechtigkeit. Es prägt individuelle und kollektive Wahrnehmungen und Deutungen, Handlungschancen und Erfahrungen, die sozi-kulturelle Praxis im Alltag und die großen gesellschaftlichen Strukturen und Prozesse. […] (Eigentums-)Recht ist nicht bloß als eine äußere »Struktur« zu begreifen, sondern als »Prozeß«, in dem die herrschenden Vorstellungen der Gesellschaft geschaffen und gerechtfertigt werden. *Das Eigentumsrecht ist eine »Sprache«*, die den Dingen und Handlungen eine Bedeutung gibt, und ein Medium, in dem sich die Gesellschaft über ihre gemeinsamen Leitideen, Werte und Präferenzen verständigt."[501]

---

500 Kaufmann, Fußnote 495, S. 359/360.
501 Hannes Siegrist/David Sugarman, Geschichte als historisch-vergleichende Eigentumswissenschaft, in: dieselben (Hrsg.), Eigentum im internationalen Vergleich 18. – 20. Jahrhundert, Göttingen 1999, S. 13 f.

Viertes Kapitel: (Rechts-)Wissen als Herrschafts- und Regierungswissen

Wenn sich dies so verhält, dürfte es sich lohnen, einen näheren Blick auf die Beschaffenheit dieser Sprache des Eigentums(rechts) zu werfen, wobei alsbald als besonders wichtiger Aspekt der *Machtaspekt* hervortritt.

In diesem Sinne – Eigentum als Sprache der Macht – hat ganz offensichtlich das römische Recht die Sprache des Eigentums verstanden. In der Geschichte des Rechts von Uwe Wesel lässt sich dazu Folgendes nachlesen:

> „Die Römer sind die ersten gewesen, die das Eigentum juristisch auf den Punkt gebracht haben. Sie waren es, die zuerst dafür ein juristisches Instrumentarium entwickelten, speziell für den Schutz von Eigentum. Bei ihnen ist das entstanden, was wir heute Eigentum nennen, nämlich die Zuordnung einer Sache einzig und allein zu einer Person in der Weise, daß ausschließlich sie darüber völlig frei verfügen kann, unter Lebenden und von Todes wegen. Eine Zuordnung, die sich auch heute noch in fünf Mechanismen konkretisiert. Sie waren bei ihnen schon in gleicher Weise entwickelt: Schutz gegen Entziehung, Schutz gegen Beschädigung, Schutz gegen andere Einwirkungen, Veräußerungsbefugnis, Testierfreiheit (§§ 985, 823, 1004, 929, 2064 ff. BGB). Sie haben damit auch den Begriff des dinglichen Rechts erfunden, also eines Rechts, mit dem sich der Berechtigte gegenüber jedermann durchsetzen kann. Aktionenrechtlich wie sie dachten, sagten sie nicht dingliches Recht, sondern dingliche Klage (actio in rem). Die haben sie abgegrenzt von anderen, die nur gegenüber bestimmten Personen gegeben sind (actio in personam). Wir sprechen heute von obligatorischen Rechten oder Forderungen. Dinglich und obligatorisch, das ist das Begriffspaar heute." [502]

Das römische Recht hat dabei besonders die *Durchsetzungsdimension des Eigentums* im Auge gehabt:

> „Prototyp der actio in rem ist die Klage zum Schutz gegen Entziehung des Eigentums. Die Klage auf Herausgabe der Sache. Sie ist, für die Römer wie für uns (§ 985 BGB), die Klage des nichtbesitzenden Eigentümers gegen den besitzenden Nichteigentümer. Kürzer: die Klage des Eigentümers gegen den Besitzer. Diese Unterscheidung zwischen Eigentum und Besitz war nämlich für die Erfindung dinglicher Rechte begrifflich notwendig. Also die Unterscheidung zwischen Eigentum als der juristischen Zuordnung einer Sache zu einer Person (domini-

---

[502] Uwe Wesel, Geschichte des Rechts. Von den Frühformen bis zum Vertrag von Maastricht, München 1997, S. 186.

um, proprietas) und dem Besitz als der bloß tatsächlichen Innehabung (possessio). Um die volle Härte des Eigentums juristisch auf den Begriff zu bringen, mußten sie den Besitz dazu erfinden. Auch das ist eine eigenständige Leistung der Römer. Jetzt gab es einen, der allein berechtigt war. Der Eigentümer. Und es gab einen anderen, der zwar auch mit der Sache verbunden war, sie in den Händen hatte, aber keinerlei Rechte an ihr haben sollte. Der Besitzer. Es war, wie man leicht erkennen kann, nicht nur eine technische Leistung. Sie beruht auf sozialen Verhältnissen, besser gesagt: auf einer unsozialen Konstellation, die auch für die Antike durchaus nicht selbstverständlich war."[503]

Von *„Eigentum als Herrschaft"* spricht in anschaulicher und zuspitzender Weise Daniel Loick in seiner kleinen Schrift „Der Missbrauch des Eigentums"[504]. Interessant daran ist die von Loick betonte und schon von Ulrich K. Preuß hervorgehobene *Parallelität von Eigentum und Souveränität*[505]:

„Es gibt eine gemeinsame Geschichte der Konzepte von Eigentum und Souveränität. Im römischen Recht waren Eigentum und Souveränität im Begriff des *dominium* verbunden, der Domäne des *pater familias*. Im justinianischen Kodex bezeichnete *dominium* die größte Gewalt, die jemand über eine Sache oder eine Person haben kann. Wie Richard Tuck gezeigt hat, gehört zum *dominium* sowohl im politischen als auch im rechtlichen Sinne die faktischen physische Kontrolle eines Territoriums und der Untertanen. Diese Haltung, Sachen und Menschen vor allem als Objekte der Herrschaft und der Meisterung zu verstehen, wurde in Europa und den europäisch beeinflussten Rechtskulturen vor allem durch die Wiederentdeckung des justinianischen Kodex im 11. und 12. Jahrhundert und seine Adaption im kanonischen Kirchenrecht hegemonial; hier hat sich *dominium* in das *ius* im Privatrecht und das *imperium* im öffentlichen Recht ausdifferenziert. Zwischen der politischen Souveränität und der Privatrechtssubjektivität bleibt eine Korrespondenz erhalten. Ein *ius* erzeugt einen abgeschirmten Handlungsspielrau, innerhalb dessen die Subjekte von religiösen Geboten und

---

503 Ebenda, S. 187.
504 Daniel Loick, Der Missbrauch des Eigentums, Berlin 2016.
505 Ulrich K. Preuß, Souveränität – Zwischenbemerkungen zu einem Schlüsselbegriff des Politischen, in: Tine Stein/Hubertus Buchstein/Claus Offe (Hrsg.), Souveränität, Recht, Moral. Die Grundlagen politischer Gemeinschaft, Frankfurt am Main/New York 2007, S. 313–335.

traditionellen Bindungen unbeeindruckt *wie Herrscher* agieren können."[506]

Dieses römisch-rechtliche Erbe präge – so Loick – auch heute noch das Eigentumsverständnis der deutschen Rechtswissenschaft:

„Die Rechtswissenschaft definiert darum bis heute das Eigentumsrecht als klassisches Herrschaftsrecht. Die Eigentümerin hat das Recht, sich Einmischungen zu verbieten: Das Eigentumsrecht autorisiert die persönliche Kaprize und revoziert die Möglichkeit externer (etwa ethisch oder moralischer) Intervention (vgl. etwa BGB §§ 903 und 1004). Eigentum autorisiert die Menschen dazu, mit dem rechtmäßig Ihrigen wie kleine Souveräne – *daheim bin ich König* – zu verfahren. Das Eigentum ist insofern das subjektive Recht par excellence; in ihm können die Rechtssubjekte über die Welt disponieren, ohne an eine reziproke Verpflichtung gebunden zu sein."[507]

B. Regierungswissen von „Machiavelli" bis „McKinsey": zur kognitiven Dimension des Regierens

Diese Überschrift verdanke ich einer Ideenskizze von Jan-Peter Voß, Holger Straßheim und Dieter Plehwe vom 15. April 2011, die als Grundlage für einen Antrag auf Finanzierung eines Forschungskolloquiums diente[508]. In dieser Antragsskizze haben sich die Autoren einleitend zu Thema und Bedeutung ihres Forschungsgegenstandes geäußert; was zunächst den thematischen Rahmen angeht, so heißt es bei ihnen erläuternd wie folgt:

„Der vorläufige Titel des Kolloquiums, »Regierungswissen – von Machiavelli bis McKinsey«, verweist auf den historischen Wandel der Formen, in denen das Know-how politischen Handelns erzeugt und verwendet wird. Das mit dem Namen »Machiavelli« verbundene Verhältnis eines persönlichen, von der Gunst eines Alleinherrschers abhängigen Beraters und das mit »McKinsey« assoziierte Verhältnis eines transnational operierenden Dienstleistungsunternehmens mit einer Vielzahl verschiedener Auftraggeber für konkrete Konzepte und Strategien

---

506 Loick, Fußnote 504, S. 102.
507 Ebenda, S. 103.
508 Jan-Peter Voß/Holger Straßheim/Dieter Plehwe, Regierungswissen von „Machiavelli" bis „McKinsey": Wissensproduktion und Regierungspraxis im Wandel, Berlin 15. April 2011, Manuskriptfassung.

B. Regierungswissen von „Machiavelli" bis „McKinsey"

des Regierens markieren die Bandbreite, in der sich historische Ausformungen dieses Verhältnisses untersuchen lassen. Historisch ändern sich sowohl Formen des Angebotes als auch der Nachfrage von Regierungswissen. Die Vervielfältigung der an politiknaher Forschung und Beratung sowie an Regierungsprozessen selbst beteiligten Akteure deutet auf einen beschleunigten Wandel des Verhältnisses von Wissensproduktion und Regierungspraxis. Die jüngeren Veränderungen der »Beraterszene« sowie der Interaktionsformen zwischen Wissenschaft und Politik lassen sich mit traditionellen Konzepten der »Politikberatung« nur noch unzureichend erfassen. Hier lassen sich Zusammenhänge mit den über die letzten Jahrzehnte entfalteten Diskussionen zu veränderten Formen der Wissensproduktion[509] [...] und zu neuen Formen des Regierens unter dem Stichwort »Governance« herstellen."[510]

Von besonderem Interesse und besonderer gesellschaftlicher Relevanz ist das Thema „Regierungswissen" für die Autoren aber deshalb, weil es an der *Schnittstelle von Wissens- und Politikforschung* situiert sei:

„Das Thema Regierungswissen liegt an der Schnittstelle von Wissensforschung und Politikforschung. Es geht dabei um Wissen, das in der Gestaltung und Durchführung kollektiver Koordinations- und Entscheidungsprozesse relevant wird, sowie darum, wie dieses Wissen im Spannungsfeld von Politik, Wissenschaft und Gesellschaft entsteht bzw. produziert wird. Obwohl allgemeiner angelegte Forschungen zum Wandel der Praxis der Wissensproduktion und der Praxis des Regierens in den vergangenen zehn Jahren Konjunktur hatten, wurde die Verschneidung dieser Entwicklungen im Bereich des Regierungswissens bisher nicht systematisch untersucht. Dabei handelt es sich hier, etwas überspitzt gesagt, um den »Metacode« reflexiver Gesellschaftsgestaltung, einen Bereich also, dessen Bedeutung für den gesellschaftlichen Wandel kaum zu überschätzen ist."[511]

---

509 Michael Gibbons/Camille Limoges/Helga Nowotny/Simon Schwartzman/Peter Scott/Martin Trow, The New Production of Knowledge. The dynamics of science and research in contemporary societies, London 1994; Sheila Jasanoff (Hrsg.), States of Knowledge. The co-production of science and social order. London/New York 2004; Helga Nowotny/Peter Scott/Michael Gibbons, Re-Thinking Science. Knowledge and the Public in an Age of Uncertainty. Cambridge 2001.
510 Voß/Straßheim/Plehwe, Fußnote 508, S. 1.
511 Ebenda, S. 1.

Viertes Kapitel: (Rechts-)Wissen als Herrschafts- und Regierungswissen

An diese Überlegungen von Voß, Straßheim und Plehwe möchte ich im Folgenden anknüpfen. An drei ausgewählten Beispielen soll ihre zutreffende These von der Situiertheit des Regierungswissens an der Schnittstelle von Wissens- und Politikforschung in anschaulicher Weise belegt und vertieft werden.

I. Der frühneuzeitliche Staat und „seine" Regierungswissenschaft

1. Die Policeywissenschaft als „Gebrauchswissenschaft" des absolutistischen Staates

Man verkennt das Konzept und die Funktion der „Policeywissenschaft" ziemlich gründlich, wenn man in ihr – wie Eberhard Bohne es in seiner Einführung in die Verwaltungswissenschaft jüngst getan hat – lediglich eine historische Vorläuferin der Verwaltungslehre sieht.[512] Die Policeywissenschaft wurzelte in der *Staatszwecklehre* des absolutistischen Staates, und dieser Staatszweck bestand in der Förderung der *Glückseeligkeit seiner Untertanen*[513]. Diese Staatsaufgabe vermittelte dem frühneuzeitlichen Staat ein umfassendes Mandat für alle Maßnahmen, die er zur Beförderung der Glückseeligkeit seiner Untertanen für erforderlich hielt; wie umfassend dieses Mandat verstanden wurde, hat Michael Stolleis in seiner Geschichte des öffentlichen Rechts anschaulich und materialreich beschrieben[514] und auch ich selbst habe mich in meiner Staatswissenschaft ausführlich mit der Staatszwecklehre des Absolutismus beschäftigt.[515] Die Policeyverordnungen regelten buchstäblich alles: von Hygienevorschriften über das Verbot, bei der Gestaltung von Hochzeiten übermäßig zu prassen reicht das Spektrum: keine Materie war vor dem fürsorgenden Zugriff des Staates wirklich sicher.

Da neben der Policeywissenschaft im engeren Sinne die sog. Kameralwissenschaft trat, die die finanzielle Seite des absolutistischen Wohlfahrtsstaates zum Gegenstand hatte, sich also mit den Einnahmen und Ausgaben

---

512 Eberhard Bohne, Verwaltungswissenschaft. Eine interdisziplinäre Einführung in die Grundlagen, Wiesbaden 2018, S. 69/70.
513 Stellvertretend Johann Heinrich Gottlob von Justi, Die Natur und das Wesen der Staaten, als die Grundwissenschaft der Staatskunst, der Policey, und aller Regierungswissenschaft, Berlin/Stettin/Leipzig 1760.
514 Michael Stolleis, Geschichte des öffentlichen Rechts in Deutschland. Erster Band: Reichspublizistik und Policeywissenschaft 1600–1800, München 1988.
515 Gunnar Folke Schuppert, Staatswissenschaft, Baden-Baden 2003, S. 427 ff.

des Staates befasste, kann man mit Hans Mayer in der Tat das Ensemble von Policey- und Kameralwissenschaft als die „*Gebrauchswissenschaft des Verwaltungsstaates des 17. und 18. Jahrhunderts*" bezeichnen.[516]

2. Das frühneuzeitliche Naturrecht als Regierungslehre

Ein erster, aber gewichtiger Hinweis, dass nicht nur die Policeywissenschaft, sondern auch das frühneuzeitliche Naturrecht von den Fürsten der entstandenen Territorialstaaten als eine *staatsnützliche Lehre* verstanden wurde, ergibt sich aus der gezielten Gründung von Lehranstalten und Universitäten, die die naturrechtlichen Lehren verbreiten sollten bzw. aus der Einrichtung von Naturrechtslehrstühlen an den bestehenden Universitäten. Zu der nahezu epidemischen Ausbreitung des *Naturrechts als institutionalisierter wissenschaftlicher Disziplin* – zunächst im nördlichen, protestantischen Europa – kann man bei Knud Haakonssen Folgendes nachlesen:

> „While natural law as a philosophical and religious doctrine may be of uncertain age, address and origins, it is indisputable that the subject took on a distinct *institutional* identity at a particular time – at least, within a limited span of time – in relatively well defined places, namely as an academic discipline in the European university faculties from the latter half of the seventeenth century until the end of the eighteenth century and, in several places, until well into the nineteenth century. There had of course been teaching of natural law as part of philosophy and theology since the Middle Ages, but the renewal of the subject that was perceived to happen with Hugo Grotius' *De iure belli ac pacis* (1625) had a nearly immediate academic impact in the context of the new *politica*. For example, Grotius's natural law had begun to be taught by Henrik Ernst in Sorø Academy in Denmark already in 1634. And in 1655 the subject had a special chair devoted to it at the University of Uppsala, when Petrus Eliæ Gavelius was appointed to a post in the Law Faculty specifically devoted to teaching the law of nature and nations, and, it was understood, to do so on the basis of Grotius's *De iure belli*. From then on chairs in the subject began to be founded with great intensity. In Germany the first was in 1661 in Heidelberg, although not in name certainly in fact, for this was the start of Samuel

---

[516] Hans Maier, Die ältere deutsche Staats- und Verwaltungslehre, 2. Aufl. München 1980, S. 24.

Viertes Kapitel: (Rechts-)Wissen als Herrschafts- und Regierungswissen

> Pufendorf's career. It was from this position that he was head-hunted to become foundation professor of the law of nature and nations at the new Swedish University of Lund in 1668. But before that, similar chairs had already been instituted in Kiel (1665) and in Greifswald (1666), which had recently become part of the new Swedish empire. The Swedish concern with the teaching of natural law was extended from Lund, Greifswald and, in particular, Uppsala to Dorpat (Tartu) and Åbo, although separate chairs were not provided in the Estonian and Finnish institutions. Similarly natural law was taught at the Ridderakademi in Copenhagen from 1692, though at the University a chair was not established until 1732."[517]

Dass die Universitäten von den Landesfürsten als Teil des Modernisierungsprogramms ihrer Territorialstaaten angesehen wurden, zeigt sich besonders deutlich an den Reformgründungen der Universitäten Halle und Göttingen. Da es natürlich reizvoll ist, solche Entwicklungen nicht nur an Orten, sondern auch an Personen festzumachen, soll mit Hilfe von Steffen Martus[518] auf die Person des Gründungsrektors der Universität Halle – Christian Thomasius – ein kurzer Blick geworfen werden. Thomasisus verfolgte – wie Martus darlegt – eine *Politik des Bündnisses von Hof und Universität* und forderte dazu, den Studenten – letztlich im Interesse des Staates – soziale, kommunikative und moralische Kompetenzen zu vermitteln:

> „Die Aufklärung sollte aus dem Bündnis von Hof und Universität, von Politik und Gelehrsamkeit erwachsen.
> Den Anschluss zwischen beiden Welten stellte eine »nützliche und angenehme« Ausbildung her. Die Universität sollte rasch das notwendige Basiswissen vermitteln und damit das Fundament für das selbständige Weiterlernen legen. An die Stelle des gelehrten Büchernarrs trat der weltgewandte Mann der neuen Zeit, der sich in der internationalen Konkurrenzsituation nicht zu verstecken brauchte und *den Regierungs- und Beamtenapparat des Staates bediente*. Damit definierte Thomasisus – wie zeitgleich etwa Christian Weise – ein »politisches« *Gelehrsamkeitskonzept*, das auf Weltläufigkeit, Klugheit und Erfahrungsnähe setzte, das die Urteils- und Kritikfähigkeit (»iudicium«) gegenüber der Bewah-

---

517 Knud Haakonssen, Enlightenment and the Ubiquity of Natural Law, in: Wolfgang Schmale (Hrsg.), Zeit in der Aufklärung. 13. Internationaler Kongress zur Erforschung des 18. Jahrhunderts, Bochum 2012, S. 45–57.
518 Steffen Martus, Aufklärung. Das deutsche 18. Jahrhundert – ein Epochenbild, Berlin 2015.

rung und Verwaltung von Wissen (»memoria«) betonte und Barrieren, die den Zugang zu brachbarem gelehrtem Wissen versperrten, aus dem Weg räumte."[519]

Die dem Naturrecht verbundene „scientific community" ist sich – soweit ich sehe – weitgehend darin einig, dass das frühneuzeitliche Naturrecht – verbunden mit den Namen Pufendorf, Thomasius und Wolff – als *politische Theorie des Absolutismus* fungiert habe; besonders deutlich ist dies von Diethelm Klippel herausgearbeitet worden:

„[...] ist das ältere deutsche Naturrecht [...] Herrscherrecht und Mittel zur Stabilisierung des monarchischen Absolutismus, als es in seinem Teilgebiet des *ius publicum universale* das Verhältnis zwischen Herrscher und Untertanen eindeutig zugunsten des ersteren regelte. »Regere Rempublicam Principibus prorium;quare et ius publicum universale Principibus prorium«. Das läßt sich an zahlreichen Naturrechtslehren zeigen. So wird etwa der Untertan im Staat im Gegensatz zum Mensch im Naturzustand (und damit auch zum Herrscher) nicht durch den Begriff der *libertas*, sondern durch die *subiectio* gekennzeichnet, so daß ihm allenfalls eine faktische Freiheit zukommt. Der Wendepunkt von der *libertas naturalis* zum Gehorsam der Untertanen ist der Sozialvertrag, der keinesfalls immer als ‚emanzipatorische Kategorie' verstanden werden darf, sondern gerade vom älteren deutschen Naturrecht meisterhaft zur Begründung des Absolutismus gehandhabt wird. Dies geschieht durch die Figur des »stillschweigenden Gesellschaftsvertrags«, bei der aus der *patientia* oder *taciturnitas* der Untertanen deren Zustimmung zu Vertragsschluß und -inhalt gefolgert wird, bis hin zu einer uneingeschränkten Herrschergewalt. Damit aber stehen die Naturrechtssysteme nicht nur nicht im Gegensatz zum Absolutismus, sondern benutzen das Vertragsmodell zu dessen theoretischer Abschirmung und Durchsetzung."[520]

In gleichsinniger Weise hat sich Michael Stolleis eingelassen, der unter der Überschrift „*Naturrecht und Absolutismus*" dazu Folgendes aufgeführt hat:

---

519 Ebenda, S. 98.
520 Diethelm Klippel, Naturrecht als politische Theorie. Zur politischen Bedeutung des deutschen Naturrechts im 18. und 19. Jahrhundert, in: Hans-Erich Bödecker/Ulrich Herrmann (Hrsg.), Aufklärung als Politisierung – Politisierung der Aufklärung, Hamburg 1987, S. 265–293, hier: S. 271.

> „Die Lehre vom Naturrecht erfüllte in der Phase des Machtkampfs zwischen dem absoluten Fürstenstaat und seinen Gegnern (Stände, Adel und Städte) eine wesentlich praktische, die Konzentration der Staatsgewalt in einer Hand begünstigende Funktion. Indem sie begründen konnte, daß die Abfolge von Gott-Landesherr-Hausvater der natürlichen Hierarchie des Patriarchats entspreche und daß die Übertragung der Herrschaftsrechte auf eine Person den Schutzbedürfnissen des schwachen Individuums am besten diene, erwies sich das Naturrecht als geeignetes Instrument der Begründung und Sicherung fürstlicher Herrschaft. Da es das geltende positive Recht überstieg, diente es speziell der *Modernisierung der Rechtsordnung*. Seiner Symmetrie und äußeren Rechenhaftigkeit wegen konnte es zur Nivellierung oder Beseitigung mittelalterlicher Rechtszustände eingesetzt werden. Der entstehende Territorialstaat war zu seiner Durchsetzung darauf angewiesen, eine Vielzahl überkommener Sonderrechte beiseite zu räumen. Das Recht sollte nun nicht mehr der Einzelperson oder einzelnen Sonderrechtsgemeinschaften als *privilegium* verliehen, sondern als für alle geltende objektive Normen durchgesetzt werden. An die Stelle der vielfältig, abgestuften Sonderrechtskreise trat allmählich der einheitliche Untertanenverband; die neuzeitliche Verwendung des Wortes *suiectus* (Untertan) markierte den darauf zielenden Anspruch deutlich genug. Die damit verbundene Machtkonzentration ist zugleich die Voraussetzung für eine einheitliche, zur Gleichheit der Untertanen mindestens tendierende Gesetzgebung. Die Hoffnung, es könnten *uniformes leges* an die Stelle der überlieferten Addition von Sonderrechten treten, beflügelte die naturrechtlich inspirierten Kodifikationsanstrengungen des 18. Jahrhunderts."[521]

Prägnant und überzeugend hat Stolleis die am Verhältnis zum Absolutismus so unübersehbare Funktion der Sprache des Naturrechts als „language of politics" wie folgt auf den Punkt gebracht: „Das Naturrecht hat daher der Etablierung des auf Uniformität und rationale Zweckverfolgung angelegten modernen Staates ebenso gedient wie seiner Verrechtlichung. Sowohl der Absolutismus als auch seine ständischen, städtischen oder konfessionellen Gegner haben sich aus seinem Arsenal bedient und Herrschaft legitimiert und kritisiert, jeweils vom Boden dessen, was ihnen in ihrer politischen Lage als »natürliches Recht« erschien. Weder Ideologie noch Ideo-

---

521 Michael Stolleis, Fußnote 514, S. 276/277.

logiekritik konnten auf den suggestiv wirkenden Topos »Natur« verzichten."[522]

Wie gerade aus den Darlegungen von Michael Stolleis hervorgeht, war *das* Naturrecht, das es als einheitliches Gesamtkonzept nie gegeben hat[523], einerseits Philosophie und politische Theorie, vor allem aber auch eine *staatsnützliche Rechtstheorie* und Instrument fürstlicher *Rechtspolitik*:

> „So erfüllte das Naturrecht der frühen Neuzeit vier wesentliche Funktionen: Es liefert die wesentlichen Sätze des nun entstehenden Völkerrechts, das mit der europäischen Expansion nach Asien und Amerika einen neuen rationalen und für »alle Menschen« geltenden Begriffsapparat braucht. Es bildet (tendenziell unabhängig vom römischen Recht) eine rationale Rechtstheorie und damit einen kritischen Maßstab für das verworrene geltende Recht. Es arbeitet der vom Absolutismus erstrebten landeseinheitlichen Kodifikation vor, in dem es die Bildung allgemeiner Rechtsbegriffe vorantreibt und eine (abstrakte) Ordnung entwirft. Es unterstützt schließlich die Ausbildung eines neutralen Rechtsbodens, auf dem sich die zerstrittenen Religionsparteien des »alten Europa« treffen und die Wahrheitsfrage ausklammern können, eine Vorform späterer Toleranz und grundrechtlichen Schutzes der Religionsfreiheit."[524]

Dazu passt es, dass der „Wissensstand" der Juristen mehr und mehr an Bedeutung gewann und zu einer Funktionselite des frühneuzeitlichen Territorialstaates avancierte. Während die Theologie es gewohnt war, als sinnstiftende Leitdisziplin zu gelten, waren es mehr und mehr die Juristen, die von den Landesherren zunehmend als Repräsentanten eines nützlichen Regierungs- und Verwaltungswissens geschätzt wurden. Marian Füssel hat diese Machtverschiebung innerhalb der Universitäten wie folgt knapp zusammengefasst:

> „[...] brauchte der Landesherr zum Ausbau territorialer Staatlichkeit vor allem juristisch geschulte Beamte. Die wachsende Einflussnahme

---

522 Ebenda, S. 277.
523 Eindrucksvoll dazu Knud Haakonssen, The Language of Natural Law as Global Language, Vortrag gehalten auf dem Workshop „Eine globale Ideengeschichte in der Sprache des Rechts" am 21./22.6.2018 am Max-Weber-Kolleg in Erfurt.
524 Michael Stolleis, Naturgesetz und Naturrecht – zwei Abkömmlinge der wissenschaftlichen Revolution des 17. und 18. Jahrhunderts, in: Matthias Armgardt/Tilmann Repgen (Hrsg.), Naturrecht in Antike und früher Neuzeit, Tübingen 2014, S. 137–149, hier S. 148.

des Landesherrn lässt sich daher auch an der teilweise im Verhältnis zu den anderen Fächern ungewöhnlich guten Ausstattung der Juristenfakultät beobachten. Die Verwandlung des Juristen zum Hofbeamten war Teil des Aufbaus eines bürokratischen Verwaltungsapparates, dessen unmittelbare soziale Konsequenz die Ausdifferenzierung einer höfisch zentrierten Staatsdienerhierarchie war, ein Prozess, der beispielsweise in Bayern während des 16. Jahrhunderts zu zahlreichen Präzedenzkonflikten zwischen den Hof- und Kammerräten führte. Adelige Ehre und akademische Graduierung fungierten dabei bis zum Ende des 17. Jahrhunderts offenbar bei der Rekrutierung als »funktionale Äquivalente«, wie etwa das Beispiel Württembergs zeigt. Die »Dynamisierung der Gesellschaftsordnung« ging dann auch weniger von einem starken Wirtschaftsbürgertum aus als vielmehr von der zunehmenden Bürokratisierung des Fürstenstaates."[525]

II. Was Governance und (Regierungs-)Wissen miteinander zu tun haben: vier Kontaktzonen etwas näher betrachtet

Der Zusammenhang von Regierungswissen und Governance ist in der Literatur bisher vor allem unter dem Stichwort *"Wandel der Regierungspraxis"* diskutiert worden; in der schon zitierten Ideenskizze von Voß, Straßheim und Plehwe heißt es dazu in einem kurzen zusammenfassenden Überblick wie folgt:

„Analog zur Debatte um die Entgrenzung und Vervielfältigung der Wissensproduktion unter dem Schlagwort »Mode 2«, entfaltete sich zeitlich in etwa parallel eine Debatte um Entgrenzung und Vervielfältigung der Regierungspraxis unter dem Schlagwort »Governance«[526]. Übergreifendes Thema ist die bereits in der neo-korporatistischen Verbändeforschung und politischen Steuerungstheorie angelegte *Auswei-*

---

525 Marian Füssel, Gelehrtenkultur als symbolische Praxis. Rang, Ritual und Konflikt an der Universität der Frühen Neuzeit, Darmstadt 2006, S. 67/68.
526 Gunnar Folke Schuppert (Hrsg.), Governance-Forschung. Vergewisserung über Stand und Entwicklungslinien, Baden-Baden 2005; Arthur Benz et al. (Hrsg.), Handbuch Governance. Theoretische Grundlagen und empirische Anwendungsfelder, Wiesbaden 2007; Sebastian Botzem et al. (Hrsg.), Governance als Prozess. Koordinationsformen im Wandel, Baden-Baden 2009; Gunnar Folke Schuppert/Michael Zürn (Hrsg.), Governance in einer sich wandelnden Welt, PVS-Sonderheft 41, Wiesbaden 2008.

tung des Regierungsbegriffs von formal legitimierten Verfahren staatlicher Steuerung auf alle *de facto* an der Erbringung von gesellschaftlichen Steuerungs- und Regelungsleistungen beteiligten Akteure und Interaktionsmuster. Im Zuge dessen sind neben verschiedenen kooperativen und dialogischen Regierungsformen sowie privaten Regierungsarrangements in Netzwerken und Verbänden insbesondere auch Regierungsprozesse jenseits des Nationalstaats und informale transnationale Regierungsformen thematisiert worden. Ebenso wie in der Debatte zum Wandel der Wissensproduktion finden sich hier positive Bewertungen, die in der *Informalisierung und Enthierarchisierung des Regierens* Möglichkeiten der Flexibilisierung, Pluralisierung und Partizipation sehen und solche, die den proklamierten Entwicklungen insbesondere mit Blick auf die *Unterhöhlung demokratischer Kontrolle und Verantwortlichkeit* des Regierens skeptischer gegenüber stehen."[527]

Soweit zunächst zu der allgemeinen Debatte darüber, inwieweit sich an gewandelten Governancemodi ein Wandel von Staatlichkeit und damit auch ein Wandel der Formen und Modi des Regierens ablesen lasse.[528] In der sich im Zuge dieser Debatte etablierenden Governanceforschung ist aber – bei aller Aufmerksamkeit für verschiedenen Formen und Medien der gesellschaftlichen Steuerung – die Rolle von Wissen über das Regieren selbst bisher nicht zentraler Gegenstand der Betrachtung gewesen: „Zwar wird in der Policy-Forschung seit Ende der 1980er die Bedeutung von Wissen, Rahmungen und Diskursen im Politikprozess untersucht. Daraus entwickelten sich fruchtbare Forschungsstränge über den Einfluss von Policy-Paradigmen und Policy-Frames auf Politikentwicklung und Politikwandel, das Wirken und die Dynamik von epistemischen Gemeinschaften, Advocacy-Koalitionen und -Netzwerken sowie die Formierung von Diskurskoalitionen. Hier steht aber nicht Wissen über die Praxis, Muster und Instrumente des Regierens selbst im Fokus, sondern Wissen über die Probleme, denen sich Politik widmen soll, und deren Lösungen."[529]

Einen wesentlichen Schritt weiter geht nun Ino Augsberg in seinem weit ausgreifenden Beitrag über die „Konzepte rechtlicher Steuerung und

---

527 Voß/Straßheim/Plehwe, Fußnote 508, S. 2/3.
528 Näher dazu Gunnar Folke Schuppert, Was ist und wie misst man Wandel von Staatlichkeit?, in: Der Staat, Bd. 47 (2008), S. 325 ff.
529 Voß/Straßheim/Plehwe, Fußnote 508, S. 3.

Viertes Kapitel: (Rechts-)Wissen als Herrschafts- und Regierungswissen

die Verteilung des Wissens im Bereich der Administrative"[530] unter der Überschrift „Steuerung durch Recht" unterscheidet er vier verschiedene Steuerungstypen[531], um dann zu fragen, welches *Wissensmodell* dem jeweiligen Steuerungstyp zugrunde liegt. Innerhalb dieses Unternehmens lässt sich Augsberg – was für Juristen nach wie vor eher ungewöhnlich ist – intensiv auf die Governanceperspektive ein und schlägt vor, zwei Governancemodi zu unterscheiden, nämlich „Governance I/Steuerungstheorie" und „Governance II/Regelungsstrukturen" und ordnet beiden ein je spezifisches Wissensmodell zu, nämlich Governancetyp I ein dezentralisiertes und Governancetyp II ein entsubjektiviertes Wissensmodell.

Daran möchte ich im Folgenden anknüpfen, indem ich die vorgeschlagenen Unterscheidungen aufrufe, sie aber gleichzeitig in einen eigenen Analyserahmen überführe und erweitere, indem ich vier Kontaktzonen von (Regierungs-)Wissen und Governance etwas näher in den Blick nehmen.

1. Kontaktzone I: Governance als Wissenskoordination

In seinem inspirierenden Beitrag über Konzepte rechtlicher Steuerung und die ihnen zugrundeliegenden Wissensmodelle hat Ino Augsberg die von der Governanceperspektive aus klar hervortretende *Dezentralisierung und deshalb Koordinierungsbedürftigkeit* pluralisierter Wissensbestände zutreffend wie folgt beschrieben:

„Die Zahl der an den komplexen staatlichen Steuerungsvorhaben unmittelbar oder mittelbar beteiligten Personen, die damit ihrerseits als eigenständige Steuerungssubjekte angesprochen werden können, nimmt zu. [...] Wissen wird mit der noch umfassenderen Pluralisierung der Akteure noch stärker als grundsätzlich dezentralisiert und inkongruent verstanden. Es lässt sich nicht mehr auf eine staatliche Zentralperspektive engführen, vielmehr sorgt gerade das auf Seiten des Staates zu konstatierende Wissensdefizit dafür, dass auf die Steuerungs-

---

530 In: Hans Christian Röhl/Hans-Heinrich Trute (Hrsg.), Wissen/Nichtwissen in Organisationen und Netzwerken (i.E.); im Folgenden nach der Manuskriptfassung zitiert.
531 Nämlich „Steuerungstyp 1: Konditionale Normprogramm; Steuerungstyp 2: Administrative Ermessens- und Beurteilungsspielräume; Steuerungstyp 3: Governance I/Steuerungstheorie; Steuerungstyp 4: Governance II/Regelungsstrukturen".

fähigkeit der Privaten und das heißt jetzt zumal: auf die bei ihnen akkumulierten kognitiven Kompetenzen zurückgegriffen werden muss. Die diesem Befund entsprechende rechtliche Aufgabe besteht dann nicht zuletzt darin, jene neuen Formen von »*informationeller Kooperation*« zu koordinieren."[532]

In der Tat: in der Governance-Forschung ist man sich einig in dem Befund, dass Governance *Handlungskoordination* bedeutet[533]. Bei Michael Zürn heißt es dazu kurz und knapp: „Durch Governance werden Handlungen unterschiedlicher Akteure mit der Vorgabe koordiniert, gemeinsame Ziele zu erreichen. Governance ist also Handlungskoordination."[534] Ersetzt man den Begriff der Handlungskoordination durch den der *Wissenskoordination*, so ist damit ein zentrales Problem moderner Wissensgesellschaften benannt. An anderer Stelle habe ich dazu unter der Überschrift „Die Organisation der Ko-Produktion von Wissen als zentrales Governanceproblem des Staates der Wissensgesellschaft" Folgendes ausgeführt:

„Wie wir gelernt haben, ist die Wissensgesellschaft durch eine Pluralität von Wissensarten und Wissensakteuren gekennzeichnet. Weder das wissenschaftliche Wissen, noch das Orientierungswissen [...] und auch nicht das Regelungswissen sind beim Staat monopolisiert oder monopolisierbar. Wissensakteure sind neben dem immer wissensärmer werdenden Staat die Wissenschaftsorganisationen, die Verbände, die großen Unternehmen, die großen law firms, die lokales und alternatives Wissen repräsentierenden NGOs und viele andere mehr. Der Staat versucht sich dieses nicht-staatliche Wissen nutzbar zu machen, was – wie Weingart herausgearbeitet hat – zu dem Phänomen einer ständig intensiveren Politikberatung geführt hat.[535] Angesichts dieses Sachverhaltes kann man von einer *Ko-Produktion von Wissen* sprechen, ein Befund, der sich nahtlos einfügt in die von uns gemachte Beobachtung, dass auch in anderen Bereichen von Staatlichkeit – Sicherheits-, Rechts- und Infrastrukturgewährleistung – eine Bereitstellung öffentlicher Güter und Dienstleistungen in arbeitsteiliger Ko-Produktion erfolgt.

---

532 Augsberg, Fußnote 530, S. 12/13.
533 Vgl. dazu mit weiteren Nachweisen Gunnar Folke Schuppert, Governance-Forschung: Versuch einer Zwischenbilanz, in: Die Verwaltung 44 (2011), S. 273–289.
534 Michael Zürn, Governance in einer sich wandelnden Welt. Eine Zwischenbilanz, in: Gunnar Folke Schuppert/Michael Zürn (Hrsg.), Governance in einer sich wandelnden Welt, PVS-Sonderheft 41, Wiesbaden 2008, S. 561.
535 Peter Weingart, Wissenschaftssoziologie, Bielefeld 2003.

Da eine solche Ko-Produktion nicht von selbst funktioniert, bedarf sie der ermöglichenden Rahmung durch Koordinationsstrukturen, also eines Typs von Regelungsstrukturen, wie sie für den modernen Verwaltungsstaat typisch sind. Solche der Funktionslogik des Wissenschaftssystems angemessenen Regelungsstrukturen und institutionellen Arrangements zu konzipieren und auszugestalten[536], ist unseres Erachtens das zentrale Governanceproblem des Staates der Wissensgesellschaft."[537]

Mit dem in diesem Selbstzitat gefallenen Begriff der *Koordinationsstrukturen* ist schon der Übergang zum nächsten Gliederungspunkt hergestellt.

2. Kontaktzone II: Wissensgovernance von und durch Regelungsstrukturen

Auch hier soll damit begonnen werden, zunächst Ino Augsberg das Wort zu geben. Zutreffend stellt er heraus, dass der mit dem Governancebegriff im Vergleich zur klassischen Steuerungstheorie bewirkte *„institutional turn"*[538] zur Entsubjektivierung des Steuerungs- und auch des Wissensbegriffs führt[539]:

„[...] unterscheidet sich der vierte Typus (Governance II/Regelungsstrukturen, G.F.S.) grundlegend von dem dritten Modell rechtlich induzierter Steuerung. Denn er nimmt eine zusätzliche Umstellung der Perspektive vor, der zufolge gerade nicht mehr das Handeln von Einzelakteuren qua »Steuerungssubjekten« im Fokus steht, sondern die Thematisierung von Strukturzusammenhängen und Institutionen ins Zentrum der Aufmerksamkeit rückt. Das zuvor akteurzentrierte wird durch ein stärker *institutionalistisches Problemverständnis* ersetzt.

---

536 Hans-Heinrich Trute, Die Forschung zwischen grundrechtlicher Freiheit und staatlicher Institutionalisierung, Tübingen 1994.
537 Gunnar Folke Schuppert, Governance durch Wissen. Überlegungen zum Verhältnis von Macht und Wissen aus governancetheoretischer Perspektive, in: Gunnar Folke Schuppert/Andreas Voßkuhle (Hrsg.), Governance von und durch Wissen, Baden-Baden 2009, S. 266/267.
538 Besonders klar zu diesem „institutional turn" Renate Mayntz, Governance Theory als fortentwickelte Steuerungstheorie?, in: Gunnar Folke Schuppert (Hrsg.), Governance-Forschung, Baden-Baden 2005, S. 11 ff.
539 Augsberg, Fußnote 530 S. 13/14.

Dieses Modell entsubjektiviert den Steuerungsbegriff demnach nicht nur dergestalt, dass die Vorstellung eines einzigen, zentralen Steuerungssubjekts verabschiedet wird. An die Stelle dieser Vorstellung tritt auch nicht lediglich die Pluralisierung des (damit im Grundsatz beibehaltenen) Konzepts im Sinne einer nun angenommenen Vielzahl von Steuerungssubjekten, deren Anstrengungen koordiniert werden müssen. Weil vielmehr die Differenz von Steuerungssubjekt und Steuerungsobjekt als solche brüchig wird, erfolgt jetzt von vornherein eine Inblicknahme *normativ beeinflusster oder beeinflussbarer Entscheidungszusammenhänge*, denen sich der einzelne Entscheider und die ihm zukommenden Handlungsmöglichkeiten erst verdanken. Entsprechend ist nun nicht mehr von – die subjektive Lesart begünstigender, da offenbar auf einen »Steuermann« bezogener – Steuerung die Rede, sondern von Governance. Noch präziser erscheint es, auch die Governance-Terminologie, in der sich wenigstens etymologisch mit dem *kybernetes* immer noch der Steuerungsgedanke versteckt, aufzugeben zugunsten der Rede von zu beobachtenden »*Regelungsstrukturen*«."[540]

Etwas karger fallen die Bemerkungen Augsbergs zu dem diesem Governancemodus zugrundeliegenden Wissensmodell aus:

„Dieser Verabschiedung des Steuerungssubjekts korreliert eine Verabschiedung des Subjekts als – primärer oder ausschließlicher – Wissensträger. Weil es für das Steuerungsgeschehen nicht mehr auf das Wissen der einzelnen handelnden Menschen ankommt, sondern die Veränderungen und Verschiebungen innerhalb einer umfassender konzipierten Regelungsstruktur beachtet werden müssen, muss auch die kogni-

---

540 Vgl. zum Begriff grundlegend Renaty Mayntz/Fritz W. Scharpf, Steuerung und Selbstorganisation in staatsnahen Sektoren, in: Mayntz/Scharpf (Hrsg.), Gesellschaftliche Selbstregelung und politische Steuerung, Frankfurt am Main/New York 1995, die charakteristischerweise zum besseren Verständnis des neu eingeführten Begriffs als dessen Übersetzung „governance structure" angeben. Zum Zusammenhang der Konzepte näher Claudio Franzius, Governance und Regelungsstrukturen, Verwaltungsarchiv, New York 2006, S. 186 ff. Deutlich auch Gunnar Folke Schuppert, When Governance meets Religion. Governancestrukturen und Governanceakteure im Bereich des Religiösen, Baden-Baden 2012, S. 17: Bei Governance gehe es um „Governance von und durch Regelungsstrukturen". Sehr deutlich im Sinne einer durch die Governance-Theorie erfolgten Abkehr von akteurszentrierten Ansatz hin zum regelungsstrukturbezogenen Verfahren auch derselbe, Diskussionsbemerkung, in: VVDStRL 67 (2008), S. 336 f.

tive Dimension des Problems auf diese Verschiebungen eingestellt respektive vor diesem Hintergrund neu verstanden werden. [...] Wissen wird danach jetzt nicht mehr als ein individuell-subjektzentriertes Bewusstseinsgeschehen, sondern als ein *strukturbezogenes kommunikatives Phänomen* gefasst. Es handelt sich in diesem Sinne bei dem Wissen nicht mehr um eine anthropologische Besonderheit; in Frage steht vielmehr eine bestimmte Kommunikationsbedingung, die grundsätzlich jeder Form der Kommunikation, also auch der nichtmenschlichen, zugeschrieben werden kann."[541]

Angesichts dieser geschilderten Entsubjektivierung des Steuerungsbegriffs und der Entsubjektivierung des Wissens durch seine Abkopplung von individuellen Subjekten und seines neues Verständnisses als „strukturbezogenes kommunikatives Phänomen" fragt sich der Leser automatisch, was dies nun eigentlich bedeutet. Wenn Wissen nur noch als „impersonales Wissen" gedacht werden kann, geht es dann nur noch um „organisationales Wissen" (von dem schon die Rede war) oder um Wissen als einer bestimmten „Aggregatstufe" kommunikativer Prozesse? Die dazu von Augsberg gegebenen Auskünfte helfen uns – so fürchte ich – nicht wirklich weiter:

„Der [...] aus dem Steuerungskonzept »Regelungsstrukturen« abgeleitete Wissenstypus entspricht bemerkenswert exakt einem Verständnis, das sich in allgemein wissenssoziologischer Perspektive in jüngeren Debatten herausgebildet[542] und sukzessive auch in juristischen Problemkontexten etabliert hat. Auch danach ist Wissen nicht länger als ein primär oder gar ausschließlich individuell-psychisches, sondern als ein vorrangig organisational-systemisches Phänomen zu fassen. Wissen bildet in dieser Perspektive eine höhere Bearbeitungsstufe von Information, die ihrerseits als eine nach systeminternen Selektionskriterien vollzogene Unterscheidung bestimmt wird. Information und Wissen sind unterschiedliche ‚Aggregatstufen' kommunikativer Ereignisse und ihrer systeminternen Weiterverarbeitung. Der grundsätzliche Begriff des Wissens ist damit impersonal konzipiert."[543]

Das Einzige, was hier meines Erachtens weiterhelfen kann ist, das *„Steuerungskonzept Regelungsstrukturen"* in den Mittelpunkt zu rücken und zu fragen, was dies für die *Steuerung von Wissen*, also von Prozessen der Wissens-

---

541 Augsberg, Fußnote 530, S. 15/16.
542 Helmut Willke, Systemisches Wissensmanagement, Stuttgart, 2. Aufl. 2001.
543 Augsberg, Fußnote 530, S. 16.

generierung, der Wissenskoordination und des Wissenstransfers eigentlich bedeutet. Um dabei voranzukommen, schlage ich vor, das „Steuerungskonzept Regelungsstrukturen" zu präzisieren und zwar durch den Begriff der *Struktursteuerung*, den ich in zwei thematischen Zusammenhängen als äußerst hilfreich empfunden habe. Damit beziehe ich mich zunächst auf einen schon älteren Beitrag von mir mit dem Titel „Innovationssteuerung im Verwaltungsorganisationsrecht"[544], in dem ich versucht habe, innovationsfördernde und innovationshemmende Organisationsstrukturen zu unterscheiden; im zweiten Beitrag geht es um „Koordination durch Struktursteuerung als Funktionsmodus des Gewährleistungsstaates"[545], in dem ich gefragt habe, welcher Organisations- und Regelungsstrukturen es bedarf, um Verantwortungsteilung als Schlüsselkonzept des Gewährleistungsstaates funktionsfähig zu machen. Überträgt man nun diesen Grundgedanken der Struktursteuerung auf das Phänomen der Wissensgesellschaft, so läuft dies auf die Frage nach *wissensadäquaten Organisations- und Regelungsstrukturen* hinaus, Strukturen also, die den Eigenarten von Wissen, wie ich sie in dem kleinen wissenssoziologischen Reiseführer beschrieben habe, gerecht zu werden vermögen. Wie man sich eine solche Struktursteuerung vorstellen kann, soll nunmehr an zwei Beispielen veranschaulicht werden.

a) Rahmenbedingungen für Wissensgenerierung oder zur Steuerungsfunktion des Wissenschaftsrechts

Wenn man etwas über die Bedeutung und die Funktion von – vor allem – rechtlichen Regelungsstrukturen für ein freiheitliches *Wissenschaftssystem* erfahren will, so ist man gut beraten, einen Blick in die grundlegende Schrift von Hans-Heinrich Trute über „Die Forschung zwischen grundrechtlicher Freiheit und staatlicher Institutionalisierung" zu werfen, in deren Zusammenfassung es zur Aufgabe eines rahmensetzenden Rechts wie folgt heißt:

„Diese Auseinandersetzungen um die Ambivalenzen des wissenschatflich-technologischen Fortschritts offenbaren Zweifel an der Verant-

---

544 In: Wolfgang Hoffmann-Riem/Jens Peter Schneider (Hrsg.), Rechtswissenschaftliche Innovationsforschung. Grundlagen, Forschungsansätze, Gegenstandsbereiche, Baden-Baden 1998, S. 171–207.
545 In: Arthur Benz/Heinrich Siedentopf/Karl-Peter Sommermann (Hrsg.), Institutionenwandel in Regierung und Verwaltung. Festschrift für Klaus König zum 70. Geburtstag, Berlin 2004, S. 287–294.

wortbarkeit unbegrenzten Fortschritts der Wissenschaften und ihrer immer wieder beschworenen Verbindung mit dem Projekt der Aufklärung und Humanität.
Aufgeworfen ist damit die Frage nach den *Rahmenbedingungen*, deren eine wissensbasierte, auf die Leistungen der Wissenschaft angewiesene Gesellschaft um ihrer verantwortungbaren wissenschaftlich-technologischen Entwicklungen bedarf. [...]
Zu diesen Rahmenbedingungen gehören nicht zuletzt die rechtlichen Instrumente der Zuordnung von Verantwortung, der Abgrenzung konkurrierenden Freiheitsgebrauchs, der Ermöglichung und Sicherung auch wissenschaftlicher Freiheit in Kenntnis und unter Abwägung ihrer Risiken." [546]

Diese wichtige Aufgabe des Rechts dürfte man nun aber nicht dahin missverstehen, nach einer umfassenden parlamentarischen Steuerung der Wissenschaft zu rufen oder gar ihrer detaillierten Regelung das Wort zu reden. Sachangemessen könne nur – und darin verdient er voll Zustimmung – eine indirekte Steuerung sein, also das, was ich Struktursteuerung vor allem durch Organisation und Verfahren nenne und dessen Wirkungsweise Trute wie folgt beschreibt:

„Damit ist allerdings die *Herausforderung an das Recht* formuliert, *jenseits der klassischen regulierenden Instrumente Formen zu entwickeln*, die dieser Aufgabe und der besonderen Doppelstellung des Staates gerecht werden, der einerseits diesen Ausgleich vorzunehmen hat und damit regulierend und Grenzen formulierend auf die Wissenschaft einwirkt, zum anderen aber wissenschaftliche *Handlungsmöglichkeiten* um der Freiheit und der gesellschaftlichen Entwicklung willen *institutionalisiert*, d.h. die Mittel der Freiheitsausübung zur Verfügung stellt. Der Staat stellt finanzielle Mittel zur Verfügung, gründet Einrichtungen und verfügt über die Betriebsmittel der Wissenschaft, derer sie bedarf, um nach Maßgabe ihrer eigenen Kriterien handeln zu können. Über diese Abhängigkeiten unterliegt das Wissenschaftssystem vielfältigen Steuerungsimpulsen des Staates und anderer gesellschaftlicher Akteure. Nicht nur grundrechtliche Freiheit, nach Maßgabe eigener Kriterien handeln zu können, sondern zugleich die zu einem wesentlichen Teil staatliche Institutionalisierung der Voraussetzungen dieser Handlungen kennzeichnet daher den Sachbereich Wissenschaft und prägt

---

546 Hans-Heinrich Trute, Die Forschung zwischen grundrechtlicher Freiheit und staatlicher Institutionalisierung, Tübingen 1994, S. 719.

als grundlegendes Spannungsverhältnis das Wissenschaftsrecht. Benannt sind damit die beiden Pole staatlicher Verantwortung und grundrechtlich gesicherter Autonomie, die für das Wissenschaftsrecht strukturprägend sind. Daraus resultiert ein spezifischer, *indirekter Steuerungsansatz des Wissenschaftsrechts*, der sich, jenseits der klassischen Abgrenzung kollidierenden Freiheitsgebrauchs, etwa wenn Forschung auf Rechtsgüter Dritter zugreift, in der *Gestaltung von Strukturen, der Etablierung von Verfahren, der Kooperation von Staat und Wissenschaft* niederschlägt, deren Ziel es ist, immer wieder staatliche Gestaltungsinteressen mit der Notwendigkeit autonomer wissenschaftlicher Kommunikationen und Handlungen zu vermitteln." [547]

In die gleiche Richtung gehen die Überlegungen von Eberhard Schmidt-Aßmann, der ebenfalls betont, dass mit den Formen klassischer hierarchischer Steuerung im Wissenschaftsbereich nichts anzufangen ist, vielmehr dem Organisationsrecht eine zentrale Rolle zukomme:

„Das Privatrecht hat sich als besonders anpassungsfähig erwiesen, um die Übergänge zwischen gesellschaftlichen Forschungsaktivitäten und staatlicher Mitwirkung rechtlich zu erfassen, indem es Gemeinschaftsgründungen und eine wechselseitige Beteiligung in den Gesellschaftsformen gestattet. Auffällig ist die geringe Bedeutung behördlicher Organisationsformen. Sie sind vor allem dort anzutreffen, wo es um Aufsicht und Staatseinfluss geht, auch hier abgewandelt, z.B. durch die Einbeziehung sog. Ethikkommissionen. Im übrigen aber bestätigt sich, dass Wissenschaft und Wissenschaftsverwaltung mit klassischen Hierarchievorstellungen nicht zu bewältigen sind, sondern sich der Kooperation und des Kollegialprinzips bedienen. Organisation wird so zum Medium der Verantwortung und grundrechtlicher Freiheit, nicht zum Instrument der Umsetzung materieller Entscheidungsprogramme durch eine staatliche Exekutive. Das gilt für das Hochschulrecht als das klassische Gebiet des Wissenschaftsrechts. Erst recht gilt es für die außeruniversitären Forschungseinrichtungen und für die hochstufigen Organisationsformen, mit denen Wissenschaft und Wissenschaftsverwaltung ihren Anschluß an die Ebene der Politik sicherstellen." [548]

---

547 Ebenda, S. 720.
548 Eberhard Schmidt-Aßmann, Das allgemeine Verwaltungsrecht als Ordnungsidee. Grundlagen und Aufgaben der verwaltungsrechtlichen Systembildung, 2. Aufl. Berlin/Heidelberg 2004, S. 132 f.

Eine überragende Bedeutung komme ferner der finanziellen Steuerung zu, zu deren spezifischen Governancearrangements Schmidt-Aßmann Folgendes anmerkt:

> „Diese Aufgabe wird im Wissenschaftsrecht durch ein zweiteiliges Verhandlungssystem geleistet, das die sonst üblicherweise getrennten Regelungsansätze des Haushaltsrechts und des Zuwendungsrechts zusammenfasst. Den ersten Teil bildet die Hochschulbauförderung gem. Art. 91a GG. Sie hat durch das Hochschulbauförderungsgesetz eine formalisierte, einheitliche Struktur erhalten. Der zweite Teil findet seine Grundlage in der Rahmenvereinbarung zwischen Bund und Ländern über die gemeinsame Förderung der Forschung nach Art. 91b GG. Die übergreifende Organisationsstruktur bilden für beide Systemteile der Wissenschaftsrat und die Bund-Länder-Kommission für Bildungsplanung und Forschungsförderung. Die Grundlage des Verhandlungssystems ist der Ausgleich föderaler Interessen. Bund und Länder sind folglich die Hauptakteure. Doch ist die Wissenschaft selbst in diesem System durchgängig repräsentiert und zur Artikulation ihrer Belange befähigt."[549]

b) Struktursteuerung der Wissensgenerierung im europäischen Mehrebenensystem: das Beispiel der „Open Method of Coordination"

Was von der sog. Open Method of Coordination (OMC) zu halten ist, ist äußerst umstritten. Der folgende Aufsatztitel[550] bringt dies wunderbar zum Ausdruck: „Europeanization through its instrumentation: benchmarking, mainstreaming and the open method of coordination [...] toolbox or Pandora's box?" Die unter dieser Überschrift vereinten „new models of governance" werden in dem genannten Beitrag wie folgt näher charakterisiert: „The »new governance« models insist on the non-coercive processes based on the will of the participants to agree, by way of collective deliberation, on procedural norms, modes of regulation and common political objectives and, at the same time, to preserve the diversity of national and even local experiences. One should also emphasize the *cognitive dimension*

---

549 Ebenda, S. 133.
550 Isabell Bruno/Sophie Jacquot/Lou Manderin, Europeanization through its instrumentation: benchmarking, mainstreaming and the open method of co-ordination – toolbox or Pandora's box?, in: Journal of European Public Policy 13 (2006), S. 519–536.

of this kind of intergovernmental co-ordination, which operates through *knowledge-sharing, mutual learning or exchange of »good practices«*."[551]

Die soeben zitierten Autoren gehen gar so weit, in den Methoden des Benchmarking[552] und der ebenfalls von vergleichenden Lehren geprägten Open Method of Coordination einen grundlegenden Wechsel in Art und Stil von Governance erkennen zu wollen, nämlich „from integration by law to Europeanization by figures", ein Wandlungsprozess, den sie wie folgt skizzieren:

> „Rather than acting by law and through coercive means, they operate on the basis of a management-by-objectives device, which activates the competitive discipline. A process of Europeanization by figures seems to replace Community integration through law, which has until now implied that sovereign power should be assigned to the supranational institutions. Through *»the language of quantification«*, benchmarking aims at reconciling national conflicting interests, to the extent that the medium of benchmarks may enable governments to come to an agreement about »commensurable expectations«."[553]

Angesichts dieser Ausrufung neuer Governanceformen und angesichts der damit verbundenen hohen Erwartungen scheint doch eine kritische Nachfrage unverzichtbar zu sein. Ich bediene mich dazu des von mir als besonders informativ und abgewogen befundenen Beitrags von Claudio M. Radaelli[554], der die Erwartungen an die Open Method of Coordination mit ersten empirischen Befunden eindrucksvoll kontrastiert:

Was zunächst die *positiven Erwartungen* angeht, so hebt Radaelli drei wissensrelevante Aspekte besonders hervor[555], nämlich:

- Erstens sei die Open Method of Coordination „a new way to produce usable knowledge. The OMC is supposed to work like a network looking for usable knowledge at all levels."
- Zweitens befördere die Open Method of Coordination „policy learning. The greatest advantage of the open method is that it has considerable potential for policy learning. By learning from local knowledge

---

551 Ebenda, S. 520.
552 Instruktiv dazu Holger Straßheim, Der Ruf der Sirenen – Zur Dynamik politischen Benchmarkings. Eine Analyse der US-Sozialreform. WZB Discussion-Paper FS II 01–201, Berlin 2001.
553 Bruno/Jacquot/Manderin, Fußnote 550, S. 530.
554 Claudio M. Radaelli, The Open Method of Coordination: A new governance architecture for the European Union? Stockholm, 2003.
555 Ebenda, S. 26 ff.

Viertes Kapitel: (Rechts-)Wissen als Herrschafts- und Regierungswissen

and by generating trans-national diffusion, policy-makers can improve at their own pace."
- Drittens schließlich funktioniere die Open Method of Coordination wie ein Radargerät, das unermüdlich auch in den letzten Winkeln verborgenes Wissen zum Vorschein bringe: „In its ideal-typical form, the OMC has considerable potential for learning in at least two directions. The emphasis on participation and local knowledge should provide a platform for bottom-up learning, whereas peer review and benchmarking – if properly used – can generate cross-national policy diffusion and learning. Turning to the metaphor of the method as radar, the idea is that the network structure of the OMC enables policy-makers to detect innovative solutions – wherever they are produced at the local level."

Was die Schattenseite der Open Method of Coordination angeht, so hat Radaelli davon insbesondere die folgenden vier ausgemacht[556]:
- Erstens funktioniere OMC als „learning from the bottom" nur, wenn auch entsprechende Partizipationskanäle bestünden und genutzt würden: „The scant empirical information on learning in OMC processes (especially in employment policy, but there is also preliminary evidence in innovation policy) directs us towards a problem acknowledged by the Commission itself: up until now, the amount of learning »from the bottom« and across-countries has been limited. One explanation for this is that participation falls short of the ideal-type of participatory governance designed at Lisbon. If the OMC is all about tapping the benefits of local knowledge, poor participatory governance is a serious hindrance to learning. One key mechanism envisaged by the Lisbon architects is simply not working."
- Zweitens beiße sich OMC häufig mit der Funktionslogik politischer Entscheidungsprozesse: „The second explanation suggested here is that learning in the context of the OMC is a political exercise. Policy-makers are not seeking truth, but power. They may be open to reasoned argumentation, but not to the point of overcoming the basic fact that they are engaged with politically sensitive policies such as the re-calibration of the welfare state, industrial policy, and taxation."
- Drittens seien die Erfolgserwartungen an die OMC in der Regel überzogen, da Benchmarking häufig nur Nachahmungseffekte produzieren, die unverzichtbare Heterogenität von Lösungsansätzen hingegen vernachlässige: „Instruments such as benchmarking have been adopted en-

---

556 Ebenda, S. 30 ff.

thusiastically. Benchmarking in a political context may act as an obstacle to learning, however. It may reduce diversity and heterogeneity – two essential properties of evolutionary learning systems. [...] By focusing on success, benchmarking may not reflect enough on the lessons provided by failures (the so-called negative lessons). If based on best practice, benchmarking may ignore the simple fact that in the public sector the definition of success is problematic. Benchmarking may encourage imitation, but successful competitive strategies are more based on distinctive unique aspects."
- Viertens schließlich verführen Benchmarking und OMC dazu, den institutionellen und kulturellen Rahmen von Lernen und Wissen nicht genügend zu berücksichtigen: „Finally, benchmarking may hinder learning by bracketing the institutional context. A number of political and institutional circumstances are often neglected in benchmarking exercises in the public sector because of the assumption of total fungibility of best practice. However, in all processes of policy innovation there are elements that cannot be transferred from one country to another without taking into account institutional legacies, states traditions, and the dominant legal culture."

Nach diesem – wie wir finden – interessanten Einblick in den Zusammenhang von Wissensgenerierung und Lernprozessen gilt es, die dritte Kontaktzone zu besichtigen.

3. Kontaktzone III: Governancewissen als Wirkungswissen – Political Choices als Wissensproblem

Will man erfolgreich Politik machen, muss man wissen, „how to get things done". Man kann insoweit – um einen von Andreas Voßkuhle entlehnten Begriff zu verwenden – von *Wirkungswissen*[557] sprechen, denn man sollte möglichst bereits im Voraus wissen, ob die zur Zielerreichung eingesetzten Mittel – Instrument, institutionelle Arrangements, Regulierungsmodi – auch wirklich das bewirken (können), was von ihnen erwartet wird.

Seit langem schlage ich vor, im Bereich politischer Entscheidungen – „politics is about choices" – mehrere Auswahlentscheidungen zu unter-

---

[557] Andreas Voßkuhle, Sachverständige Beratung des Staates, in: Josef Isensee/Paul Kirchhof (Hrsg.), Handbuch des Staatsrechts, Bd. III, 3. Aufl. 2005, § 43, Rdnr. 36.

Viertes Kapitel: (Rechts-)Wissen als Herrschafts- und Regierungswissen

scheiden, die ich „instrumental choice", „institutional choice" und „regulatory choice" genannt habe[558]:

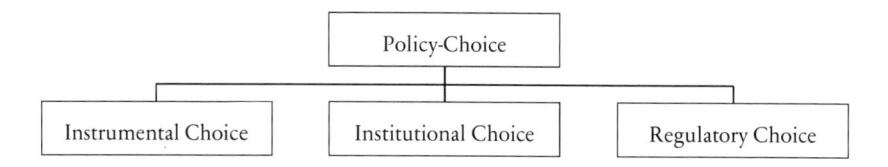

```
                    ┌─────────────────┐
                    │  Policy-Choice  │
                    └─────────────────┘
           ┌────────────────┼────────────────┐
  ┌─────────────────┐ ┌─────────────────┐ ┌─────────────────┐
  │ Instrumental    │ │ Institutional   │ │ Regulatory      │
  │ Choice          │ │ Choice          │ │ Choice          │
  └─────────────────┘ └─────────────────┘ └─────────────────┘
```

Es scheint mir ein naheliegender Gedanke zu sein, diese Unterscheidung gesetzgeberischer Auswahlsituationen *aus der Wissensperspektive* etwas näher in Augenschein zu nehmen und zu fragen, ob sich den unterschiedlichen Choice-Situationen unterschiedliche *Wissensarten* zuordnen lassen, die dem Gesetzgeber in der konkreten Entscheidungssituation von Nutzen wären.

– Beginnen wir mit dem *Problem der Instrumentenwahl*, das sich – wie die nachstehende Übersicht zeigt – besonders gut am Beispiel des Umweltschutzes veranschaulichen lässt

---

558 Ausführlich dazu Gunnar Folke Schuppert, Gute Gesetzgebung. Bausteine einer kritischen Gesetzgebungslehre, Zeitschrift für Gesetzgebung, Sonderheft 2003; ferner derselbe, Governance und Rechtsetzung, Baden-Baden 2011, S. 112 ff.

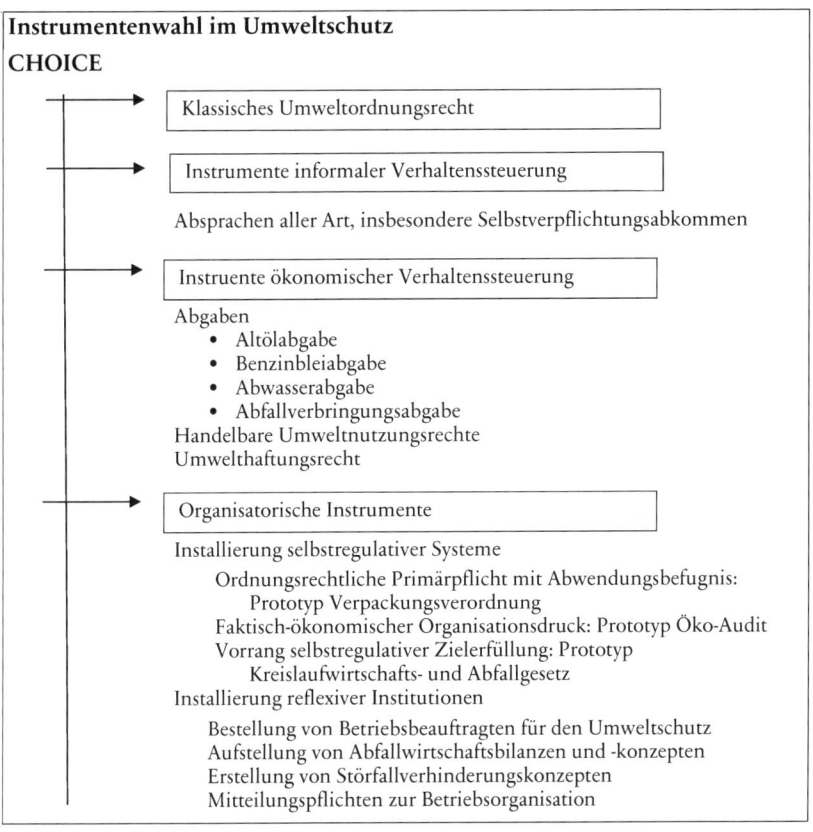

```
┌─────────────────────────────────────────────────────────────────┐
│ Instrumentenwahl im Umweltschutz                                │
│ CHOICE                                                          │
│   ┌──►┌──────────────────────────────────────────┐             │
│   │   │ Klassisches Umweltordnungsrecht           │             │
│   │   └──────────────────────────────────────────┘             │
│   ├──►┌──────────────────────────────────────────┐             │
│   │   │ Instrumente informaler Verhaltenssteuerung│             │
│   │   └──────────────────────────────────────────┘             │
│   │     Absprachen aller Art, insbesondere Selbstverpflichtungs- │
│   │     abkommen                                                 │
│   ├──►┌──────────────────────────────────────────┐             │
│   │   │ Instruente ökonomischer Verhaltenssteuerung│            │
│   │   └──────────────────────────────────────────┘             │
│   │     Abgaben                                                  │
│   │        • Altölabgabe                                         │
│   │        • Benzinbleiabgabe                                    │
│   │        • Abwasserabgabe                                      │
│   │        • Abfallverbringungsabgabe                            │
│   │     Handelbare Umweltnutzungsrechte                          │
│   │     Umwelthaftungsrecht                                      │
│   └──►┌──────────────────────────────────────────┐             │
│       │ Organisatorische Instrumente              │             │
│       └──────────────────────────────────────────┘             │
│         Installierung selbstregulativer Systeme                  │
│            Ordnungsrechtliche Primärpflicht mit Abwendungsbefugnis:│
│               Prototyp Verpackungsverordnung                     │
│            Faktisch-ökonomischer Organisationsdruck: Prototyp Öko-Audit│
│            Vorrang selbstregulativer Zielerfüllung: Prototyp     │
│               Kreislaufwirtschafts- und Abfallgesetz             │
│         Installierung reflexiver Institutionen                   │
│            Bestellung von Betriebsbeauftragten für den Umweltschutz│
│            Aufstellung von Abfallwirtschaftsbilanzen und -konzepten│
│            Erstellung von Störfallverhinderungskonzepten         │
│            Mitteilungspflichten zur Betriebsorganisation         │
└─────────────────────────────────────────────────────────────────┘
```

Wenn der Gesetzgeber hier oder in anderen Fällen – man denke an die politisch gewünschte Steigerung des Anteils von Elektroautos – Maßnahmen ergreifen will, ist er gut beraten, sich über die Vor- und Nachteile der in der gesetzgeberischen „tool box" vorhandenen Instrumente kundig zu machen und ihre Wirksamkeit einzuschätzen[559]. Dieses hierfür benötigte Wissen kann man als *Instrumentenwissen* bezeichnen.

– Was den Bereich von *Organisationswahlentscheidungen* angeht, so geht es darum, zu entscheiden, welche Organisationsform oder welches organisatorische Arrangement für die Erfüllung einer bestimmten öffentli-

---

[559] Ob hierfür die in der Regel aufwändige Gesetzesfolgenabschätzung das richtige Instrument ist, wird später unter der Überschrift „Rechtswissenschaft als Entscheidungswissenschaft" zu diskutieren sein. Zur Gesetzesfolgenabschätzung siehe umfassend Carl Böhret/Götz Konzendorf, Handbuch Gesetzesfolgenabschätzung (GFA), Baden-Baden 2001.

Viertes Kapitel: (Rechts-)Wissen als Herrschafts- und Regierungswissen

chen Aufgabe besonders geeignet oder auch ungeeignet erscheint. Diese Auswahlentscheidung bezeichne ich als „*institutional choice*"[560]. Solche Entscheidungen sind von großer praktischer Bedeutung und kommen durchaus häufig vor, z. B. bei Privatisierungsentscheidungen mit der damit möglicherweise verbundenen Gefahr des Verlustes staatlicher Steuerungsmöglichkeiten oder bei Entscheidungen über das richtige Design von Regulierungsbehörden oder – um ein drittes Beispiel zu nennen – über die Frage, in welchem Umfang von „Private-Public-Partnerships" Gebrauch gemacht werden sollte[561]. Eindringlich hat insbesondere Andreas Voßkuhle auf die Gefahr hingewiesen, dass die Privatisierung oder das Outsourcing von Verwaltungsaufgaben zu einem *Wissensverlust* des Staates führen kann[562], ein Verlust, der infolge der nur begrenzt möglichen Rückholbarkeit von sich dauernd weiterentwickelndem Wissen letztlich eine Erosion der staatlichen Steuerungsfähigkeit bedeutet.

Auch für die Bewältigung solcher Auswahlsituationen bedarf es eines spezifischen Wissens, nämlich darüber, von welchen Typen von Institutionen ein spezifisches „*organizational behavior*"[563] zu erwarten oder auch zu besorgen ist, ein Verhalten, das – wie häufig bei der Errichtung verselbstständigter Verwaltungseinheiten – darauf hinausläuft, der *institutionellen Eigenlogik* auf Kosten des gesetzgeberischen Regelungsauftrags den Vorzug zu geben[564].

---

560 Siehe dazu Gunnar Folke Schuppert, Institutional Choice im öffentlichen Sektor, in: Dieter Grimm (Hrsg.), Staatsaufgaben, Baden-Baden 1994, S. 647–684; Nikolaus Müller, Rechtsformenwahl bei der Erfüllung öffentlicher Aufgaben (Institutional Choice), Köln 1993; Christoph Reichard, Institutionelles Wahlmöglichkeiten bei der öffentlichen Aufgabenerfüllung, Baden-Baden 1998, S. 121 ff.

561 Insgesamt dazu Gunnar Folke Schuppert, Verzahnung von öffentlichem und privatem Sektor im Spiegel neuer Organisationsmodelle, in: Peter Eichhorn/Christoph Reichard/Gunnar Folke Schuppert (Hrsg.), Kommunale Wirtschaft im Wandel – Chancen und Risiken, Baden-Baden 2000, S. 81–120.

562 Andreas Voßkuhle, Sachverständige Beratung des Staates als Governanceproblem, in: Sebastian Botzem/
Jeanette Hofmann/Siegrid Quack/Gunnar Folke Schuppert/Holger Straßheim (Hrsg.),
Governance als Prozess, Baden-Baden 2009, S. 547–571.

563 Zum „organizational behavior" Gunnar Folke Schuppert, Institutional Choice im öffentlichen Sektor, Fußnote 560, S. 647 ff; siehe ferner mit interessanten Beispielen Wolfgang Seibel, Verwaltung verstehen, Berlin 2016, S. 31 ff, 78 ff, 86 ff.

564 Lehrreich dazu Wolfgang Seibel, Fußnote 563, S. 78 ff.

– Was schließlich das Terrain von „*regulatory choice*" angeht, so ist dieses ausgesprochen weitläufig. Es geht hierbei nicht nur um Entscheidungen des engeren Regulierungsrechts, sondern aus einer mehr generellen Perspektive auch um Auswahlentscheidungen zwischen verschiedenen *Handlungs- bzw. Funktionsmodi des Rechts*, die sich dann in je spezifischen Regelungsarten konkretisieren; mit Wolfgang Hoffmann-Riem lassen sich in diesem Sinne die folgenden Handlungsmodi des Rechts unterscheiden[565]:

Handlungsmodi des Rechts

imperatives Recht

- gebietend
- verbietend
- auf andere Weise Grenzen setzend

stimulierendes Recht

- freisetzend
- ermöglichend
- fördernd
- struktursetzend
- persuasiv/motivierend

konsensorientiertes Recht

- kooperativ
- vermittelnd/moderierend

Ein interessanter Anwendungsfall von „regulatory choice" ist die das Verhältnis von Staat und Gesellschaft jeweils neu austarierende *Wahl des Regu-*

---

565 Wolfgang Hoffmann-Riem, Innovationsrecht. Antrag für ein Forschungsprojekt, Hamburg/Karlsruhe 2005, S. 8 f.

Viertes Kapitel: (Rechts-)Wissen als Herrschafts- und Regierungswissen

lierungssektors. Wenn hier von der Wahl des Regulierungssektors[566] gesprochen wird, so ist damit die Frage gemeint, ob das in Rede stehende Problem der Regulierung im öffentlichen Sektor bedarf – staatlich-hoheitliche Regulierung –, ob eine Regulierung im privaten Sektor vorzugswürdig wäre – gesellschaftliche Selbstregulierung – oder ob nicht eine Mischung aus staatlicher und privater Regulierung am ehesten Erfolg verspricht.

Einer so gekennzeichneten Auswahlsituation liegt offenbar die richtige Annahme zugrunde, dass man nicht von einer dichotomischen Entgegensetzung von staatlicher oder privater Regulierung als Denkmodell ausgehen, sondern dass man mit Wolfgang Hoffmann-Riem ein *Skalierungsmodell von Regulierung* zugrunde legen sollte,[567] das zwischen den Polen der imperativen Regulierung auf der einen und der privaten Selbstregulierung auf der anderen Seite mit zwei *hybriden Formen von Regulierung* arbeitet, nämlich der relativ staatsnahen hoheitlichen Regulierung unter Einbau selbstregulativer Elemente und der sich mehr und mehr als *Erfolgsmodell des Gewährleistungsstaates* erweisenden hoheitlich regulierten Selbstregulierung[568].

Etwas vereinfacht lässt sich diese Auswahlsituation wie folgt darstellen:

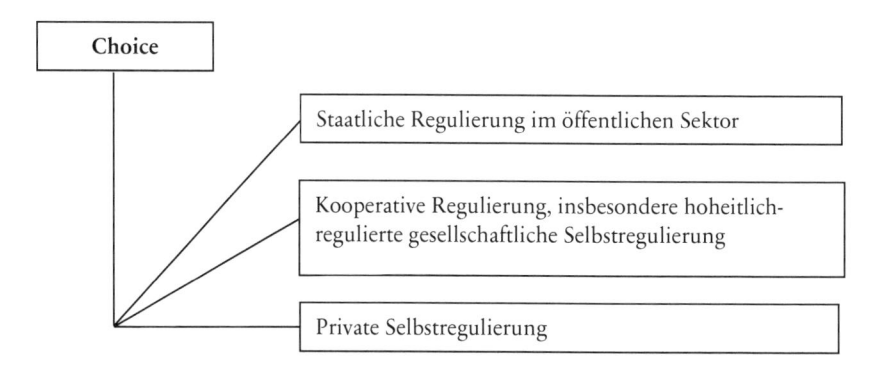

Choice	
	Staatliche Regulierung im öffentlichen Sektor
	Kooperative Regulierung, insbesondere hoheitlich-regulierte gesellschaftliche Selbstregulierung
	Private Selbstregulierung

---

566 Vgl. jüngst Michael Kloepfer, Umweltschutzregulierung durch öffentliche oder private Initiative?, in: Kitagawa Zentaro u.a. (Hrsg.), Regulierung – Deregulierung – Liberalisierung. Tendenzen der Rechtsentwicklung in Deutschland und Japan zur Jahrhundertwende, Tübingen 2001, S. 149 ff.

567 Wolfgang Hoffmann-Riem, Öffentliches Recht und Privatrecht als wechselseitige Auffangordnungen. Systematisierung und Entwicklungsperspektiven, in: derselbe/Eberhard Schmidt-Aßmann (Hrsg.), Öffentliches Recht und Privatrecht als wechselseitige Auffangordnungen, Baden-Baden 1996, S. 261 ff.

568 Gunnar Folke Schuppert, Das Konzept der regulierten Selbstregulierung als Bestandteil einer als Regelungswissenschaft verstandenen Rechtswissenschaft, in: Die Verwaltung, Beiheft 4 (2001), S. 201–252.

B. Regierungswissen von „Machiavelli" bis „McKinsey"

Diese ebenso praktisch wie politisch wichtige Auswahlsituation ist inzwischen in der Gemeinsamen Geschäftsordnung der Bundesministerien (GGO) auch ausdrücklich geregelt: nach § 43 Abs. 1 Nr. 3 GGO ist in der Begründung von Gesetzentwürfen der Bundesregierung darzustellen, ob eine Erledigung der Aufgabe durch Private möglich und warum von dieser Erledigungsvariante kein Gebrauch gemacht worden ist. In der dazu ergangenen Anlage 7 findet sich der folgende *Prüfkatalog* zur *Feststellung von Selbstregulierungsmöglichkeiten*[569]:

„(1) Welches Regulierungssystem ist dem Problem angemessen? Reicht eine gesellschaftliche Selbstregulierung aus – etwa durch Selbstbeschränkungsabkommen oder Selbstverpflichtungen? Welche Strukturen oder Verfahren sollten staatlicherseits bereitgestellt werden, um Selbstregulierung zu ermöglichen? Besteht die Möglichkeit, eine gesellschaftliche Selbstregulierung staatlich vorzuschreiben?
(2) Sofern die Aufgabe von nicht-staatlichen Trägern oder Privaten erfüllt werden kann:
– Wie wird sichergestellt, dass die nicht-staatlichen Leistungsanbieter ihre Leistungen gemeinwohlverträglich erbringen (flächendeckendes Angebot etc.)?
– Welche Regulierungsmaßnahmen und welche Regulierungsinstanzen sind dafür erforderlich?
– Wie kann im Falle der Schlechterfüllung sichergestellt werden, dass die Aufgabe auf staatliche Stellen rückübertragen werden kann?
(3) Kann das Problem in Kooperation mit Privaten gelöst werden? Welche Anforderungen sind an die rechtliche Ausgestaltung solcher Kooperationsbeziehungen zu stellen? Welche praktische Ausgestaltung ist geeignet und erforderlich, um solche Kooperationsbeziehungen organisatorisch zu ermöglichen oder zu begleiten?
(4) Wenn nur eine Zweck- oder Programmsteuerung dem Problem angemessen erscheint: Welche rechtsstaatlich gebotenen Mindestgehalte der rechtlichen Regelung sind zu beachten? (z.B. Vorgaben über Zuständigkeit, Ziel, Verfahren etc.)"

Das Bundesministerium des Innern, das sich für die Aufnahme der Prüfung von Selbstregulierungsmöglichkeiten stark gemacht hatte, sieht hierin zu Recht einen Beitrag zur Umsetzung des Konzepts des aktivierenden Staates, ein Konzept, das insbesondere dadurch gekennzeichnet ist, dass

---

[569] Diesen Prüfkatalog zitieren wir – insoweit um Nachsicht bittend – besonders gern, weil er auf unseren eigenen Formulierungsvorschlag zurückgeht.

die Selbstregulierungspotentiale der Gesellschaft gestärkt werden sollen.[570] „Damit wird das Leitbild des aktivierenden Staates, das die Bundesregierung mit dem Programm »Moderner Staat – Moderne Verwaltung« ausgefüllt hat, an dieser Stelle verbindlich für jeden Gesetzentwurf."[571]
Soweit zu „political choices" als Wissensproblem.

4. Kontaktzone IV: Wissen als Governanceressource

Nahezu jede größere Organisation – sei diese in Unternehmen, sei diese die öffentliche Verwaltung – steht vor dem Problem, das für die Erfüllung des Organisationszwecks benötigte Know-how entweder selbst vorrätig zu halten bzw. zu produzieren oder auf das Wissen Dritter zuzugreifen, in der Regel aufgrund vertraglicher Vereinbarungen. Was zunächst die Eigenproduktion von Wissen angeht, so soll uns die sogenannte Ressortforschung als Beispiel dienen.

a) Governancerelevantes Wissen in Eigenproduktion: das Beispiel der Ressortforschung

Die sog. Ressortforschung, also die Forschung in ressorteigenen, den Bundesministerien zugeordneten Forschungseinrichtungen – zu ihnen zählen so bekannte Einrichtungen wie das Robert-Koch-Institut, die Bundesanstalt für Materialforschung und -prüfung, das Deutsche Jugendinstitut und das Institut für Arbeits- und Berufsforschung – ist ein wahrlich interessantes Phänomen. Einmal ist die nahezu flächendeckende Ressortforschung – es gibt immerhin 53 solcher Forschungseinrichtungen mit insgesamt 19.000 Mitarbeitern – eine deutsche Spezialität. In einem Vergleich der Organisationsformen des Wissenszugriffs in verschiedenen europäischen Ländern schildert Eva Barlösius[572] zunächst die praktizierten Organisationsmodelle, um dann die deutsche Ressortforschung als mit einem bestimmten Staatsverständnis konnotierten Sonderweg zu charakterisieren:

---

570 Stephan von Bandemer/Bernhard Blanke/Josef Hilbert/Josef Schmid, Staatsaufgaben. Von der „schleichenden Privatisierung" zum „aktivierenden Staat", in: Fritz Behrens u.a. (Hrsg.), Den Staat neu denken, Berlin 1995, S. 41 ff.
571 Brigitte Zypries/Cornelia Peters, Eine neue Gemeinsame Geschäftsordnung für die Bundesministerien, ZG 2000, S. 317 ff., S. 325.
572 Eva Barlösius, Zwischen Wissenschaft und Staat? Die Verortung der Ressortforschung, , WZB Discussion Paper P 2008–101, Berlin 2008.

„Dieser kleine Vergleich demonstriert, dass auch andere Staaten auf wissenschaftliche Expertise zu Nominierungs- und Regulierungszwecken und zur Politikberatung zugreifen. Von wem die wissenschaftliche Expertise erbracht wird, wie die Zugriffsrechte darauf gesichert und wie sie institutionell vorgehalten werden, darin unterscheiden sich die Länder erheblich. Die Spannbreite reicht von nationalen und internationalen Ausschreibungen, die das gesamte Feld der Wissenschaft adressieren, über Agenturen bis hin zu behördlich geführten Forschungsanstalten wie in Deutschland. Mit dem Zugriff korrespondiert der staatliche Durchgriff auf die Struktur und Organisation der Institute und darauf, welche wissenschaftliche Expertise sie bereitstellen. Dieser Durchgriff reicht von einer vertraglichen Vereinbarungen, welche nicht mehr als das Beratungsprodukt umfasst, über Abkommen, die dauerhaft wissenschaftliche Expertise sichern, bis hin zur Schaffung staatseigener Behörden, auf die ein permanenter Zugriff garantiert ist und die sowohl institutionell als auch thematisch vollkommen nach staatlichen Vorgaben ausgerichtet sind. In den Einrichtungen der deutschen Ressortforschung manifestiert sich dementsprechend ein Staatsverständnis, welches ein vorrangiges und alleiniges Zugriffsrecht auf wissenschaftliche Expertise für unabdingbar hält. Dies bedingt eine enorme Konzentration: Einerseits greift der Staat überwiegend auf seine eigenen Einrichtungen zu, andererseits haben andere Akteure auf diese Institute kein Zugriffsrecht." [573]

Die Ressortforschung ist zweitens interessant, weil sie aus „forschenden Behörden" besteht, die sowohl als Teil des wissenschaftlichen wie des staatlichen Feldes beschrieben werden können. Ressortforschungsanstalten sind daher ein Anwendungsfall hybrider Organisation. Zu den sich daraus ergebenden In-sich-Konflikten hat Eva Barlösius Folgendes angemerkt:

„So stellte der WR in seiner Bewertung der Ressortforschungseinrichtungen des BMVEL (Bundesministerium für Verbraucherschutz, Ernährung und Landwirtschaft, G.F.S.) fest, dass »ein strukturelles Problem für die Ressortforschungseinrichtungen […] im Spannungsfeld zwischen administrativen und wissenschaftlichen Anforderungen« liegt, weil die wissenschaftlichen Erfordernisse von den jeweiligen Ministerien und ihrer Klientel »konterkariert werden können« (Wissenschaftsrat 2004: 12). Durch die »konstitutive Doppelanbindung« – einerseits im Wissenschaftssystem und andererseits in der Politik – sind

---

[573] Ebenda, S. 8 f.

nach Uwe Schimank »zwei Arten von Pathologien des intersystemischen Leistungsbezugs möglich: die politische Vereinnahmung der Forschung und die Verselbständigung der Forschung gegenüber politischen Leistungsansprüchen«. [...] Wissenschaftspolitisch wie -soziologisch besteht darüber Konsens, dass die Ressortforschung Unvereinbares in ihrer Forschung miteinander zu vereinigen und aufgrund der uneindeutigen oder zweifachen Feld- bzw. Systemzugehörigkeit widersprüchlichen Logiken zu folgen hat." [574]

Diese unterschiedlichen Funktionslogiken von Wissenschaft und Politik spiegeln sich auch – und das ist der dritte akteurstheoretisch interessante Punkt – in den unterschiedlichen Perspektiven und Selbstverständnissen der beteiligten Akteure wider. Während der Wissenschaftsrat die Fahnen der wissenschaftlichen Standards und Kriterien schwenkt, was konkret bedeutet, dass nicht die „Bewährung" im politischen Prozess an erster Stelle zu stehen habe, sondern ausschließlich der Maßstab des wissenschaftlichen „state of the art", wird aus ministerieller Sicht die Funktion der Ressortforschung als Governanceinstrument in den Vordergrund gestellt, eine Position, die Eva Barlösius unter Zitierung des ehemaligen Staatssekretärs im BMVEL, Alexander Müller, wie folgt skizziert: „Das Wissen der Ressortforschung ist unabdingbar, um die Interessen Deutschlands und die der Verbraucher im europäischen und internationalen Bereich sachgerecht vertreten zu können." So wird beispielsweise „Wissenschaft gebraucht, um eine »deutsche Position« für die EU zu generieren". Entsprechend betrachten die Ministerien die wissenschaftliche Expertise ihrer Ressortforschung als „nationales Wissen und nationalen Besitz" – und streiten dafür, dass die Ressortforschung unter ministerieller Kontrolle bleibt. „Ein Abschaffen des Apparats ist nicht vorstellbar, er muss in der staatlichen Regie behalten werden. Ansonsten wäre der Primat der Politik gegenüber dem Primat der Wissenschaft nicht sichergestellt." Angesichts dieser auseinanderliegenden Positionen befinden sich die in Ressortforschungsanstalten tätigen Wissenschaftler – wie Eva Barlösius anschaulich anmerkt – in der sprichwörtlich ungemütlichen Situation zwischen Baum und Borke.[575]

---

574 Ebenda, S. 5.
575 Ebenda, S. 14 f.

b) Übernahme externen Wissens: nützlicher Wissenszugewinn von Regierung und Verwaltung oder Auslieferung an externe Expertise?

Dass der moderne Verwaltungsstaat – und dies gilt cum grano salis auch für den modernen Gesetzgebungsstaat – zunehmend externer Expertise bedarf, dürfte kaum bestreitbar sein; für den Bereich der öffentlichen Verwaltung ist dies von Ino Augsberg wie folgt überzeugt dargelegt worden[576]:

„Die zunehmende Komplexität verwaltungsrechtlicher Entscheidungen zwingt spätestens seit den 1960er Jahren administrative Entscheidungsträger verstärkt zum Rückgriff auf Fachkenntnisse, die nicht mehr aufgrund der bei ihr aggregierten Kompetenzen innerhalb der Verwaltung selbst generiert werden können, sondern nur bei externen Sachverständigen verfügbar sind. Der Rückgriff ist demnach durch ein Wissensdefizit auf Seiten der Behörden bedingt: Die sich mit enormer Geschwindigkeit vollziehenden wissenschaftlichen Erkenntnisfortschritte, die zugleich zu einer immer weitergehenden Ausdifferenzierung innerhalb der Wissenschaftslandschaft führen, können im Kontext des administrativen Handelns nicht einfach rekonstruiert werden; ihre Komplexität und Vielfalt überschreiten die personellen und organisatorischen Möglichkeiten der Verwaltungsbehörden [...]. Erfasst sind dabei nicht nur naturwissenschaftliche Fragestellungen. Ebenso Rechnung getragen werden muss vielmehr der zunehmenden Bedeutung sozialwissenschaftlicher Erkenntnisse[577]. Mit Blick auf beide Wissenschaftsbereiche gilt auch und gerade in kognitiver Hinsicht die allgemeine Beobachtung, dass »die Verwaltung die führende Stellung, die sie gegenüber der Gesellschaft hatte, verloren hat«[578]."

Von diesem Befund führt der Weg direkt zu dem Megathema der *sachverständigen Beratung des Staates*, ein Thema von enormer Weite, das schon so oft und kenntnisreich behandelt worden ist[579], auch und gerade von Ino

---

576 Ino Augsberg, Informationsverwaltungsrecht, Tübingen 2014, S. 115/116.
577 Vgl. Charles Camic/Neil Gross/Michèle Lamont, The Study of Social Knowledge Making, in: dieselben (Hrsg.), Social Knowledge in the Making, Chicago/London 2011, S. 1 ff.
578 Ernst Forsthoff, Der Staat der Industriegesellschaft, München 1971, S. 113.
579 Vgl. Udo Di Fabio, Verwaltungsentscheidung durch externen Sachverstand. Am Beispiel des arzneimittelrechtlichen Zulassungs- und Überwachungsverfahrens, VerwArch 81 (1990), S. 193 ff.; Angelika Nußberger, Sachverständigenwissen als Determinante verwaltungsrechtlicher Einzelentscheidungen, Archiv des öffentlichen Rechts (AöR) 129 (2004), S. 282 ff.; Wilfried Rudloff, Verwissenschaftli-

Augsberg im vierten Kapitel seines Informationsverwaltungsrechts, dass ich mich entschieden habe, den Akzent deutlich anders zu setzen und einen Blick auf verschiedene denkbare *Auslieferungsszenarien*[580] – vor allem im *Bereich der Normenproduktion* – zu werfen.

– *Auslieferungsszenario I: Kooperationalisierung der Rechtsetzung*
Die für den sog. kooperativen Staat[581] typische Verbundproduktion bei der Erfüllung öffentlicher Aufgaben[582] macht auch vor der Normproduktion nicht halt. Man kann daher neben dem kooperativen Rechtsvollzug[583] und der kooperativen Rechtskonkretisierung[584] auch von einer kooperativen Rechtserzeugung sprechen und hierin einen Anwendungsfall des Wandels von hierarchischen zu konsensualen Steuerungstechniken sehen. In diesem Sinne heißt es in dem instruktiven Beitrag von Florian Becker über „Kooperative und konsensuale Strukturen der Normsetzung" wie folgt:

„Wenn und soweit Recht unter den entwickelten Bedingungen differenzierter Gesellschaften in modernen Staaten überhaupt noch eine realistische Steuerungsoption sein soll, bedarf es – so die naheliegende Annahme – eines weitgehenden Verzichts auf den Steuerungsmodus »Hierarchie« zugunsten des Modus »Verhandlung«, da nur letztgenannter durch Integration der Steuerungsobjekte in den Vorgang staatlicher Steuerung die soeben entwickelten Informations- und Akzep-

---

chung der Politik? Wissenschaftliche Politikberatung in den sechziger Jahren, in: Peter Collin/Thomas Horstmann (Hrsg.), Das Wissen des Staates. Geschichte, Theorie und Praxis, Baden-Baden 2004, S. 216 ff.; Andreas Voßkuhle, Sachverständige Beratung des Staates, in: Josef Isensee/Paul Kirchhof (Hrsg.), HStR, Bd. III, Heidelberg 2005, § 43 Rdnr. 7; Martin Schwab, Rechtsfragen der Politikberatung im Spannungsfeld zwischen Wissenschaftsfreiheit und Unternehmensschutz, Tübingen 1999.

580 Zu Auslieferungsszenarien bei der Gemeinwohlkonkretisierung siehe meinen Beitrag „Gemeinwohldefinition im kooperativen Staat", in: Herfried Münkler/Karsten Fischer (Hrsg.), Gemeinwohl und Gemeinsinn im Recht. Konkretisierung und Realisierung öffentlicher Interessen, Berlin 2002, S. 67–98.

581 Klassisch dazu Ernst-Hasso Ritter, Der kooperative Staat. Bemerkungen zum Verhältnis von Staat und Wirtschaft, in: Archiv des öffentlichen Rechts (1979), S. 389 ff.

582 Ausführlich dazu Gunnar Folke Schuppert, Verwaltungswissenschaft, Baden-Baden 2000, S. 277 ff.: „Die öffentliche Verwaltung im Kooperationsspektrum staatlicher und privater Aufgabenerfüllung".

583 Klassisch dazu Renate Mayntz (Hrsg.), Vollzugsprobleme der Umweltpolitik, Stuttgart 1978.

584 Grundlegend dazu Lamb, Kooperative Gesetzeskonkretisierung. Verfahren zur Entwicklung von Umwelt- und Techniktandards, Baden-Baden 1995.

tanzdefizite zu überwinden vermag, die in dem Steuerungsmodus Hierarchie angelegt sind. Und so stellt sich die funktionelle Öffnung der Normsetzung, die sich in kooperativen und konsensualen Strukturen manifestiert, gegen den durchgängigen Einsatz hierarchischer Steuerungsmuster und erweitert den Anwendungsbereich des Konfliktlösungsmodus »Verhandlung«."[585]

Florian Becker ist es auch, der eindringlich auf die mit diesem Befund verbundene Gefahr hingewiesen hat, dass die eigentliche Entscheidung einem informellen Gesetzgebungsverfahren überlassen wird, in das eben auch *multidisziplinäres und interessengeprägtes Fachwissen* mehr oder weniger ungehindert einfließt:

„Hier realisiert sich die frühe Warnung, daß das Gesetz zu einem Vertrag pluralistischer Kräfte mutiert, der in der Gefahr steht, den unbeteiligten Bürger innerlich nicht mehr zu binden. Parlamentarische Gesetzgebung wird zu dem Ergebnis eines pluralen Schöpfungsaktes bzw. zu einem pluralistischen Abkommen auf der Grundlage einer *Aktivierung multidisziplinären Fachwissens und beteiligter Interessen*, das zwar durch einen Beschluß des staatlichen Gesetzgebers letztendlich aus der Taufe gehoben wird, an dessen Vorbereitung indessen ein informeller Gesetzgeber in einem »gesetzgeberischen Vorschaltverfahren« beteiligt ist. Das Parlament tritt hier nicht als Entscheidungszentrum, sondern nur noch gleichsam als »Notar« eines Gesetzgebungsprozesses auf, dessen zentrale Entscheidungen außerhalb des Parlaments und seiner Verfahren getroffen werden. Das parlamentarische Gesetzgebungsverfahren mutiert damit zu einem Kontrollverfahren, dessen Gegenstand im Vorfeld stattgefundene pluralistische Aushandlungsprozesse sind. Die mit einem solchen Vorgehen verbundenen Gefahren für das verfassungsrechtlich normierte Gesetzgebungsverfahren und die Stellung des Parlaments liegen auf der Hand."[586]

Auf die Spitze getrieben wird die Kooperationalisierung der Rechtsetzung durch den – allerdings nicht sehr häufigen – Typus der sog. *paktierten Ge-*

---

585 Florian Becker, Kooperative und konsensuale Strukturen der Normsetzung, Preprint der Max-Planck-Projektgruppe „Recht der Gemeinschaftsgüter", Bonn 2005, S. 11.
586 Ebenda, S. 77.

setzgebung.[587] Paradebeispiel dafür ist das Atomausstiegsgesetz, in dessen Vorfeld sich die Bundesregierung und die Energieversorgungsunternehmen (EVU) im Juni 2000 vereinbart haben, die weitere Nutzung der Kernenergie konsensual zu beenden.[588] In der Einleitung zu dieser Vereinbarung vom 14. Juni 2000 heißt es auszugsweise wie folgt:

> „Der Streit um die Verantwortbarkeit der Kernenergie hat in unserem Land über Jahrzehnte hinweg zu heftigen Diskussionen und Auseinandersetzungen in der Gesellschaft geführt. Unbeschadet der nach wie vor unterschiedlichen Haltungen zur Nutzung der Kernenergie respektieren die EVU die Entscheidung der Bundesregierung, die Stromerzeugung aus Kernenergie geordnet beenden zu wollen.
>
> Vor diesem Hintergrund verständigen sich Bundesregierung und Versorgungsunternehmen darauf, die künftige Nutzung der vorhandenen Kernkraftwerke zu befristen. Andererseits soll unter Beibehaltung eines hohen Sicherheitsniveaus und unter Einhaltung der atomrechtlichen Anforderungen für die verbleibende Nutzungsdauer der ungestörte Betrieb der Kernkraftwerke wie auch deren Entsorgung gewährleistet werden.
>
> Beide Seiten werden ihren Teil dazu beitragen, daß der Inhalt dieser Vereinbarung dauerhaft umgesetzt wird. *Die Bundesregierung wird auf der Grundlage dieser Eckpunkte einen Entwurf zur Novelle des Atomgesetzes erarbeiten.* Bundesregierung und Versorgungsunternehmen gehen davon aus, daß diese Vereinbarung und ihre Umsetzung nicht zu Entschädigungsansprüchen zwischen den Beteiligten führt."

In der Begründung des Gesetzentwurfs der Bundesregierung wurde daher konsequenterweise auch auf diese Vereinbarung explizit Bezug genommen:

> „Der Gesetzentwurf regelt die geordnete Beendigung der Kernenergienutzung zur gewerblichen Erzeugung von Elektrizität durch eine Neu-

---

587 Jens-Peter Schneider, Paktierte Gesetze als aktuelle Erscheinungsform kooperativer Umweltpolitik, in: Bernd Hansjürgens/Georg Kneer/Wolfgang Köck (Hrsg.), Kooperative Umweltpolitik. Möglichkeiten und Grenzen aus interdisziplinärer Sicht, Baden-Baden 2003, S. 2 f.

588 Vgl. dazu die Beiträge in Frank Schorkopf, Die »vereinbarte« Novellierung des Atomgesetzes, in: Neue Zeitschrift für Verwaltungsrecht (2000), S. 1111 ff.; Monika Böhm, Der Ausstieg aus Kernenergienutzung – Rechtliche Probleme und Möglichkeiten, in: Natur und Recht (1999), S. 661 ff.; Oliver Klöck, Der Atomausstieg im Konsens – ein Paradefall des umweltrechtlichen Kooperationsprinzips?, in: Natur und Recht (2001), S. 1 ff.

ordnung des Kernenergierechts. Andererseits soll für die verbleibende Nutzungsdauer auf einem hohen Sicherheitsniveau der geordnete Betrieb der Kernkraftwerke sichergestellt bleiben. Das sind die wesentlichen Elemente der *Vereinbarung zwischen* der Bundesregierung und den Energieversorgungsunternehmen vom 14. Juni 200, *die mit diesem Gesetzentwurf umgesetzt wird*."[589]

Nimmt man das alles zusammen, so wird sehr schön klar, dass es sich hier um eine Form paktierter Rechtserzeugung handelt. Man wird davon ausgehen dürfen, dass die Energieversorgungsunternehmen in die Verhandlungen mit der Bundesregierung ihr gesamtes unternehmerisches Fachwissen eingebracht haben und das Ergebnis der Vereinbarung davon maßgeblich beeinflusst wurde.

– *Auslieferungsszenario II: Selbstregulierung im Gewährleistungsstaat*
Das Leitbild des Gewährleistungsstaates[590], das in der Regel in Verbindung mit der Erfüllung öffentlicher Aufgaben diskutiert wird – der Staat erfüllt nicht alle gemeinwohlrelevanten Aufgaben selbst, sondern gewährleistet „nur" noch, dass die Erfüllung der Aufgaben durch nichtstaatliche Akteure gewissen Standards genügt – kann und muss auch auf seine Konsequenzen für den Bereich der Rechtsetzung befragt werden. Wenn man dabei den Satz „Der Staat erfüllt nicht alle Aufgaben selbst, gewährleistet aber die Gemeinwohlverträglichkeit der Aufgabenerfüllung durch Dritte." auf den Bereich der Rechtsetzung überträgt, so lautet das Ergebnis „Der Staat setzt nicht alles Recht selbst, gewährleistet aber die Gemeinwohlverträglichkeit der Rechtsetzung durch Dritte." Genau dies ist auch das Ergebnis, zu dem Georg Müller in seinem jüngst erschienenen Beitrag über „Rechtsetzung im Gewährleistungsstaat" gelangt, wobei er wie folgt argumentiert:

„Allerdings reichen die staatlichen Regelungskapazitäten angesichts der Globalisierung oder Internationalisierung, der Komplexität der zu erfassenden Materie und des Tempos ihrer Veränderungen immer weniger aus. Der Staat muß sich deshalb in gewissen Gebieten darauf be-

---

589 Entwurf eines Gesetzes zur geordneten Beendigung der Kernenergienutzung zur gewerblichen Erzeugung von Elektrizität, BT-Drs. 14/7261 vom 1.11.2001.
590 Siehe etwa Martin Eifert, Grundversorgung mit Telekommunikationsleistungen im Gewährleistungsstaat, Baden-Baden/Hamburg 1998; Gunnar Folke Schuppert, Der moderne Staat als Gewährleistungsstaat, in: Eckhard Schröter (Hrsg.), Empirische Policy- und Verwaltungsforschung, Opladen 2001, S. 399–414.

schränken, die Ziele, Voraussetzungen und Schranken für eine Regulierung durch gesellschaftliche Organisation festzulegen. Er gewährleistet mit anderen Worten, daß die Privaten innerhalb des von ihm gesetzten Rahmens diejenigen Normen erlassen, die notwendig sind, um eine bestimmte gesellschaftliche Entwicklung zu stützen, zu verzögern oder zu korrigieren. Der Gewährleistungsstaat setzt nicht alles Recht selbst. Er veranlaßt oder fördert die Regelung bestimmter Bereiche durch Private, vor allem durch Wirtschaftsverbände, Fachvereinigungen und ähnliche Organisationen. Diese Selbstregulierung steuert der Staat in unterschiedlicher Form und Intensität. Häufig überträgt das Gesetz den Privaten die Aufgabe oder räumt ihnen die Befugnis ein, bestimmte Bereiche zu normieren, behält aber die Genehmigung durch den Staat vor. Das Gesetz kann auch die Ziele und Schranken der Selbstregulierung festlegen oder vorsehen, daß unter gewissen Voraussetzungen die von Privaten aufgestellten Regelungen als verbindlich erklärt werden. Gelegentlich »droht« der Staat mit dem Erlaß bestimmter Vorschriften, sofern es nicht zur gewünschten Selbstregulierung kommt. Eine ausreichende Selbstregulierung ist Voraussetzung für die Erteilung gewisser Bewilligungen."[591]

Georg Müller hat es auch unternommen, die Vor- und Nachteile der Selbstregulierung einander gegenüberzustellen, wobei der *Wissensaspekt* eine gewichtige Rolle spielt.

„Selbstregulierung hat viele Vorteile. Sie entlastet den staatlichen Gesetzgeber. Sie ermöglicht Rechtsangleichung über territoriale Grenzen hinweg, soweit sie durch eine internationale Normierungsorganisation erfolgt. Sie erhöht die Akzeptanz derjenigen Betroffenen, die bei der Regulierung mitwirken. Diese können *ihr Fachwissen und ihre Erfahrung einbringen*, was die Qualität der Regelungen und damit ihre Wirksamkeit verbessert. In komplexen technischen Materien verfügen oft nur die auf dem betreffenden Gebiet tätigen Privaten über die *erforderlichen Kenntnisse*, um die Entwicklungen zu prognostizieren und sachgerechte Regelungen zu erarbeiten. Die Privaten können auch schneller und besser auf unerwünschte Folgen reagieren und die Regelungen veränderten Verhältnissen anpassen als der Staat.

---

[591] Georg Müller, Rechtsetzung im Gewährleistungsstaat, in: Max-Emanuel Geis/ Dieter Lorenz (Hrsg.), Staat – Kirche – Verwaltung, Festschrift für Hartmut Maurer zum 70. Geburtstag, München 2001, S. 227 ff., 234 f.

Die *Nachteile der Selbstregulierung* dürfen aber nicht übersehen werden. Vor allem fehlt ihr die demokratische Legitimation. Aus diesem Grunde ist eine staatliche Steuerung unerläßlich, die sicherstellt, daß die wichtigen Regelungen im Gesetzgebungsverfahren erlassen werden. Gesellschaftliche Organisationen dürfen nur sekundäre Normen setzen, die der Konkretisierung der vom Gesetzgeber umschriebenen Ziele, Aufträge und Grundsätze dienen. Es besteht auch die Gefahr, daß die Privaten die ihnen übertragenen Befugnisse mißbräuchlich ausüben, insbesondere gewisse Betroffene benachteiligen oder privilegieren und den Wettbewerb behindern."[592]

– *Auslieferungsszenario III: Gesetzesflüsterer am Werk*[593] – *zum Outsourcing von Gesetzesentwürfen*

Die Diskussion über das Outsourcing von Gesetzesentwürfen an „big law firms" begann so richtig mit „Guttenbergs Gesetz-Outsourcing"[594] an die Großkanzlei Linklaters:

„Kurz vor der Bundestagswahl 2009 geriet eine bisher kaum bekannte Form der Politikberatung in den Fokus der Öffentlichkeit. Beamte im Bundeswirtschaftsministerium hatten die internationale Anwaltskanzlei Linklaters mit der Formulierung eines Gesetzes zur Sanierung von maroden Banken beauftragt. Den Entwurf schickten sie an parteipolitisch anders gefärbte Ressorts – mit dem Firmenemblem von Linklaters auf allen 28 Seiten.[595] Die nachfolgende Debatte über das »Outsourcing der Gesetzesproduktion«[596] offenbarte, dass diese Praxis kein Einzelfall war und schon verschiedene Bundesministerien die Dienste der »Gesetzesflüsterer aus der Privatwirtschaft«[597] in Anspruch genommen hatten – und zwar mindestens seit 1991."[598]

---

592 Ebenda, S. 89/90.
593 Begriff bei Dietmar Hipp/Christian Reiermann/Marcel Rosenbach/Barbara Schmid/Andreas Wassermann,
Die Gesetzesflüsterer, in: Der Spiegel vom 17. August 2009, S. 68–70, S. 68.
594 Spiegel Online vom 19.8.2009 „Guttenbergs Gesetz-Outsourcing- Wahlkapf mit dem Shootingstar", http://www.spiegel.de/politik/deutschland/guttenbergs-gesetz-outsourcing-wahlkampf-mit-dem-shootingstar-a-642103.html, Zugriff am 20.9.2018.
595 Vgl. Heribert Prantl, Guttenbergs Großkanzlei, in: SZ vom 8. August 2009, S. 1.
596 Ebenda, S. 1.
597 Hipp/Reiermann/Rosenbach/Schmid/Wassermann, Fußnote 593, S. 68.
598 Sarah Kalagi, Die Rolle von Anwaltskanzleien bei der Gesetzesvorbereitung in der Ministerialverwaltung: Ursachen und Probleme am Beispiel der Finanz-

Die in dieser Diskussion über das Outsourcing von Gesetzesentwürfen üblicherweise gehandelten Argumente hat verdienstvoller Weise Sarah Kalagi wie folgt zusammengestellt:[599]

> „Während die Regierung die Beauftragung Privater mit dem Schreiben von Gesetzentwürfen als »übliches Verfahren« und »Beratungstätigkeit« darstellt, wird diese Praxis in der bisherigen Literatur überwiegend als Form von Politikberatung mit grundlegend neuer Qualität bewertet.[600] Befürchtet wird eine weitere Schwächung der parlamentarischen Gestaltungsmacht und gewaltenteiligen Ordnung, wenn in der ohnehin administrativ dominierten Politikformulierungsphase nun demokratisch nicht legitimierte Akteure unentdeckt die Schreibarbeit für die Ministerialbeamten erledigen. Anknüpfend daran wird in dieser Praxis ein Einfallstor für die unzulässige Einflussnahme auf Gesetztexte gesehen, falls die Kanzleien eigene Interessen oder die von betroffenen Dauermandanten berücksichtigen. Die Privatisierung von zentralen Teilen der staatlichen Aufgabe der Gesetzgebung gilt zudem als Hinweis auf einen bedenklichen ministeriellen Kompetenzverlust.[601]"

Dies sind alles gut nachvollziehbare Argumente; besonders überzeugend aber finde ich das Argument Julian Krüper's, dass die Zulieferung von ausformulierten Gesetzesentwürfen die nachfolgende Beschäftigung mit dem Thema folgenreich vorstrukturiert, ein Befund, den Krüper als Ankereffekt bezeichnet.[602]

---

marktstabilisierungsgesetze, in: Zeitschrift für Parlamentsfragen, Heft 3 (2014), S. 647.
599 Ebenda, S. 647/648.
600 Vgl. Michael Kloepfer, Gesetzgebungsoutsourcing – Die Erstellung von Gesetzentwürfen durch Rechtsanwälte, in: NJW, 64. Jg. (2011), H. 3, S. 131 - 134, S. 132; Julian Krüper, Lawfirm – legibus solotus? Legitimität und Rationalität des inneren Gesetzgebungsverfahrens und das ‚Outsourcing' von Gesetzentwürfen, in: JZ, 65. Jg. (2010), H. 13, S. 655–662, S. 655; Klaus Meßerschmidt, Private Gesetzgebungshelfer – Gesetzgebungsoutsourcing als privatisiertes Regulierungsmanagement in der Kanzleiendemokratie?, in: Der Staat, 51. Jg. (2012), H. 3, S. 387–415.
601 Marian Döhler, Gesetzgebung auf Honorarbasis – Politik, Ministerialverwaltung und das Problem externer Beteiligung an Rechtsetzungsprozessen, in: Politische Vierteljahresschrift (PVS), 53. Jg. (2012), H. 2, S. 181–210, hier S. 184.
602 Julian Krüper, Lawfirm – legibus solotus? Legitimität und Rationalität des inneren Gesetzgebungsverfahrens und das „Outsourcing" von Gesetzentwürfen, JZ 13 (2010), S 655.

„In materieller Hinsicht ist die Delegation von Entwurfsarbeiten rechtsrelevant, weil von den Entwürfen in den Begriffen der kognitiven Psychologie sogenannte Ankereffekte ausgehen.[603] Als Ankereffekt bezeichnet man die unbewusste Orientierung einer Entscheidung an Vorgaben, die vorab durch Dritte gesetzt wurden. Während die psychologische Forschung solche Ankereffekte zunächst für Entscheidungen untersucht hat, die an numerischen Kategorien orientiert sind, also beispielsweise die Höhe einer Schadensersatzforderung oder einer Freiheitsstrafe, haben neuere Untersuchungen nämliche Effekte auch für »semantische Anker« feststellen können.[604] Verhandelt wird, so kann man salopp formulieren, was auf dem Tisch liegt. Die »Federführung« wird damit also zur »Machtfrage«: Es sind nicht amorphe Interessen oder der Volksgeist, die Gesetze entstehen lassen, sondern »Personen, die (...) faktisch ein Stück Staatsgewalt ausüben«.[605]"

Nachdem das Phänomen des Outsourcings nunmehr hinreichend geklärt ist, sei ein kurzer Blick darauf geworfen, wer die „Gesetzesflüsterer" eigentlich sind:

„Mit Blick auf die 18 ermittelten Kanzleigesetze sind zwei Aspekte auffällig: Erstens konzentriert sich mit zwölf Fällen die Mehrzahl auf die 20 umsatzstärksten Großkanzleien in Deutschland. Zweitens handelt es sich hierbei hauptsächlich um Fusionskanzleien mit angloamerikanischem Ursprung. Als Merkmale von Großkanzleien gelten ein hoher Personalbestand, die internationale Vernetzung sowie die Arbeit primär für Wirtschaftsakteure.[606] Abseits der anwaltlichen Professionsnormen handelt es sich insbesondere bei den angloamerikanischen Fusionskanzleien um profitorientierte Unternehmen, bei denen das Management den deutschen Standorten Profitabilitätsziele vorgibt. Zu den Aufgaben der externen Berater stellte der Bundesrechnungshof

---

603 Birte Englich/Thomas Mussweiler/Fritz Strack, Playing Dice With Criminal Sentences: The Influence of Irrelevant Anchors on Experts' Judicial Decision Making, in: Personality and Social Psychology, 32 (2006), S. 188–200.
604 Thomas Mussweiler/Fritz Strack, The Semantics of Anchoring, in: Organizational Behavior and Human Decision Processes, Vol. 82 (2001), S. 234–255..
605 Manfred Rehbinder, Rechtssoziologie, 7. Aufl., München 2009, S. 173.
606 Vgl. Stefan Menden/Jonas Seyffert (Hrsg.), Das Insider-Dossier: Karriere in der Großkanzlei – Bewerbung, Einstieg und Aufstieg, Köln 2012, S. 9ff.

Viertes Kapitel: (Rechts-)Wissen als Herrschafts- und Regierungswissen

(BRH)[607] fest, dass diese »qualitativ über die üblichen Beratungsleistungen teilweise hinaus« gehen. Es habe sich so nicht nur um die Beantwortung rechtlicher Fragestellungen im Einzelfall gehandelt, sondern die Auftragnehmer »waren umfassend an der Erarbeitung von Lösungsvorschlägen beteiligt und in Entscheidungsprozesse der Verwaltung eingebunden«. Während der BRH die Beantwortung rechtlicher Einzelfragen mittels Gutachten nachvollziehen konnte, kritisierte er, dass »Kernaufgaben wie das eigenständige Erarbeiten von Gesetzen und Verordnungen oder die rechtliche Gestaltung von Vertragswerken« auf Externe übertragen wurden."[608]

Bleibt noch die Frage zu klären, warum die beauftragende Ministerialverwaltung meinte ohne das besondere Fachwissen der Großkanzleien nicht auskommen zu können; dazu weiß Sarah Kalagi folgendes zu berichten:

„Als weitere Ursache für die Gesetzauslagerung gilt die komplexe und grenzüberschreitende Problemstruktur der Regelungsmaterie, für deren Bearbeitung die Ministerien praxistaugliches Fachwissen benötigten.[609] Die Beamten im BMF empfanden die Gesetzauslagerung so zwar als ungewöhnlichen Schritt; er wurde allerdings mit der fehlenden eigenen Expertise über die komplexen Finanzmarktprodukte gerechtfertigt, die ursächlich für die Krise sind. Ulrich Seibert, der für das Justizministerium in die Politikformulierung involviert war, bezeichnete es als einen »Glücksfall, dass in dieser außerordentlichen Situation Praktiker aus Anwaltschaft und Gesetzgebung gebündelt wurden«.[610] Die drei an den Gesetzen beteiligten Kanzleien können als vertraut mit der Regelungsmaterie gelten. Sie belegen auf dem Rechtsmarkt »Strukturierte Finanzierung« regelmäßig die vorderen Plätze im

---

607 Die nachfolgenden Zitate sind zu finden im Bericht des Bundesrechnungshofs an den Haushaltsausschuss des Deutschen Bundestages nach § 88 Abs. 2 BHO zum Einsatz externer Berater bei Normsetzungsverfahren, Bonn 2011.
608 Kalagi, Fußnote 598, S. 652/653.
609 Vgl. Julia Fleischer/Salvador Parrado, Power Distribution in Ambiguous Times: The Effects of the Financial Crisis on Executive Decisionmaking in Germany and Spain, in: Der moderne Staat. Zeitschrift für Public Policy, Recht und Management, 3. Jg. (2010), H. 2, S. 361-376, hier S. 365.
610 Ulrich Seibert, Deutschland im Herbst – Erinnerungen an die Entstehung des Finanzmarktstabilisierungsgesetzes im Oktober 2008, in: Stefan Grundmann u.a. (Hrsg.), Unternehmen, Markt und Verantwortung. Festschrift für Klaus J. Hopt zum 70. Geburtstag am 24. August 2010, Bd. 2, Berlin 2010, S. 2525–2547, hier S. 2533.

Ranking des Marktbeobachters JUVE.[611] Auch gegenüber dem BRH gaben alle Ministerien »unzureichende oder fehlende Fach beziehungsweise Spezialkenntnisse des eigenen Personals«[612] als Grund für die Auslagerung an."[613]

Soweit zum zu Recht überwiegend kritisierten Outsourcing von Gesetzesentwürfen.

– *Auslieferungsszenario IV: Von den Gesetzesflüsterern zu den Managementflüsterern der Firma McKinsey*

Für dieses Szenario soll hier ein einziges Beispiel genügen, das aus dem Bereich des Managements der sog. Flüchtlingskrise stammt und dass ich dem spannenden Buch von Robin Alexander mit dem Titel „Die Getriebenen" verdanke.[614] Diese „Story" beginnt mit der Neubesetzung der Spitze des Bundesamtes für Migration und Flüchtlinge (BAMF) durch Frank Jürgen Weise: „Weise ist der Mann, der aus der »Bundesanstalt für Arbeit« eine Mammutbehörde für Arbeitsvermittlung, die effizientere »Bundesagentur für Arbeit« machte. Ein Reserveoffizier, der die Privatwirtschaft genauso kennt wie den öffentlichen Dienst und im politischen Berlin seit Jahren parteiübergreifend als Guru der Prozessoptimierung gilt."[615]

Da die Entscheidungsprozesse im bürokratischen BAMF viel zu langwierig sind, ist ihre Beschleunigung geboten:

„Um das Tempo zu verschärfen, setzt Weise auf die *Geheimwaffe der Berliner Politik: Unternehmensberater*. Damit liegt er im Trend: In Merkels Kanzlerjahren vertrauen Minister und Behördenchefs immer häufiger auf die hochbezahlten Spezialkräfte, wenn sie dem eigenen Apparat Dampf machen wollen, an der Spitze steht dabei die Agentur McKinsey. Verteidigungsministerin von der Leyen stellte gar eine ehemalige McKinsey-Beraterin als Staatssekretärin ein, um das Rüstungsbeschaffungswesen neu zu organisieren. Die Flüchtlingskrise wird für die »Meckies«, wie sich die oft sehr jungen Berater von McKinsey selbst nennen, ein noch besseres Geschäft. Schon vor seiner Ernennung zum

---

611 Vgl. zum Beispiel JUVE, Handbuch Wirtschaftskanzleien 2008/09, Köln 2008, S. 260.
612 Bundesrechnungshof, Fußnote 607, S. 10.
613 Kalagi, Fußnote 598, S. 656.
614 Robin Alexander, Die Getriebenen, Merkel und die Flüchtlingspolitik: Report aus dem Innern der Macht, München 2017.
615 Ebenda, S. 121.

Viertes Kapitel: (Rechts-)Wissen als Herrschafts- und Regierungswissen

BAMF-Präsidenten lässt Weise von ihnen Vorschläge erarbeiten, wie die Abläufe beschleunigt werden könnten."[616]

Welche wichtige Rolle Unternehmensberaterfirmen wie McKinsey in dem auf schnelle und effektive Entscheidungen angewiesenen Politikbetrieb spielen, erläutert unser Referenzautor in sicherlich zuspitzender Weise wie folgt:

„Im politischen Berlin brüsten sich die Meckies, die sonst eher für die Organisation von Entlassungen bekannt sind, mit ihrer neu entdeckten Menschenfreundlichkeit: Im Rahmen der Willkommenskultur schenken sie dem Staat Beratungsleistungen im Wert von über einer Million Euro. Beraterstunden für gut fünf Millionen Euro stellen sie der Bundesagentur für Arbeit dann aber in Rechnung. Im Oktober *2015 wird McKinsey eine Art Generalberater des BAMF*: Seit der Grenzöffnung kassiert die Agentur nach Recherchen des »Spiegel« über 15 Millionen Euro. Als Merkel ein Jahr später ihre Politik anpasst und nun nach Wegen sucht, wie abgelehnte Asylbewerber auch tatsächlich außer Landes geschaffen werden können, bestellt sie dazu wieder ein Konzept bei Unternehmensberatern: Nun darf McKinsey für 1,8 Millionen Euro ein Konzept für die Optimierung von Abschiebungen schreiben."[617]

Soweit zum vierten Auslieferungsszenario.

III. Regierungswissen als Menschenregierungskünste oder gute Hirten führen sanft

Ich bin als vermeintlicher Experte in Sachen Governance immer wieder gefragt worden, was denn der Governanceansatz in der Lesart von Benz, Zürn und Schuppert[618] mit der „*Gouvernementalität*" Michel Foucault's zu tun hat. Etwas, aber nur wenig zuspitzend lautet meine Antwort: eigent-

---

616 Ebenda, S. 122/123.
617 Ebenda, S. 123.
618 Zu dieser weitgehend übereinstimmenden Lesart siehe mit weiteren Nachweisen Gunnar Folke Schuppert, Governance-Forschung: Versuch einer Zwischenbilanz, in: Die Verwaltung, 44(2011), S. 273–289; derselbe, Alles Governance oder was?, Baden-Baden 2011.

lich nichts. Es handelt sich um zwei völlig unterschiedliche Konzepte[619], was durch die semantische Verwandtschaft von Governance und Gouvernementalität auf den ersten Blick nur nicht gleich erkennbar ist. Während es sich bei Governance nach meinem Verständnis – und dem von Arthur Benz et al. und Michael Zürn – um ein *analytisches Konzept* handelt[620], mit dessen Hilfe vorhandene Governancestrukturen welcher Art auch immer analysiert und erst in einem zweiten Schritt normativ bewertet werden[621], geht es bei Foucault um auf einer ganz anderen Ebene liegende *„Menschenregierungskünste"*, ein Foucault'scher Zentralbegriff, den Ulrich Bröckling uns wie folgt erläutert:

> „Statt Programme des guten Regierens auszubuchstabieren, untersucht sie (die Soziologie der Menschenregierungskünste, G.F.S.), über welche Rechtfertigungsordnungen und Plausibilisierungsstrategien sich diese Programme legitimieren, auf welche *Wissensformationen* sie sich stützen und welche Wahrheitsansprüche sie geltend machen. Der Begriff des Regierens meint in diesem Kontext mehr und anderes als das Tätigkeitsfeld staatlicher Administrationen. Er wird in der weiten Bedeutung verwendet, den er in der frühen Neuzeit hatte und der im französischen Wort *gouverner* noch deutlicher anklingt: Regieren bezieht sich auf das planvolle Einwirken auf das Verhalten anderer und das eigene Verhalten, anders ausgedrückt, auf »die Gesamtheit von Prozeduren, Techniken, Methoden, welche die Lenkung der Menschen untereinander gewährleisten«[622]. Regiert werden neben dem politischen Gemeinwesen auch Seelen, Kinder, Arbeitslose, Kranke, Familien, Haushalte, Unternehmen und Ökosysteme, regiert werden nicht zuletzt die Einzelnen durch sich selbst. Von organisationssoziologischen Zugängen oder Policy-Analysen hebt sich die Soziologie der Menschenregierungskünste dadurch ab, dass es ihr weniger darum zu tun ist, wie tatsächlich in dieser oder jener Situation regiert wurde.

---

619 Vgl. Aram Ziai, Governance und Gouvernementalität, in: NORD-SÜD aktuell 2003, S. 411 ff.
620 Arthur Benz et al., Einleitung, in: dieselben (Hrsg.), Handbuch Governance. Theoretische Grundlagen und empirische Anwendungsfelder, Wiesbaden 2007, S. 14 sprechen von Governance als einem „Analysebegriff".
621 Zürn, Fußnote 534, S. 560: „Indem (beim Governancebegriff, G.F.S.) auf die Gemeinwohlprämisse verzichtet wird, kann jede analysierte Governance in einem weiteren Schritt einer normativen Prüfung unterzogen werden." Er bezeichnet dies zutreffend als ein „Zwei-Schritt-Verfahren".
622 Michel Foucault, Gespräch mit Ducio Trombadori, in: derselbe, Dits et Ecrits. Schriften, Bd. IV, Frankfurt am Main 2005, S. 51–119, hier: S. 116.

Das Augenmerk richtet sich vielmehr auf die *Kunst* des Regierens, »d.h. die reflektierte Weise, wie man am besten regiert, und zugleich auch das Nachdenken über die bestmögliche Regierungsweise«[623]. Rekonstruiert werden *Grammatiken der Selbst- und Fremdführung*, nicht subjektive Sinnwelten, Verhaltensroutinen oder Verschiebungen in der Sozialstruktur."[624]

Governance und Gouvernementalität sind also – um es etwas altmodisch auszudrücken – „zwei Paar Schuh". Wenn aber nach einer Verwandtschaft mit weiter oben schon erörterten Formen des Regierungswissens gesucht werden soll, dann stößt man – von Foucault selbst angeleitet – auf das Konzept der *„guten Policey"* und der *„Policeywissenschaft"*.

1. Vom umfassenden Mandat der Policey zum weiten Mantel der Gouvernementalität

In seiner Vorlesung am Collège de France über „La gouvernementalité" im Studienjahr 1977–1978[625] geht es hauptsächlich um die Geschichte der Gouvernementalität, was Foucault veranlasst, die großen Entwicklungslinien die zu dieser Form der Regierungskunst führten, nachzuzeichnen.

Mit einer expliziten Bezugnahme auf den Begriff der „Policey" beginnt er mit der überschaubaren Regierungseinheit der Familie mit dem „pater familias" als sorgendem Oberhaupt:

> „Die Regierungskunst, so wie sie in dieser gesamten Literatur zutage tritt, muss im Wesentlichen die folgende Frage beantworten: Wie lässt sich die Ökonomie einführen, d.h. die richtige Lenkung der Individuen, Güter und Reichtümer, so wie man dies innerhalb einer Familie, wie dies ein guter Familienvater vermag, der seine Frau, seine Kinder und seine Bediensteten zu leiten, das Vermögen seiner Familie gewinnbringend einzusetzen und für seine Familie die geeigneten Verbindun-

---

623 Michel Foucault, Geschichte der Gouvernementalität II. Die Geburt der Biopolitik. Vorlesung am Collège de France 1978–1979, Frankfurt am Main 2004, S. 14.
624 Ulrich Bröckling, Vorwort, in: derselbe, Gute Hirten führen sanft. Über Menschenregierungskünste, Berlin 2017, S. 7/8.
625 Im Folgenden zitiert nach der deutschen Fassung: Foucault, Die Gouvernementalität, in: Ulrich Bröckling/Susanne Krasmann/Thomas Lemke (Hrsg,), Gouvernementalität der Gegenwart. Studien zur Ökonomisierung des Sozialen. Frankfurt am Main 2000.

gen herbeizuführen weiß – wie lässt sich diese Aufmerksamkeit, diese Gewissenhaftigkeit, dieser Typ Beziehung des Familienvaters zu seiner Familie in die Lenkung eines Staates einführen?"⁶²⁶

Diese Frage nach der Übertragbarkeit der familienbezogenen Regierungskunst auf das Staatswesen als Ganzes beantwortet er wie folgt:

„Die Einführung der Ökonomie in die politische Amtsführung ist, glaube ich, der Haupteinsatz, um den es beim Regieren geht. Das ist bereits im 16. Jahrhundert so und wird noch im 18. Jahrhundert so sein. An dem Artikel »Économie politique« von Jean-Jacques Rousseau lässt sich gut erkennen, wie Rousseau das Problem noch in eben denselben Begriffen stellt, indem er, etwas vereinfacht, sagt: Das Wort »Ökonomie« bezeichnet ursprünglich die »weise Regierung des Hauses zum gemeinschaftlichen Wohl der ganzen Familie«. Das Problem ist, nach Rousseau: Wie wird man diese weise Regierung der Familie *mutatis mutandis* und mit den noch festzustellenden Diskontinuitäten in die allgemeine Führung des Staates einführen können? Um einen Staat zu regieren, wird man die Ökonomie einsetzen müssen, eine Ökonomie auf der Ebene des Staates als Ganzem, d.h. man wird die Einwohner, die Reichtümer und die Lebensführung aller und jedes Einzelnen unter eine Form von *Überwachung und Kontrolle* stellen, die nicht weniger aufmerksam ist als die des Familienvaters über die Hausgemeinschaft und ihre Güter."⁶²⁷

Wie aus dieser Passage deutlich hervorgeht, wird der Staat hier nicht primär als Territorialstaat gedacht, sondern als gegenüber der Familie erweiterter *Personenverband*: Objekt der Regierungskunst sind *die Menschen*, d.h. die in einem Staatsgebiet lebende *Bevölkerung*:

„[...] tritt die Bevölkerung als das schlechthin letzte Ziel der Regierung hervor: Denn was kann, im Grunde genommen, das Ziel der Regierung sein? Gewiss nicht zu regieren, sondern das Los der Bevölkerungen zu verbessern, ihre Reichtümer, ihre Lebensdauer und ihre Gesundheit zu mehren; und die Instrumente, die sich die Regierung gibt, um diese Ziele zu erreichen, sind dem Feld der Bevölkerung gewissermaßen immanent. Im Wesentlichen wird es die Bevölkerung selbst sein, auf die sie direkt mittels Kampagnen oder auch indirekt mittels Techniken einwirkt, die es beispielsweise erlauben, ohne dass es die

---

626 Ebenda, S. 48/49.
627 Ebenda, S. 49.

Leute merken, die Geburtenrate zu steigern oder die Bevölkerungsströme in diese oder jene Region oder zu dieser Betätigung zu leiten. Statt als Ausdruck der Macht des Souveräns tritt die Bevölkerung vielmehr als Zweck und Instrument der Regierung hervor. Die Bevölkerung tritt als Subjekt von Bedürfnissen und Bestrebungen, aber ebenso auch als Objekt in den Händen der Regierung hervor; der Regierung gegenüber weiß sie, was sie will, zugleich aber weiß sie nicht, was man sie machen lässt. Das Interesse als Bewusstsein jedes einzelnen der Individuen, aus denen sich die Bevölkerung zusammensetzt, und das Interesse als Interesse der Bevölkerung unabhängig von den individuellen Interessen und Bestrebungen derer, aus denen sie sich zusammensetzt, werden die Zielscheibe und das fundamentale Instrument der Regierung der Bevölkerungen sein. Die Geburt einer Kunst oder zumindest die Geburt absolut neuartiger Taktiken und Techniken."[628]

Diese Passage, die absichtlich in ihrer ganzen Länge zitiert wurde, liest sich wie eine gute „Cuvée" – um den negativ besetzten Ausdruck „Verschnitt" zu vermeiden – aus einem Lehrbuch der Policeywissenschaft und des Konzepts des libertären Paternalismus[629], wie es von Richard Thaler und Cass Sunstein in ihrem Bestseller mit dem Titel „Nudge. Wie man kluge Entscheidungen anstößt"[630] präsentiert worden ist.

Es geht also bei Gouvernementalität um die Führung von Menschen und zwar in einer spezifischen Dosierung von zugleich intensiver wie sanfter Führung, eine Technik, die man in der Tat als eine spezifische Kunst bezeichnen kann. Foucault beschließt seine Vorlesung mit einer knappen Genealogie der Gouvernementalität, in der neben dem Begriff der Policey ein weiterer Zentralbegriff auftaucht, der unser besonderes Interesse verdient:

„Damit ist [...] einiges zur Einordnung dieses Phänomens der Gouvernementalität gesagt, das ich für bedeutsam halte. Ich werde jetzt zu zeigen versuchen, wie diese Gouvernementalität zum einen ausgehend von einem archaischen Vorbild, nämlich des *christlichen Pastorats*, und zweitens gestützt auf ein diplomatisch-militärisches Vorbild, oder bes-

---

628 Ebenda, S. 61.
629 Zum Konzept des libertären Paternalismus aus governancetheoretischer Perspektive s. meinem Beitrag „Zwischen Freiheit und Bevormundung", in: Utz Schliesky/Christian Ernst/Sönke E. Schulz (Hrsg.), Die Freiheit des Menschen in Kommune, Staat und Europa, Festschrift für Edzard Schmidt-Jortzig, Heidelberg 2012, S. 291–310.
630 4. Aufl. Berlin 2009.

ser eine diplomatisch-militärische Technik, entstanden ist, und schließlich drittens, wie diese Gouvernementalität die Ausmaße, die sie besitzt, nur dank einer Reihe ganz besonderer Instrumente erlangen konnte, deren Ausbildung genau zeitgleich erfolgt mit jener der Regierungskunst und die man im alten Sinne des Ausdrucks, nämlich dem des 17. und des 18. Jahrhunderts, Policey nennt: Das *Pastorat*, die neue diplomatisch-militärische Technik und schließlich die *Policey* sind meines Erachtens die drei großen Elemente gewesen, von denen ausgehend dieses fundamentale Phänomen in der Geschichte des Abendlandes zustande kommen konnte, das die Gouvernementalisierung des Staates gewesen ist."[631]

Dieser Begriff des Pastorats scheint uns der eigentliche Schlüsselbegriff zu sein, um den hier interessierenden Unterschied von Governance und Gouvernementalität zu verdeutlichen.

2. Figurationen pastoraler Macht

Der mit dem Begriff des Pastorats sich automatisch einstellende Begriff der *Herde*, die von einem guten *Hirten* geführt wird, erscheint – wie Bröckling zu Recht anmerkt – nur auf den ersten Blick unzeitgemäß:

„Das Metaphernpaar vom Hirten und seiner Herde könnte unzeitgemäßer kaum sein. Es atmet Landluft, weckt Assoziationen an archaische Viehzüchterkulturen, bukolische Idyllen oder biblische Gleichnisreden. Als Bild für zeitgenössische Menschenregierungskünste taugt es dagegen, auf den ersten Blick jedenfalls, nicht. Wer möchte sich schon als Schaf sehen; wer würde sich noch anmaßen, eine Herde zu führen? Und doch zeigen pastorale Metaphern auch in der Moderne eine erstaunliche Persistenz. Selbst wenn Hirt und Herde nicht mehr explizit aufgerufen werden, bleiben sie als implizite Bezugsgrößen präsent. Das ist jedenfalls die These Michel Foucaults, der in den vor- und frühchristlichen Pastoralregimen das Vorbild für jene modernen Formen des Regierens erkannte, die er unter dem Neologismus »Gouvernementalität« zusammenfasste."[632]

---

631 Foucault, Fußnote 625, S. 66/67.
632 Ulrich Bröckling, von Hirten, Herden und dem Gott Pan. Figurationen pastoraler Macht, in: derselbe, Gute Hirten führen sanft, Berlin 2017, S. 15.

Viertes Kapitel: (Rechts-)Wissen als Herrschafts- und Regierungswissen

Diese *pastorale Macht*, die nach unserer Wahrnehmung den eigentlichen Kern der Gouvernementalität darstellt, besteht aus vier Elementen:

> „Foucault identifiziert vier Merkmale pastoraler Macht. Diese ist *erstens* nomadisch. Sie bezieht sich nicht auf ein umgrenztes Gebiet, der Hirte übt seine Macht vielmehr *extra muros* auf eine »Multiplizität in Bewegung« aus. Er geht der Herde voraus und weist ihr die Richtung. Seine Tätigkeit besteht *zweitens* darin, die ansonsten versprengten Schafe zu versammeln. Die Herde existiert ausschließlich durch seine Gegenwart. Ist er abwesend, zerstreut sie sich. *Drittens* handelt es sich um *eine sorgende und wohltätige Macht, die durch ihren unermüdlichen und wachsamen Eifer für das Heil der Herde definiert ist*. Der gute Hirte ist nicht Furcht einflößender Herrscher, sondern er ist Diener der ihm Anvertrauten. Daraus ergibt sich ein Opfer-Dilemma: Einerseits muss der Hirte sein Leben für die Herde einsetzen, andererseits muss er zur Rettung eines verirrten Schafs die gesamte Herde zurücklassen. Pastorale Macht ist *viertens* individualisierend, sie richtet sich gleichermaßen auf die Herde als Ganze wie auf jedes einzelne Schaf – *omnes et singulatim*."[633]

Der Bezug des Pastoralregimes als sorgender und wohltätiger Macht zum im Mittelpunkt dieses Buches stehenden *Wissensthema* ist evident: je mehr der Hirte über seine Herde und jedes einzelne Schaf weiß, desto besser kann er Herde und Schaf lenken; die nachfolgende Passage aus der Feder Ulrich Bröcklings, mit der diese *kognitive Dimension sanfter, aber zugleich wirkmächtiger Führung* verdeutlicht wird, liest sich – und mit diesem etwas besorgniserregendem Ausblick soll dieser Abschnitt über das Regierungswissen denn auch beendet sein – wie ein Kapitel aus einem Buch über die „Big Data-Gesellschaft"[634]:

> „Eine solche Regierungskunst benötigt und generiert einen ebenfalls sowohl totalisierenden als auch individualisierenden *Willen zum Wissen*: Der Hirte muss seine Schäfchen jeden Tag von Neuem zählen, um sicherzustellen, dass keines fehlt; er muss mit den Bedürfnissen eines jeden vertraut sein, muss dessen Verhalten und geheimste seelische Regungen kennen. *Je mehr er von ihm weiß desto subtiler kann er es lenken.*

---

633 Ebenda, S. 19.
634 Zum Zusammenhang des Konzepts des libertären Paternalismus mit der Funktionslogik der Big Data-Gesellschaft s. Ulrich Bröckling, Nudging: Gesteigerte Tauglichkeit, vertiefte Unterwerfung, in: derselbe, Gute Hirten führen sanft, Berlin 2017, S. 175 ff.

B. Regierungswissen von „Machiavelli" bis „McKinsey"

Um das zu gewährleisten, adaptierte und modifizierte das Christentum antike Techniken der Seelenführung und Gewissensprüfung[635]. Über die detaillierten Gehorsams-, Introspektions- und Bekenntnisübungen sollen die Individuen nicht zu gesteigerter Selbstkontrolle und Autonomie gelangen, sondern ihre Abhängigkeit vom Seelenhirten noch vertiefen. Damit er bis in die letzten Winkel ihrer Seele blicken kann, müssen sie es unter seiner Anleitung zunächst selbst tun und ihm davon berichten. Die Exploration ihrer verborgenen Wahrheit, die absolute Unterwerfung, die ihnen abverlangt wird, sowie die komplexe Zirkulation von Verdiensten und Verfehlungen, die Hirte und Herde aneinander binden, bilden den Kern der christlichen Menschenregierungskünste. Mit dem Pastorat entsteht »eine absolut neue Machtform«, die sich, wie Foucault einmal mehr betont, grundlegend von politischer Herrschaft unterscheidet: eine *subjektivierende* Macht, welche die Menschen zur Suche nach ihrer Wahrheit verpflichtet, eine *ökonomische* Macht, die auf das Heil der Seelen gerichtet ist und minutiös individuelle Stärken wie Schwächen erfasst, schließlich *eine kontinuierliche und ausgreifende Macht, die den Einzelnen nicht von der Seite weicht*, sich für jede ihrer Regungen interessiert und Fügsamkeit noch in den geringsten Verrichtungen fordert."[636]

---

635 Vgl. Pierre Hadot, Philosophie als Lebensform. Geistige Übungen in der Antike, Berlin 1991, S. 48–65.
636 Bröckling, Fußnote 632, S. 21/22.

Fünftes Kapitel: Unterschiedliche Konzeptionen von Rechtswissenschaft und ihre je spezifischen Wissensbedarfe

A. *Rechtswissenschaft als Interpretationswissenschaft: Rechtswissen als autoritative Textauslegung*

Eine als Interpretationswissenschaft – genauer: als *textgebundene Interpretationswissenschaft* – verstandene Rechtswissenschaft gilt vielen, insbesondere den Vertretern der sog. *„Neuen Verwaltungsrechtswissenschaft"* als eine zu enge und daher überwindungsbedürftige Perspektive. So spricht etwa Andreas Voßkuhle in seinem programmatischen Beitrag über die „Neue Verwaltungsrechtswissenschaft" von einer notwendigen Schwerpunktverlagerung „von einer anwendungsbezogenen Interpretationswissenschaft zu einer rechtsetzungsorientierten Handlungs- und Entscheidungswissenschaft"[637]. Da diese methodische Neuausrichtung der Verwaltungsrechtswissenschaft schon auf die Reformdiskussion der 70er Jahre des letzten Jahrhunderts zurückgeht[638], soll an dieser Stelle einem ihrer maßgeblichen Taufpaten – Wolfgang Hoffman-Riem – Gelegenheit gegeben werden, diese Neuausrichtung zu erläutern und in einen größeren Zusammenhang zu stellen:

> „Verwaltungsrechtsnormen richten als Handlungsnormen einen Problemlösungsauftrag an die Verwaltung. Die von der Verwaltung ausgelösten oder mitverantworteten Folgen sind entscheidend für die Qualität administrativer Aufgabenerfüllung. Damit aber wird der *wirkungsorientierte Steuerungsansatz* zum maßgebenden Anknüpfungspunkt der Beurteilung administrativen Handelns. Entsprechend muss er auch die Verwaltungsrechtswissenschaft als Steuerungswissenschaft prägen. Sie ist über die noch immer dominante Ausrichtung als normtextorientierte Interpretationswissenschaft hinaus (also der Verengung rechtswissenschaftlicher Methoden auf die Interpretation von Normtexten)

---

[637] Andreas Voßkuhle, Neue Verwaltungsrechtswissenschaft, in: Wolfgang Hoffmann-Riem/Eberhard Schmidt-Aßmann/Andreas Voßkuhle (Hrsg.), Grundlagen des Verwaltungsrechts, Bd. I, München 2006, § 1, Rdnr. 16.

[638] Näher dazu Gunnar Folke Schuppert, Umdenken im Hause des Rechts – das Beispiel des Öffentlichen Rechts in der Berliner Republik, in: Thomas Duve/Stefan Ruppert (Hrsg.), Rechtswissenschaft in der Berliner Republik, Berlin 2018, S. 182 ff.

zu erweitern zu einer *problemlösungsorientierten Handlungs- und Entscheidungswissenschaft*."[639]

Angesichts dieser gewichtigen Aufforderungen, das Verständnis von Rechtswissenschaft als Interpretationswissenschaft zu überwinden oder zumindest die Dominanz der textgebundenen Interpretation zu relativieren[640], scheint es hilfreich, einen Moment innezuhalten und zu überlegen, warum Rechtswissenschaft nach wie vor auch als Interpretationswissenschaft verstanden werden muss; bei näherem Hinsehen zeigt sich nämlich, dass es gerade die zur Relativierung der Interpretationsfixiertheit der Rechtswissenschaft ins Feld geführte *Steuerungsperspektive* ist, die für das Interpretationsparadigma spricht.

I. Das Gesetz als zentrales Steuerungsinstrument des demokratischen Rechtsstaates: Normtextauslegung als Gebot der Gesetzesbindung

1. Das Gesetz in steuerungstheoretischer Perspektive

Dass das Gesetz als das zentrale Steuerungsinstrument des demokratischen Rechtsstaates zu gelten hat, dürfte ein weitgehend unstreitiger Befund sein[641]. In inzwischen klassischer Weise ist der Steuerungsanspruch des Gesetzes von Eberhard Schmidt-Aßmann wie folgt formuliert worden: „Als Ausdruck einer rechtsstaatlichen und demokratischen Verfassungsordnung weist die Gewaltenteilung *dem Gesetz eine zentrale Funktion* zu. Das parlamentarische Gesetz ist nach wie vor ein Angelpunkt der gesamten Systembildung, weil es als *Steuerungsinstrument gegenüber der Verwaltung* und als *Kontrollmaßstab für die Gerichte* wirkt."[642] In gleichsinniger Weise hat sich

---

639 Wolfgang Hoffmann-Riem, Eigenständigkeit der Verwaltung, in: Grundlagen des Verwaltungsrechts, Fußnote 1, § 10, Rdnr. 13.
640 Zum Prozess der methodischen Neuausrichtung insgesamt siehe Gunnar Folke Schuppert, Verwaltungsrecht und Verwaltungsrechtswissenschaft im Wandel: Von Planung über Steuerung zu Governance?, in: Archiv des öffentlichen Rechts (AöR) 113 (2008), S. 79–106.
641 Siehe dazu die Beiträge in: Gunnar Folke Schuppert (Hrsg.), Das Gesetz als zentrales Steuerungsinstrument des Rechtsstaats. Symposium anlässlich des 60. Geburtstages von Christian Starck, Baden-Baden 1998.
642 Eberhard Schmidt-Aßmann, Zur Reform des Allgemeinen Verwaltungsrechts. Reformbedarf und Reformansätze, in: Wolfgang Hoffmann-Riem/Eberhard Schmidt-Aßmann/Gunnar Folke Schuppert (Hrsg.), Reform des Allgemeinen Verwaltungsrechts. Grundfragen, Baden-Baden 1993, S. 47.

Fünftes Kapitel: Unterschiedliche Konzeptionen von Rechtswissenschaft

Peter Badura in seiner Darstellung des Staatsrechts der Bundesrepublik Deutschland geäußert: „Der Kernpunkt der verfassungsmäßigen Bindung und Verrechtlichung der öffentlichen Gewalt ist der Begriff der Gesetzgebung. Das Gesetz ist der Schlüsselbegriff des demokratischen Rechtsstaates."[643] Diese dem Gesetz von Peter Badura zugewiesene Schlüsselrolle in der gewaltenteilenden Verfassungsordnung kommt ihm nicht nur deshalb zu, weil es sich als „Garantie des Rechtsstaates und der individuellen Freiheit"[644] erweist, sondern gerade auch deshalb, weil es *das wichtigste Steuerungsinstrument* ist, *das* – wie Roman Herzog es ausgedrückt hat – der moderne Staat und *seine Verfassung zu vergeben haben*. Unter mehrfacher Bemühung des Steuerungsbegriffs hat Herzog dazu folgendes ausgeführt:[645]

> „Für die praktische Ausgestaltung und Beurteilung der parlamentarischen Demokratie des GG ist der Vorrang des Gesetzes, verbunden mit der soeben dargestellten Allzuständigkeit des Gesetzgebers, von einer nicht zu unterschätzenden Bedeutung. Seit sich der Gesetzesbegriff von der Vorstellung der reinen, gewissermaßen zielfreien Normierung (sog. Normgesetz) zunehmend entfernt und gewichtige Elemente der Problembewältigung und der *Steuerung* gesellschaftlicher Geschehensabläufe in sich aufgenommen hat (sog. Maßnahmegesetz), besitzt der Gesetzgeber, d.h. konkret das unmittelbar vom Volk gewählte Parlament, den Schlüssel zu einem der wichtigsten *Steuerungsinstrumente*, die der moderne Staat und seine Verfassung zu vergeben haben."

Das Gesetz ist also *das zentrale Steuerungsinstrument des demokratischen Rechtsstaates*, weil gerade die *Verknüpfung von Demokratie und Rechtsstaat* dem Gesetz die Schlüsselrolle als Instrument der Sozialgestaltung zuweist: der demokratische Rechtsstaat ist insoweit notwendig *Gesetzgebungsstaat*, wie Kurt Eichenberger mit großer Formulierungskraft ausgeführt hat:

> „Demokratie erfüllt sich wesentlich in Gestalt der Gesetzgebung, und müssen Rechtsstaatlichkeit und Demokratieprinzip zueinander gebracht werden, so ist das *Gesetz die Klammer*, die Gesetzgebung als Prozess die zusammenführende Garantin. Anders gewendet: Rechtsstaatliche Demokratie verwirklicht sich entscheidend in und mit zureichender Gesetzgebung. Sie ist, wenn wir die heiklen Worte neu und behutsam wagen: Gesetzesstaat und Gesetzgebungsstaat, das heißt ein Staat

---

643 Peter Badura, Staatsrecht, 2. Aufl., München 1996, S. 270.
644 Ebenda, S. 270.
645 Roman Herzog, in: Theodor Maunz/Günter Dürig/Roman Herzog/Rupert Scholz (Hrsg.), Grundgesetz-Kommentar, München 1996, Art. 20, VI., Rdnr. 45.

als volitiver »Macher«, der sich herausnimmt, sich und seine Rechtsordnung nach den Vorstellungen der legiferierenden Menschen zu gestalten." [646]

Wenn sich das so verhält, dann ist die möglichst unverfälschte Umsetzung des gesetzgeberischen Handlungsauftrages durch die rechtsanwendenden Instanzen und das in ihnen tätige rechtsanwendende Personal infolge ihrer verfassungsrechtlichen Bindung an Recht und Gesetz ein zentrales Gebot des demokratischen Rechtsstaats: insoweit ist *Normtextinterpretation ein notwendiges Korrelat der Gesetzesbindung* und – um dies als Pointe hinzuzufügen – „die hohe Quote von Juristen im Verwaltungsdienst ein Mittel zur Durchsetzung der Gesetzesbindung"[647].

Dieser konstitutive *Zusammenhang von Gesetzesbindung und Normtextauslegung* ist insbesondere von Christoph Möllers klar herausgearbeitet worden: „Der methodische Ausgangspunkt des Verwaltungsrechts ist die Gesetzesbindung der Verwaltung, Art. 20 Abs. 3 GG. Mit dieser Feststellung ist keine Aussage darüber getroffen, inwieweit sich die Verwaltung tatsächlich an gesetzlich definierten Inhalten orientieren kann; vielmehr ist die Gesetzesbindung ein verfassungsrechtliches, also ein *normatives Gebot mit methodischer Konsequenz*. Es besagt, dass das Handeln der Verwaltung sich durch den Verweis auf den Text des Gesetzes unter Anwendung der überlieferten juristischen Methoden rechtfertigen lassen muss. [...]."[648]

Und zu Recht fügt er hinzu, dass ein zunehmend dichtes Geflecht von interpretationsfähigen und -bedürftigen Rechtsnormen tendenziell mit einer damit korrespondierenden Stabilisierung von Bedeutungen einhergehe:

„Trotz zahlloser theoretischer und praktischer Anfechtungen, trotz aller zweifelnden Hinweise auf nicht textlich fixierbare Vorverständnisse und auf die Ungewissheiten sprachlicher Bedeutung, die immer eines sie stabilisierenden Kontextes bedürfen, hat die hohe Dichte der Kodifikation von Rechtstexten im Verwaltungsrecht zu einer vergleichsweise hohen *Stabilisierung von Bedeutungen* geführt. Keine rechtstheoretische Kritik an den Möglichkeiten textueller Kommunikation kann sich der Einsicht verschließen, dass mit der quantitativen Verdichtung von

---

646 Kurt Eichenberger, Gesetzgebung im Rechtsstaat, in: VVDStRL 1982, S. 10.
647 Christoph Möllers, Methoden, in: Wolfgang Hoffmann-Riem/Eberhard Schmidt-Aßmann/Andreas Voßkuhle (Hrsg.), Grundlagen des Verwaltungsrechts, Bd. I, München 2006, Rdnr. 23.
648 Ebenda, Rdnr. 13.

Fünftes Kapitel: Unterschiedliche Konzeptionen von Rechtswissenschaft

Rechtstexten auch die Möglichkeiten zunehmen, Inhalte zu determinieren. Eine Verwaltungspraxis, die das – an dieser Stelle nicht zu repetierende – elementare *Handwerk der Rechtsanwendung* nicht beherrscht, ist schwer vorstellbar."[649]

Ein solches *Handwerk der Rechtsanwendung* meint vor allem das Vertrautsein mit den in der „juristischen community" konsentierten *Methoden der Rechtsanwendung*: Rechtswissen ist insoweit erst einmal *Methodenwissen*.

2. Rechtswissen als Methodenwissen

Versteht man Rechtswissen als Methodenwissen[650] und hat man den soeben besprochenen Zusammenhang von Gesetzesbindung und Normtextinterpretation vor Augen, so bedeutet juristisches Methodenwissen zunächst einmal Kenntnis der in der juristischen Zunft weitgehend akzeptierten *Auslegungsmethoden*[651].

Nach Auskunft der „Allgemeinen Rechtslehre" von Klaus F. Röhl und Hans Christian Röhl[652] lassen sich vor allem die folgenden fünf Auslegungsmethoden unterscheiden:
– Die am *Wortlaut* orientierte Auslegung: „Alle Rechtsquellen sind sprachlich gefasst. Alle Auslegung beginnt daher beim Wort."
– Die *genetische Auslegung*: „Die genetische Auslegung sucht den Sinn einer Norm aus den Umständen ihrer Entstehung zu ermitteln. Innerhalb der genetischen Auslegung lassen sich drei Perspektiven unterscheiden, nämlich die historisch-soziologische, die dogmengeschichtliche und die im engeren Sinne historische, die nach dem Willen des konkreten Gesetzgebers fragt."
– Die *teleologische Auslegung*: „Jede Rechtsnorm kann als Mittel zu einem außerhalb ihrer selbst liegenden Ziel aufgefasst werden. Daraus ergeben sich Möglichkeit und Notwendigkeit teleologischer Auslegung."

---

649 Ebenda, S. 142/143.
650 Vgl. dazu Andreas Voßkuhle, Methode und Pragmatik im Öffentlichen Recht, in: Hartmut Bauer/Detlef Czybulka/Wolfgang Kahl/Andreas Voßkuhle (Hrsg.), Umwelt, Wirtschaft und Recht. Wissenschaftliches Symposium aus Anlass des 65. Geburtstages von Reiner Schmidt, Tübingen 2002, S. 171–195.
651 Zur historischen Perspektive siehe Jan Schröder, Recht als Wissenschaft. Geschichte der juristischen Methode vom Humanismus bis zur historischen Schule (1500-1850), München 2001.
652 Klaus F. Röhl/Hans Christian Röhl, Allgemeine Rechtslehre. Ein Lehrbuch, München 2008, § 78: Die Auslegung.

– Die *systematische Auslegung*: „Die systematische Auslegung entnimmt das Verständnis der Norm aus ihrer Stellung im Gesetz, dem Regelungszusammenhang und allgemeineren Prinzipien, die das betreffende Rechtsgebiet beherrschen, kurz: aus dem System."
– Die *verfassungs- und europarechtskonforme Auslegung*: „Die verfassungskonforme ist ein *spezieller Fall der systematischen Auslegung.* Sieht man die Rechtsordnung als Stufenbau, folgt daraus wie selbstverständlich, dass keine Auslegungsalternative gewählt werden darf, die zu höherrangigem Recht in Widerspruch steht."
– Die *Rechtsvergleichung* als „fünfte" Auslegungsmethode: „Häberle hat, zunächst für das Verfassungsrecht, die Rechtsvergleichung als »fünfte« Auslegungsmethode vorgeschlagen. Dieser Vorschlag findet im Zuge der Internationalisierung des Rechts innerhalb Europas und darüber hinaus zunehmend Anklang."

Wie jeder Kundige weiß, ist die disziplinierende Wirkung dieses Methodenkanons für die Praxis der Rechtsanwendung eher gering, besteht doch zwischen den verschiedenen Auslegungsmethoden kein strenges Rangverhältnis und belassen auch die einzelnen Auslegungsmethoden selbst dem Rechtsanwender (bzw. dem Wissenschaftler) noch beträchtliche Spielräume.[653]

Wenn sich dies aber so verhält, dann muss das Besondere des Rechtswissens im Kontext einer als Interpretationswissenschaft verstandenen Rechtswissenschaft noch etwas anderes sein als das soeben besprochene *handwerkliche Methodenwissen*. Wie im Folgenden darzulegen versucht wird, ist diese Besonderheit des die Rechtswissenschaft als Interpretationswissenschaft genuin ausmachenden Rechtswissens, dass es als *Wissen mit Verbindlichkeitsanspruch* auftritt; ich schlage vor, deshalb von Rechtswissen als *autoritativem Wissen* zu sprechen.

---

653 Ein anschauliches Beispiel dafür bietet die juristische Kontroverse, ob es für die am 30. Juni 2017 im Deutschen Bundestag beschlossene „Ehe für alle" einer Grundgesetzänderung bedarf. „Der Tagesspiegel" vom 9. Juli 2017 druckte zur Dokumentation dieser Kontroverse zwei gegensätzliche Stimmen bekannter Rechtswissenschaftler ab. Die Position von Jörn Ipsen, emeritierter Professor aus Osnabrück lautet in Kurzform: „Die Entstehungsgeschichte des Grundgesetzes zeigt: Als ‚Ehe' gilt die Verbindung von Mann und Frau. So sah es bislang auch das Verfassungsgericht. Die ‚Ehe für alle' erfordert eine Grundgesetzänderung."; die von Frauke Brosius-Gersdorf (Hannover) und Hubertus Gersdorf (Leipzig) wie folgt beschrieben wird: „Die Ehe für alle steht nicht mit dem Grundgesetz in Konflikt. Der Gesetzgeber sollte bei der Ausgestaltung normgeprägter Grundrechte den gesellschaftlichen Wertewandel berücksichtigen."

II. Rechtswissen als autoritatives Wissen

In seinem grundlegenden Beitrag „Zur diskursiven Funktion und medialen Präsenz dogmatischer Ordnungsvorstellungen und Deutungsmuster in Recht und Religion" hat Nils Jansen drei zentrale *Pfeiler von Autorität* ausgemacht[654], nämlich *Methoden, Institutionen und Texte*. Da wir uns an dieser Stelle primär für die Rechtswissenschaft als *textgebundener* Interpretationswissenschaft interessieren, scheint es eine gute Idee zu sein, einen Blick auf die *Autorität von Texten in Religion und Recht* gleichermaßen zu werfen, um aus dieser Parallele von Theologie und Rechtswissenschaft als *zwei textgebundenen Interpretationswissenschaften* etwas zu lernen.

1. Zur Autorität von Texten

Dass in den Bereichen von Religion und Recht *Texte als Autoritätsquelle* von jeher eine wichtige Rolle gespielt haben, hat Nils Jansen in knapper Form wie folgt konstatiert: „Heute wird »Autorität« in erster Linie von Personen oder von Institutionen – insbesondere vom Staat und seinem Recht – ausgesagt. Selbstverständlich ist das nicht: Im Mittelalter war Autorität eine Eigenschaft, die in erster Linie und jedenfalls unmittelbar Texten zukam. Die Etablierung autoritativer Referenztexte bildet deshalb einen wichtigen Aspekt von Dogmatisierungsprozessen. Denn wenn bestimmte *Texte als Ausgangs- und Bezugspunkt normativer Argumentation* gelten, ohne dass dies weiter zu begründen wäre, so etablieren solche Texte offenkundig verbindliche Ordnungsvorstellungen und Deutungsmuster".[655]

Ein naheliegendes Beispiel für eine wirkmächtige Textautorität ist die Bibel,[656] deren Charakter als Textautorität insbesondere für den Protestantismus von zentraler Bedeutung ist. Auf die von ihm gestellte Frage „Was heißt Protestantismus?" hat der renommierte Theologe Friedrich Wilhelm Graf bezeichnenderweise die *Textautorität der Bibel* an den Anfang gestellt:

---

654 Nils Jansen, Methoden, Institutionen, Texte, in: Zeitschrift der Savigny-Stiftung für Rechtsgeschichte, 128. Band (2011), S. 1–71.
655 Nils Jansen, Dogmatisierungsprozesse in Recht und Religion, in: derselbe/Peter Oestmann (Hrsg.), Gewohnheit. Gebot. Gesetz. Normativität in Geschichte und Gegenwart: eine Einführung, Tübingen 2011, S. 140.
656 Vgl. dazu Christoph Dohmen, Die Bibel und ihre Auslegung, 3. Auflage, München 2006.

> „Zunächst das *sola scriptura, d. h. die exklusive Schriftbindung,* durch die – im Gegensatz zum katholischen Prinzip der Doppel-Orientierung an Heiliger Schrift und Tradition der Kirche – nun kirchliche Überlieferungen und Praktiken allein von dem in der Heiligen Schrift bezeugten reinen Gotteswort aus kritisiert und erneuert werden sollen; dann das sola fide, »allein aus Glauben«, wodurch allen Vorstellungen verdienstvoller Werke oder zu erwerbender Gnadenschätze von Heiligen und Märtyrern ebenso eine Absage erteilt wird wie den Messen für die Verstorbenen, durch die deren Stand vor Gott verbessert werden soll; schließlich das sola gratia, die Rechtfertigungen des Sünders rein aus der Gnade Gottes, womit die im Spätmittelalter blühende Praxis des Erwerbs von sogenannten kirchlichen Ablässen zur Minderung der Höllenstrafen abgelehnt und überhaupt bestritten wurde, dass der sündige Mensch selbst durch irgendeine Glaubensleistung oder Heiligkeitsanstrengung, also durch religiöses Leistungsethos, vor Gott Gnaden erlangen könne."[657]

Aber Texte als Autoritäten spielen nicht nur seit jeher in der Theologie eine zentrale Rolle, sondern ebenso – und im täglichen Geschäft der Rechtsanwendung fast noch mehr – *im Recht und im juristischen Diskurs.*

Diese autoritativen Texte mussten und müssen nicht in Gesetzesform ausformuliert sein: „Neben den veröffentlichten Entscheidungen der Judikative determiniert heute insbesondere die juristische Kommentarliteratur die juristische Praxis: Argumente, die ihren Weg nicht in einen anerkannten Kommentar gefunden haben, werden von Gerichten nur ausnahmsweise berücksichtigt[658]; und in den unteren Instanzen werden manche Kommentare wie der Palandt sogar wie ein Gesetz angewendet."[659]

Auch *wissenschaftliche Texte* konnten und können als Autoritäten behandelt werden:

> „Wenn [...] – neben den Gesetzestexten und den Entscheidungen der obersten Gerichte – auch wissenschaftliche Texte als Autoritäten behandelt werden, so bildet das freilich von jeher ein *Charakteristikum des juristischen Diskurses.* So hatten die klassischen römischen Juristen das *ius civile* in der Form von Kommentaren zu den einschlägigen

---

657 Friedrich Wilhelm Graf, Der Protestantismus. Geschichte und Gegenwart, München 2006, S. 18.
658 Jansen, The Making of Legal Authority. Non-legislative Codification in Historical and Comparative Perspective, Oxford 2010, S. 108 f.
659 Jansen, Fußnote 654, S. 44/45.

Lehrbüchern von Quintus Mucius und Sabinus dargestellt und fortgebildet; und die byzantinischen Juristen machten später diese kommentierenden Werke der klassischen römischen Rechtswissenschaft zu autoritativen Referenztexten. Ähnlich stellten die Autoren der spanischen Spätscholastik ihre systematischen Abhandlungen typischerweise als Kommentare zur *Summa Theologica* Thomas von Aquins dar; und noch im 18. Jahrhundert, als die Deduktion längst den methodischen Standard naturrechtlicher Argumentation bildete, blieb es eine verbreitete Praxis, das Naturrecht in der Form von Kommentaren zu den autoritativen Schriften von Hugo Grotius und Samuel Pufendorf zu unterrichten und akademisch zu diskutieren. Bisweilen wurde sogar das römisch-gemeine Recht nicht in Kommentaren zum *Corpus iuris civilis*, sondern in Kommentaren zu einflussreichen Kommentaren anderer Autoren erläutert."[660]

2. Rechtswissenschaft und Theologie als textorientierte Interpretationswissenschaften

So richtig anschaulich wird die zentrale Rolle von juristischen und theologischen Referenztexten in der folgenden Zusammenstellung durch Nils Jansen, die erneut die enge Verwandtschaft von Theologie und Rechtswissenschaften als textorientierten Interpretationswissenschaften deutlich werden lässt:

„Ein derart hohes Maß an dogmatisierender Selbstreferentialität führt typischerweise zur Autorisierung wissenschaftlicher Texte als Referenzwerken. Die wichtigsten juristischen Referenztexte des Mittelalters und der frühen Neuzeit, das *Copus iuris civilis* und das *Decretum Gratiani*, waren Kompilationen von Normen und gelehrten Texten; und die juristischen Standardglossen (*Glossae ordinariae*) zu den *Corpora iuris civilis* bzw. *canonici*, die den juristischen Diskurs für die folgenden Jahrhunderte strukturieren sollten, verdankten ihre Autorität nicht zuletzt dem engen Bezug auf die autoritativen Referenztexte.
All diese Befunde werden durch einen vergleichenden Blick auf die Theologie bestätigt. So standen im Diskurs des Mittelalters neben den heiligen Schriften früh auch andere Autoritäten wie die Kirchenväter und später die *Glossa ordinaria* zur Heiligen Schrift. Seit dem 13. Jahr-

---

660 Ebenda, S. 45/46.

hundert waren dann die *Sementiae* des Petrus Lombardus, also ein wissenschaftlicher Traktat, zum Gegenstand theologischer Vorlesungen und wissenschaftlicher Kommentare geworden. Dieser Text verlor seinen hervorgehobenen Status, als Dominikaner wie Petrus Crockaert 1509 in Paris und später sein Schüler Francisco de Vitoria in Salamanca die *Summa Theologica* Thomas von Aquins an Stelle der *Sententiae Lombardi* zur Vorlesungsgrundlage machten und Kardinal Thomas Cajetan und Ignatius von Loyola diese Thomas-Renaissance dann allgemein durchsetzten. Auch in diesen Texten stehen ganz selbstverständlich doktrinale neben normativen Aussagen. Gewiss war es dabei – auch schon vor Luther – streitig, ob es überhaupt andere Textautoritäten als die Heilige Schrift geben dürfe. Aber ein solcher Streit bestätigt nur die tatsächliche Autorität dieser Schriften in der Praxis theologischer Diskurse."[661]

Rechtswissenschaft und Theologie sind – so kann man in holzschnittartiger Vereinfachung zusammenfassen – beide textbezogene Interpretationswissenschaften und deshalb durch einen engen Zusammenhang von *Textautorität* und *Interpretenautorität* geprägt, ein Zusammenhang, von dem schon unter den Stichworten „Kanonisierungs- und Dogmatisierungsprozesse" ausführlich die Rede war. Zwei uns wichtig erscheinende Aspekte sollen aber noch kurz angesprochen werden.

a) Textautorität als Autorität der Form

Der Münchner Sonderforschungsbereich „Pluralisierung und Autorität in der Frühen Neuzeit (15.-17. Jahrhundert)", der am 1. Januar 2001 seine Arbeit aufgenommen hat, hat im Jahre 2003 einen seine Forschungstätigkeit dokumentierenden Band vorgelegt, in dem interessanterweise nicht die üblichen Arten von Autorität durchdekliniert werden, sondern der von „Autorität der Form, Autorisierung und von institutioneller Autorität" handelt[662]. Wie schon ein erster Blick in den Abschnitt über „Autorität der Form" zeigt, hat diese Autorität der Form offenbar ganz viel mit der Autorität von Texten, mit der Autorität ihrer Interpretation sowie mit Diskurs- und Argumentationsstrukturen zu tun, die wiederum bei der prozesshaf-

---

661 Ebenda, S. 46/47.
662 Wulf Oesterreicher/Gerhard Regn/Winfried Schulze (Hrsg.), Autorität der Form – Autorisierungen – institutionelle Autorität, Münster 2003.

Fünftes Kapitel: Unterschiedliche Konzeptionen von Rechtswissenschaft

ten Generierung von Autorität eine zentrale Rolle spielen. Deswegen ist es mehr als lohnend, noch einen zweiten Blick auf die Autorität der Form zu werfen.

Bei der Autorität der Form geht es – so schreibt Wulf Oesterreicher[663] – um zeichen- und ausdrucksbezogene Strukturierungen, „die *Wahrnehmungen steuern, Wissenszugänge eröffnen, Wissensbestände gestalten*, Emotionen und Affekte kontrollieren, Handlungen regulieren etc." Dies klingt alles noch ziemlich abstrakt, wird aber anschaulicher und konkreter, wenn ich mir ansehe, was Oesterreicher unter Formautoritäten versteht[664] (ich habe die mir am wichtigsten erscheinenden ausgewählt und uns dabei vom Bezug zur textlichen Autorität leiten lassen):

„Diskurstraditionen und Gattungen
Diskurstraditionen und Gattungen selegieren und interpretieren als Modelle der Diskursgestaltung mit ihren inhaltlichen, gliederungstechnischen, sprachlich-stilistischen und pragmatischen Anforderungen und Vorgaben ganz bestimmte Realitätsbereiche und Handlungskontexte; diese Modelle besitzen ihre spezifischen Geltungsbereiche und haben teilweise klaren Vorbildcharakter.

Kognitiv-kategoriale Begriffssysteme
Davon zu unterscheiden sind kognitiv begründete, kategoriale Systematisierungen, die mehr oder weniger explizit Wissenszusammenhänge wie etwa Enzyklopädien oder Grammatiken strukturieren und die auf inhaltlicher Ebene auch theologisch-dogmatischen und juristischen Festlegungen sowie literarischen *canones* zugrundeliegen.

Argument- und Argumentationsstrukturen
Eng damit verbunden sind Argument- und Argumentationsstrukturen, die mit ihrem traditionsbegründeten Gewicht als Gestaltungsimperative fungieren; hier sei auf den diskursiven Einsatz von Denkfiguren, Bildfeldern und Überzeugungsstrategien verwiesen, die in philosophisch-philologischen, religiös-konfessionellen, ästhetisch-literarischen und ähnlichen Kontexten Verwendung finden; man vergleiche diesbezüglich vor allem explizite Legitimationsdiskurse, Disputationen, *quaestiones*, aber auch die rinascimentale Konversationskultur.

---

663 Ebenda, S. 13.
664 Ebenda, S. 14/15.

Sprachbezogene Vorgaben und Anforderungen
Signifikante autoritative Vorentscheide werden weiterhin sichtbar in sprachbezogenen Vorgaben und Anforderungen, die von der *Sprachenwahl* (etwa Latein vs. Volkssprache usw.) über die Etablierung von *präskriptiven sprachlichen Normen* und der sogenannten *Registerwahl* (Akzeptanz bestimmter Sprachvarietäten, proskribierte Sprachformen usw.) bis zu *Verschriftungsfragen* (etymologisierende Schreibungen, Wahl von Schriftarten, Gebrauch bestimmter Schreibschriften usw.) reichen.

Autoritativität/Integrität von Texten
Für den Erhalt der Autoritativität und Integrität von Texten werden Textpflege und in unterschiedlichen Rigiditätsgraden streng geregelte Textnachvollzüge mit ihren Interpretationen notwendig. Diese Tatsache ist, häufig auch extern institutionell abgesichert, für Restriktionen beim Zugang zu und der Nutzung von liturgischen und biblischen, aber auch administrativ-rechtlichen oder »wissenschaftlichen« Texten verantwortlich.

»Übersetzungsäquivalenz«
Ein nicht nur für die Frühe Neuzeit wichtiges eigenes Problemfeld bilden die bei *Übersetzungen* von theologischen, philosophischen und ‚wissenschaftlichen' Texten akzeptierten Spielräume; die mit Übersetzungen prinzipiell gegebene Möglichkeit der Entstellung, der Verfälschung eines Ausgangstexts ist für die Formautorität dieser Texte immer eine Gefahr. Hier geht es natürlich nicht allein um mangelhaftes Übersetzen, sondern vor allem um die Subversivität von Übertragungen".

Wie eng und wie spannend der Zusammenhang von Textautorität und Formautorität ist, wird erst richtig klar, wenn wir uns jetzt der Generierung von Autorität zuwenden.

b) Autorisierung oder Autorität als Prozess

Autoritäten – und dies gilt auch für Textautoritäten – fallen nicht vom Himmel, und zwar selbst dann nicht, wenn sie als heilige Schriften auf einen bestimmten Offenbarungsakt zurückgehen. Auch insoweit ist die Bibel ein besonders lehrreiches Beispiel.
In seiner Schrift über „Die Bibel und ihre Auslegung" erklärt Christoph Dohmen zu Beginn, was eigentlich das Besondere an der Bibel ist und

sieht eine zentrale Besonderheit darin, dass die Bibel, von der wir immer im Singular sprechen, bei genauerem Hinsehen „ein aus vielen Büchern gewachsenes Buch" ist:

> „Doch schon wenn man sich den Begriff *Bibel* in seiner Bedeutung genauer anschaut, stellt man fest, daß die Bibel im doppelten Sinn mehr als ein Buch ist, nämlich mehr als *ein* Buch und mehr als ein *Buch*. Das Wort *Bibel* leitet sich letztlich vom griechischen *biblia* her, das selbst die Pluralform von *biblion* »Buch(rolle), Schrift, Brief, Dokument« ist. Der griechisch schreibende jüdische Schriftsteller Flavius Josephus benutzt im 1. Jahrhundert n. Chr. Diesen Plural *biblia* schon als Begriff sowohl für die Tora, d.h. die 5 Bücher *Mose*, als auch für die Sammlung aller Heiligen Schriften, und so begegnet der Begriff dann auch für die Gesamtheit von Altem und Neuem Testament in der christlichen Bibel seit dem 4. Jahrhundert. Über das lateinische Lehnwort *Biblia* ist das Wort schließlich zu uns gelangt. Wollte man die Sprachentwicklung von der Plural- zur Singularform sachgerecht wiedergeben, dann müßte man das Wort Bibel eigentlich durch »Büchersammlung« oder »Bücherei« erklären. Das Wort hält also fest, daß es sich bei der Bibel nicht um ein einziges Buch handelt, sondern um eine Zusammenfassung mehrerer Bücher zu einer Einheit. Diese Einheit der Büchersammlung hat allerdings nicht mit modernen Formen von Gesamt- oder Teilausgaben zu tun, wie wir sie vor allen Dingen von den Werken großer Schriftsteller her kennen, sondern die Bibel ist ein aus vielen Büchern gewachsenes Buch."[665]

Aber die Bibel ist nicht nur ein gewachsenes Buch, also auf einen bestimmten Entstehungsprozess rückführbar; ihre prozesshafte Konstituierung als Textautorität wird noch deutlicher, wenn man mit Christoph Dohmen zwei Typen von Literatur einander gegenüberstellt, nämlich *Autorenliteratur* und *Traditionsliteratur* und als Resultat dieser Gegenüberstellung zu dem klaren Ergebnis gelangt, dass die Bibel dem Typus der Traditionsliteratur zuzurechnen ist: „Mit der Beobachtung, daß wir es in der Bibel überwiegend mit Traditionsliteratur zu tun haben, ist die zum Wesen dieser Literatur gehörende lange Entstehungsgeschichte verbunden. Schon in den ersten fünf Büchern der Bibel, dem Pentateuch, findet man unter literaturgeschichtlichem Gesichtspunkt Materialien aus mehreren Jahrhunderten versammelt."[666]

---

[665] Dohmen, Fußnote 656, S. 11.
[666] Ebenda, S. 16.

Um diesen Befund noch besser verstehen zu können, ist es vielleicht hilfreich, sich von Christoph Dohmen den Begriff der Traditionsliteratur noch etwas genauer erklären zu lassen:

> „In der Begriffsentwicklung von »Bibel« spiegelt sich letztlich eine Besonderheit der biblischen Literatur wider. Während wir die literarische – nicht technische – Einheit Buch mehr oder weniger deutlich immer mit der Autorenschaft einer Einzelperson oder eines Teams verbinden, ist diese Vorstellung der Welt, aus der die biblische Literatur stammt, im Großen und Ganzen fremd. Dort, im alten Vorderen Orient, haben wir es nicht mit *Autorenliteratur*, sondern mit *sogenannter Traditionsliteratur* zu tun. [...] Sie ist im wesentlichen an sachlichen und inhaltlichen Zusammenhängen interessiert. Dieses Interesse bestimmt und prägt die Literaturproduktion und ihre Überlieferung. Man sammelt Vorhandenes nicht in Erinnerung an seinen Ursprung, sondern weil es Bedeutung für die je eigene Situation hat. Die Bedeutung, die es hat, schlägt sich schließlich in der Literatur selbst nieder, weil man Erklärendes oder auch aus anderen Zusammenhängen Bekanntes beim Abschreiben von Texten mit in diese einbringt, ungeachtet der Frage, von wem das eine oder andere stammt. Traditionsliteratur ist von hierher im wesentlichen auch *Fortschreibungsliteratur*, weil sich das Überlieferungsinteresse in einer literarischen Produktivität zeigt, die die vorhandenen Texte wachsen läßt, ja, sie im wahrsten Sinn des Wortes immer auf den neuesten Stand bringt. Gerade weil der Gedanke des persönlichen geistlichen Eigentums unbekannt ist, geschieht die Überlieferung von Literatur nicht nur im konservierenden Abschreiben, sondern im aktualisierenden Fortschreiben."[667]

Soweit zum Entstehungsprozess der Textautorität der Bibel als Beispiel für die Autorisierungsprozesse, die sich in den Bereichen von Recht und Religion beobachten lassen. Diese Autorisierungsprozesse lassen sich – und dies ist ein weiterer interessanter Gesichtspunkt – in Zusammenhang bringen mit der die Frühe Neuzeit kennzeichnenden zunehmenden Pluralisierung, ein Zusammenhang, der insbesondere in dem schon erwähnten Band des Sonderforschungsbereichs „Pluralisierung und Autorität in der frühen Neuzeit" hergestellt worden ist: Pluralisierung führe zu konkurrierenden Autoritätsansprüchen, die sich konstituieren und performativ durchsetzen mussten: „Autorität konfiguriert sich als Autorisierung, sie

---

667 Ebenda, S. 11/12.

Fünftes Kapitel: Unterschiedliche Konzeptionen von Rechtswissenschaft

wird prozessual."[668] In geballter Zusammenfassung liest sich diese Autorisierungsthese wie folgt: „Autorität als Geltung durch Ansehensmacht bleibt an ihre Produktion gebunden, sie wird erst im Vollzug erzeugt. Unabhängig von der Frage nach den je spezifischen Umständen ihrer Entstehung sind frühneuzeitliche Autorisierungen deshalb vor allem in ihrer Eigenschaft als Performanzphänomene prozessual dimensioniert."[669]

Der prozessuale Charakter der Autoritätskonstituierung zeigt sich ferner – und mit diesem Befund wollen wir diesen Punkt auch abschließen – in der *Einbettung von Autoritätsgenerierung in entsprechende normative Diskurse*, sei es in der Theologie, sei es in der Rechtswissenschaft; bei Nils Jansen heißt es dazu in seinem Beitrag mit dem Untertitel „Zur diskursiven Funktion dogmatisierender Ordnungsvorstellungen und Deutungsmuster in Recht und Religion" erläuternd wie folgt:

> „Aber auch umgekehrt wäre es ein Irrtum, die Autorität förmlich gesetzter Rechtsnormen oder Konzilstexte allein auf die institutionelle Autorität von Gesetzgebern und Bischofssynoden zurückzuführen. Auch hier ist die Anerkennung im jeweiligen normativen Diskurs entscheidend. Das zeigt die Geschichte der Bischofssynoden ebenso anschaulich wie die jüngere Rechtsgeschichte. Selbst politisch starke Gesetzgeber wie der preußische Staat konnten ihre Kodifikationen nur dann durchsetzen, wenn diese auch *im juristischen Diskurs Anerkennung fanden*. Dass die modernen Kodifikationen wie das BGB das römische *Corpus iuris civilis* als Referenztext und Gegenstand der universitären Ausbildung und professionellen Diskussion ablösen konnten, war seinerzeit alles andere als selbstverständlich. Bis heute lässt sich immer wieder beobachten, dass Juristen die politische Autorität eines Gesetzes im Rekurs auf nichtlegislative Kodifikationen oder sonstige Rechtsquellen unterlaufen. Die Grenzen normativer Diskurse – und damit auch die Rechtsquellen und sonstigen Textautoritäten – werden »von innen«, von den professionellen Teilnehmern am theologischen bzw. juristischen Diskurs, bestimmt, nicht »von außen«, von der Politik oder Gesellschaft, vorgegeben".[670]

Nach dieser uns wichtigen Charakterisierung von Rechtswissen als autoritativem Wissen, das sich aus der Bearbeitung und Auslegung von textli-

---

668 Regn, in: Oesterreicher/Regn/Schulze, Fußnote 662, S. 130.
669 Ebenda, S. 120.
670 Jansen, Fußnote 654, S. 43/44.

chen Autoritäten speist, soll nunmehr ein Blick auf Rechtswissen als Entscheidungswissen geworfen werden.

B. Rechtswissenschaft als Entscheidungswissenschaft: Rechtswissen als Entscheidungswissen

I. Das weite und daher eingrenzungsbedürftige Feld der Entscheidungswissenschaft(en)

Der Leser wird noch die von den Vertretern der „Neuen Verwaltungsrechtswissenschaft" ausgegebene Parole im Ohr haben, die Verwaltungsrechtswissenschaft müsse sich von einer textorientierten Interpretationswissenschaft zu einer „rechtssetzungsorientierten Handlungs- und *Entscheidungs*wissenschaft" fortentwickeln. Wirft man aber einen Blick in das umfangreiche und detaillierte Sachregister des ersten Bandes der „Grundlagen des Verwaltungsrechts", so findet man zwar den Begriff „Entscheidungswissenschaft", aber sonst – abgesehen von einem Hinweis auf die Gesetzgebungswissenschaft (dazu sogleich mehr) und das Organisationsrecht – nichts. Dies mag daran liegen, dass es – soweit wir sehen – eine genuin juristische Entscheidungswissenschaft schlicht nicht gibt. Über die von Werner Thieme vorgeschlagene strikte Trennung von juristischen und sozialwissenschaftlichen Entscheidungen sowie seine Forderung, eine spezifisch juristische Entscheidungslehre zu entwickeln[671] sind – um es gnädig zu formulieren[672] – die Zeitläufe hinweggegangen.

Entscheidungswissenschaftliche Arbeiten, die ihren Namen verdienen, finden sich – abgesehen von dem hier nicht interessierenden unternehmerischen Bereich[673] – hauptsächlich im Bereich der Regierungslehre[674] und der insoweit führenden *Verwaltungswissenschaft*, die sich – einschließlich meiner eigenen Person[675] – in zahlreichen Arbeiten mit Verwaltungshan-

---

671 Werner Thieme, Entscheidungen in der öffentlichen Verwaltung, Köln 1981; ferner derselbe, Einführung in die Verwaltungslehre, 4. Aufl. Köln 1995.
672 Vgl. dazu meine deutliche Kritik in: Gunnar Folke Schuppert, Verwaltungswissenschaft, Baden-Baden 2000, 11. Kapitel „Entscheidung", S. 752 ff.
673 Grundlegend Arnold Picot/Ralf Reichwald/Rolf T. Wigand, Die grenzenlose Unternehmung. Information, Organisation und Management. Lehrbuch zur Unternehmensführung im Informationszeitalter, 3. Aufl., Wiesbaden 1998.
674 Vgl. dazu meinen Versuch in: Gunnar Folke Schuppert, Staatswissenschaft, Baden-Baden 2003, S. 370–375 „Regierungslehre als Entscheidungslehre".
675 Ebenda, S. 756 ff: „Verwaltungshandeln als Entscheidungshandeln".

deln als Entscheidungshandeln beschäftigt hat[676]; wirft man auf sie einen näheren Blick, so kann man aus ihr zwei für unseren Diskussionszusammenhang wichtige Dinge lernen.

1. Verwaltungsentscheidungen als verfahrensstrukturierte Organisationsentscheidungen

Wie schon eingangs dieses Bandes dargelegt worden ist, handelt es sich bei „Wissen" vor allem um *kollektives Wissen*, also ein Wissen, das in einer Organisation oder sonstwie institutionalisierten „knowledge sharing communities" beheimatet ist. Wenn man weiter davon ausgeht, dass angesichts des „Rationalitätsversprechens des modernen Staates"[677] staatliche Entscheidungen *wissensbasierte Entscheidungen* sein sollten, dann liegt es nahe, in das Zentrum einer Entscheidungswissenschaft für den Bereich von Staat und Verwaltung nicht die wissende Einzelperson zu stellen, sondern die entscheidende Organisationseinheit der öffentlichen Verwaltung.

Von zentraler Bedeutung für eine wie auch immer aussehende verwaltungswissenschaftliche Entscheidungslehre hat die Erkenntnis zu sein, dass die in der Verwaltung getroffenen Entscheidungen nicht Entscheidungen von beliebigen Individualpersonen sind, sondern von Individuen als Mitgliedern der Verwaltungsorganisation, heiße diese – wie Max Weber es auflisten würde – Behörde, Amt oder bürokratischer Verwaltungsstab. Im Juristendeutsch heißen diese Einzelpersonen daher auch – sie gezielt entindividualisierend – Amtswalter[678], die für die Wahrnehmung ihres Amtes zwar nicht einer spezifischen Amtstracht bedürfen, aber einer – für den Betrachter in der Regel unsichtbaren – ununterbrochenen Legitimationskette zum Volk, da nach demokratischer Staatstheorie nur so die Ausübung von Staatsgewalt für die Herrschaftsunterworfenen akzeptabel ist.

---

676 Für eine mit reichlich Anglizismen gespickte Übersicht über alles, was auf dem Markt der Entscheidungslehren angeboten wird, von Entscheidungsprozessen in der „VUCA-World" (Volatility, Uncertainty, Complexity and Ambiguity") bis zu „Design-Thinking" – Hermann Hill, Die Kunst des Entscheidens – Neue Strategien für veränderte Umwelten – in: Die Öffentliche Verwaltung 2017, S. 433–443.
677 Andreas Voßkuhle, Das Konzept des rationalen Staates, in: Gunnar Folke Schuppert/Andreas Voßkuhle (Hrsg.), Governance von und durch Wissen, Baden-Baden 2008, S. 13 ff.
678 Vgl. etwa Hans J. Wolff/Otto Bachof/Rolf Stober, Verwaltungsrecht I, 10. Aufl. München 1994, S. 64 ff.

Damit ist die Frage nach Verwaltungshandeln als Entscheidungshandeln eine Frage nach Entscheidungen in Organisationen, die von der sog. verhaltenswissenschaftlichen Entscheidungstheorie als Teil der Organisationstheorie[679] in zwei Teilfragen untergliedert wird, nämlich wie Individuen Entscheidungen treffen und vor allem – was uns besonders interessiert – wie man sich die Interaktion von individuellem und organisatorischem Entscheidungsverhalten vorzustellen hat.

Dies gibt Anlass, den wichtigen *untrennbaren Zusammenhang von Organisation und Verfahren* hervorzuheben, da Entscheidungen in Organisationen naturgemäß geprägt sind von den in der jeweiligen Organisation geltenden und sie als Organisation erst konstituierenden Verfahrensregeln. Die in jeder Organisation zu beobachtenden Routinen, Prozeduren, Konventionen und Rollen mögen das Entscheidungsverhalten der einzelnen Organisationsmitglieder oft nur mittelbar beeinflussen, aber sie bestimmen den Rahmen, innerhalb dessen individuelles Entscheiden stattfindet. Wie vielfältig *Verfahren in Organisationen* wirken, ist von Oswald Neuberger in verdienstvoller Weise wie folgt zusammengestellt worden:

- „Organisationale Verfahren residieren nicht nur als Handlungsprogramme in den Köpfen der Akteure, sie sind auch materialisiert in Formularen, Agenden, Manualen, Anweisungen, Prüflisten, Tabellen, (Software-)Programmen etc.
- Verfahren müssen eingeübt werden und können erst durch/mit Erfahrung beherrscht und genutzt werden; es werden nicht selten für sie spezielle Schulungen eingerichtet. Verfahrensbeherrschung kann zertifiziert und arbeitsmarktrelevante Qualifikation werden (zumindest für den internen Arbeitsmarkt).
- Prinzipien und Strukturen von Verfahren werden meist veröffentlicht; die kompetente Handhabung erfordert jedoch Übung und verschafft privilegiertes Wissen und Können.
- Verfahren erlauben Spielraum und Variations- bzw. Ausgestaltungsmöglichkeiten. Verfahren müssen bzw. dürfen nicht unbedingt »aufs Wort« oder »auf den Buchstaben« genau ausgeführt werden.
- Verfahren konkretisieren bzw. verwirklichen Handeln. Sie sind die sichtbaren Formen des Handelns.

---

679 Vgl. dazu die hilfreichen Einführungen von Alfred Kieser (Hrsg.), Organisationstheorien, 2. Aufl. Stuttgart 1995, und von Alfred Kieser/Herbert Kubicek, Organisationstheorien II, Stuttgart u.a. 1978.

Fünftes Kapitel: Unterschiedliche Konzeptionen von Rechtswissenschaft

– Verfahren kommen immer in Mehrzahl vor, sie hängen miteinander zusammen und voneinander ab. Sie sind locker gekoppelt mit anderen Verfahren, so daß z. T. die Möglichkeit der Wahl bzw. Substitution oder des Gegeneinanderausspielens besteht.
– Verfahren bieten Schutz, Rückendeckung, Berufungsmöglichkeit, Rechtfertigung; sie bieten und versperren Ausreden, Entschuldigungen, Begründungen. Sie schreiben Verantwortung zu und entlasten von Verantwortung.
– Verfahren zwingen zu bestimmten Handlungen (wenn z. B. zu bestimmten Zeitpunkten und in vorgeschriebener Form Aufstellungen, Untersuchungen, Ergebnisse, Anträge usw. vorgelegt werden müssen.)
– Verfahren regulieren und begrenzen Interaktionen; sie vernetzen und relationieren Handelnde.
– Verfahren orientieren Informationssuche und Wirklichkeitsabbildung.
– Verfahren strukturieren die Zeit und füllen die Zeit aus (sorgen für Beschäftigung).
– Verfahren distanzieren und schützen vor Intimität und Emotionalität."[680]

Entscheidungswissen ist also – so können wir knapp zusammenfassen – zu einem nicht unerheblichen Teil *Verfahrenswissen*.

2. Organisationsentscheidungen als begrenzt rationales Entscheiden

Wenn man sich mit dem Entscheidungsverhalten von Verwaltungseinheiten beschäftigt, kommt man an zwei Klassikern schlicht nicht vorbei, nämlich an Herbert A. Simon und Charles Lindblom[681].
– Was zunächst Herbert A. Simon angeht[682], so ist er in den Klassikerhimmel durch seine klarsichtige Analyse des Entscheidungsverhaltens von Organisationen unter den Bedingungen begrenzter Rationalität –

---

680 Siehe dazu Oswald Neuberger, Individualisierung und Organisierung. Die wechselseitige Erzeugung von Individuum und Organisation durch Verfahren, in: Günther Ortmann/Jörg Sydow/Klaus Türk (Hrsg.), Theorien der Organisation. Die Rückkehr der Gesellschaft, Opladen 1997, S. 497 f.
681 Vgl. dazu die Würdigung beider Autoren in: Wolfgang Seibel, Verwaltung verstehen. Eine theoriegeschichtliche Einführung, Berlin 2016, 10. Kapitel: „Komplexität und Pragmatismus in der Verwaltung", S. 142 ff.
682 Siehe dazu sein bahnbrechendes Buch „Administrative Behavior. A Study of Decision-Making Process in Administrative Organizations", New York 1947; ferner

Zauberwort „bounded rationality" – emporgestiegen; bei Wolfgang Seibel heißt es dazu zusammenfassend wie folgt:

> „Simon vermittelt [...] einen nüchternen – oder ernüchternden – Blick auf die tatsächliche Entscheidungspraxis in formalen Organisationen. Er betont, dass die Vorstellung vollständig rationaler Entscheidungen nicht nur illusorisch, sondern der Versuch zur Verwirklichung solcher Vorstellungen im Alltag der Organisation sogar problematisch wäre, eine Erfahrung, die jeder erfahrene Verwaltungspraktiker bestätigen wird. Mit der Suche nach einer vollständig rationalen Entscheidung (der »Hundertprozentlösung«) ginge so viel Zeit verloren, dass aus Entscheidungssuche faktisch Entscheidungsunfähigkeit würde. Mut zu brauchbaren anstelle von perfekten Lösungen gehört ebenso zur guten Verwaltungspraxis wie ausreichende Fachkenntnisse, die genaue Erhebung entscheidungsrelevanter Sachverhalte und hinreichende Kenntnis der Rechtslage. Der Sinn *jeder* Organisation, so Simon, liegt darin, Menschen gerade unter den Bedingungen begrenzter Rationalität (*bounded rationality*) entscheidungsfähig zu halten."[683]

- Was Charles B. Lindblom betrifft, so ist er durch seinen Aufsatz „The Science of Muddling Through"[684] berühmt geworden, dessen „message" Wolfgang Seibel in seinem Buch „Verwaltung verstehen" wie folgt zusammengefasst hat:

> „In einem ganz ähnlichen Sinne (wie Simon, G.F.S.) hat Charles B. Lindblom ausdrücklich auf die Tugenden des »Durchwurstelns« verwiesen, eines Entscheidungsstils, der, so Lindblom, der Logik demokratischer Kompromissbildung entspreche. [...] Er kontrastierte seinerseits zwei grundlegende Entscheidungsstile, in diesem Fall bezogen auf die Politikentwicklung im engeren Sinne, an der freilich die Ministerialverwaltungen regelmäßig beteiligt sind. Den einen bezeichnete er als »rational umfassende Methode« (*rational comprehensive method*), den anderen als »wiederholende begrenzte Vergleichsmethode« (*successive limited comparison method*). Das ent-

---

derselbe, The Architecture of Complexity, in: Proceedings of the American Philosophical Society 106 (1962), S. 467–482.

683 Wolfgang Seibel, Verwaltung verstehen. Eine theoriegeschichtliche Einführung, Berlin 2016, S. 148.
684 Charles B. Lindblom, The Sciene of Muddling Through (1959), in: Jay M. Schafnitz/Albert C. Hyde (Hrsg.), Classics of Public Administration, Pacific Grove 1992, S. 224–235.

Fünftes Kapitel: Unterschiedliche Konzeptionen von Rechtswissenschaft

spricht in etwa Simons Unterscheidung zwischen vollständiger und begrenzter Rationalität des Entscheidens in Organisationen. Lindblom führt aus, dass die rational umfassende Methode der politischen Entscheidungsfindung auf der Klärung und Operationalisierung von Werten und Zielen sowie der klaren Unterscheidung von Zwecken und Mitteln beruhe und einem Gütetest unterliege, der die Eignung der gewählten Mittel für die Verfolgung des spezifischen politischen Zwecks überprüft. Die wiederholende begrenzte Vergleichsmethode dagegen beruhe auf einem beständigen Abgleich von Werten und Zielen, einer *kontinuierlichen Anpassung* von Zielen und Mitteln *an das tatsächlich Machbare*. Der Gütetest der Entscheidung bestehe bei dieser Methode allein in der Konsensfindung unter den Beteiligten.

So wie Simon das Kriterium von Brauchbarkeit und situativer Angemessenheit führte Lindblom also das *Kriterium der politischen Machbarkeit* gegen das Ideal substanzieller Rationalität der Entscheidungsfindung ins Feld."[685]

Entscheidungswissen ist also – so kann man den erhobenen Befund knapp zusammenfassen – auch und vor allem *Machbarkeitswissen*.

II. Machbarkeitswissen und die Grenzen des Wissens

Mit diesem Begriff des Machbarkeitswissens ist die Tür weit aufgestoßen zu der Frage, wie es denn um die Machbarkeit und Verantwortlichkeit von Entscheidungen bestellt ist, wenn die für die zu treffenden Entscheidungen Zuständigen immer häufiger an die Grenzen ihres Wissens stoßen. Es geht also mit anderen Worten um die Schwierigkeiten des Entscheidens unter den Bedingungen der von Ulrich Beck so überaus erfolgreich beschriebenen *Risikogesellschaft*[686]. Ob man den Begriff nun mag oder nicht, er bringt als Kurzformel den wichtigen Befund auf den Punkt, dass unter den Bedingungen technischer Entwicklungen und wissenschaftlicher Erkenntnisse Entscheidungen zunehmend risikobehafteter sind als zu Zeiten der klassischen Gefahrenabwehr. Deswegen muss uns der *Begriff des Risikos* interessieren, sein Neuigkeitswert und sein kometenhafter Aufstieg zu einem Schlüsselbegriff der Moderne.

---

685 Seibel, Fußnote 683, S. 149/150.
686 Ulrich Beck, Risikogesellschaft. Auf dem Weg in eine andere Moderne, Frankfurt am Main 1986.

B. Rechtswissenschaft als Entscheidungswissenschaft

1. Von der Gefahrenabwehr zur Risikovorsorge

Es waren noch vergleichsweise gemütliche Zeiten, als man sich nur vor Gefahren fürchtete und das mit dem Begriff des Risikos verbundene Grundgefühl der Unberechenbarkeit der Welt und der Begrenztheit unseres Wissens noch nicht in das allgemeine Bewusstsein eingedrungen war. Man ist sich heute weitgehend einig darüber, dass das *klassische Modell der Gefahrenabwehr* angesichts unserer technisierten Welt nicht mehr ausreicht und dass das Recht daher „von einer *erfahrungsbasierten* auf eine *ungewissheitsbasierte Strategie* normativer Zukunftsbewältigung übergehen"[687] muss; Ulrich K. Preuß hat diese Entwicklung von der Gefahrenabwehr zur Risikovorsorge wie folgt zusammenfassend nachgezeichnet[688]:

„Tatsächlich erweisen sich der Gefahrenbegriff und die mit ihm aufs engste verbundene Eingriffsdogmatik des allgemeinen Ordnungsrechts als zu grobschlächtig, um neuartige, aus der Entwicklung unserer wissenschaftlichen-technischen Zivilisation resultierende Beeinträchtigungen der Sicherheit angemessen zum Ausdruck zu bringen[689]. Der Begriff des Risikos stammt aus dem technischen Sicherheitsrecht[690] und bezieht sich auf die Eigenarten der aus technischen Anlagen und Prozessen sowie aus chemischen Stoffen resultierenden Schadensmöglichkeiten. Die Aktualität, die er vor allem im Umwelt- und im Gesundheitsrecht erlangt hat, spiegelt den Sachverhalt, daß durch die Technik Schadensmöglichkeiten geschaffen werden, deren zeitliche Wirkungen weit in die Zukunft reichen, deren Eintrittswahrscheinlichkeit nicht mehr anhand der Lebenserfahrung festgestellt werden kann und deren Einordung in eine identifizierbare Ursachenkette angesichts komplexer Wirkungszusammenhänge in der Regel nicht möglich ist. Unzu-

---

687 Arno Scherzberg, Risikosteuerung durch Verwaltungsrecht: Ermöglichung oder Begrenzung von Innovationen?, in: VVDStRL 63 (2004), S. 221.
688 Ulrich K. Preuß, Risikovorsorge als Staatsaufgabe. Die epistemologischen Voraussetzungen von Sicherheit, in: Dieter Grimm (Hrsg.), Staatsaufgaben, Baden-Baden 1994, S. 530/531.
689 Siehe stellvertretend Peter Marburger, Die Regeln der Technik im Recht, Köln 1979.
690 Hans Peter Plischka, Technisches Sicherheitsrecht. Die Probleme des technischen Sicherheitsrechts, dargestellt am Recht der überwachungsbedürftigen Anlagen (§ 14 GewO), Berlin 1969, S. 104 ff; Rudolf Lukes, 150 Jahre Recht der technischen Sicherheit in Deutschland. Geschichtliche Entwicklung und Rechtsetzungsmethoden, in: Gerhard Hosemann (Hrsg.), Risiko – Schnittstelle zwischen Recht und Technik, Berlin 1982, S. 11 ff.

Fünftes Kapitel: Unterschiedliche Konzeptionen von Rechtswissenschaft

länglich ist unser hypothetisches Wissen insbesondere in den Fällen, in denen zwar sowohl die Schadensmöglichkeiten als auch – jedenfalls weitgehend – die Schadensquellen bekannt sind, der Verursachungszusammenhang aber unbekannt ist. Diese Kenntnis ist indessen von zentraler Bedeutung für das Recht der Gefahrenabwehr, da es – in rechtsstaatlich gebotener Weise – die Anwendung staatlicher (Macht-) Eingriffsbefugnisse von der Zurechenbarkeit einer Gefahr zu einem individuellen Urheber, dem Störer, abhängig macht. Diese Voraussetzung ist aber in Bezug auf neuartige zivilisationsbedingte Gefährdungen immer seltener gegeben, so daß mit Blick auf die Veränderungen in der Bio- (Ozonloch) und in der Geosphäre (Waldsterben, Verseuchung von Oberflächengewässern und des Grundwassers) oder auch auf epidemische Krankheiten (Aids, Allergien) nicht zu Unrecht von »schleichenden Katastrophen« gesprochen worden ist, weil sie »irgendwo«, »irgendwie« und »irgendwann« auftauchen, ohne daß Ursachen, Urheber und Entwicklungsparameter vollständig bekannt sind.[691]"

Was dieser wohl unstreitige Befund für die *Steuerungsfunktion des Rechts* bedeutet, hat Arno Scherzberg in überzeugender Weise wie folgt formuliert:

„Die moderne Gesellschaft steigert mit ihrem technikbasierten Handlungspotential [...] offenbar zugleich *Sicherheit und Ungewissheit*. Diese paradoxe Entwicklung findet im Konzept von Chance und Risiko Ausdruck. Es bezeichnet die Relation möglicher Gewinne und Verluste als Folgen einer Entscheidung und betrachtet diese damit vor dem Hintergrund der Ungewissheit ihrer Konsequenzen. Im Risikobegriff sollen diese Konsequenzen berechenbar und zurechenbar gemacht, die Ungewissheit also kalkuliert und in rationale Entscheidungen transformiert werden.

Rationales Handeln ist indes, in der hier gemeinten Form der Zweckrationalität, auf empirisch begründete Annahmen über die Eignung eines Mittels zur Erreichung des Zwecks angewiesen, setzt also eine »Herrschaft kraft Wissens« voraus, von der für die meisten Steuerungsprobleme der »Risikogesellschaft« nicht die Rede sein kann. Rationalität muss unter Ungewissheitsbedingungen deshalb neu definiert wer-

---

691 Carl Böhret, Innovative Bewältigung neuer Aufgaben, in: derselbe u.a. (Hrsg.), Herausforderungen an die Innovationskraft der Verwaltung, Opladen 1987, S. 37 ff.

den.[692] Die Notwendigkeit der fortlaufenden *Aktualisierung des Risikowissens* ist dabei unbestritten. Das Ziel der Risikovorsorge, wie es heute aufgrund völker-, europa- und verfassungsrechtlicher Festlegungen die Risikosteuerung bestimmt, fordert aber eine zeitnahe und antizipative und deshalb in Voraussetzungen und Wirkungen ungewisse Risikoregulierung. Unter diesen Umständen kann sich das Recht nicht mit der Forderung nach zusätzlichem Wissenserwerb begnügen, sondern *muss das Handeln unter Ungewissheitsbedingungen als solches annehmen und strukturieren.*"[693]

Damit sind wir zum eigentlichen Problem vorgedrungen, nämlich der Frage, wie mit der *Erfahrung begrenzten Wissens* umzugehen ist und von wem und wie über das hinnehmbare Maß von *Irrtumskosten* zu entscheiden ist.

2. Zum Umgang mit begrenztem Wissen und dem Problem der Irrtumskosten

Der Begriff des Risikos vermittelt die Botschaft, dass man zwei Dinge schlicht nicht weiß: erstens weiß man nicht, ob sich das Risiko aktualisiert, also ein Schaden überhaupt eintritt und zweitens weiß man nicht, ob die eingeschlagene Strategie der Risikoprävention die richtige ist, also ihrerseits risikobehaftet ist:

„[...] gerät in den Blick, dass die Folgen rechtlicher Risikosteuerung nicht weniger ungewiss sind als die Risiken selbst. FCKW, PCB und Asbest[694] sind Beispiele für die Risiken der Strategie, bekannte Gefahrenquellen durch unbekannte zu ersetzen. »Some cures are worse than the disease« sagt der amerikanische Verwaltungsrechtler Cass Sun-

---

692 Vgl. nur Grundsatz 15 der Rio-Deklaration für Umwelt und Entwicklung (1992) ILM 31 (1992), 874 ff.; Art. 2 des Übereinkommens zum Schutz und zur Nutzung grenzüberschreitender Wasserläufe und internationaler Seen (1992) BGBl. II, 1994, S. 2334; Art. 3 des Rahmenübereinkommens der UN über Klimaveränderungen (1992), BGBl, II, 1993, 1784.
693 Scherzberg, Fußnote 687, S. 217/218.
694 Zu Entwicklungsgeschichte und Problemen der FCKW vgl. European Environment Agency (Hrsg.), Late lessons from early warnings, 2001, S. 76 ff.; Fallstudien zu Asbest und den chlorierten aromatischen Kohlenwasserstoffen (PCB) in European Environment Agency, Ebenda, S. 52 ff., S. 64 ff; Der Rat von Sachverständigen für Umweltfragen (Hrsg.), Umweltgutachten 2002, Tz 417 ff.

Fünftes Kapitel: Unterschiedliche Konzeptionen von Rechtswissenschaft

stein[695]. Unter Ungewissheitsbedingungen lässt sich das freilich im Vornherein kaum feststellen. Rechtliche Risikosteuerung ist deshalb immer eine »tragic choice«[696] und selbst riskant. Risiko tritt dem Recht mithin in *zwei* Erscheinungsformen entgegen: als Schadenspotential in der von ihm regulierten Umwelt und als mögliche Irrtumskosten der rechtlichen Regulierung selbst."[697]

Besteht also immer – gewissermaßen als Risiko zweiter Ordnung – die Gefahr der Fehleinschätzung und Fehlsteuerung, erhöhen sich damit die Anforderungen an die *rechtliche Risikosteuerung*:

„Um ihr zu begegnen, muss das Recht seine eigenen Wirkungen antizipieren. Es wird damit reflexiv. Risikosteuerung beschränkt sich dann nicht mehr auf den Umgang mit den nachteiligen Folgen eines äußeren Geschehens, sondern erstreckt sich auch auf die nachteiligen Folgen der rechtlichen Normierung. Das erfordert eine Einschätzung der Zwecke, Beschränkungen, Nebenfolgen, Ungewissheiten und Irrtumskosten eines Regelungsprojekts und eine Entscheidung über *Verantwortbarkeit vor dem Hintergrund unzureichenden Wissens. Die Grenzen des wissenschaftlichen Erkenntnisvermögens* bezeichnen dabei nicht notwendig den Endpunkt, sondern geben u.U. auch Anlass zu rechtlicher Regulierung. Das Wissen um das Nichtwissen kann etwa eine verdachtsunabhängige Prävention oder die Einführung von Risikoindikatoren als Entscheidungsheuristiken nahe legen, die auf der Grundlage geringerer Erkenntnissicherheit Erfolg versprechen. Hohe *Irrtumskosten* werden regelmäßig die Grenzen der Vorsorge unter Ungewissheit indizieren: *Restrisiko ist dasjenige Risiko, bei dem die Risiken der Risikosteuerung (durch Vorsorge) überwiegen.*"[698]

An diesem Begriff des *Restrisikos* wird endgültig klar, dass es sich bei Entscheidungen unter Ungewissheit nicht nur um naturwissenschaftlich-technisch determinierte Entscheidungen handelt, sondern um ein *normatives Urteil* darüber, mit welchem Maß an Restrisiko man wird leben müssen[699]:

„Er (der Begriff des Restrisikos, G.F.S.) bezeichnet jene Schwelle der Eintrittswahrscheinlichkeit eines Schadens, unterhalb derer im Hin-

---

695 In: John D. Graham/Jonathan Baert Wiener (Hrsg.), Risk versus Risk, Cambridge 1997, S. VII/VIII.
696 Guido Calabresi/Philip Bobbitt, Tragic Choices, New York 1978.
697 Scherzberg, Fußnote 687, S. 218/219.
698 Ebenda, S. 222/223.
699 Preuß, Fußnote 688, S. 259/260

blick auf die prinzipielle Knappheit von Ressourcen Schutzvorkehrungen nicht mehr geboten sind, weil die Verwirklichungswahrscheinlichkeit der dort angesiedelten Schadensmöglichkeiten als so gering angesehen wird, daß Schäden zwar nicht theoretisch, aber nach dem »Maßstab praktischer Vernunft« auszuschließen sind[700]. Es handelt sich bei der Fixierung des Restrisikos also nicht um einen Vorgang der wissenschaftlich-analytisch mit Hilfe der Wahrscheinlichkeitsmathematik vorgenommenen Ermittlung eines Produkts aus Eintrittswahrscheinlichkeit und Schadensumfang, sondern um eine *normative Entscheidung über die Akzeptabiltiät von Erkenntnisirrtümern*, die als Preis für den wissenschaftlich-technischen Fortschritt und seine Segnungen »von jedermann als sozial-adäquat hinzunehmen sind«.[701]"

3. Zu einigen Besonderheiten der Risikosteuerung

Unseren Ausflug in die Risiken der Risikogesellschaft wollen wir dadurch abschließen, dass auf drei Besonderheiten der Risikosteuerung ein Blick geworfen wird, die Arno Scherzberg in seinem schon zitierten Staatsrechtslehrerreferat herausgearbeitet hat:
- Die erste Besonderheit besteht in der *kommunikativen Dimension* von Risikosteuerung: „[...] kann rechtliche Risikosteuerung nicht nach dem Modell der »vis absoluta« als einseitige, womöglich deterministische Fremdbestimmung eines Steuerungsobjekts konzipiert werden, sondern ist auf Kommunikation umzustellen. Sie ist nicht zwangsweise Durchsetzung einer eigenen, sondern kommunikative Einwirkung auf fremde Rationalität, die sich über die wechselseitige Abgabe und Verarbeitung von Informationen über Realbedingungen und Verhaltenserwartungen zwischen den am Steuerungsprozess Beteiligten vollzieht."[702]
- Die zweite Besonderheit bezieht sich auf das *Verständnis von Risikosteuerung als innovativem Prozess*:

    „Risikosteuerung ist [...] so auszugestalten, dass sie neues Wissen generiert und sich Regulierung und technischer Innovationsprozess damit wechselseitig stärken. Das Recht markiert dabei die

---

700 BVerfGE 49, 89, 143 – Kalkar.
701 Ebenda.
702 Scherzberg, Fußnote 687, S. 226.

Fünftes Kapitel: Unterschiedliche Konzeptionen von Rechtswissenschaft

grundlegenden Sicherheitserwartungen der Gesellschaft und macht so negative ökologische Konsequenzen erst als solche erkennbar. Es definiert damit langfristige Bedingungen und Ziele, unter denen im Innovationsprozess gelernt werden kann.
Deren Umsetzung gelingt freilich ohne retardierende Elemente nur, wenn sich das Recht im konkreten Regulierungsprozess des jeweiligen Standes von Wissenschaft und Technik versichert, dessen Weiterentwicklung fördert und seine Ergebnisse integriert. Dazu bedarf es eines funktionierenden *informationellen Netzwerks* von Rechtssetzung und Rechtsanwendung, Forschung, Technik und Industrie. Die Konzepte und Steuerungsimpulse der konkreten Risikoreduktion sind aus dieser *Interaktion* und damit aus einer *kooperativen und prozeduralen Grundstruktur* heraus zu entwickeln. Die Unsicherheit über das Ausmaß notwendiger Prävention und das Risiko der Fehlsteuerung werden damit schrittweise gemindert. Das gelingt insbesondere durch eine Privilegierung von Versuchsanlagen, die Abstufung der Zulassungsanforderungen nach Maßgabe des Risikowissens und die Verknüpfung von Zulassung und Risikobegleitforschung. *In dieser Wechselwirkung von Innovation und Intervention wird rechtliche Steuerung selbst innovativ.*"[703]

– Eine dritte Besonderheit, mit der dieser Gliederungspunkt auch abgeschlossen sein soll, wird von Scherzberg unter der Überschrift *„Die Maßstabsbildung im Verfahren"* abgehandelt; denn da es für die Beurteilung z.B. der Nanotechnologie oder neuer chemischer Stoffe ebenso wie für Infrastruktureinrichtungen und andere großtechnische Anlagen keinen abrufbaren „Stand der Technik" oder „Stand der Wissenschaft" gibt, wird die Risikosteuerung insoweit auf *wissensgenerierende administrative Verfahren* delegiert:

„In ihnen werden Umweltstandards und Vorsorgekonzepte erstellt und in fallbezogenen Zulassungsentscheidungen realisiert. Privates Risikowissen fließt dabei über die Anhörung der beteiligten Kreise, die kontrollierte Anknüpfung an technische Standards und die Auswertung der vom Vorhabenträger im Zulassungsverfahren beizubringenden Prüfnachweise und Risikobewertungen ein. Die wissenschaftlichen Entscheidungsgrundlagen werden durch die Beteiligung beratender Kommissionen und Ausschüsse und durch

---

703 Ebenda, S. 234/235.

die Beauftragung von Sachverständigen bei der »nachvollziehenden« Amtsermittlung[704] gewonnen. [...] Der sozialen und psychologischen Dimension des Risikos entspricht es, die Bestimmung abstrakter Umweltstandards und die projektbezogene Sicherheitskonzeption zum Gegenstand öffentlicher Erörterung zu machen und deshalb transparent und partizipativ auszugestalten. Dabei kann soziale Risikokompetenz umso eher eingebunden werden, je mehr die Verfahren als Prozess sozialer Verständigung ausgestaltet sind und innerhalb oder außerhalb der formalisierten Abläufe von Anhörung und Erörterung persönliche Interaktionen erlauben. Prozedurale Rationalität zielt insoweit darauf, im Verfahren rechtliche, verwaltungspolitische, betriebliche, professionelle, wissenschaftlich-technische und soziale Perspektiven in optimaler Weise zu entfalten."[705]

C. Rechtswissenschaft als Steuerungswissenschaft: Rechtswissen als Steuerungswissen

I. Zum „steuerungswissenschaftlichen turn" im Recht: das Beispiel von Verwaltungsrecht und Verwaltungsrechtswissenschaft

Steuerung durch Recht ist als Thema nicht neu und wurde schon lange vor der Ausrufung der „Neuen Verwaltungsrechtswissenschaft" diskutiert, und zwar vor allem unter zwei Aspekten: einmal ging es um die Klärung der Frage, *wie* eigentlich durch Recht gesteuert wird[706], zum anderen um die Auslotung der Grenzen und Alternativen von Steuerung durch Recht[707].

---

704 Dazu Jens-Peter Schneider, Nachvollziehende Amtsermittlung bei der Umweltverträglichkeitsprüfung, Berlin 1991.
705 Scherzberg, Fußnote 687, S. 246/247.
706 Grundlegend dazu Franz-Xaver Kaufmann, Steuerung wohlfahrtsstaatlicher Abläufe durch Recht (Fundstelle nachtragen) sowie Ernst-Hasso Ritter, Das Recht als Steuerungsmedium im kooperativen Staat, in: Dieter Grimm (Hrsg.), Wachsende Staatsaufgaben – sinkende Steuerungsfähigkeit des Rechts, Baden-Baden 1990, S. 69 ff.
707 Siehe dazu Gunnar Folke Schuppert, Recht als Steuerungsinstrument: Grenzen und Alternativen rechtlicher Steuerung, in: Thomas Ellwein/Joachim Jens Hesse (Hrsg.), Staatswissenschaften: Vergessene Disziplin oder neue Herausforderung?, Baden-Baden 1990, S. 73 ff.

Fünftes Kapitel: Unterschiedliche Konzeptionen von Rechtswissenschaft

Diese Beiträge könnte man vielleicht als die erste Welle des dann einsetzenden „steuerungswissenschaftlichen turns" bezeichnen.

Was aus dieser Schwalbe dann doch einen Sommer gemacht hat, lässt sich ziemlich genau datieren und personifizieren, und zwar in Gestalt des programmatischen Aufsatzes von Wolfgang Hoffmann-Riem von 1990, in dem es um die Notwendigkeit der Reform des Verwaltungsrechts am Beispiel des Umweltrechts ging[708]. In diesem grundlegenden Beitrag wurde auch erstmalig von *„Verwaltungsrechtswissenschaft (auch) als Steuerungswissenschaft"* gesprochen, und zwar wie folgt:

> „Die Instrumente des Verwaltungsrechts sind auf den aktuellen Steuerungsbedarf in Staat und Gesellschaft und die realen Steuerungsmöglichkeiten auszurichten. Es gibt kein Verwaltungsgesetz, das sich einer solchen komplexen Aufgabe zusammenhängend stellt. Das gegenwärtige Verwaltungsrecht ist vorrangig auf das Entscheidungsergebnis, weniger auf den Entscheidungs- und den Implementationsprozess ausgerichtet. […] So besitzt das Verwaltungsverfahrensgesetz fast keine Regeln über den Einsatz der durch die Verwaltungswissenschaft für das Verwaltungshandeln als entscheidungserheblich erkannten Steuerungsfaktoren Personal, Organisation, Verfahren und Mittel der Verwaltung, die es in ihrer Steuerungskraft zum Teil durchaus mit der des inhaltlichen Normprogramms aufnehmen können."[709]

Wie an dieser Passage sehr schön deutlich wird, bestand – und besteht! – eine der wesentlichsten Gründe für den um die Steuerungsperspektive erweiterten Blick auf das Verwaltungsrecht in der Öffnung der Verwaltungsrechtswissenschaft für aus dem *Bereich der Verwaltungswissenschaft* ausgehende Impulse, ein Phänomen, das wir an anderer Stelle in grundsätzlicher Weise behandelt haben[710] und auf das wir noch zurückkommen werden.

Einen bewegungsartigen Schub erhielt der „steuerungswissenschaftliche turn" dann durch die erste der sog. Reformtagungen, die 1992 in Hamburg stattfand und der Erörterung von Grundfragen der Reform des Allgemei-

---

708 Wolfgang Hoffmann-Riem, Reform des Allgemeinen Verwaltungsrechts als Aufgabe – Ansätze am Beispiel des Umweltschutzes, Archiv des öffentlichen Rechts (AöR) 115 (1990), S. 400–447.
709 Ebenda, S. 405 ff.
710 Gunnar Folke Schuppert, Die Verwaltungswissenschaft als Impulsgeberin der Verwaltungsrechtsreform, in: Wolfgang Hoffmann-Riem, Offene Rechtswissenschaft – Ausgewählte Schriften von Wolfgang Hoffmann-Riem mit begleitenden Analysen, Tübingen 2010, S. 1041–1073.

C. Rechtswissenschaft als Steuerungswissenschaft

nen Verwaltungsrechts gewidmet war. Auf dieser Tagung fiel mir die Aufgabe zu, das Grundsatzreferat zum Thema „Verwaltungsrechtswissenschaft als Steuerungswissenschaft" zu halten[711], ein Thema, das mich seitdem nicht mehr losgelassen und mich letztlich dazu bewogen hat, eine steuerungswissenschaftlich orientierte „Verwaltungswissenschaft" vorzulegen[712]. Wie der Untertitel dieses etwas umfangreich geratenen Buches zeigt – „Verwaltung, Verwaltungsrecht, Verwaltungslehre" – zielte es auch auf eine steuerungswissenschaftliche Ausrichtung des Verwaltungsrechts, eine Zielrichtung, die aber wegen der auch in der Berliner Republik noch obwaltenden kategorialen Trennung von Verwaltungsrecht und Verwaltungswissenschaft von der „scientific community" der Verwaltungsrechtler so nicht wahrgenommen wurde – mit Ausnahme von Peter Badura, der dazu in seiner Rezension meines Buches Folgendes angemerkt hat:

„Die Kapitel über die »Steuerungsebenen des Verwaltungshandelns (Normen, Organisation, Personal, Budget) und die Verwaltung als Entscheidungssystem (Kommunikation, Entscheidung, Verfahren)« [...] *konzipieren ein Allgemeines Verwaltungsrecht des Steuerungs- und Gewährleistungsstaates* [...]. Schupperts Verwaltungswissenschaft ist in der Hauptsache eine *Neubestimmung des Verwaltungsrechts* und der *Dogmatik des Verwaltungsrechts*, die sich anschickt, die Erfordernisse der sozialstaatlichen Demokratie zu erfassen und die Folgerungen für System und Begrifflichkeit der Verwaltungsrechtslehre zu ziehen."[713]

Wie dem auch sei, „*Steuerung*" war seither *als Leitbegriff* der in den zahlreichen weiteren Reformtagungen und -bänden dokumentierten Reformdebatte nicht mehr wegzudenken.

Wie erinnerlich, zielte die proklamierte Neuausrichtung des Verwaltungsrechts und der Verwaltungsrechtswissenschaft auf die Hinwendung zu einer *rechtsetzungsorientierten* Handlungs- und Entscheidungswissenschaft, so dass als Adressat dieser Perspektivenverschiebung vor allem *der Gesetzgeber* infrage kommt, der nicht nur die für ein effektives und rechtsstaatliches Verwaltungshandeln erforderlichen Reglungsstrukturen und

---

711 Verwaltungsrechtswissenschaft als Steuerungswissenschaft. Zur Steuerung des Verwaltungshandelns durch Verwaltungsrecht, in: Wolfgang Hoffmann-Riem/Eberhard Schmidt-Aßmann/Gunnar Folke Schuppert (Hrsg.), Reform des Allgemeinen Verwaltungsrechts. Grundfragen, Baden-Baden 1993, S. 65–114.
712 Gunnar Folke Schuppert, Verwaltungswissenschaft. Verwaltung, Verwaltungsrecht, Verwaltungslehre, Baden-Baden 2000.
713 In: Die Öffentliche Verwaltung, 56. Jahrgang (2003), S. 963 f.

Organisationsformen *bereitzustellen*[714] hat, sondern dem auch die Reflexionsaufgabe gestellt ist, sich darüber klar zu werden, ob mit seinen gesetzlichen Regelungen auch das *bewirkt* wurde und wird[715], was als Steuerungserfolg politisch gewollt war; daher soll jetzt ein Blick auf die etwas schwierige Rolle des Gesetzgebers zwischen rechtsstaatlichem Rationalitätsanspruch und der Funktionslogik politischer Entscheidungsprozesse geworfen werfen.

II. Gesetzgebung zwischen rechtsstaatlichem Rationalitätsanspruch und Funktionslogik politischer Entscheidungsprozesse

Die schöne und gefällig daherkommende Formulierung Voßkuhles vom „Rationalitätsversprechen des modernen Staates" findet sich in seinem Beitrag über „Das Konzept des rationalen Staates"[716]. Dieses Konzept beruht nach Voßkuhle auf zwei Pfeilern: *Recht und Wissen*.

Was zunächst *das Recht* angeht, so führt er dazu Folgendes aus[717]: „Zentrales Mittel staatlicher Rationalitätsverbürgung ist das Recht, das Maßstäbe, Formen, Verfahren und Institutionen bereitstellt. »Durch vernünftiges Recht eine vernünftige Gestaltung der gesellschaftlichen Verhältnisse zu erreichen – diese Hoffnung ist ein Grundelement der politischen Traditionen unserer modernen westlichen Gesellschaften.«[718] Das Recht ist aber nicht der einzige Rationalitätsgarant. Angestrebt wird eine »Rationalisierung des öffentlichen Gesamtzustandes«[719]; auch jenseits (verfassungs)rechtlicher Bindungen bleiben Gesetzgeber, Exekutive und Judikati-

---

714 Zu dieser Bereitstellungsfunktion des Rechts: Gunnar Folke Schuppert, Verwaltungswissenschaft als Steuerungswissenschaft. Zur Steuerung des Verwaltungshandelns durch Verwaltungsrecht, in: Wolfgang Hoffmann-Riem/Eberhard Schmidt-Aßmann/Gunnar Folke Schuppert (Hrsg.), Reform des Allgemeinen Verwaltungsrechts – Grundfragen, Baden-Baden 1993, S. 65 ff.
715 Zu dieser Bewirkungsfunktion siehe Wolfgang Hoffmann-Riem, Eigenständigkeit der Verwaltung, in: derselbe/Ebaerhard Schmidt-Aßmann/Andreas Voßkuhle (Hrsg.), Grundlagen des Verwaltungsrechts, Bd. I, 1006, § 10, Rdnr. 13.
716 In: Gunnar Folke Schuppert/Andreas Voßkuhle (Hrsg.), Governance von und durch Wissen, Baden-Baden 2008, S. 13–32.
717 Ebenda, S. 15.
718 Bernhard Peters, Rationalität, Recht und Gesellschaft, Frankfurt am Main 1991, S. 12.
719 Konrad Hesse, Der Rechtsstaat im Verfassungssystem des Grundgesetzes, in: Festgabe für Rudolf Smend, Göttingen 1962, S. 83.

ve daher dem Postulat der Rationalität verpflichtet."[720] Hauptsächlicher Adressat des Rationalitätsanspruchs ist also – wie die an dieser Stelle zitierte Literatur zeigt – nicht ausschließlich, aber vor allem der Gesetzgeber; es ist daher auch nur konsequent, wenn in einer gerade erschienenen Monographie „Rationale Gesetzgebung"[721] das Thema ist.

Was *das Wissen* betrifft, so heißt es bei Voßkuhle unter der Überschrift „Der rationale Staat als wissensbasierte Organisation" wie folgt: „Wer rationale Entscheidungen treffen möchte, benötigt dazu Wissen bestimmter Art und Güte. Das gilt auch für den Staat. Zur Bewältigung seiner Aufgaben ist er auf die Generierung von Wissen durch stetige Gewinnung, Weitergabe und Verarbeitung von Informationen angewiesen. Erst die ausreichende Verfügbarkeit von Wissen schafft Handlungskapazität und Autorität. Der rationale Staat ist damit zugleich »Wissensstaat«[722]."

So weit, so gut.

Was nun die offenbar nie sterbende Hoffnung auf eine *rationale Gesetzgebung* angeht, so geht es uns so wie auch sonst bei manchen Versprechen: man hört sie wohl, allein es fehlt der Glaube. Was mich in diesem Unglauben bestärkt, sind die Einlassungen zweier Referenzautoren, deren Urteil ich auf dem Gebiet der Gesetzgebung besonders vertraue. Der erste hier zu nennende Autor ist Helmuth Schulze-Fielitz, der zurecht geltend gemacht hat, dass Gesetzgebung als genuin politische Handlungsform nicht rationaler sein kann als der verfassungsrechtlich kanalisierte politische Prozess insgesamt, der in einer pluralisierten Demokratie gerade auf den *politischen Kompromiss* angelegt sei:

> „Die Rationalität gesetzlicher Gestaltung darf (praktisch) keine andere sein als die Rationalität des demokratischen Verfassungsstaates. [...] Die Eigengesetzlichkeiten des vermachteten und von (Partial-)Interessen geleiteten politischen Prozesses entziehen sich tendenziell auch heute einem fundamentalen, »objektiven« gemeinwohlorientierten Rationalitätsanspruch, der mit dem Parlamentsgesetz erhoben wird. Die-

---

720 Als Referenzautoren genannt werden hier vor allem Helmuth Schulze-Fielitz, Theorie und Praxis parlamentarischer Gesetzgebung, Berlin 1988; Gerhard Hoffmann, Das verfassungsrechtliche Gebot der Rationalität im Gesetzgebungsverfahren, in: Zeitschrift für Gesetzgebung 5 (1990), S. 97–114; Klaus Meßerschmidt, Gesetzgebungsermessen, Berlin 2000.
721 Armin Steinbach, Rationale Gesetzgebung, Tübingen 2017.
722 Bardo Fassbender, Wissen als Grundlage staatlichen Handelns, in: Josef Isensee/Paul Kirchhof (Hrsg.), Handbuch des Staatsrechts, Bd. IV, 3. Aufl. Heidelberg 2006, § 76.

Fünftes Kapitel: Unterschiedliche Konzeptionen von Rechtswissenschaft

ses Spannungsverhältnis von Politik und Rationalität wird im verfassungsstaatlichen Gesetzgebungsverfahren institutionell eingefangen: Es schafft distanzierte Zonen der Interpenetration von Rationalität und Politik, um die auch im parlamentarischen Entscheidungsprozess bestehende Kluft zwischen Begründung und Entscheidung zu reduzieren. (Partei-)politische und/oder sachliche Kompromisse (im Gesetzgebungsverfahren) sind eine ebenso zentrale wie spezifische Erscheinungsform, jenes Spannungsverhältnis von Rationalität bzw. politischen Konflikten (im Gesetzgebungsverfahren) in auf Zeit verbindliche Mehrheitsentscheidungen zu transformieren, die die Vermutung einer Vernünftigkeit des Entscheidungsinhalts mit der Wahrscheinlichkeit ihrer Anerkennung als legitim miteinander verknüpfen." [723]

Der zweite Referenzautor, dem das Wort gegeben werden soll, ist Armin Steinbach, der als Ministerialbeamter im Bundeswirtschaftsministerium mit der Produktion von Gesetzen betraut war und kürzlich ein eindrucksvolles Buch über „Rationale Gesetzgebung"[724] vorgelegt hat. Besonders interessierte mich, von ihm zu erfahren, was er von der prospektiven Gesetzesfolgenabschätzung hält, die gemeinhin als Trumpfkarte in dem beliebten Kartenspiel „Gute Gesetzgebung" gilt. Seine Skepsis gegenüber der in der Gemeinsamen Geschäftsordnung der Bundesministerien (GGO) den Ministerien als den maßgeblichen Gesetzgebungsakteuren angenommene Pflicht zur Gesetzesfolgenabschätzung (§ 43 Abs. 1 Nr. 5 i. V. mit § 44 GGO) ist unübersehbar; die von ihm dafür gegebene Begründung finde ich ebenso überzeugend wie praxisnah:

„Eine weitere Schwäche der Evaluierungsqualität ist deren institutionelle Verortung bei den federführenden Ministerien. Ein Ministerium, das für die Ausarbeitung eines Gesetzes zuständig gewesen ist, wird selten in einer Evaluierung seines Gesetzes zum Ergebnis kommen, dass dieses seine Wirkung verfehlt oder nur eingeschränkt erreicht habe. Zudem wird ein spezialisiertes Fachreferat weder die Expertise noch den Blick für potentielle Nebenwirkungen außerhalb seines Zuständigkeitsbereichs haben. Hinzu kommt die meist homogene disziplinäre Struktur der Fachreferate, was interdisziplinäres Arbeiten im Rahmen der Evaluation von Gesetzen nicht fördert. Damit ist eine institu-

---

723 Helmuth Schulze-Fielitz, Der politische Kompromiß als Chance und Gefahr für die Rationalität der Gesetzgebung, in: Dieter Grimm/Werner Maihofer (Hrsg.), Gesetzgebungstheorie und Rechtspolitik, Wiesbaden 1988, S. 290 ff, 505.
724 Armin Steinbach, Rationale Gesetzgebung, Tübingen 2017.

tionelle Frage angesprochen: Fachpolitische Verantwortlichkeit sollte von der Zuständigkeit für die Durchführung von Evaluierung getrennt sein, um unvoreingenommene Prüfungen sicherzustellen. Dies unterstreicht auch die Erfahrung mit dem institutionell beim Bundeskanzleramt angesiedelten Normenkontrollrat. Dieser zeigt bei der Wahrnehmung seiner Bürokratiekostenkontrolle keine Scheu, den Ministerien die negativen Auswirkungen ihrer Gesetzesentwürfe vorzuhalten.[725] Es müsste folglich um die Stärkung solcher Querschnittsakteure gehen, die sich gegenüber spezialisierten Fachbehörden und den fachspezifischen Interessengruppen durchsetzen können."[726]

Da wichtige Aspekte des Steuerungswissens schon im Gliederungspunkt „Political Choices als Wissensproblem" ausführlich behandelt worden sind, wollen wir zum Abschluss unserer Überlegungen zur Rechtswissenschaft als Steuerungswissenschaft eine Frage diskutieren, bei deren Beantwortung es tatsächlich zum Schwur kommt, wie ernst man das Konzept von Rechtswissenschaft als Steuerungswissenschaft wirklich nimmt.

III. Juridisches und extrajuridisches Wissen – ein sinnvoller Gegensatz?

1. Zum Diskussionshintergrund: Rechtswissenschaft zwischen extrajuridischem Wissensbedarf und vermeintlichem Verlust der Eigenrationalität

Seit einigen Jahren gibt es eine intensive Diskussion über das Verhältnis von juridischem und extrajuridischem Wissen[727]. Hintergrund dieser Diskussion ist einerseits die Erfahrung, dass „heute mehr denn je deutlicher (wird), wie sehr Rechtspraktiker und -wissenschaftler auf das Wissen der anderen Disziplinen angewiesen sind" andererseits die Sorge, dass die Rechtswissenschaft – gemeint ist hier vor allem die Verwaltungsrechtswis-

---

725 Hierbei ist allerdings relativierend anzumerken, dass der Normenkontrollrat bis zur Erweiterung seines Mandats in der 17. Legislaturperiode vor allem auf die Messung der Bürokratie*kosten* fokussiert war und dabei nach dem aus den Niederlanden importierten „Standardkosten-Modell" verfuhr, das m.E. nicht dazu geeignet ist, die eigentlichen Probleme des Bürokratieabbaus zu erfassen.
726 Steinbach, Fußnote 724, S. 146/147.
727 Siehe dazu die Beiträge in: Ino Augsberg (Hrsg.), Extrajuridisches Wissen im Verwaltungsrecht. Analysen und Perspektiven, Tübingen 2012; Wolfgang Hoffmann-Riem, ‚Außerjuridisches' Wissen, Alltagstheorien und Heuristiken im Verwaltungsrecht, in: Die Verwaltung 48 (2016) S. 1–23.

Fünftes Kapitel: Unterschiedliche Konzeptionen von Rechtswissenschaft

senschaft – „durch die Integration von extradisziplinärem Wissen in ihrem Kern beschädigt werden" könnte[728]. Anna-Bettina Kaiser hat dieses ambivalente Diskussionsthema zusammenfassend wie folgt charakterisiert:

„Doch auch wenn die Schar der Befürworter von Interdisziplinarität groß sein mag, so ist die Gruppe der Kritiker nur unwesentlich kleiner, gerade wenn es um den Einfluss der Sozialwissenschaften geht. Stets steht ein Bedenken im Vordergrund, das auf vielfältige Weise formuliert wird: Die Rechtswissenschaft verliere ihren Selbststand. Gewarnt wird vor einer Versozialwissenschaftlichung der Verwaltungsrechtswissenschaft. So fragt etwa Oliver Lepsius mit kritischem Unterton: »Wäre mit einer sozialwissenschaftlichen Neuorientierung des öffentlichen Rechts per saldo wirklich ein Erkenntnisgewinn verbunden oder wird dieses [sic] wett gemacht durch einen Verlust an juristischen, in erster Linie verfassungsrechtlichen, Maßstäben? […] Zweifel scheinen auch auf, wenn gelegentlich von transdisziplinärer Interaktion statt Interdisziplinarität die Rede ist. Sollen damit Methodeneklektizismus und Methodenpragmatismus als kreativer Vorgang schöngeredet werden?«[729]
Auch die juristische Methode wird verteidigt, selbst wenn keiner sie angreift. Gefragt wird schließlich nach dem Proprium der Rechtswissenschaft[730], was zeigt, dass in diesen interdisziplinären Zeiten ein Bedarf nach Selbstvergewisserung besteht."[731]

---

728 Anna-Bettina Kaiser, Multidisziplinäre Begriffsverwendungen. Zum verwaltungsrechtswissenschaftlichen Umgang mit sozialwissenschaftlichen Konzepten, in: Augsberg, Fußnote 727 (Hrsg.), S. 100/101.
729 Oliver Lepsius, Steuerungsdiskussion, Systemtheorie und Parlamentarismuskritik, Tübingen 1999, passim; Steffen Detterbeck, Rezension zu der Habilitationsschrift „Qualitätssicherung" (Franz Reimer), Die Verwaltung 44 (2001), S. 304 ff., der sich vehement gegen „[n]euartige Termini und Titel wie Ökonomisierung des Verwaltungsrechts" wehrt (S. 304) und vor „sozialpsychologischen und ökonomieimprägnierten Modernismen" warnt; in eine ähnliche Richtung zielend Stephan Meyer, Fordert der Zweck im Recht wirklich eine „Neue Verwaltungsrechtswissenschaft"? Zugleich ein Vorschlag zur Dogmatik des Verwaltungsermessens, VerwArch 101 (2010), S. 351 ff., der sich gegen den steuerungswissenschaftlichen Ansatz innerhalb der Verwaltungsrechtswissenschaft wendet, aber immerhin das „Gespräch mit anderen Disziplinen" (S. 376) als notwendig bezeichnet.
730 Christoph Engel/Wolfgang Schön (Hrsg.), Das Proprium der Rechtswissenschaft, Tübingen 2007.
731 Kaiser, Fußnote 728, S. 100/101.

Da sich dies offenbar so verhält, möchte ich mich eindeutig positionieren und begründen, warum ein Denken, dass juridisches und extrajuridisches Wissen einander kategorial gegenüberstellt, mit dem Ernstnehmen des Verständnisses von Rechtswissenschaft als Steuerungswissenschaft unvereinbar ist.

2. Das steuerungswissenschaftliche Verständnis der Verwaltungsrechtswissenschaft als Auflösung der Grenze zwischen sozialwissenschaftlicher Verwaltungswissenschaft und Verwaltungsrechtswissenschaft

Gewissermaßen auf dem Weg zu meiner eigenen klaren Botschaft in dieser Sache möchte ich kurz die Position Hoffmann-Riems referieren, der in sehr abgewogener Weise eine Praxis dargelegt hat, für die die folgende Überschrift passen würde: „Alle tun es, aber nur wenige sprechen darüber":

> „Selbst diejenigen, die die Eigenständigkeit des Rechtsnormativen und der darauf bezogenen Wissenschaft überscharf betonen, nutzen beim Handeln in der Rolle als Rechtsetzer, Rechtsanwender oder Rechtswissenschaftler den Zugriff auf außerjuridische Befunde unterschiedlicher Art – thematisieren dies aber meist nicht. Wichtig für die Rechtsarbeit sind zwar die Nutzung des mit wissenschaftlichen Methoden Abgesicherten und das Bemühen um die Verständigung über das, was auf dieser Grundlage als Wirklichkeit zu behandeln ist. Das aber reicht nicht. Ergänzend ist auch das heranzuziehen, was unter Nutzung von Intuition und Klugheitsregeln oder heuristischen Vorgehensweisen und mit Hilfe alltäglichen Erfahrungswissens verfügbar ist und als entscheidungserheblich eingeordnet werden kann.
> Auch solche Wissensquellen und Vorgehensweisen werden im Lande des Rechts seit langem genutzt und sind auch im Bereich des Verwaltungsrechts vielfach in die Rechtsanwendung integriert. Dies aber sollte offener als bisher thematisiert werden und Methodenlehren sollten diesem Thema eigenständigen Platz einräumen."[732]

Uns selbst ist beim Abfassen unseres Beitrages „Die Verwaltungswissenschaft als Impulsgeber der Verwaltungsrechtsreform" endgültig klar geworden, dass mit dem Verständnis von Rechtswissenschaft als Steuerungswis-

---

[732] Wolfgang Hoffmann-Riem, Fußnote 727, S. 22/23.

senschaft eine sozialwissenschaftliche Verwaltungswissenschaft und eine sich als normativ-dogmatisch verstehende Rechtswissenschaft nicht länger als scharf zu trennende, nebeneinander existierende Container begriffen werden können:

> „Die – wie uns scheinen will – wirklich grundlegende Veränderung des Verhältnisses von Verwaltungswissenschaft und Verwaltungsrechtswissenschaft besteht [...] darin, dass es sich nun nicht mehr – aus der Warte der Verwaltungswissenschaft – um Impulse für die Verwaltungsrechtslehre bzw. – von der Verwaltungswissenschaft her gesehen – um sozialwissenschaftliche Importe geht, die nach der Funktionslogik der Wissenschaft vom Verwaltungsrecht verarbeitet werden, sondern dass es die Verwaltungsrechtswissenschaft selbst ist, die den Zyklus von Öffnung und Schließung durchbrechen will[733], indem sie ihre disziplinäre Entgrenzung und ihre Öffnung für sozialwissenschaftliche Erkenntnisse und Methoden – von der Implementationsforschung über die Organisationstheorie – zum Dauerprogramm erhebt. Diese mit der »Neuen Verwaltungsrechtswissenschaft« proklamierte Neuausrichtung der Verwaltungsrechtslehre ist vor allem eine methodische Neuausrichtung, deren spezifische Wucht – auch wenn man, wie Eberhardt Schmidt-Aßmann das tut, etwas minimierend »nur« von einer »Erweiterung der Perspektiven des verwaltungsrechtlichen Denkens« spricht[734] – sich gerade darin zeigt, dass der herkömmlichen Demarkationslinie zwischen Verwaltungswissenschaft und Verwaltungsrechtswissenschaft nunmehr der Boden entzogen worden ist: wenn beide – Verwaltungs- und Verwaltungsrechtswissenschaft – nunmehr dieselbe Sprache sprechen – zwar nicht wie die ebenfalls nicht mehr trennbaren Teildisziplinen von Verfassungsrecht und Verwaltungsrecht die »language of constitutionalism«[735], sondern die steuerungswissenschaftlichen Codebegriffe in etwas unterschiedlichen semantischen Einbettungen als »lingua franca« fungieren – gibt es keine klare Trennlinie mehr zwischen dem, was

---

733 Zu diesen Prozessen: Christian Bumke, Die Entwicklung der verwaltungsrechtswissenschaftlichen Methodik in der Bundesrepublik Deutschland, in: Eberhard Schmidt-Aßmann/Wolfgang Hoffmann-Riem (Hrsg.), Methoden der Verwaltungsrechtswissenschaft, Baden-Baden 2004, S. 73 ff.

734 Eberhard Schmidt-Aßmann, Verfassungsprinzipien für den Europäischen Verwaltungsverbund, in: Andreas Voßkuhle et. al. (Hrsg.), Grundlagen des Verwaltungsrechts, Bd. I, 2. Aufl. München 2012, S. 241 (Rdnr. 5).

735 Vgl. Christoph Schönberger, Verwaltungsrecht als konkretisiertes Verfassungsrecht, in: Michael Stolleis (Hrsg.), Das Bonner Grundgesetz, Berlin 2006, S. 53.

C. Rechtswissenschaft als Steuerungswissenschaft

man »früher« als Verwaltungswissenschaft bzw. als Verwaltungsrechtswissenschaft zu bezeichnen gewohnt war. Die Konsequenzen dieser grenzverwischenden Dynamik der Neuausrichtung der Verwaltungsrechtswissenschaft im Sinne einer Steuerungswissenschaft scheinen uns noch lange nicht ausgelotet, ja überhaupt noch gar nicht in das allgemeine Bewusstsein der »Zunft« des Öffentlichen Rechts gedrungen zu sein."[736]

Wenn man sich – wie ich – entschieden hat, die steuerungswissenschaftliche Perspektive für richtig zu halten, so hat dies notgedrungen *bestimmte Konsequenzen*, unter denen man nicht einige als willkommen auswählen kann und andere nicht, vielmehr liefert man sich mit einer solchen „*theoretical and methodological choice*" zugleich der Funktionslogik eines solchen Ansatzes aus. Ernst-Wolfgang Böckenförde hat jüngst in einem eindrücklichen Artikel[737] anhand des Beispiels des Kapitalismus herausgearbeitet, dass Funktionslogiken ein imperialistischer Zug eigen ist, dem nur um den Preis der „Umkehr des Ausgangspunktes" zu entkommen ist. Da wir dezidiert der Auffassung sind, dass es sich mit der steuerungswissenschaftlichen Funktionslogik nicht anders verhält, wird man sich der Konsequenz einer nicht mehr bestehenden Grenze zwischen Verwaltungswissenschaft und Verwaltungsrechtswissenschaft und damit zwischen extrajuridischem und juridischem Wissen nicht länger entziehen können.

Theoretisch anspruchsvoller sind diese Konsequenzen von Ino Augsberg in seinem grundlegenden Beitrag in dem von ihm herausgegebenen Band über „Extrajuridisches Wissen im Verwaltungsrecht" herausgearbeitet worden, wenn er im Anschluss an die Feststellung, dass die Rechtswissenschaft mehr denn je auf die Wissensbestände anderer Disziplinen angewiesen ist, Folgendes ausführt:

„Die Verwaltung kann insoweit zur Erfüllung ihrer Aufgaben nicht mehr auf rein juristische Kenntnisse vertrauen. Die Rechtsanwendung kann nicht länger unproblematisch auf ein gesellschaftsweit verfügbares »gemeinsames Wissen« zurückgreifen; sie muss vielmehr, um ihren Regelungsgegenstand als solchen adäquat bestimmen und auf seine

---

736 Die Verwaltungswissenschaft als Impulsgeberin der Verwaltungsrechtsreform, in: Wolfgang Hoffmann-Riem, Offene Rechtswissenschaft. Ausgewählte Schriften von Wolfgang Hoffmann-Riem mit begleitenden Analysen, Tübingen 2010, S. 1048/49.
737 Ernst-Wolfgang Böckenförde, Woran der Kapitalismus krankt, Süddeutsche Zeitung Nr. 94, 24. April 2009, S. 8.

Fünftes Kapitel: Unterschiedliche Konzeptionen von Rechtswissenschaft

Fortentwicklungen reagieren zu können, auch auf Spezialkenntnisse aus den jeweilgen an der Entwicklung beteiligten Wissenschaftsbereichen Zugriff nehmen.
Damit wird die klassische Form der rechtlichen Strukturierung des Verwaltungshandelns in Form von vom Gesetzgeber vorgegebener konditional programmierter Rechtssätze, deren klarer Tatbestand vom Rechtsanwender im Rückgriff auf allgemein bekannte Erfahrungssätze nur noch ausgefüllt werden muss, obsolet. Die Veränderung der gesellschaftlichen Wissensordnung motiviert einen Wandel des Rechtsverständnisses, der die bisher für gültig erachtete saubere Unterscheidung zwischen rein normativ und rein kognitiv zu bearbeitenden Problemkreisen unterläuft. [...]
Eine rein juristische Thematisierung des Verwaltungshandelns ist demnach jedenfalls nicht mehr möglich; der Wandel der Wissensordnung der modernen Gesellschaft unterläuft diese Option."[738]

Wenn sich dies aber so verhalte, so bedürfe es – und mit diesem überzeugenden Vorschlag soll dieser Gliederungspunkt denn auch abgeschlossen werden – der Entwicklung von binnenjuristischen *Metaregeln* für den Umgang mit extrajuridischem Wissen, ein Vorschlag, der uns unmittelbar einleuchtet:

„Die Veränderungen der Gesellschaft bedingen einen *epistemischen Komplexitätszuwachs*, der eine weitgehende Verschleifung der normativen und der kognitiven Dimension des Rechts erfordert. In einer verstärkten Rückkopplung nicht nur der kognitiven auf die normative, sondern zugleich der normativen auf die kognitive Ebene lässt sich der Prozess dieser Verschleifung über binnenjuristische Metaregeln, die strukturell den aus rechtspluralistischen Kontexten bekannten Kollisionsnormen gleichen, seinerseits rechtlich strukturieren. Diese Strukturierungsleistung trägt als *gesteigerte Reflexivität des Rechts* dazu bei, die Identität des Verwaltungsrechts aufrechtzuerhalten, ohne die disziplinäre Geschlossenheit durch schlichte Blindheit gegenüber der komplexer gewordenen Umwelt des Systems zu erkaufen."[739]

---

[738] Ino Augsberg, Multi-, inter-, transdisziplinär? Zum Erfordernis binnenjuristischer Metaregeln für den Umgang mit extrajuridischem Wissen im Verwaltungsrecht, in: derselbe, Fußnote 727, S. 8 f.
[739] Ebenda, S. 38.

Sechstes, zusammenfassendes Kapitel: Von der kognitiven Dimension des Rechts zur rechtlichen Dimension des Wissens

Es kann nicht die Aufgabe der vom Leser zu Recht erwarteten ertragssichernden Zusammenfassung sein, die bisher angestellten Überlegungen und erhobenen Befunde – wenn auch in geraffter Form – noch einmal widerzugeben. Es bedarf daher einiger ordnender Gesichtspunkte, die sich mehr oder weniger zwanglos aus den vorhergehenden fünf Kapiteln ergeben sollten; vier solche die Zusammenfassung strukturierenden Gesichtspunkte sollen im Folgenden präsentiert werden.

A. Zum Wissensbegriff

Wenn in einem Buch wie diesem so viel von Wissen, Nichtwissen und Wissensgesellschaft die Rede ist, sollte am Ende Klarheit über den angemessenen Wissensbegriff bestehen. Wie wir schon im ersten Kapitel, das der Vorstellung eines wissenssoziologischen Reiseführers gewidmet war, gelernt haben, ist Wissen kein jederzeit abrufbarer Hausschatz, sondern muss in immer größerem Umfang erst in situations- und problembestimmter Weise *generiert* werden. Geht es aber in der Wissensgesellschaft ganz zentral um das Problem der *Wissensgenerierung*, der Wissensbearbeitung und der Zusammenführung dezentralen Wissens, dann kann der Wissensbegriff nur *prozedural gedacht werden*. Ist aber der modernen Wissensgesellschaft nur ein *prozeduraler Wissensbegriff* angemessen, so ergeben sich daraus zwei wichtige Konsequenzen.

Einmal bedeutet ein prozeduraler Wissensbegriff, dass damit die beiden miteinander zusammenhängenden Dimensionen von „*Organisation*" und „*Verfahren*" die Bühne betreten. Denn geht es beim prozeduralen Wissensbegriff vor allem um die Wissensgenerierung, dann müssen diese *Generierungsprozesse* verfahrensmäßig und organisational strukturiert werden: Wissensgenerierung im Verfahren und durch Organisation.

Wenn sich dies so verhält – und davon wird man spätestens nach der Lektüre des Buches von Ino Augsberg zum Informationsverwaltungsrecht[740] überzeugt sein – dann kommt auf leisen Pfoten die *rechtliche Dimension des Wissens* ins Spiel. Denn wenn von Organisation und Verfahren gesprochen wird, dann heißt dies im Klartext, dass von Verfahrens*recht* und Organisations*recht* die Rede ist, so dass schon an dieser Stelle der Zusammenfassung der Untertitel des Buches „Von der kognitiven Dimension des Rechts zur rechtlichen Dimension des Wissens" eine erste Rechtfertigung erfährt.

B. Auf der Suche nach spezifischem juridischem Wissen

Wenn sich unser Buch – wie der Untertitel verspricht – mit der kognitiven Dimension des Rechts und der rechtlichen Dimension des Wissens beschäftigt, dann steht unvermeidbar die Frage im Raum, ob es ein spezifisch *rechtliches Wissen* gibt, und wie dieses Wissen beschaffen sein könnte. Da Rechtspraxis und Rechtswissenschaft es im Wesentlichen mit Rechtsanwendung zu tun haben, bestünde ein naheliegender Lösungsvorschlag darin, bei juridischem Wissen vor allem an *Rechtsanwendungswissen* zu denken und Wolfgang Hoffmann-Riem zu zitieren, der dem Bereich des *rechtserheblichen Wissens* die folgenden Wissensvarianten zugeordnet hat:

- „Fallwissen (bezogen insbesondere auf das Ausgangsproblem);
- Verfahrenswissen (Wissen zum weiteren Ablauf);
- Organisationswissen (Wissen über die maßgebende Organisationseinheit und ihre Strukturen, insbesondere die üblichen Entscheidungsabläufe);
- Normwissen (Wissen über Rechtsgrundlagen, -methodik und -dogmatik);
- Faktenwissen (Wissen über die dem Sachverhalt zugrunde liegenden Tatsachen);
- Bewertungswissen (Wissen zur Bewertung der Tatsachen und weiteren Kausalverläufe);
- Folgenwissen/Prognosewissen (Wissen um mögliche Folgen des Entscheidens oder Nicht Entscheidens oder bestimmter Entscheidungen und um die Wahrscheinlichkeit des Folgeneintritts);

---

740 Ino Augsberg, Informationsverwaltungsrecht. Zur kognitiven Dimension der rechtlichen Steuerung von Verwaltungsentscheidungen, Tübingen 2014.

- Kontextwissen (Wissen über den individuellen, gesellschaftlichen und politischen Zusammenhang, in den der Vorgang eingebettet ist, und über die Bedeutung des Kontextes);
- regulierungstechnisches Wissen (Wissen über Möglichkeiten, Erfolgschancen von Regulierung, insbesondere über die Wirkungsweise verschiedener Regulierungsinstrumente);
- Regelungsstrukturwissen (Wissen um das Zusammenspiel unterschiedlicher hoheitlicher oder privater Akteure bei der Nutzung ihrer empirischen Wissensbestände und präskriptiven Orientierungen sowie um die Wirkung begleitender negativer oder positiver Anreize, auch Wissen über die Nutzung von Taktiken und Strategien, etwa im Management der Interdependenzen);
- Orientierungswissen (Wissen über die Maßgeblichkeit von angestrebten Zielen, auch solchen, die in dem Normprogramm selbst nicht ausgesprochen sind);
- Entscheidungswissen (Wissen über die Voraussetzungen des Treffens einer bestimmten Entscheidung als Optionenwahl);
- Steuerungswissen (Wissen über die Bewirkungstauglichkeit von Steuerungsinstrumenten);
- Implementationswissen (Wissen über die Um- und Durchsetzung einer Entscheidung sowie über den Eintritt der mit einer Entscheidung verknüpften weiteren Folgen) (Outcome-Wissen)."[741]

Dies alles ist klug beobachtet und man weiß jetzt, dass Rechtsanwendung ein komplexes Geschäft ist, das Juristen erfordert, die so etwas wie Wissens-Allrounder sein müssten.

Ich habe mich für einen anderen Weg entschieden, um der Beschaffenheit juridischen Wissens auf die Spur zu kommen und schlage vor, *verschiedene Konzeptualisierungen von Rechtswissenschaft* zu unterscheiden und ihnen jeweils dazu „passende" *Wissensbedarfe* zuzuordnen.

---

[741] Wolfgang Hoffmann-Riem, Wissen, Recht und Innovation, in: Hans-Christian Röhl (Hrsg.), Wissen – zur kognitiven Dimension des Rechts, Die Verwaltung, Beiheft 9 (2010), S. 169/170.

Sechstes, zusammenfassendes Kapitel

Geht man so vor, ergeben sich die folgenden vier Paarungen:

I. Rechtswissenschaft als Interpretationswissenschaft: Rechtswissen als Methodenwissen

Diese jedem Juristen vertraute Paarung muss hier nicht ausführlich erläutert werden. Die Auslegung juristischer Texte hat nach von der „scientific law community" anerkannten Methoden zu erfolgen, die aber ihrerseits dem Rechtsanwender genügend große Interpretationsspielräume lassen. Als entscheidendes Element kommt hinzu, dass die Zunft der Rechtsinterpreten – wie etwa die Gerichte, aber auch die Kommentarliteratur – in der Regel für sich eine spezifische *Interpretationsautorität* beanspruchen: Rechtswissen ist insoweit auch *autoritatives Wissen*, ein Befund, der nicht nur am Beispiel des Bundesverfassungsgerichts sondern auch am Beispiel der *Rechtsgelehrten* des islamischen und des jüdischen Rechtskreises (rabbinic authority) studiert werden kann.

II. Rechtswissenschaft als Entscheidungswissenschaft: Rechtswissen als Entscheidungswissen

Bei dieser Paarung geht es mir nicht um irgendwelche elaborierten Entscheidungstechniken der Managementliteratur[742] sondern um die aus der geglückten Formulierung Dieter Grimms', Recht sei eigentlich nichts anderes als zu Recht geronnene Politik[743] zu ziehenden Konsequenzen. Wenn das Gesetz – wie weitgehend unstreitig sein dürfte – das zentrale Steuerungsinstrument des Rechtsstaates ist[744], dann hat die *Rechtserzeugung* (und bei vom Gesetz eingeräumten Beurteilungs- und Ermessensspielräumen auch die Rechtsanwendung) unausweichlich eine *politische Dimension*. Dies hat notwendig Konsequenzen für die an die Rationalität von Gesetzgebung zu stellenden Anforderungen: Das Gesetz kann nicht rationaler sein als der politische Prozess insgesamt, dessen Bestandteil es ist. Dieser Ein-

---

742 Eine wahrlich beeindruckende Fundgrube ist insoweit der Beitrag von Herrmann Hill, Die Kunst des Entscheidens – Neue Strategien für veränderte Umwelten, in: DÖV 11 (2017), S. 433–443.
743 Dieter Grimm, Recht und Politik, in: JuS (1969), S. 501 – 510, S. 502.
744 Siehe dazu die Beiträge in: Gunnar Folke Schuppert (Hrsg.), Das Gesetz als zentrales Steuerungsinstrument des Rechtsstaates, Baden-Baden 1999.

bettung der Rechtserzeugung in den jeweiligen politischen Kontext habe ich dadurch Rechnung zu tragen versucht, dass ich von Entscheidungswissen als *Machbarkeits-* und *Bewirkungswissen* gesprochen habe. Beide Wissensvarianten lassen sich gut veranschaulichen, wenn man „political choices" als Wissensproblem analysiert und dabei *Instrumentenwissen* – „instrumental choice" –, *Organisationswissen* „institutional choice" – und *Regulierungswissen* – „regulatory choice" – unterscheidet.

Neben dieser ersten Konsequenz der Relativierung des Rationalitätsversprechens des modernen Staates zeigt sich die politische Dimension des Entscheidungswissens auch in dem Problem, unter welchen Bedingungen Entscheidungen verantwortbar sind, wenn eine ausreichende Wissensbasis weder vorhanden noch mit zumutbarem Aufwand herstellbar ist. Diese Bedingungen festzulegen, ist keine Wissens- sondern letztlich eine politische Entscheidung, die allenfalls wissenschaftlich angeleitet werden kann.

III. Rechtswissenschaft als Steuerungswissenschaft: Rechtswissen als Steuerungswissen

Steuern kann man nur, wenn man weiß, wie man steuert, also über das jeweilige problemangemessene Steuerungswissen verfügt. Aus welcher Quelle dieses Wissen sprudelt, muss – wenn es um wissensbasierte Problemlösungen geht – konsequenterweise zweitrangig sein: so kann dies Wissen naturwissenschaftlich-technischer, medizinischer oder sozialwissenschaftlicher Art sein. Disziplinäre Grenzen sind hier ohne Belang.

Deswegen macht es auch wenig Sinn, zwischen juridischem und außerjuridischem Wissen zu unterscheiden. Eine davon zu unterscheidende Frage ist es, wie das Rechtssystem mit den Wissenszuflüssen aus anderen Disziplinen umgeht und wie sie es entsprechend der Funktionslogik des eigenen Systems verarbeitet. Ino Augsberg hat dafür die Entwicklung von binnenjuristischen Metaregeln vorgeschlagen, die strukturell den aus rechtspluralistischen Kontexten bekannten Kollisionsnormen gleichen[745], während Christian Bumke[746] eindrucksvoll und nachvollziehbar skizziert hat,

---

745 Ino Augsberg, Multi-, inter-, transdisziplinär? Zum Erfordernis binnenjuristischer Metaregeln für den Umgang mit extrajuridischem Wissen im Verwaltungsrecht, in: derselbe (Hrsg.), Extrajuridisches Wissen im Verwaltungsrecht. Analysen und Perspektiven, Tübingen 2012, S. 8ff.
746 Christian Bumke, Die Entwicklung der verwaltungsrechtswissenschaftlichen Methodik in der Bundesrepublik Deutschland, in: Eberhard Schmidt-Aßmann/

Sechstes, zusammenfassendes Kapitel

wie das Rechtssystem selbst durch Prozesse der Aneignung und Abstoßung seinen Selbststand bewahrt, ohne sich – ich hätte beinahe gesagt – populistisch abzuschotten.

IV. Rechtswissenschaft als Regelungswissenschaft: Rechtswissen als Regelwissen

Schon seit längerem vertrete ich die Auffassung, dass die Rechtswissenschaft ihre den Blick verengende Konzentration auf das staatliche Recht überwinden und die ganze Bandbreite verhaltenssteuernder Regeln ins Auge fassen sollte. Wie eine solche Perspektivenerweiterung aussehen könnte, habe ich in meinem Buch „The World of Rules. Eine etwas andere Vermessung der Welt"[747] darzulegen versucht. Vertraut man sich einer solchen Perspektivenerweiterung an, entdeckt man nicht nur verschiedene „Härtegrade" von Recht inklusive solch interessanter Prozesse wie des „hardening of soft law" – sondern sieht sich letztendlich vor die Notwendigkeit gestellt *verschiedene Rechtsbegriffe* zu unterscheiden. Um diese Befunde kommunizieren zu können, hätte man sich allerdings erst einmal über die diese Kommunikation erleichternden „Languages of Multinormativity"[748] verständigen müssen.

C. Rechtswissenschaft als wissensbearbeitende Wissenschaft

Von diesen eben skizzierten verschiedenen Konzeptualisierungen von Rechtswissenschaft ist es kein weiter Weg – und dies ist unser dritter Ordnungsgesichtspunkt – zur *Rechtswissenschaft als wissensbearbeitender Wissenschaft.*[749] Dass die Rechtswissenschaft eine wissensbearbeitende Wissenschaft ist, zeigt sich immer wieder an der von ihr eindrucksvoll geleisteten

---

Wolfgang Hoffmann-Riem (Hrsg.), Methoden der Verwaltungsrechtswissenschaft, Baden-Baden 2004, S. 73–129.
747 Max-Planck-Institute for European Legal History Research Paper Series No. 2016-01, 2016; in englischer Version in: Global Perspectives on Legal History, Vol. 10, 2017, online verfügbar: http://www.rg.mpg.de/gplh_volume10.
748 In: Rechtsgeschichte/Legal History 25 (2017), S. 229–239.
749 Zur Rechtsanwendung als „Verarbeitung von Wissen" siehe Wolfgang Hoffmann-Riem, Wissen, Recht und Innovation, Fußnote 741, S. 167ff.

Ordnung und Systematisierung des Rechtsstoffes[750], eine Ordnungsaufgabe, für die in der deutschen Rechtswissenschaft der Begriff der *Rechtsdogmatik* steht.[751]

Will man diesen zunächst nur juristischen Befund zurückspielen in die allgemeine Wissenssoziologie, so kann man mit Yehuda Elkana[752] und Jürgen Renn[753] von Rechtswissen als *„Second order-knowledge"* und von der Rechtswissenschaft als *„Second-order thinking"* sprechen: es geht also um Wissen über Wissen und seine systematisierende Ordnungsbildung, wofür nicht nur das Rechtswissen, sondern auch religiöses Wissen zwei prominente Beispiele sind. Wenn sich dies so verhält, möchte man gerne wissen, wie man sich das Funktionieren von „Second-order thinking" vorzustellen hat. Die im dritten Kapitel ausführlich begründete Antwort lautet: durch *Kanon* und *Dogma* als Erscheinungsformen normativer Verdichtungsprozesse.

Die den Leser wahrscheinlich am meisten interessierende Frage ist die - und dies soll unser vierter und letzter Ordnungsgesichtspunkt sein – ob der diesem Buch gegebene Untertitel „Von der kognitiven Dimension des Rechts zur rechtlichen Dimension des Wissens" eingelöst werden konnte. Ich glaube, diese Frage mit ja beantworten zu können, und zwar aus den nachfolgenden drei Gründen:

D. Kognitive Pluralität ordnen

Die Ressource Wissen ist viel zu kostbar als dass man sie – wie bei manchen Naturparks üblich – einem beliebigen Wildwuchs überlassen könnte. In einer Industrienation wie der Bundesrepublik Deutschland, die ihren Exportüberschuss mit der Produktion von „science based industries" erwirtschaftet und auf den Weltmärkten im ständigen Wettbewerb steht und

---

750 Dazu Eberhard Schmidt-Aßmann, Das allgemeine Verwaltungsrecht als Ordnungsidee und System, Heidelberg 1982; derselbe, Das allgemeine Verwaltungsrecht als Ordnungsidee. Grundlagen und Aufgaben verwaltungsrechtlicher Systembildung, Heidelberg 1998.
751 Christian Bumke, Rechtsdogmatik, Tübingen 2017.
752 Yehuda Elkana, A Programmatic Attempt at an Anthropology of Knowledge, in: Everett Mendelsohn/Yehuda Elkana (Hrsg.), Sciences and Cultures. Sociology of the Sciences Yearbook, Vol. V, Dodrecht 1981, S. 1–76.
753 Jürgen Renn, „The Globalization of Knowledge in History: An Introduction" sowie „Survey: Knowledge as a Fellow Traveler", beide in: derselbe (Hrsg.), The Globalization of Knowledge in History, Berlin 2012, S. 15–44, 189–220.

deshalb stets bestrebt sein muss, in wichtigen Feldern der technologischen Entwicklung den Schluss nicht zu verpassen, wird es staatliche oder staatlich flankierte Förderprogramme für zukunftsträchtige und innovative Technologien geben müssen. Den Staat der Wissensgesellschaft trifft insofern – um einen Begriff von Wolfgang Hoffmann-Riem zu verwenden – eine spezifische *Innovationsverantwortung*[754], für deren Wahrnehmung es wiederum bestimmter Governancestrukturen bedarf.

Aber dies ist nur ein Aspekt. Wie vollkommen unbestritten sein dürfte, sind Regierung und Verwaltung mehr denn je auf die Nutzung des vielfältig vorhandenen externen Wissens angewiesen, was bedeutet, dass es der Entwicklung von Verfahren und Strukturen bedarf, um auf dieses Wissen zugreifen zu können. Es geht darum, sich diese – aus wissenssoziologischer Perspektive durchaus erwünschte Pluralität verschiedener Wissensträger und Wissensarten – nutzbar zu machen, eine Aufgabe, die man als „Kognitive Pluralität ordnen" bezeichnen kann.

I. Bereitstellung einer kognitiven Infrastruktur

Man kann – den von Ino Augsberg verwendeten Begriff der „Kognitiven Infrastruktur"[755] aufgreifend – die Wissensgesellschaft als eine „Strukturierungsaufgabe des Rechts"[756] begreifen. Am besten lässt sich diese Aufgabe m.E. an dem Beispiel der Bereitstellung einer rechtlichen Informationsordnung verdeutlichen, in dem man zum Zwecke der konkretisierenden Veranschaulichung den Begriff der Wissensgesellschaft durch den der Informationsgesellschaft ersetzt. Denn nicht nur die Wissensgesellschaft stellt eine Herausforderung für das Recht dar, sondern auch die fast ebenso häufig ausgerufene Informationsgesellschaft, und zwar in nicht minderer Dringlichkeit. Vollkommen zutreffend spricht Marion Albers[757] von der *Information als neuer Dimension im Recht* und hebt hervor, die Informationsgesellschaft würde nur unzureichend begriffen, verstünde man sie le-

---

754 Wolfgang Hoffmann-Riem, Innovationsoffenheit und Innovationsverantwortung durch Recht, in: Archiv des öffentlichen Rechts (AöR), 131 (2006), S. 255–277.
755 Augsberg, Fußnote 740.
756 Gunnar Folke Schuppert, Governance durch Wissen, in: derselbe/Andreas Voßkuhle (Hrsg.), Governance von und durch Wissen, Baden-Baden 2008, S. 288ff.
757 Marion Albers, Information als neue Dimension im Recht, in: Rechtstheorie, 33 (2002), S. 61–89.

D. Kognitive Pluralität ordnen

diglich als technikgeleitete Fortentwicklung der Industrie- oder Dienstleistungsgesellschaft. Denn der Begriff der Informationsgesellschaft sei viel abstrakter angelegt, indem sich die Gesellschaft damit *„auf ihre eigene operative Basis (Kommunikation) bezieht"* und dabei mit dem Begriff der Information eine Grundkategorie vergleichbar mit der der Handlung, der Entscheidung oder der Organisation verwendet. Wenn sich dies so verhält, dann muss eine Informationsordnung – deren Entwicklung man allgemein für erforderlich hält[758], – mehr sein als ein gegenständlich abgegrenztes Rechtsgebiet wie das Baurecht, das Umweltrecht oder auch das Wissenschaftsrecht und kann daher nicht aufgehen in einem *Informationsrecht*, sei es als *Informationsverfassungsrecht*, sei es als ein – wenn auch noch so umfassend gedachtes – *Informationsverwaltungsrecht*[759].

Man wird daher von einem weiten Begriff der Informationsordnung auszugehen haben, der solche gegenständlichen Verengungen vermeidet oder bei dessen Verwendung zumindest klar ist, dass es sich nur um einen Ausschnitt einer umfassenderen Informationsordnung handeln kann. In diesem Sinne wird der Begriff der Informationsordnung etwa von Wolfgang Zöllner verstanden: „Der Denkansatz, von dem im Folgenden zu sprechen ist, geht von einem anderen Begriff der Informationsverarbeitung aus. Er verwendet diesen Begriff im Sinn des *Gefüges der grundlegenden Regelungsideen, die für den Informationsverkehr maßgeblich sein sollen*. Informationsordnung ist danach nicht ein inhaltlich schon festliegendes Konzept, sondern der Oberbegriff für mögliche Typen oder Modelle des Informationsverkehrs, ganz analog dem ihnen bekannten Begriff der Wirtschaftsordnung."[760]

Mit dieser der Sache nach eingeforderten Entwicklung eines Informationsverkehrsrechts befinden wir uns unversehens in die *Big Data Gesellschaft* katapultiert, in der es zwar nicht um Inhalte transportierende Infor-

---

[758] Siehe stellvertretend Friedrich Schoch, Öffentlich-rechtliche Rahmenbedingungen einer Informationsordnung, in: Veröffentlichungen der Vereinigung deutscher Staatsrechtslehrer (VVDStRL), 57 (1998), S. 158–215; Andreas Voßkuhle, Der Wandel von Verwaltungsrecht und Verwaltungsprozessrecht in der Informationsgesellschaft, in: Wolfgang Hoffmann-Riem/Eberhard Schmidt-Aßmann (Hrsg.), Verwaltungsrecht in der Informationsgesellschaft, Baden-Baden 2000, S. 349–404.

[759] Lesenswert dazu Rainer Pitschas, Allgemeines Verwaltungsrecht als Teil der öffentlichen Informationsordnung, in: Wolfgang Hoffmann-Riem/Eberhard Schmidt-Aßmann/Gunnar Folke Schuppert (Hrsg.), Reform des Allgemeinen Verwaltungsrechts, Baden-Baden 1993, S. 219–305.

[760] Wolfgang Zöllner, Informationsordnung und Recht, Berlin/New York 1990, S. 8.

mationen geht, sondern um Daten, die eigentumsrechtlich schwer fassbar sind, so dass es wohl nach Meinung der meisten Experten der Entwicklung eines *Datenverkehrsrechts* bedarf.

Aus der Governance-Perspektive kann man insoweit von Ordnungen und Regimen des Wissens sprechen, kurz von *Regelungsstrukturen und Wissensordnungen*[761]: „Hier geht es auf einer Makroebene um Wissensordnungen, d.h. *Institutionen und kulturelle Konfigurationen* der Produktion, Verbreitung und Bewertung öffentlich relevanten Wissens, in denen Auseinandersetzungen über die Legitimität und Definitionsmacht von Geltungsansprüchen stattfinden."[762] Wissensgovernance kann sich also verschiedenster Governancemodi bedienen, seien dies rechtliche Regime, seien dies „nur" Koordinations- und Kommunikationsarrangements, die aber ihrerseits wieder in der Regel einer verfahrensrechtlichen Ausgestaltung bedürfen.

II. Regierungswissen als verrechtlichtes Wissen

Wenn man näher hinsieht, hat es sich in der Geschichte der Regierungskunst immer als nützlich erwiesen, das Regierungswissen gewissermaßen zu kodifizieren und damit zugleich auch bürokratisch verwaltbar zu machen. Neben der interessanten Literaturgattung der sog. Fürstenspiegel[763] sind hier schon zwei behandelte Rechtsregime in Erinnerung zu rufen, nämlich die Policeywissenschaft als Gebrauchswissenschaft des absolutistischen Territorialstaates und das frühneuzeitliche Naturrecht, dessen epidemische Ausbreitung nur dadurch erklärbar ist, dass es für die Bedürfnisse des frühneuzeitlichen Staates nicht nur „haargenau passte", sondern sich

---

761 Zu diesem Begriff Martin Huber, Wissensordnung, in: Rainer Schützeichel (Hrsg.), Handbuch Wissenssoziologie und Wissensforschung, Konstanz 2007, S. 797–800.
762 Jan-Peter Voß/Holger Straßheim/Dieter Plehwe, Regierungswissen von „Macchiavelli" bis „McKinsey": Wissensproduktion und Regierungspraxis im Wandel, Ideenskizze, Berlin, 15. April 2011, S. 5.
763 Hans-Otto Mühleisen, Hans Maier, Michael Stolleis, Michael Philipp, Theo Stammen(Hrsg.), Fürstenspiegel der Frühen Neuzeit, Band 6 der Bibliothek des Deutschen Staatsdenkens, Frankfurt am Main 1997.

darüber hinaus zu einer „global language" der frühneuzeitlichen Staatenwelt avancieren konnte.[764]

Wenn das Wissen von Regierung und Verwaltung schon nicht kodifiziert ist, so wird es doch zumindest *gespeichert*, und zwar in Akten, Registern und Archiven, die als Gedächtnismedien fungieren und Teil des administrativen Wissensmanagements darstellen.[765] Aber auch hier bedarf es offenbar rechtlicher Regelungen und Routinen: Das Wissen von Regierung und Verwaltung ist also rechtlich geordnetes Wissen.

Wenn wir jetzt ganz zum Schluss ein Resümee ziehen wollen, so können wir – denke ich – feststellen, dass in den weit ausgeworfenen Netzen sich doch ein ganz präsentabler Ertrag verfangen hat. Aber dies muss letztlich natürlich der geneigte Leser beurteilen.

---

764 Knud Haakonssen, The language of natural law as a global language, Vortrag im Rahmen des Workshops "Eine globale Ideengeschichte in der Sprache des Rechts" am 21./22. Juni 2018 am Max-Weber-Kolleg der Universität Erfurt.
765 Ausführlich dazu Ino Augsberg, Informationsverwaltungsrecht, Tübingen 2014, besonders das 5. Kapitel „Wissensspeicher: Akten, Register und Archive im Zeitalter der Digitalisierung", S. 157–193.